Theodor Birt

Römische Charakterköpfe
Ein Weltbild in Biographien

Birt, Theodor: Römische Charakterköpfe. Ein Weltbild in Biographien
Hamburg, SEVERUS Verlag 2012
Nachdruck der Originalausgabe von 1913

ISBN: 978-3-86347-247-4
Druck: SEVERUS Verlag, Hamburg, 2012

Der SEVERUS Verlag ist ein Imprint der Diplomica Verlag GmbH.

Bibliografische Information der Deutschen Nationalbibliothek:
Die Deutsche Nationalbibliothek verzeichnet diese Publikation in der Deutschen Nationalbibliografie; detaillierte bibliografische Daten sind im Internet über http://dnb.d-nb.de abrufbar.

© **SEVERUS Verlag**
http://www.severus-verlag.de, Hamburg 2012
Printed in Germany
Alle Rechte vorbehalten.

Der SEVERUS Verlag übernimmt keine juristische Verantwortung oder irgendeine Haftung für evtl. fehlerhafte Angaben und deren Folgen.

Römische Charakterköpfe

Ein Weltbild in Biographien
von
Theodor Birt

SEVERUS

Augustus

Meinem Freunde

Max Lenz

in Erinnerung an die schöne Frühlingszeit
unseres Wirkens, an die gemeinsamen
Marburger Jahre 1878—1888
in Treue zugeeignet

Vorwort

Das vorliegende Buch befleißigt sich der Kürze. Es will Personen schildern, Menschen uns nahe bringen, und aus der Fülle der überlieferten historischen Einzelheiten galt es deshalb immer nur das Wesentliche hervorzuheben, damit vom Beiwerk die Zeichnung selbst nicht zugedeckt werde. Dabei wendet sich die Darstellung der römischen Staatsmänner, Feldherren und Kaiser, die ich gebe, an den weiten Kreis der Gebildeten; sie möchte aber auch die flüchtige Beachtung des Gelehrten und Fachmannes auf sich lenken. Denn es handelt sich um eine wichtige Sache, um die richtige Beurteilung eben jener vielgenannten führenden Männer Roms, des Hadrian und Mark Aurel, aber auch des Pompejus, Augustus, Mark Anton und anderer Größen, und ich trage seit langem die Überzeugung in mir, daß in den bisherigen Darstellungen, auch den besten, oft noch die Deutlichkeit, ja, auch die überzeugende innere Wahrheit fehlt, wenn nicht gar schrullenhafte Verzeichnungen vorliegen. Denn in den Büchern, die ich meine, werden die Menschen, um die es sich handelt, mit dem Gang der großen Staatsgeschichte, an der allein dort das Interesse haftet, allzu eng verflochten, und sie selber leben sich in ihrer vollen Natur nicht vor uns aus. Man darf einen Cäsar und Pompejus nicht nach ihren Erfolgen und dem Vorteil, den der Fortschritt der Dinge von ihnen gehabt hat, man darf sie nur nach dem beurteilen, was sie gewollt haben. Nur wer sie isoliert, wer ihre persönliche Bekanntschaft sucht und sie bis auf ihre Lebenswurzeln hin scharf belichtet, kann sie verstehen und würdigen. Ein gewisses dichterisches Erfassen muß dabei helfen; ohne miterlebende Phantasie läßt sich keine Personengeschichte schreiben.

Täusche ich mich nicht und können die Porträts, die ich gezeichnet, auf wirkliche Ähnlichkeit Anspruch machen, so ist aber noch mehr gewonnen, und das gesamte Geschichtsbild selbst wird damit zugleich hier und da berichtigt und innerlich wahrhaftiger. Denn diese Männer sind es eben, aus deren Tun und Lassen alle großen Hergänge fließen. Ich habe darum als meine zweite Aufgabe betrachtet, mit den Charakterzeichnungen ein ununterbrochenes Bild der Entwicklung Roms und des römischen Reiches zu verweben; und dabei ergab sich noch eins. Man meint gewöhnlich, die guten und schlechten Herrscher wechselten in Rom zufällig wie das Wetter. Das bedeutet den Verzicht auf ein wirkliches Verstehen. Mein Geschichtsbild zeigt, daß in der Aufeinanderfolge der Personen vielmehr eine innere Notwendigkeit gewaltet hat; denn sie sind nur die Produkte der Gesellschaft, aus der sie hervorgehen. Es ist geboten, auf das Ethische zu achten. Mark Anton und Nero verkörpern nur den zerrütteten Zeitgeist, der sie bedingt hat. Mit der allmählichen und allgemeinen Hebung des Menschentums in Rom hebt sich auch das Regiment, veredelt sich die Natur der herrschenden Personen, von Seneca bis Mark Aurel. Kein blinder Zufall spielt hier; wer eine Bilderfolge gibt, hat auch die inneren Gründe ihres Wechsels aufzudecken.

Marburg a. L., 31. Juli 1913.   Der Verfasser.

Der Zweck meiner Darstellung ist, wie schon das obige Vorwort andeutet, nicht Unterhaltung, sondern Feststellung des Tatsächlichen. Wenn man sie gleichwohl unterhaltend gefunden hat, so liegt dies an dem so außerordentlich bedeutsamen Gegenstande, den sie behandelt. Ich wollte, der Satz hätte allgemeine Geltung, daß die Wahrheit immer fesselnd ist; ich wollte insbesondere, daß er auch von dieser meiner bescheidenen Arbeit gelten könnte! Die Gesichtspunkte, nach denen ich die Charakterbilder niedergeschrieben, habe ich inzwischen ausführlicher in den Preußischen Jahrbüchern 1914, S. 563ff.

dargelegt, und der Freund dieses Buches sei darauf verwiesen.[1] Durch Berichtigungen und mehrere Zusätze habe ich endlich die nunmehr erscheinende Neuausgabe zu verbessern gesucht.

Marburg a. L., 31. Juli 1916. D. O.

Auch die folgenden Auflagen haben mehrfache Berichtigungen und Zusätze erfahren. Dabei habe ich wärmsten Dank meinem Kollegen, Herrn von Premerstein, zu sagen, der auf das liebenswürdigste mir sein Interesse geschenkt und zu einer Reihe von Änderungen die Anregung gegeben hat. Mit einiger Genugtuung aber stelle ich fest, daß manches, worauf ich Wert lege, insbesondere die Auffassung des Pompejus und Julius Cäsar, die ich vertrete, und die Art, wie ich Augustus zu Pompejus und Cicero in Beziehung setze, seit dem Erscheinen der ersten Auflage meines Buches unter den Gelehrten mehr und mehr Boden gewinnt.

Marburg, 12. Juni 1922. D. O.

Auch für die sechste und siebente Auflage habe ich allerlei Zusätze und Abänderungen nötig gefunden. Insbesondere sah ich mich in ihnen wider meine Gewohnheit zu einer Polemik veranlaßt; denn für das oben Gesagte ist von wesentlicher Bedeutung die richtige Auffassung der Schrift Ciceros vom besten Staat (De re publica). Neuerdings ist von R. Heinze der m. E. sehr vergebliche Versuch gemacht worden, die Auffassung vom Zweck dieser Schrift, die ich vertrete, umzuwerfen. Es war daher nötig, eine etwas eingehendere Widerlegung zu geben, wofür ich auf den Anhang dieses Buches S. 337 verweise.

Marburg, 1. Sept. 1924 und 10. Okt. 1926. D. O.

---

[1] Vgl. auch Jahrbuch des freien Deutschen Hochstifts zu Frankfurt a. M. 1913, S. 4.

Inhalts-Verzeichnis

Einleitung	1
Scipio der Ältere	15
Cato der Zensor	35
Die Gracchen	51
Sulla	71
Lukull	91
Pompejus	111
Cäsar	139
Mark Anton	163
Oktavianus Augustus	187
Kaiser Claudius	213
Titus	235
Trajan	259
Hadrian	283
Mark Aurel	307

Einleitung

Die römische Geschichte ist einheitlich wie die Biographie einer Person, wie die Geschichte eines Individuums, aber sie ist zugleich groß wie keine andere Volksgeschichte. Denn sie erstreckt sich über elf Jahrhunderte, und ihre Leistung war ein Weltreich, wie man es, wenn man von China absieht, nie sonst gesehen, ein Weltreich, das die wichtigsten Teile Europas, Asiens und Afrikas umspannte und sich in diesem Umfange durch sechs Jahrhunderte erhielt. Wie schattenhaft kurzlebig waren dagegen die Weltreiche Alexanders des Großen und Napoleons! Das Außerordentliche erklärt sich aus der Zersplitterung und Schmiegsamkeit der Völker außer Rom; es wurde vor allem der beispiellosen Organisationskunst der Römer verdankt. Die unvergänglich große Leistung Roms aber ist nun, daß dies Reich schließlich auch eine einheitliche Kultur gewann, daß die Hochkultur des Altertums gleichzeitig Syrer, Juden, Gallier, Germanen, Spanier und Mauren beglückt und ebenbürtig erzogen hat.

Die eine Stadt Roma am Tiberfluß hat das geleistet, kraft ihrer Rasse, die an keinem gewonnenen Ziel stillstand. Aus dem Senfkorn erwuchs ein Baum, der die Welt überschattete.

Man könnte, wenn man Umschau hält, doch noch England damit vergleichen wollen, das sich allmählich im Verlauf von drei Jahrhunderten mit einem Kolonialreich englischer Sprache umgeben hat. Aber der nicht minder imperialistischen Entwicklung Englands, die es schließlich dahin trieb, unlängst den Weltkrieg mit zu entzünden, fehlt völlig der funkelnde Ruhmesglanz Roms. „Geschäft" ist ihm alles. Es hat entweder nur Wildnisse annektiert, oder doch nur Völker geringer Widerstandskraft unterjocht und aufgesogen; dabei wird von ihm im Handelsinteresse die ehrwürdige alte Kultur Indiens planvoll zugrunde gerichtet. Rom hat seine eigenen Lehrmeister, Staaten, die geistig und kulturell weit über ihm standen, mit eisernem Griff unter sein Szepter gezwungen[1]; seinen Ruhm und seinen Beruf sah es darin, ihre Zivilisation zu stützen und weiter der Welt mitzuteilen.

Meine Absicht soll sein, dies alles in großem Zuge vorzuführen. Aber meine Absicht greift höher; sie möchte zugleich auch denjenigen Genüge tun, die da im Leben oder in der Geschichte nach großen Menschen sich umsehen. Rom kann sie ihnen zeigen in Fülle, und darum gebe ich hier eine Porträtgalerie. Auch sie kann uns Geschichte lehren. Unter Größe aber verstehe ich nicht speziell das sittlich Außerordentliche, das zum Heiligenleben führt, obgleich wir auch dem begegnen werden, sondern die Kraft der Person, die unendliche Machtgebiete sich zu unterjochen weiß. Die großen Menschen waren es, und sie sind es noch heut, die die Geschichte machen. Schlimm, wenn sie fehlen! Die Masse fühlt wohl, was Not täte, aber sie vermag als solche nichts und wird es nie vermögen. Die Tat gehört dem einzelnen, der die Nation vertritt.

Das Leben der Völker ist Gesellschaftsleben; im Handel und Sitte spielt es sich ab, d. h. in der kommerziellen Entwicklung und in Erwerb und Steigerung der geistigen Güter. In den Schlachten und Friedensschlüssen hat das Volksleben nur seine vereinzelten großen Augenblicke. Die Blüte der Gesellschaft aber sind überall die großen Personen, die plötzlich und überraschend, wie der Riesenblütenschaft aus dem Blätterwuchs der Agave, in Vereinzelung aus den Familien hervorwachsen, seien es Künstler und Denker, seien es Männer der politischen Tat. Sie sind die Stromschnellen im ebenen Fluß der Zeiten. Wir denken an Scipio Africanus, Gaius Gracchus oder Julius Cäsar. Sie sind wie tiefe Schnittpunkte in der unendlich geraden Linie der Dinge. Aber auch solche Männer, die die unaufhaltsame Entwicklung mit mächtigem Gegenschlag aufzuhalten versucht haben, ein Cato, ein Sulla, ein Brutus, ein Seneca, sind der biographischen Betrachtung wert. Denn oft bedeutet der sogenannte Fortschritt Verfall, und der Konservative vertritt in Wirklichkeit den wertvolleren Besitz, den Besitz der Vergangenheit, den er nicht preisgeben will.

Wahrhaft geschichtliches Leben ist nur da, wo große Menschen sind; das herrschsüchtige Rom, die Mutterstadt des Egoismus, aber hat fast nur Genies des Kampfes, es hat auffallend wenig bahnbrechende Führer der geräuschlosen Friedensarbeit erzeugt. Dies sei gleich hier festgestellt. Daher wirken die vierzig Friedensjahre unter Kaiser Augustus auf uns wie ein leeres Blatt; denn es stehen nur die Namen einiger Dichter darauf, die wohl verehrungswürdig, aber doch nicht groß sind in dem Wortsinne, der hier gemeint ist.

Lauter Männer sind es, die uns beschäftigen werden, und keine Frauen. Dies bedaure ich.

Gewiß, auch die Römerin konnte sich sehen lassen: ein Vollblutweib, wie wir sie uns denken; rassig und herrschfähig und mitunter auch klug. Der Römer, heißt es, beherrscht die Welt, die Römerin den Römer! Aber sie war Mutter. Von der unverheirateten Dame, von den rüstigen alten Jungfern und lieben, hilfreichen Tanten wissen die Autoren des Altertums wenig oder nichts zu berichten. Auch gar nichts von Stimmrechtlerinnen. Cornelia ist berühmt, weil sie die Mutter der Gracchen; Agrippina ist berüchtigt, weil sie die Mutter des Nero: an ihren Söhnen sollt ihr sie erkennen. Ob gut, ob schlecht: der Sohn ist in Rom die weltgeschichtliche Tat der Frau gewesen. Auch Intrigantinnen, auch Frauen, in deren verführerischen Gemächern sich die hohe Politik zusammenfand, auch solche, die sich vor dem Blut nicht scheuten und Legionen anwarben für den Bürgerkrieg, hat allerdings Cäsars und Octavians Zeit gesehen. Aber das, was wir davon hören, reicht für ein „Charakterbild" nicht aus. Ein Porträt braucht volle Linien, volle Farben, und über Frauen soll man nicht reden, wenn man nicht wirklich auf das Genaueste unterrichtet ist. Denn wir hören gegebenenfalls nur von ihrer bösen List und sehen die Anmut nicht mehr, mit der sie alles Arge zudeckten.

Wenn wir die Weltgeschichte in Biographien auflösen, so greifen wir damit auf ein Verfahren zurück, das, wie ich meine, mit Unrecht seit langem außer Gebrauch gekommen ist.² Ich gestehe zu, daß es für manchen Geschichtsstoff sich allerdings nicht eignen würde. Eine englische Geschichte des 19. Jahrhunderts würde sich z. B. in dieser biographischen Weise kaum behandeln lassen;³ denn sie besteht im 19. Jahrhundert wesentlich aus Wahlreden, Bills und Parlamentsabstimmungen, und die Minister, wie Canning, Palmerstone, Disraeli, so bedeutend sie bisweilen sind, sie treten auf und treten zurück, je nach dem Ausfall der Abstimmung im Unterhaus: lauter Bruchstücke von Personalien; ein großartiges Geschiebe ohne Ruhepunkt; ein immer wechselnder Barometerstand ohne Gewitter und Blitzschlag.

Gleichwohl ist die Personenbetrachtung die unerläßliche Vorarbeit für jede rechte Geschichtschreibung. Auch war früher die Schätzung anders. Schillers Zeit, Luthers Zeit liebte die Biographie und die Anekdote. Man suchte sich daran zu erbauen, und sie wirkte erziehend auf jung und alt. Es ist hübsch, sich daraufhin einmal das Rathaus der alten Festung Ulm anzusehen, dessen ganze Außenwände (etwa in Luthers Zeit) mit großen, bunten Fresken bedeckt worden sind; da sehen wir z. B. den römischen Feldhauptmann Camillus, der einst die Festung Falerii vergeblich berannte. Ein kleiner Schulmeister, der ein Schalk war, wollte gegen guten Lohn diesem Camillo die Festung Falerii verraten und führte alle Schulbuben des Orts auf den Anger vor das Tor zur Kurzweil heraus, um die Kleinen dort dem Feind in die Hand zu liefern. Der edle Camillus aber verschmähte die Beute; er ließ vielmehr jedem Knäblein eine Rute reichen, mit der sonst der Lehrer die Kinder strich, und befahl ihnen, den ungetreuen Schulmann damit gründlich zu verprügeln, auf daß er seinen Lohn habe. Man sieht, wie lehrreich das Histörchen aus einer Römerbiographie gerade für eine Festung wie Ulm hat erscheinen müssen.

Schon das Altertum hat bekanntlich die Biographie, auch gerade die Römerbiographie, erfunden. Ein paar Proben davon gibt uns der dürftige Cornelius Nepos; vor allem wird der Grieche Plutarch, einer der edelsten Essayisten, nicht müde, sich mit den Staatsmännern Roms, Sulla und Marius und wie sie heißen, zu beschäftigen, und seine Darstellungen sind wirkliche Monumente: sie sind von bleibendem ethischem, ja auch von hohem historischem Wert. Schlimmer steht es mit den Kaiserbiographien des Sueton und seiner Fortsetzer, der sog. Scriptores historiae Augustae. Sueton war unter Kaiser Hadrian Bürovorsteher des kaiserlichen Sekretariats, außerdem ein fleißiger klassischer Philologe; das sind aber gefährliche Eigenschaften. Denn man wird fragen: was kann von einem klassischen Philologen Gutes kommen? Jedenfalls sind Sueton und gar seine Fortsetzer der biographischen Aufgabe, die sie sich stellten, nicht gewachsen gewesen. Es fehlt da an aller eigentlichen Vertiefung, und wir erhalten gelegentlich so wichtige Tatsachen wie, daß Kaiser Caligula keinen Schwimmunterricht hatte, oder daß der Musikkaiser Nero sich nicht nur für Gesang, sondern auch für den Dudelsack begeisterte, und dazu kommen dann die goldenen Sofakissen und die Bowlenrezepte, die Elagabal in Mode brachte, derselbe Elagabal, der bekanntlich auch Hahnenkämme und Nachtigallzungen aß, während es vom Alexander Severus heißt, daß er maßvoll und fast wie ein Abstinenzler lebte; er trank nach dem Bad gern ein Glas Milch mit einem Ei dazu: erbärmliche Nichtigkeiten und Kuriositäten. Wir müssen denn doch versuchen, es besser zu machen.

Kehren wir hiernach zum Anfang zurück. Rom ist nach der Sage im Jahre 754 v. Chr. gegründet, aber unsere Aufgabe selbst hebt erst fünfhundert Jahre später an. Denn vorher fehlt in Rom eine Literatur, und wo keine Literatur ist, können wir auch über das Menschentum nichts erfahren. Um das Jahr 323, als Alexander der Große stirbt, hat die herrliche griechische Literatur ihren Höhepunkt schon hinter sich, und da treten eine Menge griechischer Orginalmenschen wie Themistokles, Alkibiades, Kritias, Agesilaos, von denen jeder weiß, vor uns hin, während Rom noch ganz grabesstumm liegt, eine Barbarenstadt: es hat noch kein einziges Buch, noch keine Buchzeile der Erinnerung für seine eigenen verdienten Männer.

Charakterköpfe aus jenen Zeiten fehlen uns also. Aber der Altrömer selbst war ein Charakterkopf. Wie auf den ägyptischen Reliefs sich alle Figuren gleich sind, so auch die Altrömer: sie sind nichts als ein Typus; der Instinkt der Masse redet aus jedem einzelnen: allen gemeinsam der Stolz, die maßlose Habsucht, das harte Rechten um mein und dein, der unnachgiebige Trotz und der gröbste Chauvinismus. Daher aber auch der blinde Gehorsam der Subalternen und die erstaunliche Einigkeit im römischen Senat, die so seltenen Zerwürfnisse der beiden Konsuln: eine Kollektivseele wie im Bienenstock, wo alles seit Jahrtausenden glatt geht und niemand sich hervortut. Dazu half in Rom ohne Frage die altmodisch barbarische Hauserziehung, die patria potestas. Denn der Vater hat Gewalt über Leben und Tod seiner Söhne. Jeden kühneren Schwung, jeden Hochflug der Jünglinge zerrten die Väter unerbittlich zurück, bei Strafe der Verstoßung: kein Sohn wächst daher über seinen Vater hinaus. So blieb es durch fünf Jahrhunderte.

In Fell und Kappe, struppig und ruppig und ziemlich ungewaschen, so denken wir uns jenen alten Typ, mit unsauberen Nägeln und großen Ohren; in Lehmhütten hausend; immer selbst zugreifend zum Schwert oder zur Mistgabel. Mit dem Spieß wurde das Vieh getrieben, mit dem Spieß in der Schlacht gefochten. Ungünstige Verträge mit dem Feinde wurden kassiert, indem man herzlos den Beamten preisgab, der sie geschlossen; denn es kam nie auf den Menschen an, sondern nur auf den Staatsvorteil. Hartknochige Naturen, ohne Schönheitssinn, ohne alle Phantastik, auch ganz unmusikalisch, aber energisch, rasch zufahrend und das Gegenteil des Harmlosen.

Dabei ist der alte Römer trotz dieser Einheitlichkeit ein Rassenproblem. Denn schon die Erzählung von der Gründung Roms durch Latiner und Sabiner deutet, wenn sie recht hat, auf frühe Mischung des Blutes. Auch von den ganz fremdblütigen Etruskern haben früh angesehene Familien in Rom gesessen. Weiterhin sehen wir dann, daß ein altangesessener Ortsadel, der Stand der Patrizier, vorhanden ist, der sich gegen den Andrang der mutmaßlich zugewanderten Plebejer wehrt: ein Schutzmittel gegen sie war die Verweigerung der Ehegemeinschaft. Aber die Absonderung der Bevölkerungsschichten ließ sich auf die Dauer nicht durchführen. Dazu kam dann aber noch die Masse der Sklaven oder Knechte, der Kriegsgefangenen, Gallier, Griechen, Punier, Asiaten in Rom: denn die Söhne der freigelassenen Knechte erhielten in Rom früh und regelmäßig das Bürgerrecht, und zwar zu Tausenden und Abertausenden, unechte Römer, die sich unmittelbar mit der plebs vermischten. Daher kann schon seit dem 2., ja schon seit dem 3. Jahrhundert v. Chr. von einer reinrömischen Stadtbevölkerung kaum noch die Rede sein. Aber der ehrgeizige Stolz, Römer zu sein, ergriff gleich alle in die Bürgerlisten Eingetragenen und riß auch die fremdartigen Elemente zusammen. Indes hielt der Vornehme bei solchen Zuständen ängstlich auf seinen Stammbaum und sorgte für Familienchronik und Ahnenbilder nach Möglichkeit.

Mit dem Wachsen des Landerwerbs und der Bevölkerung änderten sich naturgemäß in Rom ständig die Satzungen und Rechte, wobei sich Plebs und Junker hartnäckig befehdeten; daraus ergab sich schon früh eine ereignisreiche Verfassungsgeschichte und Rechtsgeschichte Roms, und da treten nun in den berühmten Volkstribunen in der Tat starke und temperamentvolle Persönlichkeiten auf, deren Stimme über die Komitien scholl und die mit ihrem Einspruch unerschrocken selbst den hohen Senat lahm setzten; was sie trieben, war wie eine politische „Sabotage": die Schienen der Gesetzgebung wurden gleichsam

Unbekannter Römer älteren Stils

aufgerissen, und die Staatsmaschine mußte stoppen, oder sie
zerschellte. Aber diese Volkstribunen, soweit wir sie kennen,
sind schließlich wieder alle gleich; der Beruf erzeugte den besonderen Menschentypus. Sie wechselten jährlich, und das
ergibt im Lauf der Zeiten eine Menge Exemplare, die alle
ungefähr dieselbe Sprache führen und sich gleichsehen wie
Bulldoggen.[5]

Aber Roms Kriegsgeschichte? Allerdings, keine Kriegsgeschichte ist so schlachtenreich wie die altrömische, aber in
keiner ist auch wohl so großartig gelogen, oder sagen wir: so
großartig gedichtet worden, wie in ihr. Eine Fülle herrlicher
Namen: die ersten sieben Könige, die meist so brav sind, dann
der Mann mit den langen Locken, Cincinnatus, weiter Menenius
Agrippa, Valerius Poplicola, Manlius Torquatus, Camillus:
Helden, gut für das alte Ulmer Rathaus und ganz prächtig
auch für die moderne Kinderstube, aber leider nicht für uns,
die wir Wahrheit und Wirklichkeit wollen.

Woher stammen diese Geschichten? Niebuhr glaubte einst
(und schon Vico und Perizonius vor ihm), sie stammten aus
wirklicher altrömischer Poesie her, aus alten Heldengesängen,
von denen sich bei dem Geschichtschreiber Livius zufällig nur
Auszüge erhalten hätten; und der große englische Historiker
Macaulay setzte sich dann hin und dichtete wirklich solche alt-
römischen Heldenlieder nachträglich in englischer Sprache, als
könnte er einen verloren gegangenen römischen Homer ersetzen;
z. B. eine Ballade „Horatius Cocles" in siebzig Strophen, die
Macaulay in der Überschrift ruhig in das Jahr 394 v. Chr.
versetzt, eine zweite Ballade vom See Regillus, wo die Götter
Castor und Pollux in die Römerschlacht reiten:

 Nie hätt' ein sterblich Auge
 Sie unterschieden je.
 Schneeweiß die blanke Rüstung,
 Die Rosse weiß wie Schnee u. s. f.[6]

Aber Niebuhrs Vermutung, der Macaulay folgte, ist längst

aufgegeben. Alle jene hübschen Legenden sind viel jünger und erst durch die Einflüsse der griechischen Literatur und in ihrer Nachahmung entstanden, wobei die erfinderischen Griechen selbst mit halfen. Denn die Griechen interessierten sich auf das lebhafteste für Rom. Den kleinen feinen Leuten imponierten diese breitspurigen Herrenmenschen gewaltig.

Die verliebte Jungfrau Tarpeja z. B., die zur Zeit des Romulus dem schönen König Titus Tatius das Kapitol verrät, ist der griechischen Scylla nachgedichtet, die dem schönen König Minos gegenüber, der ihre Stadt belagert, das gleiche tut. Um das Volk aufzuregen, stellt Brutus sich wahnsinnig bei der Vertreibung der Tarquinier; das ist nach Solon gemacht, der sich wahnsinnig stellt bei der Eroberung von Salamis. Camillus aber ist offensichtlich zum römischen Achill ausgedichtet; des Camillus Zorn und der Zorn des Achill; eine Gesandtschaft muß den Zürnenden bittflehend aus Veji zurückholen: das ist ganz wie die Gesandtschaft in der Ilias. Und Veji selbst wird, wie Troja, just zehn Jahre belagert und dabei auch noch die römischen Belagerungswerke in Brand gesteckt, wie das Lager der Griechen bei Homer.

Nichts herrlicher als Coriolan, den man in das Jahr 491 v. Chr. setzt. Coriolan wird, weil er das Stimmvieh der Spießbürger verachtet und den rassigen Patrizierstolz übermäßig zur Schau trägt, vom römischen Volke seiner Amtswürden beraubt, begibt sich voll Wut zum Landesfeind und besiegt Rom als Heerführer des Feindes; Rom zittert und wankt. Aber seine Mutter Veturia sucht ihn in seinem Feldlager auf und ergreift sein Herz; er gibt seine sieghafte Stellung preis, der Mutter zuliebe, und wird darum vom Feind erschlagen. Dieser Stoff hat einem Shakespeare zu einer seiner schönsten Tragödien verholfen. Aber dies ist nicht Shakespeares, dies ist antike Dichtung; das durchschaute schon Mommsen.

Historisch wirklich beglaubigtes Detail erhalten wir zuerst für den Krieg mit König Pyrrhus, der im Jahre 282 beginnt, und für den ersten punischen Krieg, der im Jahre 264 anhebt. Da taucht z. B. der alte Appius Claudius, der Blinde, vor uns auf, der Erbauer der unvergänglichen Appischen Straße, ein Mann mit ganz persönlichem Gesicht, der als Demagog mächtig wirkte, vor allem aber im Senat jede Friedensverhandlung mit König Pyrrhus hintertrieb, eine berühmte Szene, die uns Cicero schildert.

Dann kam der erste punische Krieg, und da maß sich Rom zum erstenmal mit einer voll ebenbürtigen, außeritalischen Weltmacht, mit Karthago, Republik gegen Republik, Handelsstaat gegen Handelsstaat (denn Rom hatte längst die Stadt der Ackerbauer zu sein aufgehört). Es war ein fast 25jähriges Ringen und der äußere Erfolg zunächst nicht sehr erheblich. So wie das moderne Italien im Jahre 1911 seine Regimenter nach Tripolis warf, genau so ist das schon damals unter des Regulus Führung geschehen. Aber die Sache war damals hundertfach gefährlicher als heute. Das mächtige Karthago schüttelte sich wie eine verwundete Löwin; aber die Wunde heilte rasch, und das Raubtier wuchs an Kräften und schlich brüllend auf neue Beute, den Rand Nordafrikas entlang, schwamm über die Meerenge von Gibraltar und begann in die Hürden Spaniens einzufallen.

Die Zeit des ersten punischen Kriegs ist die eigentliche Idealzeit Roms gewesen: so wie bei uns Deutschen die Zeit der Entscheidungskämpfe von 1866—1870.[7] Tadellos ist überall die persönliche Führung, die Opferwilligkeit, das Verhalten von Volk und Senat und aller Chargen; aller gemeine Eigennutz, Bestechung, Unterschlagung fehlt; der größte Opfermut beseelt die Patrioten: eine Idealität, wie sie ein Volk ergreift, das vor einer Aufgabe steht, die sein Schicksal, seinen Weltberuf für die Zukunft entscheidet. Und die Vorteile, die Rom dabei gewann, waren denn doch erheblich: das wachsende Ansehen nach außen; die bereicherte Erfahrung im Seekrieg und in der Kampfesweise ausländischer Völker; vor allem aber der Umstand, daß

Rom jetzt einen Historiker fand, der diesen Krieg wirklich darstellte, und zwar einen der größten und zuverlässigsten, den Griechen Polybius. Rom trat jetzt endlich in die Geschichte ein, d. h. es wurde endlich Gegenstand der Geschichtschreibung in der griechischen Welt.

Aber von eigentlichen Charakterköpfen erfahren wir auch da noch nichts. Da ist z. B. Duilius, der den ersten Seesieg bei Mylae gewann; wir erfahren über ihn sonst weiter nichts, als daß er später sehr stolz war. In Rom gab es nachts keine Straßenbeleuchtung; vom Duilius aber wird mitgeteilt, daß er sich erdreistete, nachts mit einem Diener, der eine Kerze trug, über die Straße zu gehen, was sonst keinem Römer zustand, in Anbetracht der Feuersgefahr. Und Regulus? Die ganze schöne Geschichte, die erzählt, daß Regulus von den Karthagern, die ihn gefangen genommen, als Friedensunterhändler nach Rom geschickt worden, daß er in Rom jedoch ehrenfest für Fortsetzung des Krieges geeifert, daß er bieder sich in die Gefangenschaft zurückbegeben und von den Karthagern endlich zu Tode gemartert sei, ist leider allem Anschein nach erfunden. Denn Polyb, der Bewunderer der Römer, weiß nichts von ihr; er hätte sich dies Heldenstück gewiß nicht entgehen lassen.

Nun aber — und zwar gleich danach — tritt das entscheidende Neue ein: das siegreiche Eindringen der griechischen Geistesbildung in Rom. Rom verwandelt sich rasch, sagen wir etwa um das Jahr 240, und man lernt jetzt dort griechisch, spricht griechisch, denkt schließlich auch griechisch, und der Sinn für Dinge der Muße, Kunst, Theater, Tugendlehre und Sport wird in den zähen Kriegsleuten rasch geweckt. Das ist aber die Stimmungslage, in der auch die Individualitäten erwachen. Nicht im strammen Drill, sie gestalten sich erst in der Muße. Und sofort, im Hannibalkrieg (218—201), tritt davon auch die Wirkung hervor: Charaktere treten vor uns, die sich von der Masse energisch abheben. Das ist nicht zufällig. Das Genie meldet sich, das Genie der Tat, dem das Volk und der Durchschnittsmensch nur Raum gibt bei großem Risiko und in ganz außerordentlichen Verhältnissen. Bisher unterjochte die Pflicht die Eigenart; die römische Geschichte war darum bisher eine unendliche farblose Fläche, verschattet, monoton und grau; von diesem grauen Hintergrund hebt sich jetzt endlich wie Goldschimmer das Scipionentum ab.

Es handelt sich um die Ichbildung, die Vertiefung des Ichs, das moralisch-ästhetische Durchbilden der eigenen Person; es ist höhere Selbstpflege, eine Verklärung des Egoismus; und sie bewirkt, daß einzelne Personen sich frei auf sich selbst stellen und als Denker oder als Herrenmenschen verfeinerten Stils weit über die Menge der braven Leute hinausragen, da sie sich ihres Eigenwertes energisch bewußt werden. Griechenland hat diese Ichbildung geschaffen und wundervoll ausgestaltet; es war von ihr durchdrungen; mochte Griechenland nunmehr politisch zugrunde gehen, kulturgeschichtlich war es damit zum Erzieher Roms und der Menschheit geworden.

So kam es, daß die Geschichte Roms jetzt geradezu zur Personengeschichte wird. Es ist, als ob wir plötzlich aus engem Waldesdunkel, in dem ein Stamm dem andern glich, auf die freie Halde unter Baumriesen treten, die in Lichtungen stehen und, aus mächtigem Wurzelwerk hochgetrieben, ins Unermeßliche ihre sturmbewegten Wipfel dehnen. Denn alle jene großen Naturen — Scipio, Sulla, Pompejus und die anderen — strebten fortan nach der Verwirklichung des Satzes: „Der Staat bin ich." Rom personifizierte sich in ihnen.

Scipio der Ältere

Ich beginne mit dem großen Zweikampf zwischen Rom und Karthago, zwischen Afrika und Italien, mit dem Hannibalkrieg, wobei es sich nicht etwa um das heutige Marokko handelt, das, damals noch unzugänglich und uneinnehmbar, ganz außerhalb blieb, sondern nur um Tunis, Tripolis und Algier. Das waren damals reiche, fruchtgesegnete, üppige Länder, und auf sie stützte sich Karthago, die Weltstadt und Großhandelsstadt, die das spanisch-afrikanische Meer beherrschte und Rom dort nicht aufkommen lassen wollte. Aber Rom hatte sich schon als stärker erwiesen. Rom war Landstadt, aber zugleich auch Handelsstadt erster Größe, und seine überseeischen Interessen griffen unaufhaltsam immer weiter aus.

Zwar gab es damals noch andere Großmächte der um das Mittelmeer gelagerten Welt: die Königreiche Syrien, Ägypten, Mazedonien, Pergamon, die Erben Alexanders des Großen. Aber das waren Länder ohne Aufstreben, ohne Ziele, ohne Zukunft: es waren Dynastien, aber keine Nationen, froh, wenn sie ihr glänzendes Dasein aufrecht erhielten, genußsüchtig und phlegmatisch, wie der ganze Orient: Antiochia, Alexandria, Pella die Residenzen.

Bewegung kam in dies Weltbild nur durch Karthago und Rom. Der erste punische Krieg (264—241) hatte keine Entscheidung gebracht. Es folgt jetzt das entscheidende Duell, das uns an das Duell zwischen Preußen und Österreich im Jahre 1866 durchaus erinnern muß. Es galt, die Machtfrage endgültig zu lösen: einer nur kann in Deutschland vorherrschen! Ebenso konnte damals nur einer herrschen im Mittelmeer; und hier treten nun gleich auch zwei Charaktere auf, die ihre Zeit beherrscht haben: Hannibal und Scipio. Ich will in diesen Zeilen über Publius Cornelius Scipio handeln.

Leider steht es auch noch mit Scipio ähnlich, wie mit den Gestalten der älteren Zeiten, daß wir ihn nicht im scharfen Umriß, sondern nur im Halblicht gewahren. Das liegt an der Überlieferung und kommt daher, daß die Poesie oder der unkontrollierte Trieb zur Fabel sich früh seiner bemächtigt hat. In jedem Fall aber kann niemand diesen viel vergötterten Mann verstehen, der nicht auch Hannibal versteht. Scipio ist nur als Gegenfigur zu Hannibal das geworden, was er ist.

Karthago war kein Militärstaat und daher wohl den Griechen, aber nicht den Römern gewachsen: semitische Kaufleute ohne alle Rauflust; kein Eisen im Blut, kein Soldatengeist. Überhaupt sind, wie Cicero mit Recht bemerkt, die Landstädte vor den Seestädten immer im Vorteil; denn in den Seestädten ist die Bevölkerung nicht seßhaft genug, sie fließt ab und zu, und die Tradition fehlt, die den Nationalstolz und Opfermut erzeugt. Die preußische allgemeine Wehrpflicht hochgelobten Andenkens war etwas ganz R ö m i s c h e s; bei uns wollte auch der friedlichste Zivilist doch gern als Reserveleutnant herumgehen, und im Kriegsfall stand er seinen Mann. So also auch in Rom und Italien: der Städter so gut wie der Bauer rüstet sich selbst aus und füllt die Legionen. Das ergibt eine gewaltige Kopfzahl. Um das Jahr 220, dicht vor Hannibals Einrücken, hatte Rom in Italien 800 000 Waffenfähige zur Verfügung. Freilich konnten begreiflicherweise nicht alle gleichzeitig aus ihrem Handwerk oder von ihrem Acker abkommen; aber wenn Rom auch nur jeden fünften Mann einzog, hatte es 160 000 Mann beisammen. Daher hat es in dem bevorstehenden Krieg gleichzeitig nach Spanien und Sizilien, ja auch nach Griechenland und auf die Balkanhalbinsel Legionen detachieren können.

Die Seeleute und Kauffahrer Karthagos wollten dagegen, wie der Engländer und Amerikaner, von Dienstzwang nichts wissen[1]. Sie hatten Geld und ließen Söldner für sich fechten — vom Sold hat der Soldat seinen Namen —, angeworbene Truppen aus Afrika, aber auch aus anderer Herren Ländern, die sich nie für eine Idee und selten für das Vaterland, sondern höchstens für ihren Führer begeistern und schließlich doch zumeist zu dem übergehen, der am besten zahlt.

Auch die karthagische Kriegsmarine war nicht erster Güte

und hielt sich nicht auf der Höhe. Der erste punische Krieg war der Krieg der großen Seeschlachten und geradezu beispiellos dabei das Aufgebot an Schiffen und Mannschaften gewesen; angeblich fochten in solcher Schlacht 300 oder 350 Galeeren auf jeder Seite. Von jetzt an geht die Marine Roms ebenso wie die Karthagos zurück², und man bietet gar keine Seeschlachten mehr an. Die Sache schien denn doch zu kostspielig (schon damals wie heute), und man kam überein, die Flotte nur zu Transportzwecken zu verwenden.

Auch der Senat, der die Republik Karthago regierte, war keineswegs kriegerisch; er war immer gleich mit einem Gelegenheitserfolge zufrieden. Aber es gab einige Familien fürstlichen, ja königlichen Ansehens in der Stadt, die Krieger, Soldaten, Feldherren von Beruf waren, in deren Händen oft die konsularische Exekutive lag und die nach außen hin den Vorteil und die Ehre der Stadt berufsmäßig vertraten, für sie fochten und ihr Leben ließen. Es sind die so häufig wiederkehrenden Namen eines Hanno, Mago, Hamilkar, Hasdrubal. Kraft ihrer Energie und ihres Patriotismus nahmen sie das Geschick des Staates persönlich in die Hand. Eine solche fürstliche Gestalt war schon Hannibals Vater, Hamilkar Barkas, der Träger der punischen Großmachtpolitik, den Cato wie einen Epaminondas bewunderte. Hamilkar begann, um Kraft gegen Rom zu gewinnen, die Eroberung Spaniens, und als neunjähriger Knabe (im Jahre 237) tat sein Sohn Hannibal in des Vaters Hand den Schwur seines Lebens: „niemals Roms Freund zu sein". In diesem Knabenschwur lag das Schicksal zweier Städte. Der Schwur ging aber, wenn wir den überlieferten Wortlaut genau nehmen, nicht auf die Vernichtung Roms, sondern bedeutete nur den Vorsatz, selbst so stark zu werden, daß man die Freundschaft, das Bündnis Roms nicht brauchte. Denn Hannibal wußte, was jeder wußte, daß Rom seine Bundesgenossen zu ersticken, zu erdrosseln pflegte.

Mit unerhört raschem Aufstieg wurde Hannibal, der junge

zwanzigjährige Mensch, in Spanien Reitergeneral; ja, fünfundzwanzigjährig wurde er durch das Heer zum Generalissimus der Armee gemacht. Der Senat Karthagos war dabei gar nicht gefragt worden; der Senat war gefügig und gab nachträglich seine Bestätigung. Eine solche königliche Vollmacht wie Hannibal hatte kein römischer Feldherr: denn Hannibal blieb durch Jahrzehnte ständig in seiner hohen Charge, während die römischen Feldherren fast jährlich wechselten, und er machte nach Gutdünken im Namen der Stadt Politik, schloß Bündnisse, unterwarf Länderstrecken und Städte, konstituierte binnen etwa drei Jahren in Spanien ein stattliches karthagisches Reich, und so hat er, ohne zu fragen, eigenmächtig, das heißt kraft seiner Stellung, auch den Krieg mit Rom begonnen, indem er im Jahre 218 den Ebro überschritt.

Ihm ist es, trotz seines großartigen Heldentums, im Andenken der Menschen schlimm ergangen. Er hat auf einer Erzinschrift seine Großtaten selbst verewigen lassen, aber dies Monument ist verloren. Sowohl die römischen Schriftsteller wie die meisten griechischen[3] haben ihn mit Haß und Neid verfolgt und ihm Missetaten angedichtet, die er nie getan. „Der perfide, der grause, der gräßliche Hannibal" — mit solchen einfältigen Worten reden die späteren Römer von ihm. In Wirklichkeit war die römische Politik perfider als er. Hannibals Taten reden eine ganz andere Sprache; sie zeigen uns einen Mann von einziger Größe, und zwar auch moralischer Größe, der nicht nur ein Feldherr war von blitzender Geistesschärfe und fabelhaft kaltblütiger Schlagfertigkeit (er hat immer mit geringeren Kräften gesiegt), nicht nur ein Organisator von höchster Genialität (wir brauchen nur an seinen Alpenübergang zu denken: ein ganzes Heer mit einem Train von Elefanten übersteigt den noch gänzlich straßenlosen Alpenkamm); vor allem bewundernswert ist seine unverrückbare Zielsicherheit, Ausdauer und Beharrung in Glück und Unglück, ein zwanzigjähriges Heldentum und Selbstopfer, nicht aus Ehrgeiz, sondern aus

Patriotismus und bedingungsloser Liebe zu seiner Vaterstadt, deren Schicksal er auf dem Herzen trug: einer der größten Männer semitischer Rasse, aber so, daß die sonst so spezifisch semitischen Eigenschaften nicht stark an ihm hervortraten: jede religiöse Leidenschaft fehlt ihm; aber auch jeder persönliche Ehrgeiz und jedes Wichtigtun; es geht ihm nur um die Sache, Rom endlich doch zu einem annehmbaren Frieden zu zwingen. Er war ferner ein Mann der Tat und nicht des Wortes, handelte auch nie sanguinisch und von Aufwallungen hingerissen, sondern stets vorsichtig und nach Berechnung und nur da kühn, wo es sich verlohnte. Aber es verlohnte sich in der Tat, kühn zu sein. Hannibal, der Einäugige — er sah gut und hat eigentlich nie falsch gehandelt. Nur in dem einen verrechnete er sich, daß er Roms für jene Zeiten beispiellosen Hilfskräfte unterschätzte und zu gering anschlug.

Wen hatte Rom diesem Menschen, der mit seiner Armee plötzlich wie ein tausendköpfiges Gespenst über die Alpen kam, gegenüberzustellen? Männer gewöhnlichen Kalibers, ob sie Claudius oder Fabius oder Cornelius heißen, ist im Grunde einerlei. Die Siege Hannibals gingen in Italien Schlag auf Schlag, so wie der junge Tiger die anrennenden Hunde niederschlägt. Im dritten Jahre (216) war die Schlacht bei Cannä; Rom lag niedergezwungen am Boden. Es schien, als wären ihm die Hände abgehauen. Womit sollte es jetzt noch kämpfen?

Wer heute durch den St. Gotthard rollt, kommt auf die Straße Hannibals: ins Ticinotal; dann öffnet sich ihm die wundervoll fruchtbare lombardische Ebene des Po, vom Ticin bis zur Etsch, bis Cremona, Verona. Diese norditalische Ebene war damals von dem Kraftvolk der Gallier bewohnt, und diese Gallier haßten Rom und fochten mit Hannibal. Hannibal hatte auf ihre Hilfe gerechnet. Ganz nackt bis zum Gürtel, gingen diese Leute in die Schlacht und fochten mit langen Säbeln; auch zu Pferde. Die Schlacht bei Cannä wurde von Hannibal durch eine glänzende Reiterattacke eröffnet: das waren solche gallische

Reiter. Nun drohten auch Süditalien, Campanien, Apulien, die Samniten zu Hannibal abzufallen, und das Aushebungsgebiet für ein neues römisches Heer war erheblich verkleinert.

Rom trauerte dreißig Tage, aber Rom blieb trotzig. Seine Hilfsquellen waren doch noch nicht erschöpft. Der Landsturm wurde aufgeboten — auch sechzehn- bis siebzehnjährige Knaben (wie bei uns im Jahre 1813), ja, auch 8000 Sklaven in die Uniform gesteckt. Man brachte angeblich 200 000 Mann auf: so konnten neue Truppen nach Sizilien und Spanien geworfen werden, und ein paar Heerhaufen (unter Fabius Cunctator und Claudius Marcellus, braven Militärs der alten Gattung) kamen so wirklich auch in Italien zusammen, die allerdings kaum ein Gefecht wagten, aber Hannibal immer doch beschäftigen konnten. Es war ein Ruin für Italien selbst; das schöne Land, die Städte und Felder verheert, verwüstet und ausgesogen, und zwar nicht nur vom Feind, auch von der römischen Truppe; Frucht, Vieh und Mensch weggeschleppt, dezimiert, vernichtet. Die Sache schien hoffnungslos. Die Verstärkungen, die Hannibal aus Spanien erwartete, brauchten nur zu kommen, und er hatte Rom am Messer. Er konnte Rom aushungern, um hernach selbst auf dem Kapitol zu speisen, wie ihm sein Reitergeneral Maharbal verhieß.

Da erhob sich in Rom ein junges Genie und ein Retter, nicht melancholisch ernst und herbe, wie Hannibal, sondern strahlend heiter, ein sorgloser Optimist: das war Scipio.

Scipio! Siebzehn- bis achtzehnjährig ritt er schon mit in die Schlacht am Ticino und lernte da den großen Sieger Hannibal kennen; er s o l l da seinen Vater herausgehauen haben. Ja, auch bei Cannä war er mit und floh, wo alles floh. Der Eindruck der Schlacht bei Cannä aber war für ihn unauslöschlich, denn er hatte offene Sinne und sah, w i e ein großer Stratege manövriert und siegt. Damals schon wird ihn der Ehrgeiz gepackt haben, es diesem großartigen Gegner einmal gleich zu tun. Denn man kann auch das Siegen lernen. Muntere Zuversicht war der Grundzug seines Wesens; und dazu kamen die militärischen Überlieferungen in seiner Familie. Schon sein Großvater, der Sohn des Scipio Barbatus, siegte dereinst im ersten punischen Krieg; und eben jetzt standen sein Vater Scipio und sein gleichnamiger Onkel kämpfend in Spanien, um die punische Macht dort gemeinsam anzugreifen. Aber ihr Werk mißlang. Beide, Vater und Onkel, wurden dort von Hasdrubal, Hannibals Bruder, geschlagen und getötet.

So trat der fünfundzwanzigjährige junge Mann, der es bisher noch kaum zum Stabsoffizier gebracht hatte, selbstgewiß vor das geängstigte Volk in Rom und bewarb sich ohne Umschweife um den Oberbefehl in Spanien. Es war ein lächerlich tolles Ansinnen. Denn so wie ein preußischer Armeechef unter fünfzig Jahren nicht so leicht vorkommt, so stand es annähernd ähnlich auch bei den Römern. Wozu ist sonst die Rangordnung und das liebe stufenweise Avancement, das den Charakter stählt? In Rom waren die würdigen konsularischen und prätorischen Männer dazu da, die Heere zu schaffen und anzuführen.

Aber Scipio drang durch. Er war vor kurzem Marktbeamter, Ädil, gewesen und hatte als solcher für das Volk glänzende Schauspiele gegeben, acht Tage lang, vor allem Wagenrennen im Zirkus, hatte außerdem unter anderem an das Volk straßenweise Rationen Öl verteilt, was dasselbe ist, als wenn bei uns ein Vornehmer etwa jedem Bürger Butter ins Haus schicken wollte. Denn die Alten kochten mit Öl und kannten noch keine Butter. Durch den Erfolg, den er jetzt errang, wird uns sein Bild gleich mit einem Schimmer des Wunderbaren umgeben; er war längst beliebt, und es heißt, daß auch die feurige Ansprache, die er hielt, und vor allem seine edle Gestalt das Volk bezwangen.

In Wirklichkeit aber hätte dem Scipio die edle Gestalt und die Ölverteilung wohl wenig genützt. Aber das Kommando haftete nun einmal an seiner Familie. Vor allem aber hat das Vorbild des Gegners selbst hierauf eingewirkt. Das ist offen-

sichtlich und gar nicht zu verkennen. Hannibal wurde fünfund=
zwanzigjährig Generalissimus, und zwar als Nachfolger seines
Vaters; so erhält jetzt auch Scipio, um ihn zu bekämpfen, just
fünfundzwanzigjährig, sein Kommando, und zwar auch er als
Nachfolger seines Vaters. Die Römer erkannten eben, daß
man, wo alles auf dem Spiel stand, von der ängstlichen Alte=
Herren=Methode einmal abgehen müsse; und sie lernten dabei
vom Feinde.

Und so wie Hannibal seine Siegeslaufbahn in Spanien
begann, so jetzt auch Scipio. Scipio faßte den punischen Stier
n i c h t bei den Hörnern und bewarb sich n i c h t darum, ein Korps
gegen Hannibal selbst zu führen. War es Furcht? Gewiß nicht.
Ihm widerstrebte es, mit beizutragen zu der Verwüstung des
eigenen Heimatlandes. Scipio hat es in seinem ganzen Leben
vermieden, auf Italiens Boden Krieg zu führen. Und wie viel
schöner war es für ihn, abenteuernd ins ferne Ausland zu
ziehen! Vor allem: aus Spanien erwartete Hannibal seine
ihm notwendigen Verstärkungen. Gelang es, Spanien weg=
zunehmen, so war Hannibals Stellung in Italien auf einmal
unhaltbar, so wie der Baum eingeht, dem man die Wurzel
durchsägt hat.

Scipio segelte ab, und das Klügste und Überraschendste war
gleich Scipios Erstlingstat, im Jahre 209. Das Herz und die
Hauptstadt der großen punischen Besitzungen in Spanien war
die schöne Hafenstadt Neu=Karthago, die heute Cartagena heißt:
die strahlende Inselstadt im blauen Meer, in der Tat ein zweites
Karthago, wo die angesehensten Behörden, auch alle Kriegs=
magazine, die Kriegskassen, der Provinzialreichsschatz des
Feindes sich befanden: stark befestigt und ganz unzugänglich.
Scipio rückt von Tarragona rasch heran, und es gelang ihm, die
Stadt mit einem wuchtig geführten Handstreich blitzschnell zu
nehmen. Wundervoll! Es war alles elegant, was er tat.

Cartagena, wo die Rosen auch im Winter blühen! Car=
tagena, das fischreiche, wo man die schönsten Fischsaucen be=

reitete, die das Altertum kannte. Eine Aktiengesellschaft versandte die Sauce in Krügen von da über die ganze Welt. Cartagena, berühmt auch durch seine Getreidespeicher oder Silos, die man unterirdisch anlegte und in denen das Getreide fünfzig Jahre lang aufbewahrt werden konnte. Ob Rosen, ob Fischbrühe, ob Silos, die Hauptsache war: das Herz der feindlichen Provinz war getroffen, war ihr ausgerissen. Die punischen Armeen rückten zwar nachträglich heran, wagten aber keinen Versuch, den Römer wieder herauszuwerfen. In Cartagena fand Scipio auch vornehme Spanier, die von den Puniern als Geiseln festgehalten worden waren: er befreit sie und gewinnt sich damit die Herzen und das Zutrauen der einheimischen Stämme.

210—206, fünf Jahre, blieb Scipio so in Spanien, residierte in Tarragona, lieferte noch ein paar Schlachten, zum Teil durch seine Unterfeldherren, die älter als er, aber ihm bis zur Unterwürfigkeit ergeben waren; er gründet dort auch eine römische Kolonie, der er nach seiner Heimat den bedeutsamen Namen Italica gibt (damit wurde der Name Italiens zum ersten Male ins Ausland getragen). Endlich fällt ihm durch Verrat auch noch Cadix zu, die letzte Stadt, in der die Karthager saßen, und Spanien ist so durch ihn römisches Land geworden.

Nur mit Hasdrubal, Hannibals Bruder, dem gefährlichsten Gegner, hat er es sich zu leicht gemacht. Hasdrubal stand ihm dort gegenüber; Scipio gewann ihm zwar einen Sieg ab; aber Hasdrubal verließ trotzdem, um nach Italien gegen Rom zu ziehen, mit beträchtlichen Heermassen unbehelligt das Land. Hasdrubal brachte seinem Bruder Hannibal die erhofften Verstärkungen nach Italien; Rom selbst wurde damit aufs neue bedroht, und Scipio rührte weiter keinen Finger, das zu verhindern. Der Vorwurf bleibt auf Scipio sitzen. Es war nicht sein Verdienst, daß Hasdrubal hernach dennoch seinen Untergang fand und nicht an sein Ziel gelangte. Nicht die Eroberung Spaniens durch Scipio, sondern der Untergang Hasdrubals am Fluß Metaurus (nicht fern von Ancona) ist die eigentliche entscheidende Glückswende in diesem Hannibalkrieg gewesen.

Man muß Scipio zu verstehen versuchen. Er war eben kein Durchschnittsrömer. Laelius heißt der ihm ganz ergebene Freund, der ihn am stärksten beeinflußt hat. Laelius stammte aus der kleinen Stadt Tibur — Tivoli — bei Rom, wo damals, wie es heißt, viele griechische Traditionen herrschten, und Scipio selbst wurde so schon als junger Mensch durch diesen Laelius in die griechische Literatur, in die griechische Denkweise hineingezogen.

Daher das Mystische, womit er sich schon als sechzehnjähriger Junge umgab. Er liebte die Einsamkeit; „ich bin dann am wenigsten allein, wenn ich allein bin," war sein Ausspruch. Das hatte er von Xenophon; das war sokratisch. Ja, er sprach von Träumen und von Götterstimmen, die er in der Einsamkeit vernahm und die ihn lenkten, und unternahm nichts, ohne zuvor lange einsam im Tempel verweilt zu haben. Die Seestadt Cartagena eroberte er, indem ihm dabei das Eintreten der Ebbe zu Hilfe kam. Der gemeine italienische Soldat wußte damals noch nichts von Ebbe und Flut, und Scipio erklärte den Leuten nicht etwa das Naturgesetz, sondern verkündete mystisch seinem Heere, der Meeresgott Neptun selbst stehe mit ihm im Bunde. Wie fremdartig diese prophetenhaft-geistliche Pose bei einem sonst so frischen, jungen Reitersmann! Insbesondere hatte Scipio, wie später noch so mancher andere, den romantischen Trieb, Alexander dem Großen zu gleichen. Auch das also ein Einfluß des Griechentums. Daher schritt er schlicht militärisch, aber majestätisch einher und trug dabei lange Alexanderlocken; das stand ihm schön, er war eine interessante neue Erscheinung. Daher übte er aber auch gegen schöne junge Frauen, die ihm als Beutestück gebracht wurden, im Stil Alexanders die edelste Großmut, und alles schwärmte für ihn. Vor allem aber erwachte in ihm der Trieb zur Autokratie und das Talent, selbst König zu sein, wie Alexander, oder doch den König zu „spielen".

Auch Hannibal war in Spanien königlich aufgetreten. Jetzt

boten die unterjochten spanischen Volksstämme dem Scipio geradezu das spanische Königtum an, und der Grieche Polybius, sein Verehrer, wundert sich, daß Scipio sich nicht irgendwo auf Erden wirklich ein Königreich begründet habe. In der Tat war Scipios Residenz in Tarragona wie eine Hofhaltung. Er betonte das. Es machte ihm Freude, für fünf Jahre lang spanischer Monarch zu sein, und um das voll auszugenießen, ließ er den gefährlichen Hasdrubal mit seinem Heer aus Spanien unbehelligt nach Italien abziehen. Mochten die alten würdigen Generäle in Rom zusehen, wie sie mit ihm fertig werden. Er war ihn los.

Nachdem er zum Abschied noch in Cartagena königliche Festspiele gegeben, kehrte Scipio endlich im Jahre 206 nach Rom zurück.

Er war da. Aber er entließ sein Heer nicht; er blieb mit seinen Legionen vor Rom stehen. Denn er wollte nur an ihrer Spitze als Triumphator in der Tracht Jupiters mit dem Schimmelwagen in die Stadt, und dazu brauchte er die Erlaubnis des Senats. Der Senat mußte also hinaus vors Tor kommen, damit ihm Scipio zunächst seine Taten anpreisen konnte. Solchen meistens recht ruhmredigen Rechenschaftsbericht gaben die heimkehrenden Feldherren regelmäßig zum besten; oft stellten sie sich mit Landkarten und gemalten Schlachtbildern auf dem Marktplatz auf und demonstrierten dem Stadtvolk, was sie geleistet. Aber der Senat war immer noch altmodisch gesonnen und zäh, denn Scipio war noch zu jung, war ja noch nicht einmal Prätor und Konsul gewesen, und der Senat gewährte ihm den Triumph nicht. Als schlichter Privatmann betritt also Scipio, nachdem er sein Heer entlassen, die Stadt, opfert aber dem Jupiter auf dem Kapitol gleich hundert Rinder — das gab eine herrliche Volksspeisung —, und die Menge huldigt ihm, wie bisher keinem gehuldigt wurde.

Was nun? Der Krieg war immer noch unentschieden. Hannibal stand noch unbesiegt in Süditalien, und die Partei der alten

Herren wollte jetzt alle Kräfte gegen diesen Hannibal vereinen. Scipio, der eben jetzt Konsul wurde, blickte weiter und setzte nach schweren Kämpfen durch (er terrorisierte dabei den Senat durch das Volk), daß er das Kommando für Sizilien erhielt mit der Möglichkeit nach Afrika zu gehen. Er wollte keine Schlachten in Italien schlagen; und es galt, jetzt endlich Karthago selbst zu bedrohen. Der Senat suchte ihn zu hemmen, seine Mittel zu beschränken. Aber freiwillige Hilfe floß ihm aus vielen Städten Mittelitaliens, wie Perugia und Arezzo, zu: an Bauholz, Waffen, Proviant. Vierzig Tage, nachdem das Holz gefällt war, lag die neue Flotte schon im Wasser.[4]

Das Wichtigste aber ist, daß Scipio — wie Hannibal — jetzt auch Truppen für Geld anwarb: Soldknechte, die ihm huldigten. Das war für einen römischen Konsul unerhört, das war der Stil der Könige und Despoten. Es beginnt im Heere jetzt der Berufskrieger, und das hat später Marius durchgeführt. Der Krieg wird dadurch allmählich zum Handwerk bezahlter Leute, und der Bauer und Schuster kann hinfort bei seinem Pflug und bei seinem Pfriemen zu Hause bleiben. Überdies umgab Scipio sich in Sizilien mit einer Leibwache von dreihundert auserlesenen Reitern.

Übrigens nutzte er dort die Zeit; mit fleißigen Exerzier- und Gefechtsübungen hielt er seine Truppen in Bewegung. Denn in der Kriegskunst setzte eben damals eine der bedeutsamsten Neuerungen ein. Die alte, schwerfällig wuchtige Kampfweise der Truppenhaufen mit ungegliederter Front (Phalangen), die jahrhundertelang gegolten hatte, wurde jetzt durch Scipio aufgehoben; die Soldaten mußten fortan lernen, in zwei Treffen aufgelöst in der Schlacht zu stehen und so getrennt zu schlagen. Diese losere Gliederung verhieß große taktische Vorteile. Vielleicht war Hannibal auch darin Scipios Lehrer; dann mochte er sich vorsehen; sein Schüler sollte ihm gefährlich werden.

Das neue Söldnerwesen aber brachte ins römische Heer sogleich Meuterei, Frechheit und Verrohung, und die Sache ließ sich sehr übel an. Schon in Spanien mußte Scipio solche Meuterei dämpfen, schon in Spanien wurden von seinen Soldaten gegen alles damals geltende Völkerrecht schöne Frauen als Beute aufgebracht, verschenkt und verhandelt. Die barbarische Praxis, daß jeder Soldat durch Anteil an der Kriegsbeute belohnt wird, war alt; aber sie artet schon jetzt in ein Raubsystem aus, und die Offiziere räuberten ebenso wie die Gemeinen. Die besiegten Städte und Länder wurden ausgeplündert, ausnahmslos: Privatgut, Tempelgut. Wozu wurden sie sonst besiegt? Nicht durch Arbeit und Industrie ist Rom so reich geworden, sondern lediglich durch seine Kriege. Ein schmachvoller Betrieb. Roms Geschichte ist die Ausplünderung der Welt; erst die Kaiser machten dem ein Ende.

Das Scheußlichste waren damals die Blutbäder in der Stadt Lokri, für die Scipio jedenfalls verantwortlich war; Pleminius hieß der Legat, der da so wütete, und Scipio suchte ihn wirklich zu decken, eine Zeitlang mit Glück. Der gestrenge Senat sandte eine Untersuchungskommission nach Sizilien; denn man glaubte, Scipios Heerwesen sei dort gänzlich im Verfall; damals, scheint es, hat auch der Dichter Naevius ihn auf der Theaterbühne öffentlich angegriffen. Aber die Kommission fand in Syrakus, dem Hauptquartier, alles wirklich musterhaft. Denn was ließ sich dagegen einwenden, daß Scipio für seine Person da gern vormittags ins Theater ging und nachmittags am griechischen Turnsport teilnahm?[5] Und Scipio blieb vollständig Herr der Situation.

Aber es war eine herausfordernde Situation: Scipio in Syrakus, Hannibal in Kroton! beide großen Heerführer so hart nebeneinander, unglaublich nahe und nur durch die schmale Meerenge von Messina getrennt! Scipio dachte jedoch auch jetzt nicht daran, sich an Hannibal zu versuchen, ja, er wurde von seinem Plan, nach Afrika zu gehen, auch dadurch nicht abgehalten, daß die Karthager im Jahre 205 eine neue Armee unter Hannibals jüngstem Bruder Mago nach Genua warfen[6],

Scipio auf Sizilien.

so daß Rom selbst jetzt abermals von zwei Seiten her bedroht war. Es war eine geniale Folgerichtigkeit in Scipios Handeln. Mit 40 Kriegsschiffen, 400 Lastschiffen brach er, gerade jetzt, nach Afrika auf. Bei der Abfahrt alle Felsenufer voll Menschen! ein pompös theatralischer Moment: große Zeremonie und Opferhandlung am offenen Meer. Der Feldherr selbst betet laut und salbungsvoll: alle Landgötter und Meeresgötter, fordert er, sollen Rom helfen, und die Eingeweide der unzähligen Opfertiere werden ins Meer geworfen! Ein frommes Werk, in Wirklichkeit ein Leckerbissen für die Haifische.

Natürlich erfolgten dann in Afrika zunächst etliche Schlachten. Aber Festungen einzunehmen gelang durchaus nicht. Das römische Belagerungswesen war damals noch keineswegs auf der Höhe. Scipio aber bewährte sich auch als Diplomat, und das war eine Eigenschaft, die Hannibal abging. Es handelte sich um die zwei numidischen Könige oder Scheiks, die sich damals in das Land Algier teilten, Syphax und Masinissa: Scipio schloß kavaliermäßig mit Masinissa persönliche Freundschaft[7]: der König mit dem König, und Masinissa leistete ihm sogleich gegen Karthago die wichtigsten Dienste.

Da hinein spielt auch der Roman von der schönen punischen Frau Sophoniba (Sophonisbe), die dieser König Masinissa liebt, die aber die Frau seines Widersachers Syphax wird. Unser Dichter Geibel hat daraus eine Tragödie gemacht. Masinissa jagt Sophonisbe dem Syphax wieder ab und heiratet sie; Scipio aber fürchtet, die Punierin wird den Masinissa auf Karthagos Seite hinüberziehen, und zwingt die Fürstin, Gift zu nehmen, das er ihr sendet.

Aber die Ereignisse überstürzen sich. Hannibal, der unbesiegte, kommt endlich aus Italien herbei und wird von Scipio im Jahre 202 in der berühmten Schlacht bei Zama wirklich überwunden. Zama lag in Algier. Siegte hier Scipios neue Taktik? Sie hätte es nicht getan, wären nicht numidische Reiterschwärme, die Vorläufer der heutigen Berbern in Tunis und Tripolis, dem Hannibal unversehens in den Rücken gefallen.

Was sind die Folgen dieses Sieges? Die Herrschernatur in Scipio zeigt sich von neuem. Der römische Senat will noch nichts von Frieden wissen; er wittert gerade jetzt mächtige Beute und fordert die Einnahme und Plünderung der gewaltigen Stadt Karthago selbst. Aber das Volk in Italien, das durch den Krieg kläglich verarmt ist und von der großen Beute doch nichts zu hoffen hat (denn der Hauptgewinn bleibt immer in den Klauen des senatorischen Adels), das Volk in Rom schreit nach Frieden, und Scipio gibt sich die Miene des Volksbeglückers und setzt den Frieden durch. In Wirklichkeit aber hatte er erkannt, daß sich bei Roms gegenwärtigen Mitteln an eine Einnahme Karthagos schlechterdings nicht denken ließ.

Großartig war alsdann sein Triumphzug durch ganz Italien von Süden her, bis hinauf aufs Kapitol. Tausende von Gefangenen, die er aus Karthagos Hand befreit, zogen lobpreisend vor ihm her. „Liebling des Volks zu sein, heil Scipio dir!" ungefähr solche Töne hat man damals zu seiner Verherrlichung angeschlagen, als wäre er ein Monarch. Er war auf dem Gipfel. Der Senat beugte sich. Scipio nannte sich selbst Africanus.[8] Offiziell wurde er vom Senat mit dem Prädikat „der Glückliche" gefeiert.[9] Das Glück — die felicitas — war nicht mit Hannibal; es war mit ihm. Das Glück aber galt als die Eigenschaft und das Vorrecht der Könige und Götterfreunde.

Und er wurde nun, kaum fünfunddreißig Jahre alt, für den Rest seines Lebens „Erster des Senats" (princeps senatus) und hat als solcher weiterhin die einflußreichste Stimme in der Weltpolitik Roms gehabt. Eine Schar vornehmer Jünglinge begleitete ihn beim öffentlichen Auftreten, sein ständiger „Komitat".[10] Man sagte: seine Winke hatten die Geltung von Senatsbeschlüssen.[11] So war Scipio der erste wirklich weltgeschichtlich große Mann Roms. Seine Bedeutung zeigt sich beiläufig auch darin, daß er sich herausnahm, den Aufstieg zum Kapitol selbst, den er so oft erklomm, mit einem Durchgangsbogen zu schmücken, der zwei Rosse und sieben übergoldete Statuen trug.

Solche Luxusbauten sind Sache der Könige, und die griechische Kunst wurde dazu in Dienst genommen.

Aber er hielt sich nicht auf der Höhe, und es folgt nun noch das enttäuschende Ende. Scipio wurde laß; er hatte sich ausgegeben.[12] Schon seine Amtsführung als Zensor enttäuschte.[13]

Roms Kriege hörten nicht auf. Es griff damals sogleich mächtig über die Adria auf die Balkanhalbinsel hinüber (auch heute steht hiernach der Ehrgeiz der Politiker Italiens), und um Griechenland entspann sich der Streit Roms mit Antiochos, dem fernen König von Syrien, bei dem der flüchtige Hannibal Zuflucht gefunden hatte. Wahrlich, der kleine italienische Bauer und Legionssoldat lernte die Welt kennen; er wurde weithin über Länder und Meere getragen.

Gegen Antiochos zog nun Scipio im Jahre 190 mit seinem Bruder Lucius noch einmal aus. Aber sein Verhalten war diesmal auffällig; es lockte ihn sichtlich, mit einem griechischen Großkönig auf gleichem Fuß zu verkehren, und er ließ sich auf zwecklose Verhandlungen mit dem Gegner ein, die verdächtig scheinen konnten. Antiochos nahm dann Scipios etwa zwanzigjährigen Sohn gefangen; Scipio selbst wird krank; da schickt ihm der König, ohne Lösegeld zu nehmen, seinen Sohn ans Krankenlager, und Scipio dankt ihm dafür mit dem sonderbaren Ratschlag: Antiochos solle keine Schlacht wagen, bevor er, Scipio, nicht genesen und ins römische Feldlager zurückgekehrt sei. Antiochos gibt auf diesen Rat nicht acht und wird bei Magnesia in Scipios Abwesenheit vollständig geschlagen. Hatte Scipio ihm diese Niederlage ersparen wollen?

An diese Ereignisse hat sich der für uns zum Teil unverständliche Scipionenprozeß angeknüpft. Beide Brüder werden in Rom angeklagt, zuerst wegen der unermeßlichen Beute von ca. 200 Millionen Sesterz, von der 4 Millionen vermißt wurden. Bei ihrer Einbringung und Verteilung hatte es an jeder staatlichen Kontrolle gefehlt. Scipio weigert stolz die Rechenschaftsablage und soll seines Bruders Rechnungsbuch selbst vor den

Senat gebracht und es dort in Stücke zerrissen haben (die Geschäftsbücher der Römer waren sonst aus sehr festem Material, Holz oder Pergament; aber dies war eine Papyrusrolle, wie sie der Orient bevorzugte, und ließ sich allerdings leicht zerreißen). Dann begann ein zweiter Prozeß wegen Bestechung, und Scipios Bruder Lucius wurde da wirklich gefaßt, sein Vermögen beschlagnahmt. Die Scipionen scheinen von Antiochos wirklich Geldsummen angenommen zu haben. Scipio selbst blieb verschont, aber er mied seitdem Rom, eine gefallene Größe, und starb wenige Jahre später einsam auf seinem Landsitz Liternum im schönen Kampanien, im Jahre 183. Zu Neros Zeit, etwa 250 Jahre später, besuchte der Philosoph Seneca die Landstelle Liternum und staunte über die schlichte Einrichtung der Villa des großen Scipio, vor allem über die Dürftigkeit seiner Badestube. In Neros raffinierter Zeit war man freilich an die schlemmerhaftesten Thermen gewöhnt. Man zeigte damals auch noch die Öl- und Myrtenbäume, die Scipio dort mit eigener Hand gepflanzt hatte.

Heute pflegt der Reisende, der nach Rom kommt, in der menschenleeren Gegend der Stadt, in der Vigna Sassi, nicht fern von den Caracallathermen, die einsame Grabstube der alten Scipionen zu besuchen. Ein gewaltiger Steinsarg und zahlreiche Steinplatten, die ihren Namen und zum Teil auch Verse tragen und als Verschluß der unterirdischen Grabkammern dienten, sind da beisammen gefunden worden, und man betritt den schlichten Ort mit Ehrfurcht; ist es doch die älteste historisch denkwürdige Grabstätte Roms! Aber des großen Scipio Sarkophag stand dort nie. Es ist sicher: sein Gebein fand nicht Ruhe in der alten Familiengruft; es ruhte fern von jenem Rom, das ihm so viel dankte. Eine Schlange, die in einer Grotte hauste, hütete in Liternum noch nach Jahrhunderten die „Manen" des Verstorbenen.

Aber in die Geschichtsbücher kamen über ihn trotz alledem nur wohlwollende Berichte. Das dankte er vor allem dem

Polybius, der seine Nachrichten über Scipio alle von dem intimsten Freunde Scipios, von Laelius, erhielt[14]; und gleich nach seinem Heimgang bemächtigte sich seiner auch die junge römische Poesie. Ennius besang ihn in homerischem Stil und forderte, daß man ihm Statuen und eine Rundsäule errichte mit Darstellung seiner Taten; und wirklich wurde seine Imago (Bild) sogleich im Jupitertempel auf dem Kapitol aufgestellt.[15] Er wurde wie Alexander geradezu zum Halbgott, zum leibhaftigen Sohn eines Gottes gemacht; er sollte gar wie der fromme Äneas bei Cumae in die Unterwelt hinabgestiegen sein, um dort Roms fernstes Schicksal zu erfragen. Und eine Menge nobler Handlungen und hübscher Reden sind ihm oben darein angedichtet, die ich hier sämtlich planvoll übergehe.

Wichtiger als alles dieses ist, daß Scipio der Vater der Cornelia war. Er war der Vater der „Mutter der Gracchen". Zwischen ihm und den Gracchen liegen nur zwei Generationen. Scipio selbst war wohl ein Wohltäter des Volks gewesen, der mit großen Händen Gaben streute, aber er hatte sich des Volkes dabei doch nur bedient, um den Senat zu kränken, und noch nicht daran gedacht, dem Darbenden im Kampf mit dem Senat zu seinem Recht zu verhelfen. Im Gegenteil verstärkte er als verstockter Aristokrat den Gegensatz zwischen Vornehm und Gering und steigerte vor allem den Druck, den Rom rücksichtslos auf die kleinen italienischen Landstädte, seine sogenannten Bundesgenossen, ausübte. Die Not der Zeit begriff erst sein Enkel Gaius Gracchus. Das schönste Monument großer Männer sind ihre Nachkommen, die ihrer würdig sind und die über ihre Väter hinausgehen. Wir wollen, wenn sich vor unseren Augen das tragische Schicksal der Gracchen erfüllt, nicht vergessen, daß Scipios Blut in ihren Adern floß.

Cato der Zensor

CETERUM CENSEO
CARTHAGINEM
ESSE DELENDAM

Cato — Marcus Porcius Cato — war der Zeitgenosse und genaue Altersgenosse Scipios, „des Großen"[1], den er aber weit überlebte, und er war das gerade Gegenteil Scipios und sein erbittertster und zähester Widersacher. Über Cato haben wir eine Biographie des Nepos, vor allem eine des Plutarch, der ihn mit dem Aristides der Griechen in Parallele stellt; dazu kommen noch Reste der eigenen Schriften Catos; denn der selbstgerechte Mann hielt es für nötig, über sich selbst zu schreiben (während Cicero an Scipio rühmt, daß er zum Schriftstellern sich nicht herbeiließ), und so kennen wir Cato genau wie wenige, in seiner ganzen kernigen Eigenart. Cato ist der letzte Alt=Römer. So wird er uns geschildert.

Natürlich konnte damals, im „modern" gewordenen Leben der Hauptstadt selbst, eine solche wurzelechte Alt=Römernatur nicht mehr gedeihen. Cato stammt aus dem Albanergebirge, aus Tusculum, 15 km von Rom, der kleinen Bergstadt, deren dürftige Baureste man noch jetzt von Frascati aus besucht. Dort ist er im Jahre 234 geboren, und bis zu seinem 16. Jahr saß der kluge, pfiffige Junge still bäuerlich auf dem Landgut seines Vaters. Aber ein vornehmer Mann, er hieß Valerius Flaccus, entdeckte ihn, und er ging nach Rom, um sich da eine Zukunft zu suchen, assistierte bei den großen Rechtshändeln und Volksversammlungen, lernte rasch die hauptstädtischen Kniffe und Künste, um sich durchzusetzen, und kam dort früh zu hohen Ehren. Solches Emporkommen, das war also doch möglich in dieser Stadt der Protzen. Aber er blieb immer der naturwüchsig schlichte und derbe Mensch vom Lande. Schon sein Zuname Cato, der die Schlauheit des Naturkindes bedeutet, verrät seine bäurische Natur.

Er war rotblond, mit blauen Augen — unerhört für einen Italiener — und so häßlich, daß er nicht sterben konnte. Denn Proserpina, die junge Göttin der Unterwelt, die den schönen Scipio so früh zu sich rief, mochte ihn nicht bei sich aufnehmen. So wurde er 80, ja 85 Jahre.

Er turnte, lebte ganz frugal und einfach; hatte als höherer Offizier im Krieg nur e i n e n Burschen, trank auf dem Marsch im Felde grundsätzlich nur Wasser (höchstens mit etwas Zusatz von Essig) und konnte mächtig schreien; das tat er, wenn er in der Schlacht war, und sagte: „ein Schrei wirkt auf den Gegner oft mehr als ein Schwerthieb." Er hatte als Knabe gesehen, wie einfach ein so alter Herr auf dem Lande Haus hielt, wie Curius Dentatus, der selbst am Herd stand und sich seine Polenta bereitete, und er beschloß, diesen Stil fortzusetzen, seiner Zeit zum Trotz.

In Rom kaufte er sich selbst sein Essen auf dem Markt. Als Landwirt faßte er überall selbst mit an (auch Bismarck war ein guter Ökonom), trank denselben Krätzer wie seine Leute, aß mit ihnen am selben Tisch und war, zum wenigsten in kleinen Dingen, knauserig; jedenfalls verstand er seine Knechte ordentlich auszunützen. Wurden sie alt und untüchtig, so verkaufte er sie (worüber der edle Plutarch sich hell entrüstet; denn ein Knecht im Haus hat Recht auf Altersversorgung). Freilich, gut schlafen mußte das Gesinde; dafür sorgte Cato; denn wer gut schläft, arbeitet gut.[2] Die Leute mußten immer nur arbeiten und schlafen; ein drittes gab es nicht. Aber wenn seine Frau nährte, so nährte sie gleich ein paar Sklavensäuglinge mit: dadurch entstand ein dauernd schönes Verhältnis unter den Kindern. Auch einen gelehrten Sklaven besaß er, der Schulmeister war und wirklich auch Schule hielt; aber seine eigenen Söhne unterrichtete Cato selbst: Schreiben und Rechnen, Gesetz und Recht und kaufmännische Buchführung, aber auch Speere werfen, reiten, schwimmen und boxen. Nie sprach er ein unfeines Wort in seiner Söhne Gegenwart; ja, er vermied es, mit ihnen zu baden.

Alles das ist Alt-Römerart; es war damals schon ganz altmodisch, und der brave Cato fiel damit auf, wie bei uns dereinst der Turnvater Jahn und der Germane Maßmann mit ihrem blondlockigen Teutonentum. Wie urwüchsig Cato noch als

Greis an der Landwirtschaft hing, zeigt sein Buch, das von ihr handelt, und das uns noch vollständig vorliegt. Er ist Agrarier und verachtet den Kaufmann und Bankier. Nur der Landmann ist ein Ehrenmann.

In diesem peinlich genauen Handbuch werden wir nicht nur über das Düngen und Pflügen, Viehfütterung, Ölgärten, Wicken, Bohnen, Pfropfen des Obstes usw. usw. belehrt; wir erhalten auch Rezepte, z. B. wie man einen Pfannkuchen bäckt: aus vier Zutaten: Mehl, geriebenem Käse, Eiern und Öl; wie man Gänse stopft, Kleider gegen Motten schützt. Der Haushälterin wird vorgeschrieben: sie soll nie spazieren gehen und auch keine Plauderbesuche mit ihren Nachbarinnen austauschen, aber jeden Abend den Herd reinigen, ehe sie zu Bett geht.

Das Altertum hatte auch ganze Sammlungen von Aussprüchen des alten Cato, sog. oracula, z. B.: „Die billigsten Waren sind immer noch zu teuer, wenn man sie nicht braucht." „Ein guter Ehemann ist mehr wert als ein großer Staatsmann." „Freundschaften muß man, wenn sich der Freund nicht bewährt, wie eine Naht im Kleid auftrennen und nicht zerreißen!"³ „Einen Schlemmer ermahnst du umsonst; er hört nicht, denn sein Magen hat keine Ohren." Man fragt, warum in Rom sein Standbild fehlt, und er antwortet: „Besser, man fragt, warum ein Standbild f e h l t, als warum eins d a ist!" Für den Schriftsteller aber hat er den berühmten Ausspruch: „Erfaß' deinen Gegenstand, und die Worte kommen von selber."

Er war sehr selbstgerecht und sagte, er habe in seinem ganzen Leben nur dreierlei zu bereuen: er habe einmal einen Tag ohne bestimmte Tagesordnung verbracht; er sei einmal zu Schiff gefahren, wo es einen Landweg gab (darin zeigt sich die echte Landratte), und das Schlimmste: er habe einmal einer Frau ein Geheimnis anvertraut. Bigott war er gar nicht; zum wenigsten hören wir davon nichts; die Eingeweideschauer, offizielle Beamte, die aus den Eingeweiden der Opfertiere im Dienst des Staates und des Generalstabs den Willen der Götter

verkünden mußten, sah er als Charlatane an und wunderte
sich, daß ein Haruspex dem andern nicht lachend zuzwinkerte,
wenn sie sich begegneten.⁴

Man kann sagen: Catos Natur glich dem Charakter der römischen Satire. Die Dichtgattung der Satire war ganz eigentlich
römisch, und ihr Ton war zugleich heftig einschüchternd und
doch lieb und nett, zugleich voll schulmeisterlich finsterem Ernst
und doch voll Freude an Witz und Ulk und Schnurren und immer
bereit zum Wortgefecht: geradeso, mit diesen Ausdrücken, schildert uns Plutarch auch den Charakter des Cato (c. 8).

Wie begreiflich nun, daß ein solcher Mensch die Griechen
haßte! aber nicht die Griechen, vielmehr nur die Griechen-
nachahmer (sowie uns Deutschen früher die Französlinge ein
Grauen waren und heute die Leute, die alles englisch machen,
vom smoking bis zum five o'clock). Wozu griechisch sprechen,
da wir Latein können? wozu die griechischen Komödianten auf
der Bühne und die unausstehliche Zeitvergeudung beim griechischen Sport? Daher suchte Cato die noch fast schlummernde
lateinische Sprache literaturfähig zu machen, brachte den lateinischen Dichter Ennius⁵ in Aufnahme und schrieb schließlich
auch selbst.

Als der griechische König Eumenes persönlich nach Rom
kam, machte Cato einen weiten Bogen um ihn herum. Warum
wich er ihm aus? Er sagte: „Alle Könige sind Fleischfresser
(Sarkophage)." Scipios Vorbild waren die griechischen Souveräne; Cato verwarf sie und pries statt dessen einen Perikles
und Hamilkar Barkas. Als eine griechische Gesandtschaft, Männer
höchster Bildung und die wahren Kulturträger, in Rom länger
blieb, polterte Cato im Senat und setzte es durch, daß sie wieder
abreisen mußten. Besonders aber gönnte er den griechischen
Ärzten, den Chirurgen, ihre Praxis nicht. Denn Cato war selbst
Naturarzt, wie das bei uns bisweilen die alten Schäfer sind,
sammelte selbst volkstümliche Rezepte und glaubte an die alten
Mittel: z. B. wer einen Bandwurm hat, soll nüchtern ein be-

ſtimmtes Mittel einnehmen; iſt er noch Knabe, ſo ſoll er ſich
außerdem auf einen hohen Stein ſtellen und zehnmal herunter-
ſpringen und dann einen Spaziergang machen. Bei Glieder-
verrenkungen aber werden Zauberformeln empfohlen; z. B.
ſoll man beim Maſſieren die ſchrecklichen Worte ſingen: huat
hauat huat, ista pista sista, damnabo damnaustra. Das
hilft ſicher: „sanum fiet." [6]

Erſt im höheren Alter, als Scipio, ſein Hauptgegner, längſt
tot war, machte Cato ein Zugeſtändnis; ſowie Sokrates erſt als
Greis Leier ſpielen lernte, ſo lernte er griechiſch. Er hat dann
ſogleich in ſeinen Schriften die griechiſchen Autoren wacker
ausgeſchrieben.

Der Satz, daß nur ein guter Hausverwalter ein guter Staatsmann ſein kann, hat ſich an Cato bewährt. Durch ſein Naturell,
durch ſeinen Inſtinkt aber war ihm ſeine Richtung gewieſen.
Er war Gegner des Scipio, und das Sichaufſtemmen gegen den
Luxus, gegen die Orientpolitik, machte ihn groß; es war freilich
ein vergebliches Ringen. Bei einer Bergabfahrt iſt ein Hemm-
ſchuh nötig: Cato nahm, wo alles ſich ins Zielloſe zu überſtürzen
ſchien, die Rolle des rettenden Hemmſchuhs auf ſich, und das iſt
den ſpäteren Römern ewig denkwürdig erſchienen. Aber es
war zu ſpät, und, ehe er ſich's verſah, war der Staat in ſauſen-
der Fahrt ſchon in der Tiefe.

Verfolgen wir kurz Catos Entwicklung als Soldat und als
Staatsmann.

Er hatte ſchon als junger Menſch erſt als Gemeiner, dann
aber als Stabsoffizier (tribunus militum) mit Auszeichnung
gefochten; dann wurde er (im J. 205), als Scipio in Sizilien
ſein Hauptquartier aufſchlug, dieſem unternehmungsluſtigen
Mann als Verwalter der Kriegskaſſe (Quäſtor) beigegeben: es
geſchah offenbar, um Scipio zu ärgern. Die Verſchwendung
und blendende Aufmachung dieſes Vaterlandsretters, ins-
beſondere die Art, wie er ſein Geld unter die Soldaten ſtreute,
empörte Cato, der jeden Pfennig nachzurechnen gewohnt war,

und die Feindschaft war fertig. Damals schon war dann Cato mit Scipio auch in Afrika. Als er die üblichen höheren Ämter bekleidete, fiel auf, daß er sich nie und nirgends widerrechtlich bereicherte, während das so nahe lag und alle andern es taten. Ebendarum aber wirkte er auch lautstimmig und voll Grimm, erst als Prätor von Sardinien, dann als Konsul in Spanien, gegen die Bestechungen der Beamten, Unterschleife der Getreide= spekulanten und vor allem gegen den Luxus jeder Art. Man kann sich denken, mit welchem Erfolge! Erfolgreicher war da= gegen der Sommerkrieg, den Cato damals in Spanien führte, und im Jahre 195 zog er mit seinem siegreichen Heer im Angesicht Scipios als Triumphator in Rom ein. Das war der erste Höhepunkt seines Lebens.

Und vier Jahre danach bewährte er sich im Kriegshandwerk noch mehr. Der Syrerkönig Antiochos III. stand mit seinem Heer in Griechenland. Der Konflikt Roms mit ihm begann. Im Engpaß der Thermopylen wurde Antiochos besiegt und wich aus Europa: das verdankte man dem Cato, der nachts einsam mit einem zweiten Bergfex es unternahm, einen Schleich= weg über das Hochgebirge aufzuspüren, auf dem er dann, noch vor Morgengrauen, eine kleine Truppenmacht heranführte und dem Feinde in den Rücken fiel. Der Schrecken war groß, die Verfolgung glänzend. Dem König Antiochos schlug ein Stein= wurf die Zähne ein. Die Sache wird uns auf das lebhafteste ge= schildert, und diese Schilderung geht gewiß auf ihn selbst zurück.

Als aber späterhin die Scipionen den Kampf gegen Antiochos auch nach Kleinasien übertrugen, warf sich Cato dieser ausge= dehnten Orientpolitik entgegen, die nichts anderes war als ein schnöder Beutezug größten Stils. Nach Catos gesunder Mei= nung sollten erst einmal in den Ländern, die Rom schon besaß, gedeihliche Verhältnisse hergestellt werden, was noch lange nicht der Fall war. Die großen Aristokraten waren auf weiteren Raub aus, um die Achtsamkeit von den inneren Schäden, die sich deutlicher und deutlicher zeigten, abzulenken; Cato dagegen empfahl eine vernünftig geordnete Nutzbarmachung dessen, was Rom inzwischen erworben, die Herstellung gesunder Zustände im Bereich der bisherigen weitgezogenen Grenzen. Aber er stellte keine Anträge; sie wären doch vergeblich gewesen. Statt dessen warf er sich auf die Personen. Cato war die treibende Kraft im Scipionenprozeß. Der große Scipio fiel von seiner Höhe: Cato verfolgte, wie ein Jagdhund, ihn und seinen Anhang im Senat und vor Gericht so lange, bis er ihn zur Strecke brachte: im Jahre 184—183.

Das war ein großer persönlicher Triumph: in der Sache aber war doch nichts gewonnen. Die hohe Aristokratie behielt die Majorität im Senat und blieb in ihrer brutalen Kraft bestehen; die Eroberungspolitik wurde unentwegt aufrecht erhalten; es gab nur andere Namen; die Sache blieb. Quinctius Flamininus, der Sieger von Kynoskephalae (i. J. 197) und besonders M. Fulvius Nobilior, der Ambrakia einnahm, waren jetzt Hauptträger dieser imperialistischen Politik. Um die Zustände in Italien wollte sich niemand kümmern. Cato hatte zwar in Ämilius Paulus, dem Sieger von Pydna im dritten mazedonischen Krieg, bis zu einem gewissen Grade einen Gesinnungsgenossen; aber irgendwelche Versuche reformatorischer Art geschahen nicht: die politische Situation ließ sie nicht aufkommen. Denn daß man, um der Entvölkerung des Landes zu wehren, die in Rom zusammenströmenden Latiner in ihre Heimat zurückverwies, war noch keine Reform. Bemerkenswert und gewiß auch höchst erfreulich ist, daß Cato die Abschaffung der Prügelstrafe durchsetzte. Im Zusammenhang mit den Erörterungen, die sich an dies Gesetz anschlossen, stand offenbar auch sein berühmter Ausspruch: „Wer sein Weib oder sein Kind schlägt, vergreift sich an einem Heiligtum[1]." Aber das hatte mit der Hauptsache, der großen Politik, nichts zu tun. Cato begnügte sich damit, wie bisher, einzelne hervorragende Männer der Gegenpartei anzufallen und lahm zu legen, indem er ihnen Prozesse an den Hals warf.

Denn er war ein gefürchteter Ankläger von schneidender Beredsamkeit. So brachte er den Minucius Thermus nach dem Jahre 193 um seinen Triumph; dem Nobilior rechnete er es als Schimpf an, daß er im Feldzug sich von einem Dichter (dem Ennius) begleiten ließ, den Furius Philus brachte er zur Verurteilung, weil dieser die spanischen Völker mit übertriebenen Getreidelieferungen bedrückt hatte.

Da wurde Cato vom Volk zum Zensor gewählt, und zwar für das Jahr 184. Alle fünf Jahre geschah in Rom die Wahl der zwei Zensoren. Sie hatten die Baupolizei inne, das Finanzwesen, Verpachtung öffentlicher Grundstücke usw., ferner das ganze Steuerwesen nebst Volkszählung (jeder Bürger mußte kommen und sich selbst einschätzen, mit Eidesleistung); endlich aber auch die Sittenpolizei. Den Senator, der sich nicht sauber hielt, stießen die Zensoren aus Amt und Würden, dem reichen Privatmann konnten sie das vom Staat konzedierte Reitpferd wegnehmen, d. h. das Recht, als Ritter zu dienen und zu stimmen. Das war eine gewaltige Waffe gegen alle Korruption und Anmaßung, und sie wurde jetzt Cato in die Hand gelegt.

Aber die Waffe war stumpf geworden. In alten Zeiten, als Rom noch ein Kleinstaat, da blickten die Zensoren wirklich zur Kontrolle spießbürgerlich in alle Hausstände, ja, in alle Kochtöpfe, stellten fest, ob das Geflügel im Topf auch nicht zu fett gemästet war, und es ließ sich wirklich noch manchem Auswuchs der braven, altfränkischen Gewohnheiten steuern, sei es Kleiderluxus und goldene Teller oder Ehebruch und Mißhandlung der Knechte. Die Polizei hatte also die Moral, hatte die Erziehung des Publikums in Händen, etwa so, wie der Pfarrer heute noch in vielen katholischen Gemeinden.

Seit der Großmachtstellung Roms, wo Hunderte von Millionen in die Taschen der Vornehmen flossen und die schwelgerischen Sitten des griechischen Orients mit Orgien und Bacchanalen prangend in Rom einzogen, schien das Ganze sinnlos albern und zur Posse geworden, und der große Scipio und seine

Verehrer dachten in der Tat nicht mehr daran, von dieser Amtspflicht des Zensors wirklich ernstlich Gebrauch zu machen.

Cato ging anders vor, als hätte sich in der Welt nichts verändert, und darum eben hatte das Volk ihn gewählt. Einen angesehenen Mann stieß er aus dem Ritterstande, weil er seine Landwirtschaft vernachlässigte; einem anderen Ritter nahm er sein Reitpferd weg, weil er zu feist geworden: er lebte zu schlemmerhaft (uns werden natürlich nur die ganz absonderlichen Fälle erzählt). Auch aus dem Senat stieß er die großmächtigen Herren, z. B. einen Flamininus (den Bruder des großen Flamininus), und zwar mit vollstem Grund, welcher Mensch mit einem Buhlknaben sich öffentlich und auf seinen Feldzügen zeigte, und, als der junge Laffe sagte, er möchte heute gern einmal einen Menschen sterben sehen, einen gefangenen Gallier in den Saal führen und ihn beim Gastgelage köpfen ließ. Sonderbar ist für uns ein anderer Fall: nach altrömischer Auffassung durften sich Eltern niemals in Gegenwart ihrer Kinder küssen. Ein gewisser Manilius hatte seine Frau in Gegenwart seiner Tochter geküßt; Cato stieß ihn deshalb aus dem Senat. Dabei erfahren wir, daß Cato selbst seine Frau am Tage nie umarmte, außer bei Gewitter und Donnerschlag. Daher freute er sich immer, wenn einmal ein Gewitter kam.

Aber auch die Baupolizei übte dieser Zensor in Rom, indem er für einigermaßen gerade Häuserfluchten in den Straßen sorgte; er sorgte für die Regelung der Marktpreise und ließ insbesondere die Einkäufer von Luxusgegenständen auf das strengste bewachen. Wer kostbare Tafelgeschirre, Roben und Brokatstoffe, Gemälde und Pagen kaufte, der mußte bei jeder gezahlten Kaufsumme obendarein auch noch ein Drittel oder Viertel des Wertes an die Staatskasse zahlen. Der sparsame Landwirt Cato erwies sich so auch als guter Verwalter des Staatshaushaltes. Die Steuern in den Provinzen trieb der römische Staat nicht selbst ein; dies wurde den Steuerpächtern überlassen, die dabei einen Riesenvorteil machten. Cato legte nun diesen Menschen ein gewaltiges Pachtgeld auf. Das ging freilich nicht ohne Kampf und wütende Erregung ab; denn wer dem Römer das Stehlen verbot, war sein Todfeind. Aber Cato ließ sich nicht irre machen. Auch als er nicht mehr Zensor war, hat er folgerichtig die Gesetzgebung in der gleichen Richtung beeinflußt, und hierbei erfahren wir auch einmal etwas über die Frauen.

Die kapitalkräftigen Frauen waren damals im römischen Staat so mächtig geworden, daß sie im Jahre 195 geradezu ein Gesetz gegen den Luxus zu Fall brachten. Der Luxus ist das Lebenselement, ist das Waffenarsenal der Frau; sollte ein Cato sie berauben und entwaffnen? Jede unverheiratete Frau oder Witwe brauchte ferner gesetzlich einen Vormund, der sie rechtlich vertrat und ihre Geldgeschäfte führte. Die Frauen setzten es aber durch, daß sie sich gegen das Herkommen diesen Vormund jetzt selbst auswählten, und sie wählten natürlich den gefügigsten und beherrschten ihn vollkommen. So gab es dann damals auch schon große Damen, die um irgendeines Vorteils willen ihren Gatten beiläufig ermordeten. Nun wurde insonderheit für die ganz reichen Häuser der Dollarkönige das Erbrecht der Frauen eingeschränkt; keine sollte in diesen Kreisen mehr zur Universalerbin gemacht werden; nur Legate von gewisser Höhe durften ihnen zufallen.[8]

So versuchten die Römer die größte Weltmacht, die reiche Frau, zu knebeln. Aber es war doch vergebens.

Daß Cato sich hierbei zahllose Feinde machte, ist begreiflich. Hunderte von Prozessen hat er schneidig geführt, oft genug ist er auch von Gegnern vor Gericht gezogen worden; aber er stand unbescholten, siegreich und makellos auf seinem Posten wie ein Leuchtturm im gärenden Meeresstrudel: so sahen ihn drei Generationen.

Sein Kampf gegen den Zeitgeist aber mußte scheitern. Denn eben in Catos Zeit hat der Geist Lukulls, der Trieb zu maßloser Vergeudung im Stil Neros, zuerst in Rom Fuß gefaßt. Wer

Reichtümer raubt, will auch damit prahlen. So protzte im Jahre 187 und 186 Fulvius Nobilior vor dem Volk, nicht nur mit gewaltigen Schenkungen; er ließ auf dem eingezäunten Markt Athleten kämpfen, Löwen- und Pantherjagden abhalten, und gleich darauf tat Lucius Scipio es dem Fulvius nach, um Cato zu ärgern, indem er sagte, die Könige des Ostens hätten ihm dazu das Geld geschenkt.

Als aber im Jahre 171 der dritte Krieg gegen Mazedonien anhob, da zeigte sich, in wie unerhörtem Maß sowohl im Volk und Heer wie in den oberen Stellen inzwischen die Gewissenlosigkeit, Verrohung, Disziplinlosigkeit und Niedertracht gewachsen war. Ein Zeichen der Zeit war, daß die gepflegten jungen Kavaliere der Ritterschaft sich jetzt einfach vor ihrer Dienstpflicht in der Kavallerie drückten. Die dreijährige Schmach des Krieges fiel in letzter Linie auf Scipio zurück, und um endlich Rettung zu bringen, mußte ein Mann daher, der der Parteigruppe Catos nahestand. Dies war der sittenreine und hochedle Ämilius Paulus[8]; dieser erst hat den mazedonischen Krieg, trotz des Verfalls der Römertugend, in der Schlacht bei Pydna des Jahres 168 glorreich zu Ende geführt: und das war zugleich ein moralischer Sieg Catos und seiner Geisteszucht.

Aber dieser Sieg bedeutete überdies einen entscheidenden Wendepunkt für die Politik Roms und für Cato selber: denn Rom war nun wirklich endgültig und auf einmal durch ihn zur Beherrscherin der Welt geworden, und die Politik des krassen, alles aufsaugenden Imperialismus hatte sich damit, dem Cato und Ämilius Paulus zum Trotz, für immer durchgesetzt. Roms Macht war eben wie die Lawine, die, durch ihr Gewicht geschoben, unablässig im Vordringen sich selbst vergrößert, bis sie schließlich alles zudeckt. Wer sollte sie aufhalten? Was an selbständigen Königreichen jetzt noch existierte, Syrien, Pergamon, Ägypten, knickte nunmehr vor jedem Wink des Senats zusammen, und römische Gesandtschaften diktierten diesen Königen, was sie tun und lassen sollten.

Cato hatte bisher grundsätzlich dem Eroberungstriebe als sichernder Hemmschuh gedient. Jetzt erkannte er: diese Rolle war ausgespielt. Von Tragik und inneren Konflikten wußte seine derbe Natur nichts. Er rechnete nur mit Wirklichkeiten und fand sich als gesunder Opportunist sogleich in die vollendete Tatsache, so wie der Landwirt rasch seine Maßregeln ändert, wenn das Wetter umschlägt. Zwar ist Cato unschuldig an der brutalen Zerstörung Korinths vom Jahre 146. Korinth war eine zu reiche Handelsstadt, und der Neid der römischen Kaufleute wollte sie nicht länger dulden. Anders stand es mit Karthago, das im selben Jahre 146 vom Erdboden vertilgt wurde, in derselben radikalen Weise, wie Rom dereinst schon seine Gegnerin Alba longa, dann die etruskische Konkurrenzstadt Veji vernichtet und vollständig wegradiert hatte; der Pflug des Ackerbauers wurde über den Schutt geführt.

Der greise Cato selbst war in jenen Tagen der Entscheidung nach Afrika hinübergefahren, brachte von da einen Sack voll Feigen mit und legte sie im Senat auf den Tisch des Hauses mit den lakonischen Worten: „Ihr seht, eine Gegend, wo die Feigen so schön sind, d i e müssen wir haben." Der Agrarier, der Bauer sprach immer aus ihm, und wie Cato als junger Mensch in der Schlacht durch Brüllen sich hervortat, so schrie jetzt der alte 85jährige Eiferer wieder und wieder durch den Senatssaal sein: ceterum censeo Carthaginem esse delendam: „ich votiere, Karthago soll vertilgt werden." Das wirkte. Je zurückhaltender Catos auswärtige Politik bisher gewesen war, um so überzeugender war jetzt sein Auftreten.

Und er hatte recht. Karthago wäre stets ein Fremdkörper im römischen Reich gewesen, anders als Griechenland. Das punische Element war rassenfremd und mußte ausgeschaltet werden; schon zu Ciceros Zeit spüren wir kaum noch etwas von seiner Existenz, ein Rückgang wie der der Indianer in Nordamerika oder gewisser Tiersorten, der Büffel und Elche, in Deutschland. Und die letzte große Rolle der semitischen Rasse auf dem Gebiet der Staatenbildung bis auf Mohammed und die Ommaijaden war damit ausgespielt. Wie anders die Juden nach der Einäscherung Jerusalems durch Titus! Allein das geschah zwei Jahrhunderte später; Titus gehörte einer humaneren Zeit an, und das Judentum wurde nur verstreut, aber nicht vernichtet.

Cato gehörte zur Kategorie der ewig jungen Greise. Als er seine Frau verlor, war er schon alt. Aber da war eine junge hübsche Person in seiner Klientelschaft; in die verliebte er sich gleich. Ihr Vater war bloß Büroschreiber. Einerlei! Er suchte den Vater kurz entschlossen auf und fragte: „Willst du dein Töchterlein nicht verheiraten? Ich weiß einen, der hat ganz gute Eigenschaften, er ist nur etwas alt." Der gute Schreiber war ganz starr, als Cato, der große Herr und Konsular, sich selbst antrug. Bei der Hochzeit trat Catos trefflicher Sohn ängstlich zu seinem Vater und fragte ihn: „Warum führst du denn eine Stiefmutter ins Haus? Bin ich dir etwa unleidlich geworden?" Da klopfte der Alte schmunzelnd dem Sohne auf die Schulter: „Im Gegenteil, mein Junge. Weil du mir so gut gefällst, will ich mehr deinesgleichen haben."

Dieser Sohn Catos, von dem ich sprach, wurde bald einer der vorzüglichsten Juristen aus Roms Frühzeit: ein in jeder Beziehung ausgezeichneter Mensch. Aber er starb lange vor seinem Vater. Die spätere Zeit bewunderte, wie Cato den Kummer um diesen Verlust überwand.[10] Er tat es durch Arbeit und unablässige Tätigkeit. Er sah so viele vor ihm sterben; aber es galt von ihm n i c h t das Wort: „Wer viele Grabschriften liest, verliert das Gedächtnis."[11] So warf sich Cato als Greis auch auf die Schriftstellerei und wurde einer der Hauptbegründer der römischen Literatur: der erste Historiker, der lateinisch schrieb; Cato machte das Latein buchfähig. Man bedenke, was das bedeutet! Und er wurde auch als Schriftsteller zum Lehrer Roms in vielen guten Dingen. Daß er sich dabei selbst gewaltig hervorhob und seine eigene Lauterkeit betonte, ist verzeihlich; es war die großartige Naivität des Bauern.

Er sah, die Jugend brauchte ein energisches Vorbild, und er selbst wollte es sein. Denn keiner führte sich besser als er. „Alle meine Nachahmer sind doch nur halbe Catos," sagte er kritisch und unverlegen. Aber diese halben Catos genügten immerhin und waren damals schon ein Gewinn. Als er — im Jahre 149 — starb, stellte man sogleich sein Standbild im Senatssaal selbst auf. Auch seine Feinde und Verächter mußten da zu ihm emporblicken, d. h. er galt sogleich als Modell-Römer. So hat er denn auf den herrlichen Amilius Paulus, der schon vor ihm im Jahre 160 starb, so auf Tib. Sempronius Gracchus, so vor allem auf den jungen Scipio ganz ohne Frage stark eingewirkt[12]: führende Männer, die aber ihr Vorbild z. T. darin übertrafen, daß sie mit Catonischer Energie und Lauterkeit und Schlichtheit nun auch eine tiefgehende griechische Bildung, gegen die Cato sich sträubte, zu vereinigen wußten. Auf den jüngeren Scipio wies der sterbende Cato selber hin: „Alle andern Römer sind wie flatternde Schatten gegen ihn." Dieser Scipio, so glaubte Cato, war der Mann der Zukunft. Aber er irrte sich. Um vieles bedeutsamer ist der Name des Tib. Sempronius Gracchus; denn dies war der Vater der Gracchen; seine Gattin Cornelia! Und damit ist der entscheidende Name gefallen. Diese Gracchen sind es, die ersten großen und wuchtigen Sozialpolitiker Roms, an denen jetzt das Schicksal Italiens hing. Ihnen wollen wir hiernach uns zuwenden.

Die Gracchen

Scipio, der Besieger Hannibals, und sein Gegner Cato, der Zensor, waren gestorben. Sie gehörten einer glücklicheren Zeit an. Es folgt auf sie eine andere Generation, und eine Fülle unternehmender Männer großen Zuges und von starkem Wollen treten jetzt auf einmal ins Licht der Geschichte, die sich gegenseitig bekämpfen und bestreiten: aber der Hintergrund der Zeit wird plötzlich düster, wir nähern uns der Schreckenszeit Roms, dem furchtbaren, blutrauchenden ersten Jahrhundert v. Chr., der Zeit, die nach einem Alleinherrscher, einem König, sucht und ihn nicht finden kann.

Die äußere Politik Roms, der Imperialismus, die Angriffspolitik, hatte vorläufig alle ihre Wünsche befriedigt und war an einem Ziel und Ende angelangt; Rom hatte um das Jahr 140 v. Chr. die Welt so gut wie in Händen: Spanien, Griechenland, Mazedonien, Afrika waren Provinzen; ja, der pergamenische König in Kleinasien war Roms Vasall geworden: Eroberungen, die keineswegs aus dem Expansionsbedürfnis hervorgegangen sind, als hätte Italien an Übervölkerung gelitten, wie heute Deutschland, das nicht weiß, wohin es mit seinen Kräften soll, — sondern lediglich aus Raubsucht, aus unverhüllter Gier nach den Reichtümern des Nachbarn (darin ist Rom Englands Vorbild), und dies ist nirgends besser ausgeführt als in dem Brief des Königs Mithridat an Arsakes, den wir besitzen. Je reicher der Bürger in Rom durch solche Beute wurde, je weniger brauchte er zu arbeiten: man badete, sah Schauspiele, lief in die Volksversammlungen und speiste gut. Darauf lief schon damals das Römertum hinaus. Die Bürger zahlten jetzt auch keine Steuern mehr; denn die unterjochten Länder füllten die Staatskasse.

Man sollte also meinen, das Glück des Schlaraffenlandes sei auf den sieben Hügeln eingezogen. Aber das Gegenteil war der Fall. Jetzt klafften in Rom selbst die Gegensätze auseinander. Die Raubpolitik des Senats rächte sich rasch und unmittelbar. Denn die hohen Herren, Staatsmänner und Magnaten, rissen alle Beute an sich, und nicht nur draußen die wehrlosen Provinzen fluchten auf Rom: das Volk selbst stand, die Proleten standen hungernd und dräuend in Roms Gassen. Vor allem das Landvolk Italiens, Italien selbst fühlte sich getreten und fing an, sein Recht zu fordern. Die soziale Frage nahte rasch und auf einmal: ein Wetterleuchten der gräßlichen Revolution.

Noch regte sich nichts, und da war ein Mann, auf den alles hoffend blickte; man glaubte, er könne ein Wunder tun: das war der junge Scipio, der sich Ämilianus nannte. So hieß er; denn er war kein wirklicher Scipio, kein wirklicher Cornelius, sondern Sohn des Feldherrn Ämilius Paulus, trat aber durch Adoption in die Scipionische Familie über. Durch diese Umstände hochgehoben, war er schon gleich im Alter des Fähnrichs oder des Primaners erster Mann Roms, getragen durch seine Verbindungen, bald auch durch seinen fürstlichen Reichtum; dazu klug, hochgebildet und auch höchst robust. Er stand durchaus seinen Mann. Duelle gibt es im Altertum nicht. Aber im Krieg nahm er die Herausforderung eines wilden Spaniers zum Zweikampf an und schlug den Kerl nieder. Welcher englische Lordsohn oder Baronet läßt es sich heute einfallen, sich mit einem Indier oder Nigger zu boxen?

Aber er war leider zu edel, dieser Scipio, und von einer unbeschreiblichen Vortrefflichkeit. So sagen alle Zeugen. Es ist ja herrlich, gut zu sein, aber in den Ständekämpfen, wo immer der Roheste Recht behält, nützt es nichts. Die Römer sprachen diesen Scipio selig, als er starb — man glaubte, daß die Seligen nach dem Tode körperlos und als Geister verklärt im Himmel auf der Milchstraße hausten: vielleicht haust Scipio dort oben noch jetzt. Aber in den Büchern unserer Geschichtschreibung wird er als politische Größe unerbittlich verurteilt. Wo alle schlemmten und pokulierten, war er mäßig bis zur Abstinenz.[1] In Anlaß seiner früheren Siege war er lange Zeit der mächtigste Mann der Stadt, aber er trat immer vor anderen bescheiden zurück mit unendlicher Verbindlichkeit: „bitte sehr, nach Ihnen, gehen Sie voran!" Als Feldherr bewährte er sich wunderbar, und darum setzte auch der alte Cato seine Hoffnung auf ihn. Denn Scipio Ämilianus ist es, der Karthago zerstörte, er ist es, der hernach auch die feste Stadt Numantia in Spanien nahm. Aber auf Feldschlachten ließ er sich nicht ein. Dazu war er zu methodisch, zu pedantisch. Er belagerte nur. Er war ein gelehrter Stratege, benutzte die griechischen Bautechniker und Ingenieure ausgiebig und steigerte die Belagerungskunst des römischen Heeres mit Laufgräben, Schirmdächern, Türmen, Geschützen, Maschinen usw. bis zur höchsten Leistungsfähigkeit. So hat er die feindlichen Städte mit Bauten eng eingeschlossen und langsam ohne alle Gemütserregung erdrosselt und ausgehungert. Von den Belagerungsbauten und befestigten Feldlagern Scipios sind in Spanien ausgedehnte Reste noch zu sehen; eine archäologische Expedition der letzten Jahre hat sie dort wieder aufgedeckt — in der Tat eine außerordentlich großartige, bewunderungswürdige Sache.

Das Volk huldigte ihm anfangs abgöttisch; obgleich er das gesetzlich vorgeschriebene Amtsalter noch lange nicht besaß und der Hochadel des Senats sich heftig widersetzte, hatte das Volk ihn zum Konsul und Oberfeldherrn gewählt. Scipio ließ sich die Wahl gefallen. Aber weiter ging er nicht.

Er mußte wissen, welche Not herrschte, welche Wünsche das Volk bewegten. Er rührte sich nicht. Er versenkte sich statt dessen in die griechische Literatur und lebte von den hervorragendsten griechischen Männern umgeben; der Geist Athens gab ihm die Politur: ein attisch polierter Römer! Es ist im Grunde doch unendlich denkwürdig: Scipio war der erste große Vertreter der Humanität in Rom, und das berühmte Wort „homo sum" stammt aus seinem nächsten Umgangskreise. In dem Volk der Raubtiere und Selbstsüchtlinge war Scipio der erste, der Güte und Selbstlosigkeit auf sein Programm schrieb, voll Ernst und voll Ehrlichkeit: der Mann mit den milden Händen und dem leutseligen Blick, der nie böse und wütig wird und immer nur freundlich und vernünftig zuredet. Des großen griechischen Geschichtsschreibers Polybius nahm er sich an und ließ ihn auf seinen Feldzügen nicht von sich. Daher stammt die wunderbare Weltkenntnis und der politische Weitblick dieses Polybius; das dankte er dem Umstand, daß sein liberaler Protektor ihm in alle römischen Verwaltungsdinge freien Einblick gewährte. Der griechische Weltweise Panätius war des Scipio A und O, sein täglicher Gewissensrat, sein Seelsorger. Jedes kleine Lob des Panätius, wenn Scipio sich gut geführt, beglückte ihn mehr als ein gewonnener Feldzug; und da handelte es sich eben um stoische Tugend: edel sei der Mensch, hilfreich und gut, aber vor allem ohne Leidenschaft! Wie schön, aber wie ungünstig! Hatte Scipio einen Funken von Temperament, so wurde er ihm durch diese fromme Lehre ausgeblasen.

Und doch trug er sich im Geheimen mit einem gewaltigen Traum, König, Diktator, der Alleinherrschende in Rom zu werden. Wenn die Not am größten, da wollte er der Retter sein.

Er studierte daher die griechischen Lehrschriften und Theorien über die beste Staatsverfassung und kam dabei so etwa auf das Ideal dessen hinaus, was wir eine konstitutionelle Monarchie nennen, ein Ideal, das in Rom später immer wieder auftaucht.

Aber wie sollte er dazu kommen, Diktator zu werden, seine Ideale zu verwirklichen? Er hielt vortreffliche Reden, wollte aber durchaus keine gewagten Mittel! beileibe nicht! keine Gewalt! und saß und wartete, als sollte sich die Sache durch irgendeine Wendung von selbst machen. Das Volk wurde flau, die Vornehmen zuckten die Achseln, Jahr um Jahr verging, und man fing an, ihn zu vergessen.

Aber es gab noch glühende Herzen in Rom; zwei vornehme Jünglinge lebten und sahen aus nächster Nähe diesem unechten Scipio zu, zwei echte Nachkommen des großen Scipio Africanus, des Besiegers des Hannibal: das waren die Gracchen, die Söhne der Cornelia. Und hier haben wir sie selbst genannt, Cornelia, die Mutter der Gracchen.

Cornelia, des großen Scipio Tochter, heiratete ziemlich spät, und zwar einen beträchtlich älteren Mann, den Tiberius Sempronius Gracchus, einen Politiker von entschlossen und energisch zugreifendem Charakter, der in vielen Punkten in der Weise wie Cato, der Zensor, den Geist des strengen Römertums zu retten suchte. Ihre Ehe war glücklich. Zwölf Kinder gebar Cornelia dem Manne, — auch Niobe, die Tochter des Tantalus, war Mutter von zwölf Kindern! —, und neun verlor sie früh durch Krankheit. Als sie Witwe, hatte sie nur noch zwei Söhne und eine Tochter. Um so größere Hoffnungen setzte sie auf die drei. Ihre Tochter gab sie keinem Geringeren als dem jungen Scipio Ämilianus zur Ehe, und Scipio war somit der Schwager der jungen Gracchen.

Die zwei Söhne hegte sie wie ihr Augenpaar, mit einem Fanatismus des Mutterstolzes; denn sie sah ihre außerordentliche Begabung, erzog sie auf das sorglichste und zwar in jenem reinen Geist griechischer Humanität, griechisch-philosophischen Feinsinns und Edelsinns, in dem auch Scipio groß wurde. Viele geistvolle Griechen gingen in ihrem Hause aus und ein, und sie blickte dabei mit halber Geringschätzung auf den Scipio hin; darum hat man ihr den Ausspruch angedichtet: „Dereinst im Buch der Zukunft soll man mich nicht Schwiegermutter des Scipio, man soll mich Mutter der Gracchen nennen." Eine Adlermutter, die auf den Ausflug ihrer Adlerbrut wartet mit Ungeduld.

Ihr älterer Sohn Tiberius war, wenn wir einer Schilderung folgen, die etwas sentimental zugestutzt scheint, aber die Hauptzüge doch aus älterer Überlieferung genommen haben muß[2], ein stiller, in sich gekehrter Junge, wie so oft die sinnigen Knaben sind, eine Gelehrtennatur, sanft und herzgewinnend im Sprechton, mit verträumtem Blick, schlicht und anspruchslos in der Lebensweise. Das griechische Evangelium der Menschlichkeit, der Selbstveredelung durch die Bemühung um andere, steckte ihm tief im Herzen. Im wüsten Verkehrsleben Roms zeigte er eine tadellose Führung und galt darum, wie Scipio, als ein Wunder der Sittlichkeit. Er stand diesem Scipio ohne Zweifel anfangs persönlich ganz nahe. So war er auch Zeltgenosse Scipios im Krieg gegen Karthago, im Jahr 146. Echt römisch war dabei doch aber der altmodische Wunderglaube, dem Tiberius zeitlebens nachhing. Es war alte Sitte, die Vögel zu beobachten; das geschah von Staats wegen. Aus der Art, wie gewisse Vögel, die man sich hält, fliegen, fressen oder schreien, deutete man die Zukunft. Tiberius Gracchus wurde selbst Augur oder Vogeldeuter, und er legte Wert darauf.

Im Jahr 146 war er in Afrika vor Karthago. Da wurde der starke Geist seines Großvaters in dem sanften Menschen wach; als erster von allen hat er beim Sturmlauf Karthagos Mauer erstiegen. Dann kam er nach Spanien, wo die ewigen Kriege vor Numantia nicht abrissen, als Verwalter der Kriegskasse (oder Quästor), und hier ergab sich zwischen ihm und Scipio der erste Zwiespalt, der den jungen Gracchus zwingen mußte, von seinem berühmten Schwager gering zu denken. Wer weiß nicht von dem Todesmut Numantias? Mit dieser heldenhaft-siegreichen Stadt war notgedrungen ein Vertrag, der ihren Bestand sicherte, geschlossen worden; der römische Senat kassierte nun diesen Vertrag auf das perfideste (so perfide ist kaum England gewesen wie Rom), und Scipio fügte sich dieser Senatsentscheidung, die Tiberius Gracchus als unehrenhaft verwarf.

Da löste sich sein anschmiegendes Gemüt von Scipio und von jeder Autorität. Tiberius sprang auf seine eigenen Füße. Er erhob sich selbständig und ganz allein zu einer Tat des Wohlwollens, deren Folgen er nicht absah, mit einer Zielsetzung, die seit langem unerhört war: Kriegsruhm und Siegesfanfaren waren für ihn nichts. Es handelte sich um die Ernährung des Proletariats, es handelte sich um den Volkswohlstand, das wirtschaftliche Gedeihen Italiens. Er trat vor das Volk mit einem

Ackergesetz und entrollte damit die soziale Frage. Es war das Jahr 133.

Hier ist es, wenn wir den Hergang verstehen wollen, notwendig, uns über die Reichsverwaltung und über die ganz eigenartige Verfassung Roms zuvor etwas klar zu werden. Es waren durchweg die unhaltbarsten Verhältnisse, und ein Zusammenbruch mußte irgendwann einmal eintreten: je eher, je besser.

Man denke sich: Rom, eine einzige Stadt von etwa 300000 Bürgern, soll ein Reich von annähernd einer Million Quadratmeilen beherrschen, verwalten mit seinem städtischen Personal! Man denke sich, Berlin allein sollte mit seinem Magistrat zwei Drittel von Europa unterjocht halten und verwalten. Es war sinnlos, ein Unding. Aber diese Mißstände waren ein fettes Fressen für die Herren Senatoren, und die wollten daran nichts geändert wissen.

Die Senatoren saßen lebenslänglich im Senat; sie konnten also wirklich regieren; alle Magistrate dagegen, wie die Konsuln oder Bürgermeister, wechselten alljährlich: immer andere Gesichter; man hatte Angst, bei mehrjähriger Amtsdauer könnte sich solch ein Konsul zum Alleinherrscher machen. Daher waren es nun alljährlich auch andere senatorische Beamte, Landesverwalter, die in die Provinzen abgingen, und eine Stetigkeit in ihrem Wirken fehlte überall vollständig. Man wollte gar keine geregelten Zustände. Es war ja viel schöner, daß jeder Statthalter die betreffende Provinz aufs neue wieder ausplündern konnte; und sein Gefolge half ihm dabei. Jede Kontrolle fehlte. Sie brachten in die Provinz unzählige volle Weinfässer, tranken sie da leer, füllten sie mit geraubtem Gold und Silber und brachten die Fässer so wieder nach Hause, als wenn sie einen guten Wein importierten.[3] Erst unter dem römischen Kaisertum sind die Provinzen aufgeblüht. Verklagte die Provinz etwa ihren Statthalter in Rom, so waren es wieder nur Senatsherren, die da zu Gericht saßen, und die sorgten unbedingt

für Freisprechung. Denn ein Geier hackt dem andern die Augen
nicht aus. Aber die Sache wurde noch bunter. Dieselben Feldherren und Gouverneure gehorchten jetzt auch schon oft dem
Senat nicht mehr, und bei jeder Unbotmäßigkeit solcher Männer,
die mit der Faust an ihr Schwert schlugen, krachte die ganze
Staatsmaschine.

Wer war Souverän im Reich? Souverän war nicht der Senat,
sondern das Volk der Hauptstadt, die Volksversammlung. Das
Volk als Souverän wählte daher durch Massenabstimmung alle
Magistrate, auch die Konsuln und Feldherren, ja jetzt auch die
unteren Militärgrade, Oberste usw., was für die Bürgertruppe
eines Kleinstaates vielleicht noch Sinn hatte, jetzt aber vollständig wahnsinnig war. Denn die unfähigsten Gecken, die
sich durch Bestechung die Stimmen kauften, kamen so in die hohen
Posten, um an der Ausschlachtung der Provinzen teilzuhaben.

Schon ein allgemeines Wahlrecht, wie wir es heute in Deutsch-
land besitzen, ist ungerecht (das sah schon Cicero): denn der
Bessere kommt darin neben dem Minderwertigen nicht zur
Geltung. Nun aber erst das Volk in Rom! Ein Parlament,
eine Vertretung des Volkes durch Abgeordnete kennt das ganze
Altertum nicht. Das ganze Volk, so wie es war, lief auf dem
Markt, lief in der hürdenartigen Umzäumung in der Nähe des
Corso in Rom zusammen und votierte da die Gesetze, wählte,
richtete, mit direktestem Stimmrecht. Dabei fehlten natürlich
meist gerade die besten und interessiertesten Leute, nämlich die
zahlreichen Bürger, die auf dem Lande wohnten; sie konnten nicht
immer gleich zur Stelle sein; denn Eisenbahnen, Expreßzüge,
gab es noch nicht. Dagegen drängte eine Menge Unberufener
sich ein, die am meisten schrien. Die Kontrolle konnte nicht aus-
reichen. Wie leicht ließ sich nun diese Volksmasse mißbrauchen!
Denn sie bestand im wesentlichen aus Proletariat und Straßen-
bummlern, sowie ferner aus den zahllosen sogenannten Freigelassenen, gewesenen Sklaven oder ihren Söhnen, die gar kein
echtes Nationalgefühl haben konnten. Es war keine Verhand-

lung — es war Geschrei, Radau, Tumult, rabiate Hetze, Niederbrüllen. Römerlungen gehörten dazu, um da durchzudringen.

Auf das Wählen der Magistrate legten die kleinen Leute am meisten Wert. Dies Wahlrecht war ungeheuer einträglich; es wurde zum festen Einkommen: denn alljährlich fand ein Dutzend solcher Wahlen statt, und der Stimmenkauf war gang und gäbe. Kolossale Bestechungen, ein Riesenumsatz; der schmutzigste Handel. Man führte deshalb geheime Abstimmung ein. Aber das half nichts.

Jeder mußte damals fühlen: ein zentraler Wille war nötig in diesem ungeheuren Raubgetriebe. Wollte der Hochadel des Senats, die sogenannten Optimaten, nicht selbst gründlich Wandel schaffen, so mußte sich ein Fürst auftun, ein starker Reformer, der sich durch Plebiszit auf das Volk stützte und die Volkssouveränität in sich zusammenfaßte.

Aber alles das betraf nur die Stadt Rom. Die Hauptschwierigkeit für die Zukunft lag im Umland, in Italien außer Rom. Es waren da höchst verwickelte Verhältnisse. Auf der Halbinsel Italien gab es Landstädte mit sogenanntem latinischem Bürgerrecht (ein Recht, das in Rom selbst für nichts galt), da gab es römische Bürgerstädte (z. T. Kolonien, die Rom gegründet), endlich Städte, die offiziell die Förderierten (socii) Roms hießen. Es handelt sich um die Italiener außer Rom — nennen wir sie kurzweg Italiker. Sie hatten alle letzten großen Siege in Asien und Afrika für Rom erfochten, hatten dabei ihre großen Kontingente selbst für eigenes Geld ausrüsten müssen, aber die große Kriegsbeute, die floß immer nur in die Hauptstadt, und sie selbst, die Italiker, wurden systematisch wie herrenlose Hunde, auf das schnödeste behandelt. Ein tiefer Unwille herrschte allerorts.

Und dazu kamen endlich die agrarischen Mißstände. Die Magnaten Roms hatten allmählich den Kleingrundbesitz, die italienischen Bauern, ausgekauft, auch die Staatsdomänen in die Hand bekommen und bewirtschafteten die unermeßlichen

Landstrecken mit ihren Sklavenscharen; deshalb ging der Kornbau ganz zurück; alle Felder wurden zu Weideland. Große Kornladungen ließen die römischen Beamten vom Ausland über See nach Rom kommen und gaben das Korn dort zu Schleuderpreisen ab, um sich damit beim Gassenpöbel beliebt zu machen. So kam es nun, daß aus den Landstädten das Volk, dem es an Geld, dem es an Recht, dem es an Arbeit fehlte, massenhaft nach Rom strömte, um da den Stadtpöbel zu vermehren. Dort in Rom, da konnte man wenigstens mittun, mitschreien und mitregieren: ein heimatloses Hin- und Herwogen. Ab und zu wurden die Zugewanderten in Massen wieder ausgewiesen: hier Jammer und Wut, dort die kaltschnauzigste Brutalität. Niemand dachte vorsorgend an die Zukunft, niemand dachte an eine Sicherung des Staates.

Der alte Cato war Agrarier gewesen und zeigte für Ertragsteigerung der Landwirtschaft den allergrößten Eifer⁴, aber er änderte nichts an den Besitzverhältnissen. Wichtig ist immerhin, daß Cato ein paar Landstädte neu gegründet hat; es spricht zum wenigsten vieles dafür, daß er zur Gründung der Städte Parma und Modena im Jahre 183 den Anstoß gab. Es waren das Ackerstädte für römische Stadtbürger, die Arbeit suchten. Das war etwas Gesundes.

Dann plante Scipio Ämilianus im Jahre 145 wirklich ein sogenanntes Ackergesetz; er ließ es aber sogleich fallen, als der Senat ärgerlich die Stirn runzelte.

Alles das überdachte der junge Tiberius Gracchus in seinem Herzen. Just fünfzig Jahre waren, seit Cato jene Ackerstädte gründete, vergangen. Da trat Tiberius entschlossen hervor und ließ sich in Rom zum Tribunen wählen. Zum Volkstribunen! Ihn verlangte nach keiner militärischen Laufbahn.

Solcher Tribunen gab es zehn in jedem Jahr, die immer abwechselnd und nach Verabredung die großen Volksversammlungen leiteten. Der Senat knirschte, denn dieser sanfte Jüngling stand jetzt zielbewußt vor dem Volk und empfahl ein

Gesetz, wonach den arbeitslustigen armen Bürgern der Hauptstadt sogleich Landstellen, Ackerlose im weiten Italien in reichem Maße angewiesen werden sollten. Ein Ausschuß von drei Männern sollte die nötigen Enteignungen und Zuweisung der Lose vornehmen. Das war nur erst ein dürftiger Anfang zur Reform. Aber es war doch etwas. Die Tür der Zukunft war damit aufgestoßen. „Das Tier des Waldes hat seine Lagerstatt, der Bürger hat nicht, wo er sein Haupt hinlege," so klagte Tiberius. Jetzt sollte es wieder einen freien Bauernstand, eine gesunde Landbevölkerung geben.

Da warf sich ein anderer Tribun, Marcus Octavius, vom Senat aufgestellt, dazwischen. Octavius erhob Einspruch. Der Einspruch eines einzigen Kollegen aber genügte, eine Abstimmung über das Gesetz unmöglich zu machen. Sollte die Sache an diesem Manne scheitern? Es galt, sich zu entscheiden. Tiberius erhob sich und ließ das Volk votieren, daß Octavius seines Amtes entsetzt sei. Das Volk jubelte ihm zu; der Senat schrie: „Verfassungsbruch." Der Fall war unerhört. Es handelte sich darum: war die Absetzbarkeit eines solchen Magistrats zulässig oder nicht?

Jedenfalls wurde die Landverteilungskommission wirklich gewählt und trat in Tätigkeit; das Gesetz war angenommen; die großen Herren drohten umsonst mit Mord und Totschlag. Da kamen im selben Jahr 133 große Geldsendungen aus Asien. Das Riesenvermögen des verstorbenen Königs Attalus von Pergamon floß just damals nach Rom. Das Volk beerbte den König: ein seltenes Ereignis. Da ließ Tiberius sogleich durch Volksbeschluß im Interesse seiner Landansiedelungen Beschlag auf das ganze Geld legen. Neue Wut! neue Proteste! Jetzt hieß es gleich: Tiberius strebt nach dem Königtum! denn er beschlagnahmt die Staatsgelder.

Sein Amtsjahr näherte sich dem Ende. Was sollte nun werden? Würde Tiberius im nächsten Jahr nicht wieder Tribun, so konnte irgendein Amtsnachfolger sein ganzes Werk zu nichte machen. Sollte Wiederwahl stattfinden? Die war aber durchaus verfassungswidrig, wenn nicht etwa das souveräne Volk die Wiederwählbarkeit eines Tribunen durch ein neues Gesetz beschloß. Solchen Beschluß faßte Tiberius ins Auge, und jetzt wurde er eigentlich erst zum Agitator. Es war eine ungeheure Aufregung.

Oben auf dem Kapitol, da wo jetzt das Reiterbild des Mark Aurel steht — der Platz war aber damals viel weiter und freier als jetzt —, dort oben versammelte sich das Volk zwischen hölzernen Schranken. Das Volk sollte die Wiederwahl beschließen. Aber man fürchtete schon das Schlimmste: irgendeine Gewalttat! Tiberius selbst zögerte zu erscheinen. Denn er beobachtete zu Hause die Vögel, die er sich hielt, und siehe da, sie fraßen nichts. Nur eine Henne näherte sich dem Futter, das er gestreut, aber sie wandte sich gleich ab, reckte nur den linken Flügel und dehnte auch das linke Bein dazu; dann verkroch sie sich. Das war ein übles Vorzeichen.

Endlich erschien Tiberius auf dem Kapitol. Niemand trug Waffen, denn Waffen zu tragen war in Rom verboten. Auf demselben Kapitol aber tagten auch die Senatoren im nahen Tempel der „Treue." Da stürzte auf einmal jemand heran, der in die nervöse Volksmasse Drohungen schrie. Drohungen der Senatoren. Das Volk heulte und zerbrach die Bänke und Barrieren, um sich mit dem Holz zu bewaffnen.

Tiberius stellte sich hoch und machte in dem Tumult irgendeine Handbewegung nach dem Kopfe zu. Gleich schrie man: „er will das Diadem." Da stürzten die Senatoren aus dem Tempel, ein ganzer Zug von Recken; das Volk stob feige auseinander; die erlauchten Herren griffen die weggeworfenen Holzplatten und Stöcke auf und schlugen sofort nieder, wen sie konnten. Gracchus eilte davon, stürzte hin und wurde mit einem Stück Holz wie ein Hund totgeschlagen, sein Leichnam durch die Stadt geschleift und in den Tiberfluß gestoßen.

Dies Ereignis hat in entsetzlicher Weise Epoche gemacht.

Mit ihm beginnt das Jahrhundert der Blutbäder in Rom (133—40). Noch nie bisher war in der Stadt Bürgerblut geflossen. Und noch in den folgenden Tagen ging das Morden weiter. Tatsache ist, daß nicht das Volk, sondern daß die Optimaten in Roms Geschichte damit begonnen haben.

Der Sturm war da. Das Meer ging hoch. Aber die Aufregung legte sich. Eben jetzt kam Scipio Ämilianus als Besieger Numantias aus Spanien zurück. Gezwungen, Rede zu stehen, sagte Scipio: sein Schwager Tiberius Gracchus sei mit Recht erschlagen (im Jahre 131). Er wollte sicher gehen und näherte sich jetzt den Ultra-Tories. Dazu kam, daß das Ackergesetz des Tiberius sich tatsächlich als undurchführbar erwies; es war nicht sorglich genug vorbereitet. Man versuchte die Aufteilung der Staatsdomänen, die Enteignung der Eigentümer in Italien; aber das gab Verlegenheiten, Willkürakte, Schikanen, Verschleierungen, Erbitterung, Konflikte in Unzahl. Schließlich trat Scipio dafür ein, die ganze Sache fallen zu lassen. Der Senat applaudierte. Das Werk des Tiberius war vernichtet.

Mit großem Ehrengefolge hatte der Senat den Scipio aus einer der entscheidenden Sitzungen nach Hause begleitet. Am folgenden Morgen fand man Scipio tot im Bett.

Scipio tot! Heimlicher Mord! Neue grenzenlose Erregung. Wer war der Täter? Niemand wußte es. Wir wissen es auch heute nicht. Es ist höchst auffällig, daß die Nachforschungen gleich anfangs niedergeschlagen wurden. Ein Racheakt ist da sicher geschehen. Man hat Cornelia selbst, die Mutter des Tiberius, als Urheberin vermutet. Aber das ist unmöglich.

Cornelia hatte, wie Wilhelm Tell, zwei Pfeile im Köcher. Der erste Pfeil war verschossen; ihr Tiberius war umgekommen. Nun hatte sie noch den zweiten, mit dem sie sich rächen konnte, ihren Sohn Gaïus. Aber sie wollte keine Rache. Sie hielt ihn ängstlich zurück.

Gaïus war neun Jahre jünger als sein Bruder. Auch er hatte die sorglichste griechische Erziehung genossen auf dem

Boden lauterster Sittlichkeit und Humanität. Ein Herz schlug in beiden Brüdern; es war ein Beispiel rührendster Bruderliebe. Aber Gaïus war zehnmal begabter, vor allem an praktischem Verstande, dazu heftig aufbrausend, sprunghaft gewaltig, eine glänzende Gestalt, sensationell, der größte packendste Redner Roms und vielleicht der Welt, darum ein Schrecken seiner Gegner, aber auch dem Prunk und Luxus nicht abgeneigt. Schon in den Jahren 131 bis 126 nahm er in vereinzelten Aktionen den Kampf auf; er fühlte dabei, das Volk schwärmte für ihn, um seines Bruders willen, und das brachte sein junges Blut in Wallung. Der Senat schickte ihn als Quästor nach Sardinien und hielt ihn dort fest, in der Hoffnung, er möchte dort am Sumpffieber zugrunde gehen. Auch da zeigte sich gleich die Macht seiner Person. Es war Winter; seine Soldaten froren und hungerten; der junge Mann überredete die sardinischen Kommunen, die Soldaten ohne weitere Vergütung zu bekleiden; ja, er schaffte Getreide aus Algier, aus Afrika vom König von Numidien herbei. In seinem Herzen aber lebte Rachedurst, nichts anderes. Er zauderte noch. Da erschien ihm, heißt es, sein Bruder Tiberius im Traume und sprach: „Was säumst du, Gaïus? Du entrinnst dem Schicksal nicht. Wir beide haben einen Tod und ein Leben."

Umsonst flehte Cornelia, die Mutter, den Rachegedanken fahren zu lassen oder doch zu warten, bis sie tot sei (ihr beweglicher Brief ist noch erhalten). Wider Erwarten war Gaïus auf einmal wieder in Rom (im Jahre 124) und ließ sich sogleich, einunddreißig Jahre alt, zum Tribunen wählen; und aus ganz Italien strömte das wahlberechtigte Volk zu diesem Wahlakt zusammen. Aus ganz Italien! Man möchte glauben: auch die andern, die rechtlosen Italiker hofften schon damals auf ihn.

Worin bestand nun des Gaïus Rache? Sie bestand, von einigen persönlichen Händeln abgesehen, nur darin, daß er als Tribun das Werk seines Bruders wieder aufnahm und energisch weiterführte. Er tat es zwei Jahre lang; denn die Wiederwählbarkeit der Tribunen hatte das Volk inzwischen beschlossen; und es begann im Jahre 123 eine gewaltige, aber hastige Gesetzgebung, die den Senat vollständig entmündigte. Was das Volk votierte, das war Staatsgesetz. So nahm Gaïus auch den Staatsschatz in seine Hände.

Zwar das Ackergesetz seines Bruders ließ sich nicht durchführen, wennschon er es wollte. Statt dessen gab er jetzt an das Volk in Rom täglich Getreide zu Minimalpreisen ab. Es war fast geschenkt. Der Staat begann also jetzt das Stadtvolk regelmäßig zu ernähren, eine mißliche Sache; denn bald hatte kein Bürger mehr Lust dazu, selbst zu arbeiten und draußen Landbauer zu werden. Es war eine Rente für die Faulen. Nützlicher war, daß auch die Soldaten sich jetzt nicht mehr selbst feldmäßig auszurüsten brauchten, sondern der Staat vergütete das. So wollte es Gaïus. Außerdem begann ein großes und fieberhaftes Bauen: öffentliche Speicher, Magazine, Landstraßen, in musterhafter Ausführung. Das brachte Arbeit, Geld unter die Leute! Dabei beaufsichtigte er selbst alles mit einem Stab von Technikern und Architekten. Er war überall. Aber er griff noch viel weiter aus: auch die räuberischen Verwalter in den Provinzen suchte er zu fassen und schaffte darum die Geschworenengerichte, die nur aus Senatoren bestanden, ab. Dem Ritterstande, d. h. der Gruppe der Großkaufleute und Kapitalisten, die die Beamtenlaufbahn mieden und denen es eine Freude war, die Gewaltakte der Provinzialverwalter zu strafen, ihnen lieferte er die Gerichte aus. Dadurch trat der Ritterstand auf einmal als geschlossene Partei und als wettstreitende Macht in das Weltgetriebe ein, und der Gegensatz: hie Senatoren, hie Ritter, geht durch das ganze nächste Jahrhundert.

Aber Gaïus hatte den Teufel nur mit Beelzebub ausgetrieben. Denn auch die edlen Kaufherren verstanden die Provinzen als Steuerpächter schmählich auszubeuten, und sie waren jetzt sicher, das Gericht in Rom werde ihnen nichts antun. Sie waren jetzt Richter in eigener Sache.

Die Reichen zu spalten, das war dem Gaïus hiermit gelungen, und das war das Wichtigste. Seine Popularität war unbegrenzt. Der eine Tribun regierte den Staat, lediglich kraft seiner Rednergabe, und selbst die auswärtigen Gesandten gingen bei ihm aus und ein.

Herrlich und fesselnd war es, ihn auf dem hohen Rednerstand, der weit gedehnt wie eine Theaterbühne war, zu sehen. Er stand nicht still, steif und feierlich, wie die römischen Pedanten es vorschrieben, sondern stürzte hin und her, in die Masse rufend, in innerster Ergriffenheit, mit vibrierender Gestikulation und erschütternder Gebärde: herzbewegend sein Wehruf um seinen Bruder, tödlich sein Sarkasmus, angsterregend sein Drohen; hinreißend alles! Der ganze Mensch Aufruhr, Tumult! Alle anderen stammelten im Vergleich mit ihm.

Aber das Königtum der Gasse ist gefährlich und der Enthusiasmus des Janhagels trügerisch wie das Meer.

Gaïus hatte seine bedeutendsten Pläne noch gar nicht enthüllt. Jetzt erst fing er an, sie anzudeuten: „Mitbürger, ich habe viel für euch getan; aber es kommt die Zeit, wo ich euren Dank erwarte." Welchen Dank? Das Volk sollte dem Plan zustimmen, endlich auch den italienischen Landstädten zu helfen, über das ganze Land Italien allmählich[5] das gleiche städtische Bürgerrecht auszudehnen, also ein großes Vaterland von Bürgern zu schaffen, in dem dann auch ein arbeitsfreudiger, gesunder Mittelstand sich neu entwickeln mußte. Dieser Forderung des Gaïus gehörte die Zukunft; in ihr liegt die ideale Größe seiner volksfreundlichen Politik.

Aber der Stadtpöbel hatte dazu gar keine Lust. Wozu sollte er seine Vorrechte, die schönen Benefizien, die er in Rom genoß, mit dem dummen italischen Landvolk teilen? Das Unglück wollte, daß Gaïus geraume Zeit, siebzig Tage, von Rom abwesend war, um in Afrika eine große Ackerkolonie zu gründen.[6] Als er wiederkam, war die Stimmung plötzlich umgeschlagen.

Ein gewisser Livius Drusus, auch er Volkstribun, hatte das Volk inzwischen im Auftrag des Senats mit allerlei utopischen Korn- und Landversprechungen geködert, die das, was Gaïus gewährte, überboten. Der Senat dachte gar nicht daran, diese übertriebenen Verheißungen zu verwirklichen.

Gaïus sah das Verderben nahen. Jetzt hätte er eine Armee hinter sich haben müssen, um seinen Willen zu erzwingen, denn er wollte ja das Gute. Aber er war kein Revolutionär. Er hatte bisher alles einwandfrei durch gesetzmäßige Volksbeschlüsse durchgesetzt, und so sollte es bleiben.

Anders der Senat. Der lauerte jetzt auf den günstigen Augenblick, um seinen Gegner tödlich zu fassen. Bei irgendeinem kleinen Krawall wurde auf dem Kapitol während des Opferns ein Opferdiener erstochen; der Mann hatte sich unverschämt und herausfordernd gegen die Umstehenden benommen. Sofort hieß es: der Staat ist in Gefahr. Der Konsul erhielt unbeschränkte Vollmachten. Das Kriegsrecht wurde erklärt. Gaïus wußte, was das bedeutete.

Auf dem Forum befand sich das Standbild seines Vaters. Vor dem Bild seines Vaters stand er lange stumm und gedankenverloren, und, die vorübergingen, sahen, wie ihm die Tränen stürzten. Sein Werk war unfertig; niemand würde es vollenden! und er sollte so rasch von hinnen! Und er ließ den Hader zurück; er hatte nur „Dolche unter die Bürger geworfen."[7] In der Nacht hielten Freunde vor seinem Hause Wache; sonst wäre es ihm wie Scipio ergangen. Am folgenden Tag dachte sein Freund M. Fulvius Flaccus noch wirklich an Kampf und Abwehr und besetzte mit Bewaffneten den Aventin. Gaïus dagegen machte sich auf, Rom zu verlassen: wehrlos, hoffnungslos und voll Trauer. Vielleicht wollte er seine ferne Mutter noch einmal sehen. Er glaubte, es sei noch Zeit genug, und eilte zur Tiberbrücke. Da sah er sich verfolgt. Er vertrat sich den Fuß und konnte nicht fliehen. Ein paar Freunde deckten ihn und wurden niedergehauen. Bald danach fanden seine Verfolger ihn tot; in einem heiligen Hain hatte sich Gaïus Gracchus selbst getötet. Auch sein Diener, der den Stoß vollführt, lag tot neben ihm. Man hieb ihm den Kopf ab — denn der Senat hatte verkündet: wir wiegen seinen Kopf mit Gold auf! Wie einige erzählten, nahm man das Hirn heraus, tat Blei hinein, dann kam der Kopf wirklich auf die Wage. Den Leichnam schwemmte der Tiber ins Meer. Nach solchem glorreichen Erfolg ließ der Senat durch den Konsul Opimius in Rom einen Tempel der „Eintracht" bauen. Die Eintracht war in der Tat nominell hergestellt. Dies ist das Ende der gracchischen Unruhen im Jahre 121.

Wer hatte nun in Wirklichkeit Revolution gewollt? wer hatte das erste Bürgerblut vergossen? wer hatte zuerst einen Staatsbeamten angetastet? Der Fluch blieb an der Optimatenpartei haften, und furchtbar hat der Senat dafür büßen müssen. Er hat sich verblutet.

In den Plänen der Gracchen mischt sich, wie jeder sieht, Gesundes und Ungesundes, Mögliches und Unmögliches. Den Pöbel Roms in arbeitsame Landbauern zurückzuverwandeln, das war ein Traumgedanke, und schon Cato hatte offenbar eingesehen, daß sich die agrarischen Besitzverhältnisse nicht mehr ändern ließen. Auch England ist heute Weideland, ausgedehnte Latifundien, die in den Händen weniger Großen und Barone sind, und kein Wille wird es so leicht wieder zu einem Land von Kornbauern machen.[8] Notwendig war dagegen damals die Gewährung gleichen Bürgerrechts an Gesamt-Italien, die Schaffung eines wirklichen großen Vaterlandes. Diese große Aufgabe der Gerechtigkeit erbte die Zukunft von den Gracchen.

Cornelia lebte fern in ihrer Villa am Meer, am Cap Misen bei Neapel. Sie war nicht wie Niobe, die der Schmerz versteinte. Sie trug ihr Geschick großherzig und stolz; sie hatte die Politik ihrer Söhne nur mit halbem Herzen gebilligt, und wir hören, daß sie ihre Lebensweise nach des Gaïus Tod nicht einmal änderte; sie lebte nach wie vor umgeben von zahlreichen griechischen Gelehrten und machte ein großes Haus mit offener Tafel für ihre vielen Klienten. Ja, mit auswärtigen Fürsten tauschte sie, wie eine Fürstin, Geschenke aus und sprach gern und viel, aber tränenlos von ihrem Vater und von ihren Söhnen, als wäre es eine schöne Sage aus alter Zeit, die sie erzählte. Man meinte, diese Starrheit, dies Versiegen ihres Gemütes sei Altersschwäche; denn sie war Siebzigerin; aber in ihr lebte „die Philosophie." So Plutarch. Sie wußte: das Leben ist der Güter höchstes nicht. Mitleid und warme Sympathie haften seitdem an dieser Mutter Cornelia wie an der Gestalt der Isabella in Schillers großer Tragödie. So war es schon im Altertum; und auch ein Porträtbild in Bronze wurde in Rom von ihr öffentlich aufgestellt, ein sitzendes Frauenbild mit der einsilbig vielsagenden Unterschrift auf Stein: „Cornelia, die Tochter des Africanus, die Mutter der Gracchen" (diese Unterschrift ist im Jahre 1878 in Rom wieder aufgefunden); eine Tatsache, die jedes Frauenverehrers Interesse erweckt. Denn dies war das erste bildliche Monument, das in Rom einer Frau gesetzt worden ist.[9]

Gleichwohl hat kein Dichter des Altertums ihr und ihrer Söhne Schicksal je besungen. Das liegt im Wesen der Antike, für die, wo die historische Wirklichkeit beginnt, die Dichtkunst aufhört.

Das Schicksal der Gracchen entschied sich in der Stadt Rom selbst, auf dem Forum und Kapitol. Nunmehr treten wir wieder aus der Enge auf die weite Fläche der Kriegsgeschichte hinaus. Die römischen Adler ziehen über die Alpen, über das Meer. Neue Figuren wandeln vor uns, deren Größe sich kaum in den Rahmen dieser Porträtaufnahmen fassen läßt. Man müßte mit Projektionsapparaten ihr Bild in Übergröße an die Wand werfen!

Volk und Senat. Durch die Gracchen war das Souveränitätsbewußtsein der Volksmasse in der Hauptstadt gewaltig gesteigert, und der Volkstribun war fast wie ein König. Hinfort stehen sich die zwei Parteien schroff gegenüber, die Volkspartei, die die Staatsverfassung jeden Augenblick durch Volksbeschlüsse abzuändern bei der Hand ist, und die konservativen Senatoren oder die „Optimaten", die diese unruhig auffutende Macht niederdrücken wollen und sich dabei ständig vor einem Tyrannen fürchten, der aus dem Volke emporsteigen könnte. Die Partei der Ritter hält vorläufig zur Volkspartei; denn Gaïus Gracchus hatte sie politisch konstituiert. Die Entartung des Pöbels steigert sich noch. Die Italiker, die italischen Landstädte aber stehen immer noch grollend beiseite. Dazu kommen nun auf einmal auswärtige Kriege! In Afrika vergreift sich der Beduinenkönig Jugurtha frech an Rom; Jugurthas Schwiegervater aber war König Bocchus von Mauretanien, und damit tritt M a r o k k o, das ist Mauretanien, zum erstenmal in die Geschichte ein. Im Orient gründet der Sultan M i t h r i d a t e s ein neues Riesenreich, das Rom bedroht, und gegen die Alpen drängen die G e r m a n e n an, die Cimbern und Teutonen. Auch das Germanentum trat jetzt zuerst in die Geschichte ein. Diese wandernden, reisigen Völker mit ihren Wagenburgen — denn es waren ganze Völker — kamen von der holländischen Küste, vom Zuidersee und von der Jade, damals, als die Inseln Borkum und Wangeroog noch festes Land waren; die Nordsee hatte mit schrecklichen Springfluten ihr Land überspült, eine große Katastrophe, die die ganze Küste zerriß, und die unglücklichen Völker suchten umsonst nach einer neuen Heimat. Im Kampf mit diesen Feinden wurde Marius groß und Sulla, Sulla, der große Reaktionär und Henkermeister. Gaïus Gracchus hatte in Rom zwei Jahre lang wie ein Monarch geherrscht, bloß kraft seiner Beredsamkeit und ohne Waffen. Jetzt klirren die Schwerter. Die Generalissimi halten die Masse in Schrecken, und das Heer schafft den Monarchen. Das hat mit Sulla, dem „Glücklichen", begonnen.

Man kann diesen grauenhaft interessanten Menschen nicht, ohne Marius zu kennen, verstehen. Denn auch der Gegensatz ist belehrend.

Gaïus Marius, der Korporal und Haudegen, das Vorbild für die späteren Soldatenkaiser Maximin und Aurelian: wer hat nicht von ihm gehört? dem wilden Mann, vor dem Weiber und Kinder bange wurden? Er war eigentlich ein ganz gutmütiger Mensch, stammte aus ganz armen Verhältnissen[1], aus einer kleinen Landstelle bei Arpinum, also wohl volskisch-samnitisches Blut, ein echtes Naturkind wie der alte Cato, aber dabei ein Kraftmensch und Raufer, eckig, brüsk und bellend, wie ein Dorfhund. Er litt an Krampfadern; als ein Eingriff not tat, stellte er sich hin, ließ sie sich, so stehend, operieren und zuckte nicht: ein Cyklop mit finsterer Stirn und wildem Blick, mürrisch, gallig, mit dem ständigen bitteren Zug um den Mund; aber eine ehrliche Haut, ohne argen Trug und Habgier, im Umgang mit Frauen untadelig, vor allem von einer außerordentlichen, praktisch zufassenden Intelligenz: die Intelligenz eines Truppenführers ersten Ranges.

Damals ist ganz Rom moralisch verseucht; der Betrug herrscht, die Militärs sind feige und schlapp; König Jugurtha reiste, obschon er der erklärte Reichsfeind war, einfach nach Rom und bestach da an Ort und Stelle selbst die Senatoren, so viele er wollte. Jugurtha kannte seine Leute. Die feinen römischen Herren klopften sich auf den Geldsack und dachten: „was küm-

mert uns Algier? wenn wir nur Geld bekommen!" Und die
Cimbern und Teutonen, die gar keinen Kampf gewollt und
nur um Wohnsitze baten, zertrümmerten ein römisches Heer
nach dem andern: Schande über Schande! Da erschien Marius,
dieser Naturbursche mit dem festen drohenden Blick, wie ein
rettendes Wunder. Er sträubte sich mit Verachtung gegen alle
sogenannte Bildung. Was sollte sie ihm? So, wie er war, gelangte er früh in das höchste Amt, in das Konsulat; er bewährte
sich und wurde in rascher Folge sechsmal Konsul. Ja, eine der
vornehmsten Patrizierfamilien gab ihm ihre Tochter zur Frau;
Marius heiratete die Tochter eines Julius Cäsar.

Als junger Reitersmann war Marius mit in Spanien vor
Numantia gewesen. Da hatte er die Ehre, mit seinem Feldherrn,
dem berühmten Scipio Ämilianus, zusammen zu speisen, und
Scipio wies geradezu mit dem Finger auf ihn: „dies ist der
Mann der Zukunft." Aber Marius war ganz nur Feldsoldat;
auch noch als General blieb er ein guter Kamerad seiner Leute,
der Gemeinen, hielt auf dem Marsch gleichen Schritt bei Hitze
und Frost und hielt musterhaft Disziplin, nicht durch Strafen,
sondern indem er die Truppen durch sein Beispiel beschämte.
Das für alle Folgezeit Wichtigste aber ist, daß er damals
das römische Heerwesen umschuf und an die Stelle des alt-
modischen Bürgerheeres, wo jeder Mann sich selbst auszurüsten
hatte, jetzt das Söldnerheer setzte: neben den Aushebungen bei
allgemeiner Dienstpflicht ein Anwerben für Geld. Es gibt also
von jetzt an auch Berufssoldaten im Heer; und alles, was mittel-
los, strömte zum Werberuf seiner Herolde herbei. Seit Marius
gibt es also in wachsender Menge die heimatlosen Berufssoldaten im Heer, die kein anderes Handwerk treiben und der Fahne
ihr Leben weihen. Er schuf das abenteuernde Soldatenleben mit
Korpsgeist, wie wir es aus Wallensteins Lager kennen.

So also, als Soldat, kam Marius zu seinem ersten Konsulat.
Es waren die Kameraden selbst, es waren die Soldaten in
Nordafrika, die ihn zum Konsul haben wollten. Nur er sollte

Emporkommen des Marius.

sie gegen König Jugurtha führen. Als Marius sich dazu bereit fand, hänselte ihn der damalige Konsul Metellus, ein hochvornehmer Mann, in borniertet Weise, als wäre Marius der Frosch, der sich aufblähte, um ein Stier zu werden. Der bleibende Groll des Gekränkten verfolgte den Metellus seitdem; denn Marius konnte ehrlich hassen.

Welch ein Triumph, als nun Jugurtha, der königliche Hochstapler, von ihm als Gefangener durch Roms Straßen geschleppt wird! Das war des Marius erster Triumph. Das Volk haßte den Jugurtha so, daß es ihm die Ohrringe aus den Ohren riß, so daß die Ohrläppchen mit abgerissen wurden. Das war im Jahre 104. Inzwischen aber währte, schon seit dem Jahre 113, am Alpenrand der Cimbern- und Teutonenkrieg. In großartig umsichtiger Weise hat Marius nun sogleich, vom Volk immer wieder zum Konsul gewählt, diese Riesenvölkerzüge in großen Schlachten gebändigt, ja, bis auf den letzten Mann vernichtet, bei Aquae Sextiae in der Provence im Jahre 102, bei Vercellae in Norditalien im Jahre 101 (bei der zweiten Schlacht teilte er Arbeit und Erfolg mit Lutatius Catulus). Die überlebenden Gefangenen, auch Weiber und Kinder, wurden in Rom verauktioniert. Das gab ein unerhörtes Marktgetriebe. Seitdem waren Germanen im antiken Sklavenhandel eine beliebte Ware.

Rom hatte vor diesen gigantischen Menschen gezittert wie die Kinder vor dem Gespenst, das sie fressen will. Jetzt lag Rom geradezu auf den Knien vor Marius. Man brachte ihm Dankopfer wie einem Gott. Er selbst aber — der sonst so frugale Mann — griff zum Humpen. Es heißt, er trank in jenen Tagen den Wein aus Eimern oder aus Bechern, so groß wie Champagnerkühler.

Er war im Rausch. Soll es uns wundern? Dieser ungehobelte Landsknecht, der sich auf sein gutes Schwert stützte, herrschte wie ein Halbgott in Rom, und er tat es vollkommen gesetzmäßig, sechsmal vom Volk zum Konsul gewählt, zum sechstenmal für das Jahr 100. Er fing an zu glauben, das müsse immer so weitergehen.

Aber zwölf Jahre lang regte sich nunmehr kein Landesfeind, und es gab keine Völkerschlachten zu schlagen. Was sollte Marius jetzt tun? In Zivil verstand er sich nicht zu benehmen. Einmal war er im Kriegsrock, der ihm behagte, erschienen, als er den Senat um sich versammelte. Er merkte, daß das Anstoß gab, und zog sich schnell um. In der Volksversammlung wurde er steif, verlegen und unbeholfen, denn seine rauhe Stimme, sein büffelhaft wilder Ausdruck genügten da nicht, wo Berufs=demagogen ihre Brandreden hielten. Und die Sache des faulen Stadtpöbels interessierte ihn auch wenig. Ja, er ist mit Recht gegen die demoralisierenden Kornverteilungen, gegen die Gratisernährung des Gassenvolks aufgetreten. Das ist wichtig und ist bezeichnend. Trotzdem aber war es natürlich, daß er im ganzen zur Volkspartei und nicht zum Senate hielt.

So war Marius wie ein Hammer, dem der Amboß fehlte: er sehnte sich nach einem Feldzug und konnte nicht dreinfahren.

Inzwischen aber regte sich in der Stadt ein anderer Mann, Lucius Cornelius S u l l a. Schon sprach alles von ihm. Marius sollte zu seinem Kummer merken, daß es noch befähigtere Leute gab, als er.

Sulla, der Roué, der Glücksritter, ein wie anderer Mensch! Er war achtzehn Jahre jünger (Marius im Jahre 156, Sulla 138 geboren), echter Stadtrömer, hochvornehmes Blut, patri=zisch, aber seine Eltern gänzlich verarmt. Aus Barmherzigkeit wurde der Knabe von Verwandten aufgezogen. Als junges Herr=chen saß Sulla ziemlich ruppig auf einer Etage zur Miete für bloß 400 Mark (3000 Sestertii): Leute geringen Standes wohn=ten im selben Haus und zahlten mehr. Unbeobachtet, gedan=kenlos, liederlich und höchst vergnügt lebte er dahin, ein loser Vogel, mit zweideutigen Männern und Weibern, Mimen und Clowns und Tingeltangelpersonal: dabei er selbst riesig amüsant und zu jedem tollen Spaß aufgelegt. Es sollte sich zeigen, daß er selbst der größte Schauspieler war. Er hielt sich für schön; aber es war eine maskenhafte Schönheit, seine Erscheinung unheimlich, trotz aller Ausgelassenheit. Denn er weinte auch leicht.

Ein Frauenzimmer, das zur unteren Halbwelt gehörte, starb und machte Sulla zu ihrem Erben. Dadurch kam er zunächst etwas zu Gelde; es war kein sauberes Geld. Dann beerbte er auch noch seine Stiefmutter.

So kam Sulla im Jahre 107 als blutjunger Offizier und Kriegskassenverwalter in den Krieg gegen Jugurtha nach Afrika. Da fraternisierte er mit den gemeinen Soldaten auf das lustigste, ein Ausbund der Vergnüglichkeit, und der Feldherr Marius mochte ihn gern, ja liebte ihn förmlich. Marius ehrte ihn mit dem Auftrag, zu König Bocchus nach Marokko zu reiten, um womöglich durch dessen Beihilfe Jugurtha selbst zu greifen. Das war ein rechtes Abenteuer für Sulla. Wüstenritt! Beduinen! Hinterhalte! Er mußte gewärtig sein, überfallen, geköpft zu werden, eventuell Nase und Ohren zu verlieren. Sulla liebte den Hazard; seine Art imponierte dem König Bocchus, und Bocchus spielte ihm den Jugurtha wirklich in die Hände. Ein kostbarer Fang! Marius freute sich neidlos daran. In Sulla aber erwachte ungemessene Eitelkeit: er ließ den Moment der Gefangennahme als Bild auf seinen Siegelring schneiden, und auf allen Briefen und Paketen, die er siegelte, konnte man jetzt ihn und den König Jugurtha sehen. Ein Mordskerl, das schien er sich und anderen. Dann hat er unter Marius auch noch gegen die Cimbern mit Auszeichnung gefochten, und er begann jetzt Tagebücher zu führen, mit genauen Angaben über Terrain, Zahl und Aufstellung der Truppen usw., woraus später seine Autobiographie hervorging. Sulla war einer der wenigen Fürsten, die ihr Leben selbst geschrieben haben.

In allen Kriegsdingen war Sulla klärlich Schüler des Marius. Er hatte das größte Nachahmungstalent (er war ja auch mit Schauspielern aufgewachsen), lernte rasch und übertraf immer seine Vorbilder.

Jetzt, im Jahre 92, erhielt er, nachdem er die Prätur bekleidet, das erste selbständige Kommando, und zwar in Kleinasien. Es war doch ein interessantes Leben: mit den Beduinen in Algier, mit den germanischen Wandervölkern sich herumzuschlagen und jetzt mit den prunkvollen Orientalen! Zunächst war seine Aufgabe, in Kappadozien irgendeinen vertriebenen König wieder einzusetzen, und das gelang ihm leicht. Nun regte sich damals aber zum erstenmal seit langen Zeiten wieder die persische Macht, im Königtum der Parther. Eine Gesandtschaft des Partherkönigs kam zu Sulla, und es gab eine diplomatische Verhandlung von orientalischer Feierlichkeit. Auch da spielte Sulla seine Rolle glänzend. Als den Satrapen und Pascha gab er sich. In der Mitte thronte er selbst, rechts ließ er den Parther, links den König von Armenien sitzen, und ein Menschenkenner, der ihn damals beobachtete, sagte: „man braucht diesen herrischen Menschen nur zu sehen, und man weiß: der wird einmal der Herr der Welt." Dabei hielt aber Sulla dort seine Hände und seine Taschen offen und ließ sie sich beiläufig mit Gold füllen. Denn er brauchte immer Geld, und er war nicht blöde.

Da kam über Italien selbst die größte Erschütterung. Der Boden wankte unter dem stolzen Rom. Das Land Italien erhob sich gegen die Hauptstadt. Der alte Groll entlud sich endlich. Schon Gracchus hatte im Jahre 121 sämtlichen Italikern das gleiche Bürgerrecht der Hauptstadt geben wollen. Im Jahre 91 stellte ein anderer Volkstribun, Livius Drusus, noch einmal denselben Antrag. Der hirnlose römische Pöbel wollte davon auch jetzt nichts wissen, und Drusus kam um. Da erhoben sich die Landstädte einmütig zum Kampf. Man nennt dies den Sozialkrieg oder den Bundesgenossenkrieg. Es war das Jahr 90. Woher sollte Rom jetzt seine Soldaten nehmen? Rom hob jetzt Gallier und Spanier aus, um damit die eigenen Landsleute zu bändigen.

Für Sulla war das ein Gaudium; er hieb derb darein (er hat damals auch Pompeji am Vesuv erobert, und er siedelte

dort später seine Soldaten an). Marius dagegen zeigte sich
lahm; ja, er war vielleicht wirklich lahm; es hieß, daß er an
Rheuma litt, und man riet ihm, in die Bäder zu gehen. Die
Hauptsache war: seinem Herzen war solch ein Krieg gegen die
eigenen Landsleute zuwider; Marius hatte das Herz auf dem
rechten Fleck. Wie kann man dies verkennen? In ihm selbst
floß volskisches, samnitisches Blut. Er stand seiner innersten
Neigung nach ohne Frage auf dem Standpunkt des Gracchus
und des Livius Drusus, und er wollte das Blut seiner Brüder
schonen.

Daher hatte Marius auch die berühmte Villa der Cornelia
am Kap Misen käuflich erworben. Er lebte sonst so schlicht,
hielt sich nicht einmal einen Koch; aber diese Villa, die wollte
er haben; denn sie hatte der Mutter der Gracchen gehört. Er
fühlte sich als Erbe der Gracchen.

Der Erfolg war, daß schließlich im Jahre 89 tatsächlich allen
Italikern das römische Bürgerrecht zugesprochen wurde. Seitdem steht Roms Geschichte auf ganz anderem Boden. Sie ist
von da an keine römische, sondern italische Geschichte. Und
allmählich verbreitete sich auch wieder Wohlstand, Behagen
und Glück über das ganze mißhandelte Land.

In Rom aber galt jetzt Sulla schon mehr als Marius, und
die Rivalität der beiden Militärs war nicht mehr auszugleichen.
Sulla wird im Jahre 88 Konsul und erhält als solcher den Oberbefehl gegen Mithridat. Da empörte sich des Marius Ehrgeiz.
Für einen neuen großen Feldzug, meinte er, kam ihm der Oberbefehl zu.[1] Ein Volksaufstand wird durch den Volkstribunen
Sulpicius Rufus wirklich zu seinen Gunsten in Szene gesetzt:
ein Aufstand gegen Sulla. Sulla irrte durch die Straßen. Er
sah sich verfolgt. Wohin sich retten? Sein Leben stand in Gefahr. Es ist bezeichnend für seine tollkühne Klugheit, daß er sich
geradeswegs in das Haus des Marius selbst begab; und Marius
tat ihm wirklich nichts und ließ ihn unbehelligt aus Rom entweichen. Das war gewiß vornehm und gutherzig gehandelt.

Sulla aber eilt zum Heer, das in Süditalien steht; das Heer huldigt ihm; er rückt mit dem Heer gegen Rom: unermeßliche Bestürzung! Die Stadt kann sich nicht wehren; Sulla selbst greift zur Fackel und droht Rom einzuäschern. Marius wird von ihm geächtet, Sulpicius hingerichtet, sonst aber kein Blut vergossen. Der Tyrann ist in Sulla erwacht, und er versteht zu herrschen. Er ordnet nach Gutdünken die staatlichen Verhältnisse und bricht sogleich in den Orient gegen König Mithridates auf.

Erst verhältnismäßig spät hat also Sulla seine große Stellung in der Geschichte gewonnen. Nur in den letzten zehn Jahren seines Lebens ist er wirklich alle überragend groß gewesen. Wie so manche Menschen des Altertums, fing er erst als Fünfzigjähriger an, sich seiner Vollkraft, seines Genies ganz bewußt zu werden.

Der kluge Mensch konnte sich's an den fünf Fingern abzählen, daß Rom gleich hinter seinem Rücken wieder in die Hände der Volkspartei fallen würde. Ihn ließ das kalt. Sulla wollte sich zunächst durch einen großen Krieg auf alle Fälle ein Heer heranbilden, das auf ihn allein schwor und durch das er später alles erzwingen konnte, ganz so wie es später Julius Cäsar machte. Und es gelang ihm. Vier Jahre währte der Kampf gegen Mithridat.

Mithridates war zwar kein zweiter Hannibal, aber er drohte es zu werden: ein asiatischer Despot im Land Pontus am Schwarzen Meer, verschmitzt, zäh und unternehmend, dabei ein Athlet an Körperkraft. Südrußlands Steppen, die Krim und Kolchis hatte er sich erobert, und, da er von den Wirnissen in Italien hörte, drang er mit Wucht nach Westen vor und rief plötzlich den ganzen griechischen Orient zum Befreiungskampf gegen Rom auf. Lauter Griechen waren seine Diener und Helfer; Griechen seine Heerführer. Mithridat selbst aber ist der Barbar und Sultan, der zweiundzwanzig Sprachen spricht, immer Gift fürchtet, seinen Intimsten mißtraut und durch Verwandtenmord, Greuel und Schrecken seine Herrschaft festigt. Als er einen geld-

                    Sulla

Kleopatra   M. Antonius

Mithridates   Livia

gierigen römischen Herrn gefangen nahm, ließ er ihm ebenso
sinnvoll wie grausam flüssiges Gold in den Rachen gießen; eine
symbolische Marter. Dann aber organisierte er den Massenmord. So wie zu unseren Zeiten im Orient auf die verhaßten
Armenier Razzia gemacht wurde, so haben damals die Griechen Kleinasiens an einem einzigen Tag 80 000, nach anderen
150 000 Römer mit Weibern und Kindern massakriert. Ein
entsetzliches Gemetzel.

Der Krieg begann. Der König hatte ein Heer von märchenhafter Größe (die Zahlenangaben, die wir dafür erhalten, beruhen, wie zumeist, auf fröhlicher Übertreibung) nach Altgriechenland geworfen. Sogar Athen focht auf Mithridats
Seite. Sulla blockierte und nahm erst Athen — es fiel ihm nicht
leicht — und schlug dann jene riesigen Heerscharen selbst in
Böotien in zwei großen Schlachten bei Chäronea und bei
Orchomenos im Jahre 86 und 85, Schlachten, deren genaue
Schilderung wir seiner eigenen Feder verdanken.

Die Leistung war um so großartiger, da Sulla gar keine
Flotte hatte und ihm aus Rom weiter kein Pfennig Geld, keine
Verstärkung nachgeschickt wurde; denn die Volkspartei hatte
ihn inzwischen geächtet. Die Volkspartei herrschte wieder in
Rom, und als ein vom Staat Geächteter hat Sulla den großen
Krieg geführt. Aber er war durchaus nicht sentimental und
bat sich die altheiligen Tempelschätze in Delphi und Olympia
aus, um rasch Geld zu haben. Die Leute von Delphi erwiderten
zwar auf seinen Brief, die Leier Apollos habe im Tempel gerauscht; das sei ein Zeichen, daß der Gott seine Schätze nicht hergeben wolle. Aber Sulla schrieb ulkend dagegen: „Im Gegenteil, meine Lieben. Der Gott freut sich offenbar, einem Sulla
sein Geld zu geben. Darum klang die Leier."

Er spielte auch jetzt Hazard und sprach es immer lachend
aus: „ich will Felix heißen, d. i. der Glückliche. Das Glück ist
mit mir; ich kann alles riskieren." Aber seine Tatkraft und Wachsamkeit war ebenso groß wie sein Glück. Man sah ihn in der

Schlacht auf einem weißen Gaul, dem schnellsten Renner, und im Gewand trug er gern ein fingergroßes Apollobildchen; in Gefahr zog er den kleinen Gott aus dem Kleid und betete: „O Apollo, willst du den glücklichen Sulla hier umkommen lassen?"

Alles in allem genommen aber waren Sullas Schlachten, die ich erwähnte, eigentlich nichts so Außerordentliches; denn er kämpfte gegen gänzlich undiszipliniertes, buntscheckig zusammengelaufenes asiatisches Volk, das nur durch seinen bunten Aufputz blendete.² Auch die 90 Sichelwagen waren Bluff, weiter nichts. Waren es wirklich 120000 Feinde, wie Sulla angab, so standen ihre Haufen sich doch nur gegenseitig im Wege; sie waren vollkommen manövrierunfähig. Wir brauchen nur etwa an die neueren Chinesenkriege des 19. Jahrhunderts zu denken, wo gleichfalls ganz geringe europäische Streitkräfte die chinesischen Hunderttausende zu Paaren trieben.

Der Friedensschluß ergab nicht mehr, als daß Mithridat in seine früheren Grenzen zurückging; Sulla hatte also nur einen Defensivkrieg geführt. Dabei traten sich nun endlich Sulla und der König auch persönlich gegenüber, in denen der Orient und Occident sich personifizierten, die beiden genialsten, die beiden schrecklichsten Herrscher ihrer Zeit: Sulla schneidend einsilbig, der König ungestüm beredt. Als Mithridat endlich in alle Forderungen gewilligt hatte, umarmte ihn Sulla und küßte ihn. Die Geschichtschreibung hat auch diesen Kuß verzeichnet: so sonderbar bedeutsam schien er ihr.

Aber wir haben Marius aus dem Auge verloren. Sein Stolz war auf einmal zu Boden geworfen. Wie ein Märchen klingt der Bericht von der Flucht des geächteten Marius. Berittene Häscher hinter ihm her: so irrt er bei Terracina an der italienischen Küste entlang; niemand will ihm Herberge geben, als wäre er ein Verbrecher; kein Segelboot wagt ihn aufzunehmen, oder man setzt ihn gleich wieder an Land. Da liegt er, trostlos einsam, hungernd am Strande, verkriecht sich in Wälder, der alte 68jährige Mann, bis er sich gar in einem Morast verstecken

Krieg gegen Mithridates.

muß, bis an den Hals im Wasser. Trotzdem wird er gefaßt, den Strick um den Hals hin- und hergezerrt. Ein cimbrischer Knecht soll ihn töten; der aber erschrickt vor des Marius glühenden Augen so heftig, daß ihm das Messer entsinkt. Endlich entkommt er auf abenteuerlicher Segelfahrt nach Afrika, Karthago. Er selbst hat das Wort geprägt: „Gaius Marius auf den Trümmern von Karthago!" Denn auch sein eigenes Glück, das er sich erkämpft, war ja wie Karthago in Trümmer gegangen. Aber auch die römische Provinz Afrika duldete ihn nicht; wie ein gehetztes Wild irrt er auch hier an den sandigen Küsten entlang, Empörung im Herzen. Erst im Vasallenland des Königs von Numidien, da findet er Zuflucht; da kann er auch wieder Leute um sich sammeln. Und auf einmal ist er wieder in Italien, aber verwandelt. Der wackere Patriot ist jetzt auf einmal ein Rachedämon. So wie König Lear, da er verstoßen, wahnsinnig wurde, so der verstoßene Marius. Schnödester Undank war ihm widerfahren; denn er hatte seiner Vaterstadt treu gedient und sie nie gekränkt. Mit bewaffneten Knechten zieht er jetzt im Jahre 87 in Rom ein, noch immer in den Lumpen, die er auf der Flucht getragen, Haar und Bart verwildert, bemitleidenswert, aber furchtbar.

Gewalttätigkeiten waren seit dem Ende der Gracchen in Rom an der Tagesordnung. Die schöne Menschlichkeit und der Edelsinn, der milde Einfluß der griechischen Philosophie, der einen Scipio Africanus, der selbst die Gracchen gebändigt hatte, war dahin und wie eine schöne Sage verflogen. Wollte das Volk abstimmen, so warf der Senat, wenn es ihm so beliebte, die Stimmurnen einfach um; umgekehrt erschlug das Volk kurzerhand die Amtsbewerber, die ihm nicht genehm oder zuwider.[3] Besonders wildwütig waren die zwei Volkstribunen Saturninus und Glaucia; sie kamen gewaltsam ums Leben. Jetzt hatte der gewalttätige Konsul Cornelius Cinna in Rom geschaltet. Mit Cornelius Cinna im Bunde hielt nun Marius sein Strafgericht, fünf Tage lang, wie ein Totengott, der sein Opfer will. Mit stierem Blick schritt er durch die Straßen. Alles kam unterwürfig heran, ihn zu begrüßen. Der, dessen Gruß er nicht annahm, wurde von seinen Leuten niedergestoßen, die Köpfe der Erschlagenen auf der Rednertribüne aufgestellt. Alles das klingt grausig genug; gleichwohl waren der Opfer nicht allzu viele. Auch hielt sich das Volk anständig und plünderte die Häuser der Getöteten nicht aus.[4]

Aber Marius' Nervensystem war vollständig zerrüttet. Er ergab sich dem Trunk, um seine fiebernde Erregung zu betäuben, verfiel bald in Delirium und starb. Ein getretener Löwe! Er hatte es sein Leben lang gut gemeint. Der Undank der Römer hat diesen großen Volksmann, der lauter und bieder wie wenige, moralisch und körperlich zerrüttet.

In staatsrechtlicher Hinsicht ist hervorzuheben, daß Marius in der Tat nie geplant hat, als Diktator oder König über die Bürger Roms zu herrschen, sondern nur auf gesetzmäßigem Wege durch fortgesetzte Konsulate, als der vom Volke Jahr für Jahr freiwillig immer neu erwählte Schützer und Helfer, die Führung der auswärtigen Kriege in der Hand behalten wollte. Denn das war von Jugend auf sein Sport, seine Liebhaberei und sein Ruhm gewesen.

Drei Jahre danach kam der Sieger Sulla aus dem Orient und landete in Brindisi mit seinem Heer, mit seiner Beute (im J. 83). Man hatte in Rom längst vor ihm Angst; denn man hatte ihn ja geächtet. Die Machthaber der Volkspartei schicken ihre Legionen gegen ihn aus. Aber Sulla, „der Fuchs", wie man ihn nannte,[5] verstand es, wie keiner vor ihm, die Truppen des Gegners zu locken, zu ködern. Die ganzen Legionen gingen alsbald mit Kriegskasse und Feldzeichen zu ihm über, und der gegnerische Feldherr fand sich kläglich hilflos einsam in seinem Zelt. So eroberte Sulla jetzt seine Vaterstadt zum zweitenmal mit Gewalt.

Und nun begann die Metzelei. Woher die plötzliche, maßlos groteske Grausamkeit des Mannes? War es bloß Rache für das, was Marius getan? Sulla kam aus dem Orient. Des Mithridates sultanischer Geist war in ihn übergegangen seit jenem Kuß, den Sulla dem Mithridat gegeben. Sulla, der Schauspieler, spielte jetzt den Massenschlächter in Rom. Unheimlich war schon sein Äußeres, sein Gesicht: weißer, kalkweißer Teint mit knallroten Backen oder vielmehr rot entzündeten Flecken. Er sah wie geschminkt aus, als hätte er rote und weiße Farbe dick aufgelegt. Ein Metzgergesicht! Dazu intensiv blaue Augen und ein stechender Blick.

Die Stadtvertreter wollen mit dem Sieger verhandeln und ziehen ihm entgegen. Um sie gebührend einzuschüchtern, läßt Sulla gleich als Vorspiel dessen, was bevorstand, in ihrer unmittelbarsten Nähe eine Massenhinrichtung vornehmen und 600 Soldaten abschlachten. Seitdem erstarrte alles vor Grauen. Es war im November 82. Dann ließ er sich zum Diktator ernennen, und es folgten die Metzeleien unter den angesehenen Bürgern und Parteimännern. Sulla machte kaltlächelnd öffentliche Anschläge, mit Namenlisten: heute werden die und die Männer umgebracht; am ersten Tag waren es nur 80, am nächsten 220 und so fort. Das nannte man die Proskriptionen. Wer einen Proskribierten verbirgt, ob er auch der Vater oder der Sohn ist, der muß mitsterben. Panik, Todesangst, Grauen, Entsetzen in allen Gassen! 4700 Bürger sind so ums Leben gebracht worden. Das Entsetzlichste: die kleine Festung Praeneste bei Rom hatte ihm noch bis zuletzt Widerstand geleistet; zwölftausend Soldaten lagen in der Stadt; Sulla ließ die 12 000 jungen Männer (es waren nicht etwa Provinzialen, sondern eingeborene Italiener) an einem Tag erbarmungslos niederhauen, bis auf den letzten. Die Feder zaudert das aufzuschreiben; das Eisen mußte stumpf werden, das solche Exekution verrichtete.

Das war der Stil Mithridats. Wer kann das verkennen? Der Schauspieler Sulla mimte jetzt den Sultan. In der Figur Sullas hat damals Mithridat Rom abgeschlachtet. Ganz wie dieser, umgab sich jetzt Sulla in Rom auch nur mit asiatischen

Griechen als Helfershelfern. Sultanisch auch seine Habgier, die zur Blutgier hinzukam; das Hausgut und Vermögen, auch die Sklaven der Gerichteten konfiszierte Sulla; sie wurden des Diktators Beute und Privatbesitz. Die betreffenden Sklaven ließ er dann frei; es waren an 10 000, und machte sie so als Libertinen zu seinen gefürchteten Helfershelfern, die nach ihm die Cornelier hießen. Daß unter diesen Zehntausend die Griechen und Asiaten vorherrschten, ist selbstverständlich. Diese Massenfreilassung bedeutete also nebenbei eine ungeheure Steigerung des asiatischen Blutes in der Bürgerschaft. Übrigens saß Sulla persönlich auf einem Gerüst oder Verkaufsstand (Bema) und verauktionierte schamlos zu Schleuderpreisen die erbeuteten Besitzungen, Mobilien und Immobilien, an seine Günstlinge, oft die gemeinsten Schufte, an Sänger, Schauspieler und Kursitanen.

Einen dieser Günstlinge, den Chrysogonus, kennen wir durch Cicero genauer. Denn der junge 26jährige Cicero hat das alles miterlebt. Dieser gewesene Sklave Chysogonus, auch er ein Asiate, behandelte die angesehenen römischen Herren wie seine Schuhputzer und trieb den unverschämtesten Luxus.

Natürlich feierte Sulla überdies seinen Sieg über Mithridat als Triumph mit gewaltigem Gepränge. Er deponierte den Zehnten seiner Beute im Herkulesheiligtum, und von da aus wurde eine Volksbewirtung veranstaltet, ein Schlemmen und Zechen, das durch viele Tage ging. Vorschrift war dabei, daß von solcher gleichsam heiligen Bewirtung, die vom Tempel ausging, am Abend keine Reste auf den Tischen bleiben durften, und so warf man das leckere Essen abends haufenweise in den nahen Tiberfluß. So überladen waren die Tafeln. Das Volk konnte es nicht bewältigen.

Drei Jahre lang blieb so Sulla der allmächtige Diktator. Wozu aber benutzte er seine Machtstellung? Er dachte nicht daran, eine Dynastie zu gründen. Das lag dieser Zeit noch fern. Wohl aber fühlte er sich berufen, Rom eine neue Verfassung

Sulla als Tyrann in Rom.

aufzuzwingen, und zwar in reaktionärem Sinne: eine Verfassung, in der er alle Leistungen der Gracchen aufhob, den Ritterstand wieder vollständig zurückdrängte, die Macht der Volkstribunen beschnitt, den Senatoren dagegen, die von jetzt an unabsetzbar sein sollten, die Macht und Gesetzgebung aufs neue in die Hand spielte: in der Tat eine große, systematisch durchdachte Arbeit. Von bleibendem Wert war dabei vor allem die Neugestaltung des Gerichtswesens.

Das war Sulla, der Glückliche, der erste Monarch Roms, der Vorgänger der Cäsaren, ein Mensch, frivol, blasiert, abgebrüht und in Gefühllosigkeit gepanzert. Eine ganz seltsame Natur. Umsonst sucht man eine weiche Stelle an ihm, irgendein Ideal, irgendeine tiefere Gemütsregung. Er hatte zwei Gesichter zur Verfügung: im öffentlichen Auftreten immerfort die starre Despotenmaske; sobald er sich zu Tisch setzte, war er immer noch der harmlose Possenreißer und joviale Tischgenosse, der keinen Spaß verdirbt. Wirklich M e n s ch war er vielleicht nur in seinem Verhältnis zur Metella, seiner vierten Frau[6], die ihm zwei Zwillingskinder gab. Hat er sie nicht wirklich verehrt, so wollte er sie doch geehrt wissen. Als sie aus Rom entweichen mußte, kam sie zu Sulla nach Athen; es war die Zeit, als Sulla diese Stadt belagerte. Die stets spottlustigen Athener machten ihre Glossen über die feudale Dame, Sulla aber nahm tigerhaft blutige Rache dafür. Als Metella starb, da wußte er sich indessen doch zu trösten. Auf dem Forum in Rom sollte es gerade Gladiatorenkämpfe geben; d. h. auf dem offenen Marktplatz wurden da einige hundert Kriegsgefangene gezwungen, eine Schlacht aufzuführen, in der es wirklich um Leben und Tod ging. Das liebe Publikum, insbesondere die Römerinnen, wollten doch auch gelegentlich etwas Blut und einige Leichen sehen. Als Sulla sich unter die Zuschauer mischte, schritt eine junge vornehme Dame, Valeria, desselben Weges, und er fühlte zu seinem Erstaunen, daß sie ihn berührte, daß sie ihm ein Flöckchen oder Fäserchen Wolle von seiner Toga nahm. „Pardon," sagte sie; „wundre dich nicht; ich möchte nur ein kleines Flöckchen von deinem Glück besitzen." Dann gab es, während der Vorstellung, während des Hetzgeschreies, des Sterberöchelns der Fechter, ein ständiges Kokettieren, Fixieren, Anlachen, verliebtes Augenspiel. Binnen kurzem war Valeria die fünfte Frau des 58jährigen. Aber Sulla kümmerte sich wenig um sie und trieb seine Liebeleien, wie in seiner Jugendzeit, mit dem Theatervolk vom Überbrettl und der Halbwelt nicht nur weiblichen Geschlechts.

Der große Macher und Staatserretter! der Mann der Überraschungen! Als er sein Verfassungswerk vollendet hatte, trat Sulla eines Tages zu aller Überraschung ins Privatleben zurück. Man staunte: nachdem er dem Volk die Tatsache persönlich mitgeteilt, wagte er es, ohne alle Bedeckung durch die Menschenmassen nach Haus zu gehen. Er vertraute blind auf sein Glück, und in der Tat: kein Dolch der Rache regte sich. Er wurde nicht niedergestochen. Geherrscht zu haben, eine Verfassung gegeben zu haben, das genügte seinem Ehrgeiz; die täglichen Mühen des „Regierens" waren ihm zu langweilig. Am Neapler Golf, nicht fern dem Posilipp, wo so viele schon süße Rast gesucht, wollte er jetzt privatisieren, etwas fischen und jagen und den Naturschwärmer spielen. Aber das Glück wollte es anders. Solche Poesie war zu gut für ihn. Ihn befiel dort sogleich eine gräßliche Krankheit, und er starb unter großer Pein rasch dahin, im Jahre 78. Noch drei Tage vor dem letzten Blutsturz schrieb er voll Ehrgeiz an seinen Memoiren.

Was blieb von ihm? Die Weltgeschichte ist gerecht. Kein Standbild, kaum ein Münzbild von Sulla ist erhalten, und auch sein großes Verfassungswerk wurde gleich nach seinem Tode vom Strom der Ereignisse großenteils wie weggeschwemmt. Aber man lernte von seinem Beispiel. Die großen Männer, die jetzt folgten, Pompejus, Julius Cäsar, Mark Anton, lernten jetzt, daß alle Gesetze, ob man sie auch in Erz graviert, nichts sind als Papier, das schon der nächste Tag durchlöchert, und daß der Monarch in Rom, auf den alles wartete, nur durch Massenjustizmorde, durch Ausrottung der besseren bürgerlichen Häuser, sich seinen Platz erobern konnte. Weil Julius Cäsar dies unterließ, deshalb ist er selbst ermordet worden. Weil Mark Anton dem blutigen Beispiel Sullas folgte, deshalb ist das Kaisertum Roms unter Augustus endlich wirklich zustande gekommen.

Lukull

Rom hatte seinen ersten Tyrannen erlebt. Er war es geworden kraft des Heeres. Marius schuf das Söldnerheer, Sulla eroberte sich mit Hilfe des so geschaffenen Soldatentums, das nicht dem Vaterland, sondern nur seinem Feldherrn dient, die Hauptstadt, die Welt. Aber Sullas Herrschaft währte nicht lange, und die Verhältnisse blieben so unsicher, wie sie waren. Die Krisen häuften sich, und etliche große Menschen sollten sich noch zerreiben, bevor in der Welt ein endgültig befriedigender Zustand hergestellt wurde; drei erhebliche junge Männer gab es im Reich, als Sulla starb: Sertorius, Lukull und Pompejus.

Sertorius, ein prächtiger Mann des Volkes, in dem Marius gleichsam weiterlebte, kein Kind der Hauptstadt, sondern aus den italischen Gebirgsstädten zugewandert: er verwirft die reaktionäre Reichsverfassung, die Sulla gegeben, und gründet im fernen Spanien ein kleines römisches Reich für sich, umgibt sich da mit einem Senat, dem er auch wirklich sein Ohr leiht, und so ist es dieser Sertorius, der damals der Welt wirklich und in schöner Weise die Durchführbarkeit einer konstitutionellen Monarchie bewies. Er war eigentlich der Idealheld seiner Zeit, gerecht, besonnen, tapfer, voll Entschlossenheit und unbesieglich: alles schwärmt für ihn. Dies spanische Reich des Sertorius hielt sich unerschüttert in den Jahren 80—76. Er hoffte auf eine Zeit, wo er Rom selbst für sich gewinnen könnte, und in ihm lebte der Geist der Gracchen. Aber er endete im Jahr 72 durch Meuchelmord. In Wirklichkeit konnte damals allerdings nur von Rom aus Geschichte gemacht werden, und das Auge wendet sich also den beiden anderen hervorragenden Männern zu, Lukull und Pompejus. Sie waren Stadtrömer. Wir handeln zunächst vom Lukull.

Der Name Lukull hat bis auf heute einen guten Klang: lukullisches Leben! Die Eßlust regt sich, und wundervolle Gerüche strömen aus der Küche! Ein Festessen mit sieben Gängen, Austern und Truthühnern taucht vor uns auf, ein Traum des Wohlgeschmacks, und vor allem die Kirsche. Lukull ist der, der die Kirſche zuerſt nach Europa brachte.[1] Jeder, der heut in Sommerszeiten bei uns von dieſer Frucht naſcht, jeder Bub, der im Sommer in den hohen Kirſchbaum klettert, ſoll dabei pietätvoll Lukulls gedenken. Die Hauptſache iſt aber vielleicht den wenigſten Kirſchliebhabern bekannt: daß nämlich Lukull einer der größten Feldherren war, die je gelebt haben, jedenfalls einer der kühnſten und trefflichſten, und uns öffnet ſich, indem wir ſeinen Heerzügen folgen, zum erſtenmal das märchenhafte Morgenland.

Im Jahr 78, als Sulla ſtarb, blickte man auf Lukull und auf Pompejus mit Spannung. Wer von ihnen ſollte der Erbe der Machtſtellung Sullas werden?

Ein ſolches Blutvergießen, wie Marius und Sulla es über Rom gebracht, war bei ihnen nicht zu befürchten. Überhaupt hört das Römertum, das, wie Marius, die griechiſche Bildung ablehnt, jetzt ganz auf. Die griechiſche Bildung hat von jetzt an mit Hilfe des Schulweſens alle Familien durchdrungen, und das Prinzip der Scipionen, der Geiſt der Cornelia hatte geſiegt. Alles iſt jetzt vom griechiſchen Kunſtleben und Gedankenleben erfüllt. Bei Sulla war das noch recht äußerlich geweſen. Sulla hatte zwar die Originalmanuſkripte des Philoſophen Ariſtoteles aus Athen nach Rom geſchleppt. Aber er hat ſelbſt nicht hineingeſehen, er wußte nichts mit ihnen anzufangen, und erſt Lukull brachte den Griechen Tyrannio aus Amiſos nach Rom, der dieſe Schriften wirklich erſchloß. Für Sulla waren ſolche Bücher lediglich ein Renommierſtück ſeiner Kriegsbeute, und in Wirklichkeit ergötzten ihn nur, wie wir ſahen, die niedrigen, burlesken Leiſtungen des griechiſchen Theaters.

Lukull dagegen, Cäſar und alle weiteren ſind aus Liebe und Überzeugung Vollgriechen; das Griechentum erſteht in ihnen neu, aber mit dem großen Knochenbau des Römers: Koloſſalcharaktere mit Walfiſchknochen, im Vergleich zu den forellenartig zartgebauten Griechen.

Lucius Licinius Lucullus war vornehmen Geſchlechts, aber

verarmt. Dazu drückte auf ihn der üble Leumund seiner Vorfahren, besonders seiner Mutter, aber auch seines Vaters, der wegen Bestechung verurteilt worden war. Aber Sulla wollte ihm wohl; auch wurde die erste Tat des jungen Lukull allgemein beachtet: er trat als Ankläger des Mannes, der seinen Vater zur Verurteilung gebracht hatte, des Augurn Servilius, auf. Das war brav; das erregte die Massen; denn alle Rechtsprechung geschah ja in freiester Öffentlichkeit; das Volk ergriff Partei, und es gab Krawall, Verwundete.

Dann war Lukull Offizier. Sulla zog ihn sich heran, zuerst im Kampf gegen die Italiker, sodann bei seinem Auszug gegen den Mithridates. Sullas Kriegskasse war damals leer, und er plünderte die griechischen Tempel aus; Lukull übernahm es, für ihn aus den geraubten Gold- und Silbersachen Münze zu prägen; sie hieß das Lukullische Geld und war besonders gut im Kurs. Aber Sulla hatte auch keine Flotte, und die Flotten seines Gegners Mithridat beherrschten alle Küsten. Da befiel Lukull die Abenteuerlust. Rastlosigkeit und rasche Beweglichkeit war ihm eigentümlich; kein Feldherr hatte das so vor ihm; Julius Cäsar war darin sein Schüler. Während überall die feindlichen Galeeren lauerten, zum Teil sehr kampffähige Kriegsschiffe mit fünf Ruderreihen übereinander, wagte sich Lukull mit zwei bis drei Schiffen mitten hindurch, zuerst nach Cyrenaika (jener Cyrenaika, wo neuerdings die Italiener, bei Derna, sich festzusetzen versucht haben und von wo aus hernach die Senussi das englische Ägypten bedrohten). Da gab er einer Stadt, die ihn darum bat, beiläufig eine neue Verfassung; er stand etwa im Studentenalter, und es war das für ihn wie ein praktisches Staatsexamen: es machte ihm Spaß, zu zeigen, daß er Platos Schrift vom besten Staat gelesen hatte. Dann aber überfielen ihn die Seeräuber, die sich damals vieltausendköpfig als Seemacht aufgetan hatten und für Mithridat fochten. Als ausgeplünderter Mensch kam so Lukull in die Hauptstadt Ägyptens, Alexandrien, und wurde da gleich als Vertreter Sullas von dem jungen König Ptolemäus wie ein Prinz empfangen, mit Geschenken und Schmeicheleien überhäuft; aber die ägyptische Flotte, auf die er es abgesehen hatte, bekam er doch nicht. Ägypten war vorsichtig; es fürchtete sich vor Mithridat.

Sonst sah sich jeder Römer, der nach Ägypten kam, gleich auch ein bißchen das alte Memphis und die Pyramiden, die Obelisken und Sphinxe an und kritzelte seinen Namen womöglich auf die Memnonssäule, die nach der Sage bei Sonnenaufgang wunderbar erklang; man reiste eben darum hin, um sie klingen zu hören. Aber Lukull hatte keine Zeit. Auf nach Cypern! hieß es, und in Cypern erwarb er sich endlich eine Flotte, wie er sie brauchte.

Der Winter trat ein; die feindlichen Admirale glaubten, er werde sich nicht auf die See getrauen, und verzogen sich. Denn ein antikes Kriegsschiff konnte sich tatsächlich im Wintersturm auf See nicht halten. Lukull jedoch wagte das Äußerste. Damit kein Feind ihn erspähte, setzte er nur nachts Segel auf und kam so glücklich weiter bis nach Rhodos. Rhodos war Seemacht und stets Freundin Roms; und schon nahm Lukull von dort aus im raschen Griff dem Mithridates etliche Hafenplätze weg, vor allem die Stadt Kyzikos, gewann auch eine Seeschlacht, und Sulla hatte jetzt also durch ihn den Küstenschutz, den er brauchte. Lukull war jetzt etwa 21 Jahre alt. Dabei zeigte er, daß Parteigängertreue damals mehr galt als Patriotismus. Denn auch ein anderer römischer Befehlshaber, mit Namen Fimbria, stand damals mit zwei Legionen in Kleinasien: ein genialer Kriegsmann, aber ein Mann der Volkspartei und dem Sulla verhaßt. Fimbria zernierte damals den Mithridat in einer der Hafenstädte von der Landseite und rief den Lukull zur Hilfe herbei. Kam Lukull von der Wasserseite heran, so konnten sie den Mithridat in der Stadt aufheben, der Erfolg war sicher, und damit wären alle weiteren Kämpfe überflüssig gemacht worden; die Weltgeschichte hätte sich ganz anders gewendet. Aber Lukull kam nicht, er wollte einem Gegner Sullas diesen Erfolg nicht zuwenden.

An den Metzeleien aber, mit denen Sulla hernach die Bürgerschaft Roms zerfleischte, war Lukull ganz unbeteiligt; ebenso auch an den Gütern der Hingerichteten, die Sulla an seine Kreaturen in Rom verschenkte und verschleuderte, hatte Lukull zum Glück keinen Anteil, und er stand vollkommen sauber da. Denn er war damals in Kleinasien zurückgeblieben, um dort die auferlegte gewaltige Kriegssteuer einzutreiben oder gerecht zu verteilen. Wohl aber machte ihn Sulla zu seinem Testamentsvollstrecker; ja, auch Sullas hinterlassenes Memoirenwerk mußte Lukull herausgeben.

Der junge Mann mußte sich durchschlagen; er hatte damals mehr Kredit als Geld; heiratete eine vornehme Dame, aber ohne Mitgift. Trotzdem brachte er es als Ädil fertig, glänzende Schauspiele in Rom zu geben, wobei er zum erstenmal auf dem sandbestreuten Marktplatz Elefanten mit Stieren öffentlich kämpfen ließ. Als er dann Afrika verwaltete, zeigte er sich als ehrlicher Verwalter; das wird besonders erwähnt; es war eine große Merkwürdigkeit wie etwa kürzlich im russischen Kaiserreich oder in Nordamerika.

Da kam der neue große Krieg. Gerade im Jahre 74, als Lukull Konsul war, rüstete König Mithridat von neuem ein Heer von gewaltiger Kopfzahl und warf sich zuerst auf das benachbarte Land Bithynien, dann auf das römische Gebiet in Kleinasien selbst. Pompejus und Lukull, beide Römer, verlangten nach dem Oberbefehl gegen Mithridat. Aber Lukull erhielt ihn. „Wo steckt die Frau?" Hier hören wir einmal von weiblichen Einflüssen. Man erzählt: unter den großen Damen der Halbwelt ragte damals eine gewisse Praecia hervor; sie war Maitresse und Vertraute der einflußreichsten Männer; Lukull eroberte ihre Gunst mit Huldigungen, und Praecia warb für ihn mit Erfolg. In der Tat aber hatte Lukull alles Recht auf diesen großen Posten. Denn er kannte Kleinasien wie kein anderer; er hatte dort schon gekämpft, hatte dort insbesondere Kyzikos, die Seestadt, aus Mithridats Händen befreit.

Und eben jetzt stürzte sich der griechische Sultan wieder auf die Seestadt Kyzikos, natürlich mit kolossaler Übermacht (die Angaben über diese asiatischen Heere gehen immer in die Hunderttausende, und man ist unwillkürlich geneigt, sie jedesmal durch zehn zu dividieren). Ja, Mithridat hatte inzwischen sogar versucht, seine Truppen römisch zu bewaffnen und auszubilden, etwa so, wie wenn in unseren Tagen deutsche Offiziere in China preußischen Drill einzuführen versucht haben. Aber für das Verpflegungswesen war kläglich gesorgt. Das brachte Lukull in Erfahrung, nahm mit seinem Heer hohe Positionen (er hatte überhaupt nur etwa 30000 Mann Fußvolk, 2500 Reiter), klemmte die feindlichen Massen auf engem Raum vor den Mauern der von ihnen belagerten Seestadt ein und schnitt ihnen hermetisch eine Woche lang alle Zufuhren ab; es war kein sog. Theaterkrieg; er kämpfte nur gegen die unzähligen feindlichen Magen. Bald waren Hunger und Seuchen da, und die gräßlichsten Zustände. In Verzweiflung drängten sich die verhungerten Scharen auseinander, und es war das reinste Vergnügen, sie zusammenzuhauen. Mithridat entkam mit seiner Flotte.

Dies der erste Erfolg. Kaum gönnte Lukull sich Ruhe (eine Rast in jenen Mittelmeerstädten war so schön!), da, heißt es, erschien ihm die Göttin Venus — die Schutzgöttin Sullas — im Traum und sprach: „Ruhe nicht, Jägersmann; Beute ist nah." Er folgt der Traumstimme, kommt auf die Spur der Mithridatischen Flotte und besiegt nun auch diese wiederholt, Schlag auf Schlag. Mithridat flieht in höchster Not durch die Dardanellen ins Schwarze Meer, wird da von gräßlichen Sturmfluten überschüttet und rettet auf einem Kaperschiffe mit Mühe und Not sein nacktes Leben.

Woher hatte Lukull die Schiffe, mit denen er diese Schlachten schlug? Es waren die griechischen Städte, Rhodos voran, die sie ihm lieferten. Der römische Senat bot dem Lukull erst jetzt für einen Flottenbau 3000 Talente an. Aber er lehnte dankend ab. Er wollte zeigen, daß der Krieg im Orient sich selbst bezahlt macht. Der Krieg sollte Rom nichts kosten. So hat später auch noch der große Napoleon seine Kriege geführt. Rom aber hat das dem Lukull schlecht gedankt.

Sein Kommando wurde damals verlängert. Und nun holte er weiter aus. Ein geschlagener Mithridat genügte ihm nicht; er mußte Mithridat greifen. Denn solange dieser Riese mit den tönernen Füßen existierte, war er eine ständige Drohung; der Riese war hungrig und hatte ein zähes Leben. Ohne Auftrag des Senats, ja, wie es später hieß, gegen den Willen der regierenden Autoritäten in Rom, und obschon ferner auch sein eigenes Heer mit sämtlichen Offizieren eben jetzt ein Halbjahr Ruhe verlangte, zog Lukull im Sommer 73 gegen den fernen Pontus, gegen das Kronland des Mithridat. Das Land lag da, wo heute das türkische Trapezunt liegt.

Es war keine leichte Sache. Im Westen, um Smyrna und Milet, war Kleinasien das prangendste Gartenland, ein Land der Küstenparadiese, wo die Quitten und Birnen, Mandeln und Aprikosen wild wachsen und Rhododendron und Granaten, Oleander und Azaleen unter der freien Sonne blühen. Das ließ Lukull aber jetzt hinter sich und drang in die wüsten Steppen des Hochlandes. Die mit Urwald bestandenen Küstengebirge am Nordrand Kleinasiens nach dem Pontus zu erreichen eine Höhe von 1300 bis 1900 Meter. Eis, Schnee und Reif und lange Winter, das war es, was ihn in Pontus und Armenien erwartete.

So brauchte er denn wirklich anfangs einen Train von 30 000 Lastträgern (es waren Galater, Leute gallischer Herkunft), die allein dazu bestimmt waren, das Getreide für die Armee auf ihren Schultern hinterher zu schleppen. Im Pontus aber öffnet sich den Römern auf einmal ein ungeahntes üppiges Land, verschwenderisch reich an Vieh und Früchten. Und da fand Lukull auch die Kirsche. Aus dem Pontusland hat er den freundlichen Kirschbaum mitgebracht.

Die Legionssoldaten aber interessierten sich wenig für solches Obst und billiges Rindfleisch; sie wollten Geld, Geld! sie wollten wirkliche Beute und ärgerten sich, daß Lukull keine einzige Stadt, kein einziges der vielen Kastelle erstürmen ließ, in deren Kasematten die Reichtümer des Feindes lagen. Für den Soldaten lohnte ein Feldzug nur, wenn es Städte auszuplündern gab. Lukull dagegen bewährte sich als Träger der Humanität und schonte, solange es ging, besonders die Plätze, in denen Griechen wohnten.

Da kam man endlich nach Kabeira. Kabeira war die halbbarbarische Hauptstadt des Feindes. Da hatte sich Mithridat verschanzt. Der gehetzte Panther stellte sich. Wie ihn fassen? Es war ein langes Hinhalten und Zaudern. Auf einer Hirschjagd stoßen endlich die Pontusleute wider Willen auf die Römer. Die Römer aber reißen aus. Es war schmählich. Lukull muß sich persönlich in die vordersten Reihen werfen und das Gefecht herstellen. Die Soldaten, die geflohen waren, läßt er zur Strafe die Uniform ablegen, und wie die Landsklaven müssen sie im ungegürteten Rock vor den Augen ihrer Kameraden Erdarbeiten verrichten.

Mithridat mißtraute der Feldschlacht; aber es gab noch ein anderes Kampfmittel; das war der Meuchelmord. Bei dem König befand sich ein asiatischer Kleinfürst Olthakos; der unternahm den Versuch. Der geschmeidige Mann findet sich plötzlich bei Lukull ein, erklärt, daß er sich mit Mithridat verfeindet hat, gewinnt das Vertrauen, die Freundschaft des Römers durch sein blendend ergebenes Wesen und hat schließlich freien Zutritt im Kommandantenzelt. Es ist Mittag. Er stellt erst sein Pferd zur Flucht bereit, dann begibt er sich, „den Dolch im Gewande", zum Zelt Lukulls und stellt das Verlangen, ihn zu sprechen. Lukull hätte ihn auch sicher vorgelassen; aber er schlief gerade, und der Schlaf rettete ihn. Denn sein braver Kammerdiener Menedem weigerte sich, ihn zu wecken (man hatte nicht nur Kammerdiener, sondern auch eigene Schlafwächter), und als

Olthakos dringender wurde, packte ihn Menedem und drängte ihn mit Gewalt hinaus. Jedes Geräusch wurde dabei vermieden. Aber der Angreifer merkte, daß sein Benehmen auffällig geworden, und er entfloh.

Bald darauf geschah die Schlacht, wo Mithridat alles verlor. In dem Chaos hatte er nicht einmal ein Pferd, um zu entfliehen. „Ein Königreich für ein Pferd!" Einer seiner Eunuchen rettete ihn. Hätten Lukulls Truppen sich nicht gleich blindlings auf das Plündern der Zelte gestürzt, Mithridat wäre sicher selbst ergriffen worden. Man kann sich die Empörung und Wut des Feldherrn denken; seine Befehle verhallten wirkungslos. Die Truppen glaubten, er gönne ihnen nur ihre Beute nicht. In der Stadt Kabeira selbst fand man die unermeßlichen Königsschätze; aber auch viele politische Strafgefangene zog Lukull dort aus den tiefen Kerkern wie aus einem Brunnenschacht hervor; sie schmachteten dort lange, und es war für sie wie Auferstehung.

Sodann der Harem des Königs. Er befand sich an einem anderen festen Platze in der Nähe. Mithridat konnte ihn nicht vor dem Feinde retten, daher ließ er jetzt seine sämtlichen Weiber umbringen, auch seine zwei Schwestern. Seine Schwestern waren unverheiratet und etwa vierzig Jahre alt, seine zwei Hauptgemahlinnen aber echt jonisches, griechisches Blut, Berenike aus Chios und Monime aus Milet.

Um Monime hatte Mithridat dereinst mit fünftausend Goldstücken geworben; sie hatte aber geantwortet, er müsse ihr ein Diadem schicken und sie wirklich zur Königin machen; sonst komme sie nicht. Er tat es. Sie aber verweinte danach ihr junges Leben und trauerte um ihre Schönheit, die sie, fern der feinen griechischen Bildung, als Königin wie im Käfig verblühen lassen mußte. Jetzt kam der Befehl zu sterben. Sie nahm selbst ihr Diadem und schlang es sich um den Hals, um sich damit zu erdrosseln. Aber es zerriß dabei, und sie seufzte: „O elender Fetzen, nicht einmal dazu taugst du mir?" Dann

Pontus erobert.

ließ sie sich erstechen. Von den Schwestern Mithridats nahm die eine schimpfend das gebotene Gift, die andere dagegen, Stageira genannt, lobte ihren Bruder und dankte ihm, daß sie frei und von keines Römers Hand vergewaltigt sterben durfte.

Lukull hätte diese weibliche Beute gern mit nach Rom geführt, so wie Alexander der Große die Frauen des Königs Darius erbeutete. Statt dessen entriß er dem Feinde jetzt einige glänzende griechische Küstenstädte, Heraklea, Sinope, Amisos, und ließ notgedrungen die Raublust der Soldateska auf sie los. Das schöne Amisos, die Tochterstadt Athens, ging dabei in Flammen auf. Dem Griechenschwärmer Lukull stürzten die Tränen, er flehte die Soldaten umsonst, den Brand zu löschen. Lukull hat Amisos dann wieder aufgebaut, die flüchtigen Einwohner zurückgerufen.

Plötzlich aber stand er vor einer noch größeren Aufgabe. Mithridat war nach Armenien geflohen. Tigranes von Armenien, der König der Könige, war Mithridats Schwiegervater; Armenien ein noch ganz unerschlossenes ausgedehntes Land, in Hochgebirge gepanzert; Tigranes selbst ein eroberungssüchtiger Mogul, wie er im Buche steht, bisher immer noch erfolgreich und daher dummstolz und aufgeblasen: der sich unlängst als neue Residenz die gewaltige Stadt Tigranocerta mit wundervollen babylonischen Palästen, mit griechischem Theater u. a. m. gegründet hatte. Um diese Stadt zu bevölkern, hatte er die Einwohner von zwölf eroberten griechischen Kleinstädten aufgehoben und dorthin geschafft: eine melancholische Bevölkerung. Wenn dieser Tigranes durch sein Land ritt, mußten immer vier unterjochte Könige zu Fuß neben ihm herlaufen in Sklaventracht, und wenn er auf dem Thron saß, standen dieselben vier und falteten die Hände: eine Gebärde der Knechtschaft.

Lukull stand nun ein Jahr im Feld, aber Rom schickte ihm keine Verstärkungen; er hatte jetzt nur noch 12000 Fußsoldaten und gegen 3000 Reiter zur Verfügung. Der kühne Mann kümmerte sich darum nicht; auch nicht um die Mißstimmung seiner Legionen, auch nicht um die Mißbilligung der maßgebenden Parteiführer in Rom.

Er tat aber erst noch ein Friedenswerk; er begab sich an die schöne Westküste, nach Pergamum und Ephesus zurück und rettete dort die Stadtgemeinden kraft seiner Stellung vor dem gänzlichen wirtschaftlichen Ruin. Denn Sulla hatte diesen reichen Städten die ungeheuerliche Kriegsbuße von 20000 Talent, das sind 90 Millionen Mark, auferlegt. Sie erlagen unter der Last; die Tempelschätze und Götterbilder, die Kinder selbst verkaufte man; aber das Geld war dennoch nicht aufzubringen. Die römischen Großkaufleute des Ritterstandes, die Steuerpächter und Wucherer waren darüber hergefallen, streckten Geld und wieder Geld vor und nahmen dabei unermeßlich ruchlos hohen Zins. Lukull schaffte nun energisch Wandel, indem er bestimmte: kein Wucherer sollte seinen Schuldnern mehr abverlangen können als ein Viertel ihres Einkommens. Wer Zins vom Zins nahm, ging des ganzen Kapitals, das er vorgestreckt, verlustig usw. In vier Jahren war der unerhörte Druck geschwunden: ein rühmenswertes Werk der Menschlichkeit. Ihm zum Dank feierten damals die Städte große Huldigungsfeste, die sogenannten Lukulleen („Lukulleia"). Sie leuchteten ihm ein; denn da hat der rüstige Mann jene Liebe zum Wohlleben und kulinarischen Genüssen gelernt, die ihn später berühmt machte. Aber die römischen Geldleute schrien jetzt Zeter-Mordio über Lukull.

Lukull war kein Politiker. Es hat viele bedeutende Militärs gegeben, denen das zänkische Parteigetriebe des Bürgertums und gar das Wettwerben um die Gunst der Masse widersteht und zuwider ist. So auch ihm. Er begriff auch nicht, daß er, um seine kriegerischen Pläne durchzuführen, selbst gelegentlich nach Rom zurückkehren mußte, um dort die Fühlung mit den entscheidenden Instanzen nicht zu verlieren. Statt dessen entfremdete er sich allmählich alle Kreise der Hauptstadt. Vielleicht steckte ihm Sullas Beispiel im Kopfe; denn auch Sulla mied ja vier Jahre lang Rom, um dann plötzlich aus dem Orient als der Allmächtige heimzukehren. Aber Sulla war der Abgott seines Heeres; Lukull nicht. Nur zu bald sollte sich das zeigen.

Entschlossen rückte er jetzt in das ferne Armenien ein. Als jemand dem König Tigranes meldete, daß der Römer ins Land komme, ließ er vor Zorn den Boten einfach köpfen, und seitdem blieb er ganz ohne alle Nachrichten: bis Lukull ihm plötzlich gegenüberstand. Aber es kam nicht zur Schlacht; es war gleich ein allgemeines Fliehen. Danach erst sammelte Tigranes, während Lukull Tigranocerta belagerte, eines von den üblichen Riesenheeren und rückte nun von Süden wirklich heran. Es war das Jahr 69. Als man dem Großkönig die römische Truppe im Felde zeigte, amüsierte er sich: „für eine Gesandtschaft sind das zu viel Leute, sagte er, aber für eine Schlacht zu wenig." Lukull stürmte, wie oft, persönlich mit gezücktem Schwert in die Schlacht voran; er war stattlich und hochgewachsen und war an seinem Schuppenpanzer und einem Mantel mit Troddeln kenntlich. Der Feind hatte Panzerreiter, die den Eisenrittern des Mittelalters glichen; Mann und Pferd steckten starr in Eisen. Die Leute konnten sich kaum rühren, und ihr Zweck war, im Anreiten mit eingelegter Lanze durch ihre Wucht den Feind niederzuwerfen. Aber diese steifen Puppen waren am Knie nicht gepanzert; Lukull ließ sie an den Knieen verwunden: gleich stoben sie auseinander und warfen das Heer des Tigranes nieder. Und sofort begann das allgemeine sauve qui peut. Das ganze war wie ein großer Scherz; es ist die Schlacht bei Tigranocerta vom 9. Oktober 69. Angeblich standen 15000 da gegen 300000, und die Römer hatten nur 5 Tote, 100 Verwundete, während wir für den Feind ungeheure Verlustangaben erhalten. Aber man hat die Leichen schwerlich genau nachgezählt. Lukull erbeutete sogar die Krone des fliehenden Tigranes: denn es war damals noch die Zeit, wo die Könige wirklich mit Kronen einhergingen. Dann wurde Tigranocerta gehörig geplündert, seine griechischen Bewohner wieder in ihre Heimat geschafft, und die Stadt war leer.

So hatte Lukull zwei Großkönige in ihren Reichen besiegt. Sullas Leistungen waren damit bei weitem übertroffen. Es war der Stil Alexander des Großen. Alle Generäle waren voll Staunen oder voll Neid.

Es blieb noch eins: weiter zu ziehen ins Hochgebirge auf Artaxata. Artaxata war die alte, eigentliche Königsstadt Armeniens. Da aber kam die Wendung, und Lukulls Heldenleben wurde auf einmal mitten durchgebrochen. Es war Herbst. Das Hochland lag schon voll Schnee. Da weigerte sich das Heer, weiter zu marschieren. Ja, im Verfolg steigerte sich die Obstruktion; die Legionen legten sich, ohne den Feldherrn zu fragen, in bequeme Quartiere, fernab vom Feind. Gleichzeitig wurde dem Lukull der Oberbefehl entzogen. Das war das Werk seiner Neider in Rom, vor allem aber der einflußreichen Geldleute des Ritterstandes, die er sich zu Feinden gemacht hatte und die voll Haß dort gegen ihn vorgingen. Pompejus kam nach Kleinasien als Feldherr nach dem Willen des Volkes; an Pompejus mußte Lukull nach sechsjährigen Erfolgen das Heer abgeben. Es war eine peinliche Begegnung der beiden Männer.

So rächte sich Lukulls Verhalten. Die Verfassung, die Sulla dem Staat gegeben, war durch die Volkspartei längst zertrümmert, und daher hatte sich auch für den Sullaner Lukull die Stimmung längst verloren. Da er sich nun in Rom nicht zeigte, verlor er bei seinem Siegeslauf den Boden vollständig unter den Füßen.

Und das Heer? Söldnerheere sind eine selbständige Macht, mit der er hätte rechnen müssen, und die Legionäre waren längst gewohnt zu meutern; gegebenenfalls schlugen sie ihren General einfach tot oder jagten ihn doch aus dem Lager. Das hatte man noch vor kurzem erlebt. Die Leute Lukulls aber standen obendarein zum Teil schon siebzehn Jahre in Asien, sie waren zum Teil dreißig bis vierzig Jahre alt; sie wollten endlich heiraten, seßhaft werden; das ist nur zu natürlich.

So hatte denn Sulla wirklich für seine Veteranen mit großen Landansiedelungen vortrefflich gesorgt; dasselbe hatte eben jetzt auch schon Pompejus getan². Volk und Senat mußten das auf Antrag des Feldherrn jedesmal bewilligen. An diese soziale Fürsorge dachte Lukull nicht. Er war wohl im allgemeinen human und philanthrop, aber er war kein „Philostratiot".³ Sein eigener Schwager Publius Clodius, der Volksmann, wühlte darum im Feldlager gegen ihn. Umsonst ging Lukull mit Tränen bittflehend von Mann zu Mann, von Zelt zu Zelt; die Leute lehnten seinen Händedruck ab und warfen ihm ihre leeren Geldbeutel vor die Füße. Wenn Lukull für sich selbst damals große Reichtümer erwarb und die Kostbarkeiten auf Kamelen in langen Karawanenzügen durchs Land beförderte, so machte man ihm das mit Unrecht zum Vorwurf; denn er handelte damit nicht anders als Scipio, Mummius, Flamininus und Sulla.⁴ Sein Versäumnis war, daß er keine jungen Truppen anwarb und den alten keine Sicherung gab für eine Altersversorgung und eine seßhafte Existenz.

Inzwischen hatte König Mithridat mit raschen Siegen sein ganzes Reich Pontus zurückgewonnen; er drang schon wieder in Bithynien ein; Armenien war für Rom ganz verloren; Lukulls Erfolge waren vollständig vernichtet. Pompejus mußte den Krieg von vorne beginnen.

Wie Lukull sich tröstete? Er war nicht etwa der reichste Mann Roms, aber er wußte seinen Reichtum zu brauchen. Bei seinem Triumphzug ließ er die Glanzstücke der Beute, z. B. 110 Kriegsschiffe, deren Vorderteil gepanzert, so und soviel massiv goldene Betten, vor allem Bargeld, und zwar annähernd 3 Millionen Drachmen, letzteres auf dem Rücken von hundert Maultieren in Rom durch die Straßen tragen. Dann bewirtete er die ganze Hauptstadt, wozu er 20000 Hektoliter (100 000 cadi) griechischen Wein aus Asien mitgebracht hatte.⁵ Dann aber wurde es fast still um ihn. Er war eben kein Politiker. Während der Hader der Parteien und Parteiführer den Staat erschütterte, hielt er sich fast ganz zurück und spielte fortan nur noch mit dem Leben, d. h. er ergötzte sich an Kunst und Philosophie nach Art des Weltmanns, aber mit vollster Hingabe. Denn es gab noch mehr Lebensgüter außer dem Kriegsruhm, die geeignet waren, seinen Ehrgeiz und Sinn für das Großartige zu befriedigen, und er war voll von Interessen. Er sprach ein erlesenes Griechisch; als er aber selbst ein griechisches Buch verfaßte, brachte er absichtlich Sprachfehler in den Text, um merken zu lassen, daß er keiner von den lieben kleinen Griechen, sondern ein Römer sei. Mit grenzenloser Gastfreiheit nahm sein Palast alle zugereisten Griechen auf, und unvergeßlich ist, was Lukull für die Wissenschaft und Gelehrsamkeit getan. Nicht nur den Gelehrten Tyrannio, den Dichter Archias brachte er nach Rom: er gründete in Rom die erste Bibliothek großen oder größten Stils[6], mit weiten Säulenhallen und Lesesälen, die zwar sein Privatbesitz blieb, aber wie eine Volkshalle für jedermann offen stand und immer von fleißigen Griechen überfüllt war. Das ist das Vorbild für die späteren öffentlichen oder kaiserlichen Bibliotheken Roms gewesen; grundsätzlich wurde da stets freiester Eintritt, auch freiester Zugang zu den Büchersälen selbst gewährt. Welch kümmerlichen Rückschritt zeigt dagegen das heutige preußische Bibliothekswesen, wo jeder arme Student jedes Semester seine Benutzungsgelder zahlen muß!

Lukull war aber auch Philosoph. Als Philosoph gehörte er nicht der stoischen, sondern der platonischen Richtung an, befaßte sich eingehend mit der Lehre der jüngeren Akademie und den schweren erkenntnistheoretischen Fragen und behandelte diese Dinge auch gern in Gesprächen. Daher spielt er in Ciceros philosophischen Dialogen keine geringe Rolle.[7]

Weil er kein Stoiker, so hinderten ihn zum Glück keine philosophischen Grundsätze daran, auch noch anderen Dingen nachzuhängen, und durch sie hat sich Lukull seinen ewigen Namen erworben. Er hatte in Asien gesehen, was königlicher Luxus sei, er beschloß ihn in Rom einzuführen, und er ist darin der

große Lehrmeister Roms geworden.⁸ Das betraf die Gast-
mähler und die Gärten oder „Paradiese" (wer heut auf dem
Monte Pincio steht, steht in Lukulls Gärten), aber auch den
Palast- und Villenbau. Im hochgelegenen Städtchen Tusculum bei Rom baute er sich z. B. Aussichtstürme und ein kleines
Palais mit luftigen Säulenhallen ohne Wände. Pompejus
kam und sagte: „wie ungemütlich im Winter!" Lukull lachte
ihn aus: „Glaubst du, daß ich nicht so viel Verstand wie die
Kraniche habe, die im Winter anderswohin ziehen?" Sein
Tafelluxus war Stadtgespräch; er feierte jetzt gleichsam ständig
„Lukulleen". Wenn die griechischen Gäste überwältigt waren
und sagten: „Wir bedauern unendlich, daß du dir soviel Un-
kosten machst," sagte er: „es geschieht ja freilich für euch; vor
allem aber esse ich selbst gern gut." Als er einmal alleine tafeln
muß, hat der Koch ein einfacheres Essen hergestellt; Lukull
zankt ihn aus mit Humor: „Wußtest du nicht, daß heute Lukull
bei Lukull speist?" Cicero und Pompejus trafen ihn oft auf
dem Forum, und Cicero sagte einmal: „wir möchten gern heut
bei dir essen, aber so, daß du nichts extra für uns vorbereitest."
Sie hielten ihn sorglich fest, so daß er mit seinem Koch keine besonderen Verabredungen treffen konnte. Aber Lukull wußte
sich zu helfen; er hatte nämlich mehrere Eßsäle, die bestimmte
Namen führten; der eine Saal hieß nach Apoll, der andere
etwa nach Merkur oder Herkules: im Merkur- und Herkules-
saal gab er geringere Gelage, im Apollosaal die hochfeinen.
Er sagte also nur einfach zu seinem Lakeien: „Wir speisen heut
im Apollosaal," und Cicero und Pompejus bekamen da ein
feudales Essen, das 50000 Sesterz kostete: das Gedeck also
vielleicht zu 2000 oder 3000 Mark. Solches Schlemmen ist bar-
barisch, urteilt Plutarch; allerdings, es war asiatisch. Aber
die ganze römische Kaiserzeit hat das hernach fortgesetzt.

Lukull, der Schlemmer: kann man in ihm den großen Feldherrn wiedererkennen? Ich sage: gewiß. Denn auch dazu,
ein großes Festessen zu geben, gehört Strategie; zumal im

Altertum.⁹ Ein gut verlaufenes Konvivium war wie eine gewonnene Schlacht. Und dazu brauchte der Feldherr noch eins: Lukull legte sich Vogelgehege, Volieren, an, und Fischteiche, große Becken für Seefische, Muränen und Austern: diese Fische und Vögel, das waren die „Reserven" des Feldherrn. Um Seewasser zu haben, durchstach er einen ganzen Berg an der Küste des Neapler Golfs, und das Meer floß durch einen Tunnel in seine Behälter. Pompejus erkrankte; sein Arzt empfahl ihm leichteste Kost und darum Krammetsvögel zu essen; allein es war für Krammetsvögel nicht die Jahreszeit; sie waren nirgends aufzutreiben außer in den Volieren des Lukull. Aber Pompejus verzichtete auf die Delikatesse und sagte aufgebracht: „Das fehlte noch, daß ein Pompejus nicht leben könnte ohne den tollen Aufwand eines Lukull!"

Aber die Sache bekam dem Lukull selbst nicht gut, obgleich er stets einen besonderen Lakaien bei sich stehen hatte, der ihm sagen mußte, wann er aufhören sollte zu essen.¹⁰ In den letzten Jahren wurde er schwachsinnig.¹¹ Gestorben ist er etwa im Jahre 56, und zwar, wie es heißt, an einem Liebestrank.¹² Ein Liebestrank setzt immer einen Roman voraus, und es ergibt sich also, daß der alte Herr noch einmal Feuer fing (er war zweimal verheiratet, beidemal unglücklich) oder daß irgendeine Person sein müdes Herz noch einmal hat bezaubern wollen. Als er starb, gab es eine gewaltige Fischauktion. Das erstaunliche Ergebnis dieser Auktion ist von den Historikern sorglich aufnotiert worden;¹³ sein denkwürdigster Nachlaß aber war die Kirsche, cerasus, die Süß- und Sauerkirsche. Im Pontus, ihrer Heimat, war die Kirsche an harte Winter gewöhnt, und so verbreitete sie sich damals rasch, auch durch Pfropfung, über Italien, weiter nach Frankreich, an den Rhein, an die Donau und nach England. Es ist das einzige Obst, das den Menschen schon mitten im Sommer erquickt; daher wollten es gleich alle Länder haben. Das deutsche Wort „Kirsche" aber ist sicher nicht aus dem Französischen „cerise", sondern direkt aus dem Lateinischen cerasus (sprich „kerasus") selbst entlehnt. Also kam die Frucht schon etwa im 2. Jahrhundert n. Chr. an unseren Oberrhein und in unsere Nassauische Ebene.[14] Als Lukullus starb, war er schon ein halbvergessener Mann; aber er konnte sich auf seinem Sterbebette sagen, daß er trotz allem nicht fruchtlos gelebt, da er eine solche Frucht in die Welt gebracht, von der noch heute mit Dank so viele brave Menschen zehren.

Pompejus

Lukull war ohne Frage ein genialer Feldherr; aber er wurde durch einen andern in den Schatten gestellt; das ist Pompejus, der sich den Großen nannte; Pompejus Magnus. In ihm zeigt sich uns der letzte erfolgreiche Generalissimus Roms, der sich mit Krieg und Sieg begnügte, ohne den Verfassungsbruch zu wollen und nach der Königsbinde zu streben. Im Kampf mit ihm gründet Cäsar die erste Monarchie.

In Pompejus steht wieder einmal ein großer Typ und ein ganz neuer Typ vor uns: ein Soldat, der nichts als Soldat ist, dem schon als Knabe das Herz lacht, wenn er Waffenlärm hört, der jahrzehntelang in den Wogen des Krieges schwimmt wie der Delphin im Meer, mit dem Trieb zum Großartigen und zum Ruhm; der alles aus dem Vollen schöpft, weitblickend immer nur mit großen Mitteln arbeitet und von vornherein den Beruf in sich fühlt, zu führen. Das alles ist großstilig römisch; aber mehr als römisch ist, daß er die harte Grausamkeit Sullas von sich wirft und ein Kraftmensch voll Milde und Freundlichkeit ist, gewohnt, wo er sich zeigt, ohne viel Worte zu überreden. Das war die Gabe, die dem Lukull abging: Pompejus hat von vornherein seine Umgebung beherrscht. Denn er fühlte sich ihr überlegen. Ein märchenhafter Goldschimmer hängte sich schon um seine Jugend. Seine Begabung war begrenzt und vielleicht im Grunde nicht glänzender als die des Marius. Mut und Unternehmungslust, Umsicht und Sorgsamkeit zeichnen ihn aus. Ein stolzes Selbstgefühl gab seinem Auftreten Wucht und Nachdruck. Ihm fehlte der zündende Funke der Genialität und die Begabung des Staatsmannes, die Ideenfülle des epochemachenden Neuerers. Aber er war liebenswert, und wenige sind so geliebt worden wie er.

Wer Menschen kennen lernen will, muß sie in ihrer Jugend aufsuchen und nachsehen, wo ihre Wurzeln stecken. Wir denken an Sulla zurück und an das Jahr 83. Sulla war eben im Begriff, Rom zum zweiten Mal zu erobern. Aber sein Erfolg war noch unsicher. Da erhebt sich ein junger Mensch im Studentenalter:

es war in der Landschaft Picenum, die nicht allzu fern von Rom, jenseits des Apennin und des Gran Sasso liegt, bei der Stadt Ascoli am kleinen Fluß Tronto: da beginnt der junge Mensch aus eigener Tasche (denn sein Vater ist tot) Truppen anzuwerben, Offiziere und Unteroffiziere zu ernennen; man ahnt nicht, zu welchem Zweck. Dann fing er an, für Sulla zu kämpfen und dreinzuschlagen; in einem Reitergefecht haut er einen Gallier vom Pferde. Sulla selbst kennt ihn gar nicht, weiß nichts von seinen Veranstaltungen und muß den noch so grünen, weichwangigen Condottiere als ebenbürtigen Verbündeten anerkennen; er begrüßt ihn als „Imperator". Das war Gnäus Pompejus; einen Zunamen führte er damals noch nicht.

Und so ging es dann weiter. Pompejus liebte es, mit einigen Regimentern hinter sich durch die Welt spazieren zu gehen, wie der Jäger mit seinem Hund. Er war im September 106 geboren, und schon 16jährig, im Alter des Sekundaners, hatte er unter seines Vaters Befehl im Bundesgenossenkrieg im Felde gestanden. Da war der Junge bei den Soldaten so beliebt, daß sie in Angst um ihn gerieten, als er sich eine Zeitlang verborgen hielt, und den Feldherrn Cinna, den hohen Konsular, erschlugen, lediglich deshalb, weil sie glaubten, er habe den jungen Pompejus töten lassen.

Man sieht: Pompejus war von Erziehung kein Städter; er war ein Kind des Feldlagers. Er wußte von bürgerlichen Dingen wenig. Wie die Knaben am frohsten sind, wenn sie Soldat spielen, so auch er. Aber das Spiel wurde bei ihm Ernst, und die Liebe der Truppe gewöhnte ihn an den Gedanken, daß man sich ihm unterzuordnen habe.

Warum ergriff er Sullas Partei? Marius war damals schon tot und Sulla der einzige erhebliche Mann, der einem Pompejus imponieren konnte. Vor allem war schon sein Vater, Pompejus Strabo, Sullas eifriger Anhänger gewesen, und dieser Pompejus, der Vater, war deshalb beim Volk in Rom verhaßt. Es schien eine gerechte Todesart, daß ihn der Blitz erschlug. Seine Leiche wurde öffentlich ausgestellt; aber das Volk riß die Leiche von der Bahre und entstellte sie. Daß hiernach der Sohn, der unfertige Mensch, zunächst die Parteistellung seines Vaters einnahm, bedarf keiner Erklärung.

Sulla suchte den jungen Degen sogleich durch Heirat noch näher an sich zu fesseln. Es war eine rohe Machenschaft, ganz in der Manier des Tyrannen: Sullas Stieftochter Ämilia, die eine verheiratete Frau war und eben ein Kind erwartete, trennte er gewaltsam von ihrem Gatten und gab sie dem Pompejus ins Haus. Die Unglückliche starb kurz darauf in Schmerz und Jammer.[1]

Nun galt es, den Pompejus zu beschäftigen. Denn Sulla hatte keine Lust, Rom zu verlassen, und es herrschte noch viel Unordnung und Revolten. Pompejus ging wie ein Kehrbesen durchs Reich und reinigte die Provinzen von allen aufrührerischen Elementen. Was wäre die Welt, die Sulla zurückließ, ohne diesen behenden Kehrbesen gewesen?[2]

Die Erfolge waren rasch, leicht und sicher, und es bildete sich sofort ein huldigender Kreis um ihn. Der Südländer, auch der Italiener, liebt es, zu bewundern, einen Helden zu haben, den er vergöttern kann, und Pompejus war eben ein schöner, eleganter, ritterlicher Mensch, von fürstlicher Haltung, von geradem Sinn und freundlichem Blick und eben durch seine Schlichtheit faszinierend; als Seemann ebenso tüchtig wie als Reiter. Im Sprung und Wettlauf, auch im Lastenheben mit Hilfe des Hebebaums maß er sich mit jedem, der wollte; solange er jung, hatte er den Typus Alexanders des Großen, prächtig anzusehen; das Haar stand ihm in steiler Böschung über der Stirn; aber ihm fehlte vollständig alles Vulkanische, das Weltumstürzende im Wesen Alexanders. Er unterschied sich von Alexander wie der Jagdfalke vom Adler; d. h. er ging nicht auf eigenen Raub aus. Sein Teint war zart, und eine Röte flog ihm übers Gesicht, wenn er vor vielen reden sollte. Er hatte etwas Wonniges in seinem Wesen. Von einem Weibe wird uns die Wonne seines

Frühe Beliebtheit.

Kusses geschildert; und zwar war es wieder einmal eine Dame der Halbwelt, mit dem poetischen Namen Flora, der Pompejus, der sonst so keusche Mann[3], für kurze Zeit nahe trat und die hernach vor Sehnsucht nach ihm erkrankte und von der Erinnerung an ihn zehrte. Diese Flora stand übrigens in solchem Ansehen in der Gesellschaft, daß man ihr Porträt im Castorentempel als Schmuck aufstellte; denn sie galt als eine der ersten Schönheiten.

So war Pompejus der geliebteste Sohn eines verhaßten Vaters.

Sulla schickte ihn nach Sizilien; da spielte er in einigen Fällen in Sullas Namen den Scharfrichter; im ganzen aber schonte er Menschenleben, wo er konnte.

Auch in Afrika standen Gegner Sullas, Reste der Marianischen Partei. Da zeigte Pompejus seine gute Laune. Als er in die Gegend Karthagos kam, marschierten seine Soldaten nicht; sie glaubten, in der Nähe dieser Ruinenstätte lägen gewaltige Schätze, und fingen an zu graben, wohl eine Woche lang, ein Ameisengewimmel; Pompejus lachte dazu, bis die Leute müde waren. Gefunden wurde nichts. Trotzdem bezwang er den dortigen Feind, Domitius Ahenobarbus, in vierzig Tagen, indem er auch tief in Numidien (Algier) vordrang. Daran schlossen sich herrliche Löwenjagden, Elefantenjagden. In der Hauptschlacht wäre Pompejus beinahe umgekommen. Es war furchtbarer Regensturz und Unwetter und solche Dunkelheit, daß man ihn nicht erkannte; einer seiner eigenen Soldaten wollte ihn niederstechen, weil er auf Anruf die Losung nicht gleich sagte.

Jetzt befahl Sulla, er solle sein Heer entlassen. Aber das Heer erhob sich tumultuarisch dagegen; es wollte dem Pompejus gehorchen, nicht dem Sulla. Pompejus mußte drohen, sich selbst zu töten, um die Leute zu beschwichtigen. Schließlich kam er aber doch mit seinem Heer nach Italien und stand vor Rom. Da war es, daß Sulla ihn gleichsam amtlich mit der

Anrede „Pompejus der Große" begrüßte. Pompejus Magnus! Man weiß bei einem Menschen wie Sulla nie, ob das nicht bloß eine Anulkung war. Tatsächlich aber hatten die Soldaten selbst Pompejus schon so benannt; sicher hat das Vorbild Alexanders des Großen darauf Einfluß gehabt, mit dem man ihn ja allgemein verglich. Nach Sullas Tod hat Pompejus dann das Wort Magnus wirklich als Eigennamen angenommen und so seine Briefe und Erlasse gezeichnet; auch erbte der Name in seiner Familie weiter. Die Welt erzog Pompejus also zum Größenwahn; das Magnus war wie ein Programm; aber es klang immer noch bescheiden gegen den Namen Maximus, den sich andere Römer beilegten.[4]

Nun wollte er aber auch im Triumph mit seinen Soldaten in Rom einziehen. Ein Triumph war immer eine große Zeremonie; der Triumphator erschien da in der Tracht des großen Gottes Jupiter selbst. Sulla wagte nicht, ihm das zu verbieten, suchte ihn aber mit den verschiedensten Gründen davon abzubringen. Allein Pompejus tat, was er wollte: der Triumph fand statt, zu Sullas Ärger. Pompejus wollte sogar mit einem Viergespann von Elefanten in Rom einfahren; aber das Stadttor war zu eng. Es war das Jahr 81. Er war nun 25 Jahre alt.

Als Sulla stirbt (im Jahre 78), fallen alle Schranken. Pompejus beharrt jedoch noch vorläufig auf dem sullanischen Parteistandpunkt seines Vaters. Dabei war ihm die von Sulla gegebene Staatsverfassung gewiß sehr gleichgültig, und die bürgerlichen Gegensätze interessierten ihn nicht. Aber er konnte es nicht ertragen, daß es in den Provinzen noch Feldherren gab, mit denen ihm ein Zusammengehen in jedem Fall unmöglich schien; dies waren die Verfechter der Volkspartei, Brutus, der in Mutina in Norditalien, und Sertorius, der in Spanien stand. Pompejus läßt sich vom Senat zuerst gegen Brutus entsenden, dessen Heer alsbald ganz zu ihm übergeht; er gestattet Brutus, zu entweichen, folgenden Tags aber läßt er ihn verfolgen und töten. Dies ungleiche Verhalten wurde bemängelt; die Motive sind unaufgeklärt. Die radikale Art Sullas wirkte hier wohl in Pompejus noch nach.⁵

Unbesiegt und unbesieglich stand aber der Mariusanhänger Sertorius in Spanien. Metellus Pius kämpfte vergeblich gegen diesen Mann. Jetzt schickte der Senat im Jahre 76 auch noch Pompejus gegen ihn, und zwar als „Prokonsul", obschon Pompejus, was sonst unerläßlich, bisher noch kein einziges bürgerliches Staatsamt bekleidet hatte. Des Pompejus Auftreten in Spanien wird gerühmt: wie er dem Metellus als dem Älteren militärische Ehren erweist; wie er einfache und billige Kost für Gemeine und Offiziere einführt. In der Schlacht am Fluß Sukron stürzt sich ein Riesenkerl auf ihn; beide Männer holen gleichzeitig zum Schlag aus; Pompejus haut seinem Gegner die Hand ab, wird aber selbst dabei schwer verletzt, und sein kostbares, in Gold aufgezäumtes Streitroß muß er den Feinden lassen. Pompejus stand in Spanien vor der schwersten Aufgabe, die meines Wissens einem römischen Feldherrn gestellt worden ist; denn der hochgeniale Sertorius kannte jeden Winkel und Schleichpfad im Land und beschränkte sich als erfahrener Mann planvoll auf den Guerillakrieg, dem mit großen Feldschlachten durchaus nicht beizukommen ist; auch Napoleon hat bekanntlich gegen den Guerillakrieg in Spanien nichts vermocht. Wie Wellington gegen Napoleon, so behauptete sich dort Sertorius gegen Pompejus, wennschon er sich hart bedrängt fühlte. Des Pompejus Kasse ist schließlich leer⁶; er fordert Geldhilfe von Rom.

Aber Italien selbst war inzwischen in der größten Not. Der soziale Aufruhr zerriß das Land von neuem, aber in ganz anderer Weise als bisher. Die Sklaven, die Leibeigenen auf dem Land, die die Roharbeit der Kultur in Italien seit Jahrhunderten verrichteten, sprengten ihre Fesseln. Sie hätten dazu sicher nicht für sich allein den Mut gefunden; es waren vielmehr Fechter, die im Jahre 73 in Capua aus ihrer Fechterkaserne ausbrachen. Wir haben uns darunter zumeist kriegsgefangene Ausländer zu denken, die als Gladiatoren abgerichtet wurden, damit das Volk in Rom auf dem Markt sein blutiges Fechterschauspiel hätte. Es war zunächst nur eine Räuberbande, die sich mit Küchenmessern und Bratspießen bewaffnet hatte. Die Führung hatte Spartacus, ein Thraker von Herkunft, ein junger Mensch von ausgezeichneten Eigenschaften. Am Vesuv setzten sie sich fest. Aber bald strömten die Ackerbauknechte, auch die Hirten hinzu; sie erbeuteten Waffen, und schon war es ein Heer von 70000 Leuten, die plündernd über die Städte herfielen und einen römischen Konsul nach dem andern aufs Haupt schlugen. Nordwärts bis nach Mailand drangen sie und näherten sich jetzt, 120000 Mann stark, Rom. Da war es, im Jahr 72, der Prätor Licinius Crassus, eine neu aufgehende Größe, der mit acht Legionen den Spartacus zum Rückzug nach Süden zwang. Danach verlor Spartacus die Herrschaft über seine Scharen. Die Haufen teilten sich, und es folgte die Entscheidungsschlacht in Südkalabrien, wo gleich 60000 Sklaven umkamen. Pardon gab es nicht. An den Landstraßen wurden 6000 Kreuze errichtet; da kreuzigte Crassus die Gefangenen. Es wirkte wie Chausseebäume. Crassus war einer der größten Sklavenhändler der Hauptstadt und an der Sache auf das persönlichste interessiert.

Inzwischen war in Spanien, im Jahr 72, Sertorius ermordet; der Mörder Perperna befehligte jetzt das Heer des Sertorius. Sofort gewann Pompejus entscheidende Siege und unterjochte rasch die ganze spanische Provinz.

Da erbeutete er auch das Archiv des Feindes und fand eine Fülle von Briefen von römischen Herren, die mit dem Feind Sertorius im Geheimen korrespondiert hatten. Das war eine großartige Maßnahme, daß Pompejus diese Briefe da sofort sämtlich vernichtet hat; ein Ereignis, das sehr bemerkt wurde: unzählige Männer hätte er damit kompromittieren, ihnen einen Strick daraus drehen können. Warum benutzte er sie nicht? Aus engelhafter Großmut? aus friedfertiger Scheu vor politischen Händeln? Vielmehr ist klar, daß er sich schon damals keineswegs mit der Senatspartei identifiziert hat; andernfalls hätte er von jenen Briefen Gebrauch machen müssen. Ihre Vernichtung war der erste deutliche Schritt, den er zugunsten der Volkspartei tat. Vom Jahre 72 an hat sich Pompejus also die Gunst dieser Partei tatsächlich zu erwerben gesucht. Das liegt auf der Hand. Brutus und Sertorius waren tot, kein hervorragender Militär stand dieser Partei mehr zur Verfügung; kein Wunder, daß sie jetzt dem Pompejus ihre Gunst schenkte. Und das eben war es, was er wollte.[7]

Hoch auf den Pyrenäen errichtete er ein Siegesdenkmal; als er darauf in Italien einzog, begegnete ihm ein Sklavenschwarm von 5000 Köpfen; es war der Rest der großen Armee des Spartacus; Pompejus ließ sie beiläufig zusammenhauen und berühmte sich jetzt frisch und fröhlich, daß er auch noch den Sklavenkrieg beendet habe. Die Ruhmsucht wurde bei ihm zur Schwäche; es ist, als wäre er noch der Knabe. In seinem eigenen Handwerk mochte er keinen zweiten neben sich erfolgreich wissen, zumal keinen Pflastertreter wie den Crassus.

Er war jetzt 35 Jahre alt und verlangte das Konsulat für sich, ohne vorher andere bürgerliche Ämter bekleidet zu haben. Er rüttelte damit an der Ämterordnung Sullas. Das war ihm einerlei. Warum sollte er nach fast zwanzigjähriger Kriegsleistung nicht wie Marius Konsul werden? Der Senat weigerte sich. Aber Pompejus stand drohend mit seinem Heer vor der Stadt, und man bekam Angst, er wolle König werden. So gewährte man ihm denn doch das Konsulat und auch den Triumphaleinzug, den er forderte. Bezeichnend ist, daß er, um rasch orientiert zu sein, sich die Pflichten eines Konsuls von dem berühmten Gelehrten Varro aufschreiben ließ; er war eben bei der Waffe groß geworden und kannte das römische Staatsrecht nur aus der Ferne.

Seit dieser Wendung stellte sich Pompejus nun offen zur Volkspartei,[8] und das war natürlich. Sulla hatte die Volkstribunen und die Volksversammlung verfassungsmäßig geknebelt; Pompejus beantragt jetzt und setzt durch, daß ihnen die alte staatsrechtliche Vollmacht, die sie in der Gracchenzeit gehabt, wieder zurückgegeben wird. Auch erhielten die Ritter wieder Anteil an den Geschworenengerichten. Freilich lag dem Pompejus an dem charakterlosen Pöbel Roms im Grunde gar nichts; ihn interessierte die leidige enge Gassenpolitik der Demagogen als solche nicht im geringsten. Aber er brauchte das Volk für seine Zwecke. Jetzt war es wieder Souverän und konnte ihm jedes neue Kommando votieren, das er wollte. Er wollte der Feldherr, das Schwert Roms sein, wie einst Marius. Der Krieg war seine einzige Passion.

Und das Volk begeisterte sich für ihn. Man muß sich gegenwärtig halten, wie das Leben im Süden auf den offenen Plätzen sich abspielt; bei jedem Vorkommnis ist alles voll Menschen, auch alle Dächer und Balkone. Auf dem Forum saßen eines Tages die beiden Zensoren im Ornat; das waren die hohen Staatsbeamten, die u. a. die Bürgerlisten führten. Es war üblich, daß zu bestimmten Zeiten die ausgedienten Ritter oder Kavalleristen mit ihrem Roß vor diese Zensoren traten und ihnen meldeten, wie lange und unter wem sie gedient, um dann entlassen zu werden. Nun war es ein Entzücken für das Volk, wie da auch Pompejus in glänzender konsularischer Tracht mitten im Zug der gewöhnlichen Reitersleute herankam und seinen Gaul pflichtgemäß an der Hand führte. Die Zensoren fühlten sich in peinlicher Verlegenheit. Es entstand ein großes Schweigen auf dem weiten Platz von der Velia bis zum Kapitol, als der eine Zensor endlich die Stimme erhob: „Ich habe dich zu fragen, Bürger Pompejus, ob du, seit du dienstpflichtig bist, alle Feldzüge mitgemacht hast?" „Ja," antwortete Pompejus lautstimmig, „und zwar alle unter meiner eigenen Führung." Ein Beifallsgeschrei von nah und fern. Die Zensoren gaben dem Jubel nach, erhoben sich von ihren Thronen und geleiteten Pompejus persönlich bis nach Hause; das ganze Volk hinterdrein.

Alexander der Große

Das sind römische Volksszenen: ein Augenblicksbild! Es waren Tage harmloser Freude und ungetrübter Sympathie, wie Rom sie selten so gesehen hat.

Licinius Crassus war der neidische Mitkonsul des Pompejus. In diesem Crassus erblicken wir eine ganz andere Spezies des Römertums; er ist das erste Beispiel eines Bankiers, das uns begegnet. Da es im Altertum keine staatlich fundierten Banken, keine Reichsbank gab, so ist es natürlich, daß sich Rothschilds und Vanderbilts fanden, die die Geldzentrale in ihre Hand bekamen. Woher hatte Crassus seine Milliarden? Er hatte sich als frommer Sullaner an den Güterschlächtereien Sullas bereichert und spekulierte seitdem in Grundstücken mit größtem Erfolg. Er verhandelte ferner wertvolle Sklaven, die Bautechniker, Ingenieure waren, und bildete selbst in einer Schule junge Techniker aus, die er dann gegen Pachtsummen auslieh. Dann gründete er die Feuerwehr; denn die vielen Holzbauten Roms verursachten zahllose Feuersbrünste; er setzte aus seinen Sklaven ein Feuerwehrkorps zusammen, schuf Meldestellen, und wenn er nun irgendwo löschen ließ, schickte er immer zugleich einen Geschäftsvertreter an die Brandstätte, der das Grundstück zum niedrigsten Preis aufkaufte. So wurde er der größte Hausbesitzer, der Wohnungen vermietete und Schacher mit Bauplätzen trieb. In seinem Bankgeschäft aber saß ein Heer von Buchhaltern und Schreibern, und er verborgte Unsummen. Er wußte, an wen. Denn er sah sich die Menschen darauf an. Julius Cäsar lebte nur von Schulden, aber Crassus gab ihm unbegrenzten Kredit. Alles das hat gewiß großartigen Zuschnitt, aber es ist doch zu kleinlich-krämerhaft für einen Staatsmann. Tatsächlich duckte sich dieser Geldmensch vor Pompejus, und die Art, wie er sich ihm trotz aller Scheelsucht unterordnet, zeigt uns am schlagendsten, welche Wucht das Auftreten des Pompejus damals hatte.

Schlimm war es aber für Pompejus, bloß als Privatmann in der Stadt zu leben. Der große Militär verlor da als Bürger

unter Bürgern seinen Nimbus: die Alltäglichkeit war da die
große Walze, die alles gleich macht und niederdrückt. Daher
ging er selten auf die Straße und zeigte sich immer nur mit
großem Gefolge. Auch taugte er nicht für Debatten und politische Gespräche. Sollte sich das Schicksal des Marius in ihm
wiederholen?

Schon aber brauchte der Staat wieder einen Feldherrn, und
dem Pompejus winkte ein neues Ziel. Fast noch entsetzlicher
als der Sklavenkrieg des Spartacus war das Seeräuberunwesen
draußen auf dem Meer. So große Schäden hatte der träge
Sulla in seinem Regiment bestehen lassen.

Die Piraterie ist fast so alt wie die Schiffahrt selbst, und die
Piraten gehörten so unbedingt zum Mittelmeer wie die Haifische. Ihr Sitz war vor allem die steile, klippenreiche Süd-
küste Kleinasiens, der Küstenstrich, der Cicilien heißt. Gerade
seit der Zeit, wo Sulla mit König Mithridates kämpfte, hatten
sie sich auf das frechste zu einer Großmacht ausgedehnt und
organisiert. Nicht nur die Handelsflotten überfielen sie, sondern auch die Hafenstädte selbst, erzwangen die Einfahrt und
brandschatzten. Darunter litt vor allem zunächst Griechenland
mit seinen vielen Inseln und schönen hochehrwürdigen Städten;
sogar die altheiligen Tempelbezirke in Epidauros, Samos,
Samothrake usf. wurden ausgeplündert. Dicht an Athen kamen
die Piraten heran; ja, jetzt überfielen sie sogar den Golf von
Neapel, das Eldorado der reichen Römer, und kamen bis zur
Tibermündung, drangen frech selbst in den römischen Hafen
von Ostia ein und zerstörten da die Trieren. Besonders beliebt
war es, vornehme Römer abzufangen; das gab dann mächtiges
Lösegeld. Und die Herren Räuber selbst traten dabei fürstlich
auf; goldene Segelstangen zeigten sie am Bug, und die Ruder-
schaufeln waren mit Silber beschlagen. Die Sache war vornehm, eine hohe Schule eleganter Abenteurer; Leute aus den
besten Familien gingen unter die Piraten.

Die Verantwortung für diese unerhörten Verhältnisse trugen

die Römer; denn den Römern gehörte eben die Welt. Der Haß
der schutzlosen Provinzen wandte sich gegen Rom, das die See-
polizei auf das schwächlichste übte. Jetzt aber mußte etwas
geschehen. Denn in Rom selbst blieben die Getreidezufuhren
aus. Die Piraten nahmen die ganzen Kornflotten, die aus
Afrika und Sizilien kamen, weg. Die Hauptstadt der Welt war
blockiert; der Majestät des nimmersatten römischen Stadtpöbels drohte die Hungersnot.

Pompejus beanspruchte die ausgedehntesten Vollmachten
und Hilfsmittel. Er zeigte sich dabei als ausgezeichneter Organisator. Aber er ließ andere für sich reden; er hatte eine Scheu,
vor die Menge zu treten, die ihm ein zu fremdartiges Element
war. Denn jeder andere Römer kam früh und ständig, allein
schon bei den Wahlakten, mit dem Getriebe der Volksversammlungen in Berührung. Pompejus aber war nie Quästor oder
Ädil gewesen; die üblichen Bittgänge der Amtskandidaten
waren ihm gänzlich erspart geblieben, und er brachte es jetzt
nicht über sich, mit Bitten vor die Quiriten zu treten, deren
Launen unberechenbar und die er nicht zu lenken wußte. Lieber
verhehlte er seine Wünsche. Der Tribun Gabinius beantragte
für ihn unumschränkte Gewalt über das ganze Meer, aber auch
über alles Land, zehn Meilen (400 Stadien) landeinwärts von
der Küste; freie Benutzung des Staatsschatzes; 200 Schiffe usw.
Die Senatoren verkannten den Ernst der Lage, sträubten sich
und hatten wieder Angst, Pompejus werde sich zum König
machen. Da brach ein Volkstumult vor der Kurie aus, und
Pompejus ließ jetzt durchsetzen, daß er vielmehr 500 Schiffe,
24 Legaten erhielt, 12000 Mann zu Fuß, 5000 Reiter: wohl
die größte Macht, die Rom je aufgestellt hat.

Man hat diese hochgegriffenen Forderungen getadelt, be-
lächelt, aber mit Unrecht. Pompejus wußte, wie Moltke und
jeder gute Militär, daß man sich, um nachhaltig zu siegen, zunächst die Übermacht sichern muß, und er hat stets danach gehandelt. Denn ein rascher Sieg, der durch die Erdrückung des

Gegners erzwungen wird, ist für den Staat und den Staatsbürger eine unendliche Ersparnis an Zeit, Geld und an Menschenleben. Das Elend der langen Kriege ist nur zu oft das Ergebnis zu kleiner Maßnahmen. Und die Ereignisse gaben ihm sofort recht; denn kaum war die große Forderung bewilligt, so beruhigte sich schon der Markt und die Börse, und die wahnsinnig hochgeschrobenen Preise fielen. Die Sicherheit kehrte schon vor dem Beginn des Kampfes zurück.

Pompejus teilte das ganze Mittelmeer in sechzehn Bezirke; in jedem Bezirk wurden die Küsten von einem der Legaten abgejagt, er selbst aber kreuzte auf dem offenen Meer und fing die aufgescheuchten Piraten ab. Hier steht er also als Seemann da. Dabei war es bedeutsam, daß Pompejus in Rom am Esquilin in einer Straße wohnte, die die Carinen hieß; Carinen aber heißt „die Schiffskiele". Jetzt war er der Fürst der See, und er war auch jetzt auf den Carinen zuhause!

In vierzig Tagen war das westliche Mittelmeer gesäubert;[9] dann ging die Treibjagd nach Kleinasien, und es kam zu einer großen Seeschlacht; dann fliehen die Piraten auf ihre Raubschlösser in das Küstengebirge. Unzählige Kastelle, unzugänglich wie Geierhorste, zwang Pompejus zur Übergabe. Es war ein interessanter Krieg, und seine Erledigung gelang um so rascher, da Pompejus die abgefangenen Missetäter nicht etwa über die Klinge springen ließ oder ans Kreuz schlug, wie das bisher strammer Stil war, sondern denen, die sich ihm ergaben, Freiheit und Leben zusicherte und sie irgendwo im Innern des Landes ansiedelte. Es war im Altertum nichts Ungewöhnliches, ganze Bevölkerungen umzupflanzen. So gründete Pompejus in Cilicien die Pompejusstadt Pompejopolis und siedelte darin 20 000 Piraten an.[10] Als diese Milde des Siegers bekannt wurde, ergaben sich alle, die noch trotzten. Es war das Jahr 67.

Auch die Insel Kreta war ein rechtes Piratennest; dort befehligte schon seit einem oder zwei Jahren ein Cäcilius Metellus, der sich in Erinnerung an diese Kämpfe Creticus nannte. Mit diesem trotzigen Mann kam Pompejus in widerwärtige Kompetenzkonflikte; er entsandte geradezu Truppen gegen ihn, so daß Römer gegen Römer standen. Das wurde sehr bemerkt, und die Besorgnis wuchs, Pompejus würde als Tyrann wie Sulla wieder nach Rom kommen.

Griechenland aber atmete auf, und auch das Volk in Rom jubelte. In drei Monaten war alles erledigt, 1300 Kaperschiffe erbeutet, Handel und Wandel gedieh wieder. Jeder Bürgersmann empfand das an seiner eigenen Tasche. Es war eine jauchzende Stimmung; und jetzt trat auch Cicero, der große Redner, für Pompejus ein. Das Volk beschloß, ihm auch noch den Oberbefehl gegen König Mithridates zu geben, gegen Mithridat, der, zwar durch Lukulls Siege entkräftet, doch immer noch aufrecht stand, ja, wieder angreifend vorging, seit 22 Jahren der zäheste Gegner Roms.

Also ohne Aufenthalt weiter nach Kleinasien, in den Orient. Da gab es nun am fernen Euphrat eine märchenhafte Schlacht zur Nachtzeit bei Mondenlicht; man muß dabei an die Lichtfülle des südländischen Mondes denken. Der stolze König Tigranes von Armenien knickt sogleich zusammen und stürzt dem Pompejus zu Füßen, der ihn milde aufhebt. Der ganze Harem des Mithridates wird diesmal erbeutet; aber der Sieger schont die schönen Frauen und schickt sie artig jede zu ihren Eltern zurück. Mithridates selbst aber ist indessen nach Südrußland, Bosporanien, in die Krim, wo sein Sohn Pharnakes haust, entwichen; mit ihm sein Kebsweib Hypsikrate, die Amazone, die als Mann verkleidet und unter Männernamen umgeht, reitet und ficht.

Pompejus hätte den Mithridat gar zu gern gejagt; aber die Barriere des Kaukasus war unübersteiglich; kein antikes Heer hat sie je bewältigt. Es galt also die Streitkräfte sonst zu nutzen. So kämpfte er einen Winter und einen Sommer am Südhang des Kaukasus, auf abenteuerlichen Märschen durch unbekannte

Steppen und Triften, am Kyrosfluß im Lande Georgien mit den Verbündeten Mithridats, urwüchsigen tapferen Völkern, Albanern und Iberern, nahe dem Kaspischen Meer, wohin überall noch nie ein griechisch-römisches Heer gedrungen war. Es waren die interessantesten militärischen Promenaden.[10a] Er selbst tötet da eigenhändig in einer Schlacht einen Königssohn. Sogar die Amazonen tauchen da als seine Gegnerinnen auf. Ergebnisreicher war, daß er sich dann nach dem Lande Syrien wandte und aus eigener Machtfülle Syrien für Rom in Besitz nahm; d. h. nach Kriegsrecht nahm er dies Land dem ehemaligen Besitzer Tigranes, der sich ihm unterworfen hatte, ab.

Ob inzwischen Mithridates wieder Kräfte sammelte? Pompejus war gänzlich ohne Nachrichten und hielt in Damaskus Hof, indem er den Schiedsrichter zwischen streitenden kleineren Landesfürsten spielte; dann begann er auch noch eine Expedition nach Arabien — als plötzlich aus dem fernen Norden die Kunde kam, daß Mithridates tot. So, wie noch heute die Briefboten in Indien, die durchs Land rennen, einen Speer in der Hand tragen, damit man ihnen ausweicht[11], so auch damals; aber die Boten hatten ihre Speere festlich mit Lorbeer bekränzt. Pompejus machte gerade Reitübungen vor dem Feldlager; da zwangen ihn seine Soldaten, vom Gaul zu steigen und die Botschaft vorzulesen; aus Sätteln häuften sie einen Berg an; darauf mußte Pompejus klettern: Pharnakes, des Mithridates Sohn, hatte den eigenen, fast achtzigjährigen Vater zum Selbstmord getrieben und unterwarf sich seinerseits als Vasall den Römern. So geschehen im Jahre 63.

Pompejus aber gönnte sich auch jetzt nicht Ruhe. Er eroberte beiläufig auch noch Palästina, Judäa; an einem Sabbat nahm Pompejus den Tempelberg Jerusalems mit Sturm und betrat selbst das Allerheiligste im Tempel Jehovas. Aber, wie sein Freund Cicero versichert, hat er dort im Heiligtum sich an keinem Tempelgut vergriffen. Die Stadt wurde nicht zerstört, aber Judäa der Vasall Roms (im Jahre 63).

Nun galt es noch, die Verwaltung Asiens zu ordnen; Rom
hatte von jetzt an vier asiatische Provinzen. Es ist zu betonen,
daß die Einrichtungen, die da Pompejus traf, von wirklicher
Humanität eingegeben, den unterworfenen Völkern durchaus
zum Vorteil gereicht haben. Dann belohnte er sein Heer mit
vollen Händen (16 000 Talente = 96 Millionen Drachmen
kamen zur Verteilung) und sonnte sich noch geraume Zeit auf
den schönen griechischen Inseln Lesbos, Rhodos, wo man ihn
gebührend feierte und er Gelehrte und Philosophen verschwenderisch beschenkte (so auch in Athen). Auf einmal steht er mit
Heer und Flotte in Brindisi, auf italienischem Boden, und Rom
erschrickt bis zum Innersten. Die Stadt war wehrlos. Rückte
Pompejus auf Rom, so war er König der Welt. Niemand hätte
das verhindern können, auch Julius Cäsar nicht. Der reiche
Crassus floh demonstrativ mit seiner Familie aus der Stadt.
Es war das Jahr 61. Aber Pompejus hielt nur eine Ansprache
an sein Heer und entließ es und erschien in Rom als schlichter
Privatmann, als hätte er nur eben eine Reise gemacht. Alles
war starr vor Staunen.

Dies Verhalten bietet uns in seiner, man möchte sagen,
naiven Großartigkeit den Schlüssel zum Verständnis des Mannes.
Pompejus hat, wie Marius, nie an die Monarchie gedacht.
Er war, wie Marius, nur Soldat. Seine militärische Aufgabe
war erfüllt: der Jagdfalke brachte seine Beute und setzte sich
zur Ruhe. Pompejus war jetzt 45 Jahre alt, und fast dreißig
Jahre hatte er nun heimatlos fast unausgesetzt im Felde gestanden. Ich wüßte von keinem Römer, der dasselbe geleistet:
schon rein physisch betrachtet, war die Sache unerhört. Er
wollte jetzt endlich seine Ruhe haben, er sehnte sich danach,
endlich ein friedliches Familienleben zu führen; er wollte es so
gut haben wie jeder andere Veteran. Schon, als er den Oberbefehl gegen Mithridat erhält, zieht er die Brauen zusammen,
schlägt sich mit der Hand auf die Schenkel und sagt: „Ach die
endlosen Kriegszüge! Wäre ich doch unberühmt! Ich sehne

mich danach, mit meiner Frau zu leben".[12] Es ist wertvoll, daß uns diese Äußerung mitgeteilt wird. Solche Stimmungen waren nur zu begreiflich. Sie sind psychologisch selbstverständlich. "Nichts verzehrt die Lebenskraft des stärksten Mannes schneller als fortwährender Krieg," sagt ein moderner Historiker im Hinblick auf Napoleons Generale Ney und Macdonald, die nach zehn- bis zwanzigjährigem Felddienst keine Spannkraft mehr besaßen.[13] Wie sollte es mit Pompejus anders stehen?

Sein Triumphzug war von unerhörtem Glanz: eine unbeschreibliche Sensation; exotische Gefangene und Kostbarkeiten, darunter fünf Söhne, zwei Töchter des großen Mithridat; große Plakatgemälde, die nächtliche Flucht, den Selbstmord des Gegners darstellend usf.; vor allem der Judenkönig Aristobul, der neben Tigranes, dem armenischen Königssohn, hinter Pompejus' Triumphwagen marschierte. Milliarden von Geld führte er der Staatskasse zu. Das Geld wurde wieder billig in Rom, das ganze Finanzwesen für ein Jahrzehnt auf anderen Boden gestellt.

Daß man ihn ehrte, sah Pompejus gern, so prunklos er persönlich auftrat. Er wollte Ehre, immerhin, aber er wollte keine Macht. Dieser Unterschied ist festzuhalten. Er wollte keine Zivilamtsgewalt, die ihm lästige Pflichten auferlegte. Er wollte auf alle Fälle Muße. Aber er fand sie nicht. Er war schon zu mächtig geworden; zu einer Person, wie er war, mußte in der Stadt sogleich alles konvergieren. Und so begann jetzt der Absturz seines Lebens, die Tragödie des Mannes, den das Glück bisher wie auf Händen getragen hatte.

Als er die Bestätigung seiner in Asien getroffenen Anordnungen und für seine Veteranen Landanweisungen forderte (es war dies seine Ehrenpflicht und eine sozialpolitische Notwendigkeit), widerstand der Senat hartnäckig. Hätte sich Pompejus nach Sullas Vorbild, wie er es konnte, zum Diktator gemacht, so hätte er auch wie Sulla eigenmächtig seine Soldaten versorgen können. Jetzt sah er sich auf die Laune und Gunst

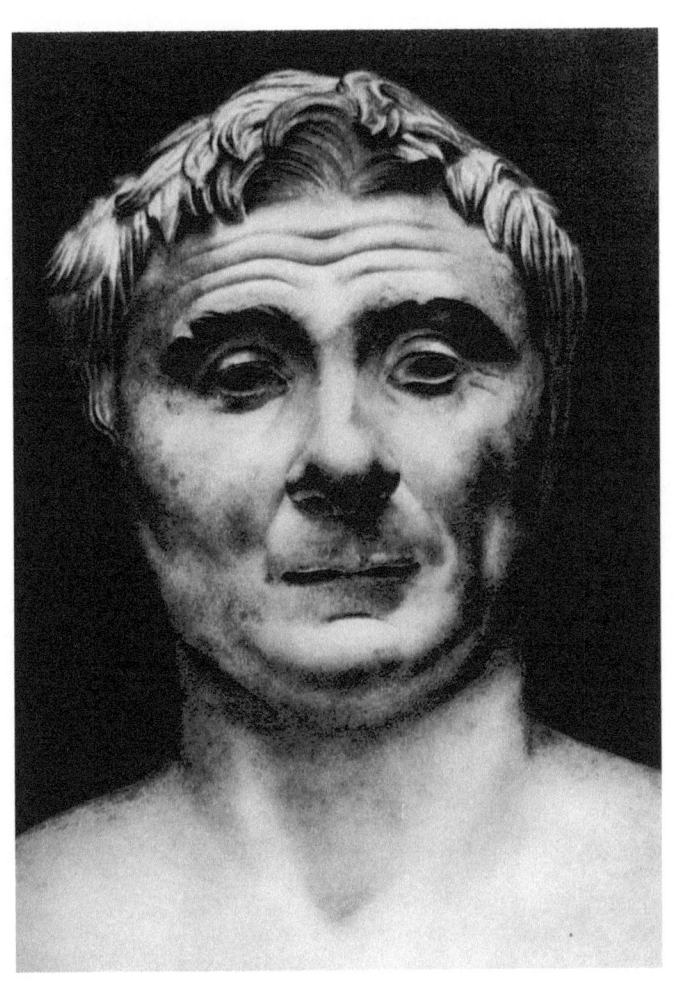

Pompejus

der Parteien angewiesen und mußte sich in die kleinen, lumpigen Schikanen einlassen, die längst schäbig gewordenen städtischen Kämpfe zwischen Volk und Senat. Für solche Dinge war er nicht gemacht; dazu war er zu steif und unelastisch. Er hatte ja noch nie bittend vor dem Volk gestanden; er ist wohl der einzige Römer, der nie beim Wahlgang den Spießbürgern Bestechungsgelder in die Hand gedrückt hat. Jetzt aber brauchte er die Volkspartei wider den Senat.

Da tritt Julius Cäsar an ihn heran.

Cäsar hatte bisher ziellos und ohne alle Aussicht auf eine beherrschende Stellung dahingelebt. Jetzt erst, jetzt, da der heimkehrende Feldherr im entscheidenden Moment auf die beherrschende Rolle, die Cäsar ihm damals nie hätte bestreiten können, verzichtete, tat sich ihm plötzlich seine eigene Zukunft auf, und sein Plan war rasch gemacht. Er ist nur sechs Jahre jünger als Pompejus, ist der gewiegteste Parteikämpfer und Politiker und Hauptführer der Volkspartei; so tritt er jetzt für alles das, was Pompejus fordert, kräftig ein und zieht ihn, indem er seine Gegenforderungen stellt, ganz hinein in seine eigenen Pläne. Pompejus beginnt nun doch, wider Willen, als entwaffneter Soldat, eine große politische Rolle zu spielen. Cäsar ist es, der im Jahre 60 zu dem berühmten Triumvirat die Anregung gibt; d. h. Cäsar und Pompejus verbünden sich und ziehen als dritten Crassus, die hohe Finanz Roms, mit heran. Dabei ist Pompejus der Gewährende; denn er allein ist der Inhaber der Macht.[14] Aber er gewährte in diesem Handel viel mehr, als er erhielt. Er war neidlos oder arglos. Hätte er selbst nach dem Kommando Galliens, das jetzt Cäsar erhielt, ernstlich verlangt, das Volk hätte es ihm ohne Zweifel votieren müssen. Aber er legte darauf keinen Wert; er wollte vorläufig still sitzen. Während nun aber Cäsar auf acht Jahre aus Rom verschwindet, um Frankreich oder Gallien zu erobern, hatte Pompejus in der Hauptstadt einen schlimmen Stand. Er lebte da eben zunächst nur als Privatmann, ganz ohne Amtsgewalt.

Eine städtische Polizei gab es nicht; eine Leibwache, wie Sulla, konnte er sich nicht halten, noch weniger Truppen in Rom zusammenziehen; oder er hätte als Diktator dagestanden. In Rom herrschte wieder einmal Kornmangel; die Zufuhren reichten nicht aus; Pompejus übernahm den staatlichen Auftrag, für die Zufuhr zu sorgen (i. J. 57); aber dieser Auftrag gab ihm nur Pflichten und keine Macht. Er mußte also den Radau, das Banditenwesen in den Gassen, die armseligen Stänkereien eines Clodius gewähren lassen. Die Dinge, um die da gestritten wurde, waren auch gänzlich ohne Interesse. Er lebte jetzt endlich, nach dreißig friedlosen Jahren, ein stilles und schönes Familienleben; denn er hatte Cäsars holde Tochter, die 23jährige Julia, geheiratet, und er liebte sie. Daher empfand er auch für Julius Cäsar eine aufrichtige und neidlose Freundschaft; er bewunderte ihn und folgte gern seinen Ratschlägen, so unbequem sie ihm auch oft waren.

Die griechische Erziehung, die er als junger Knabe erhalten, wirkte zeitlebens in ihm nach. Daher die schlichte, noble Art seines Haushaltes, seines Auftretens. Mit einer angemessenen Würde nahm er Gefälligkeiten an, und liebenswürdig war die Art, wie er Hilfe gewährte; hübsch sein Verhältnis zu seinem jungen Sklaven Lenäus, der aus Bildungstrieb nach Athen entflieht; als er sich wieder stellt, straft Pompejus ihn nicht, sondern schenkt ihm die Freiheit und behält ihn als Hausgelehrten bei sich bis an sein Ende. Mit gutherziger Langmut sah er seinem Freigelassenen Demetrius zu, der in Rom protzte, parvenümäßigen Aufwand trieb und viel glänzender auftrat als sein Patron. Eine Scheu hatte er stets und zeitlebens vor jedem überflüssigen Blutvergießen; einen Widerwillen gegen die sullanischen Barbareien. Die griechische Humanität war in ihm vollkommen lebendig.

Eine medizinische Literatur besaß Rom noch kaum; Pompejus aber hatte einen Schatz solcher Schriften des Mithridat erbeutet, und er läßt sie sogleich von seinem Lenäus ins Latein übersetzen. So erbeutete er auch desselben Königs gewiß prachtvolle Gemmensammlung; das Volk aber sollte an ihr seine Freude haben, und er stellte sie auf dem Kapitol als dauernde Stiftung öffentlich aus.

So hat er denn auch das Marsfeld, das ausgedehnte, freie Exerzierfeld vor Rom, als Bauterrain erschlossen, indem er ein gewaltiges Theater dorthin stellte, das erste steinerne Theater Roms, in dem nur griechisch gespielt wurde und das Raum für 40 000 Menschen geboten haben soll. Es war mit köstlichen Wandelhallen und Unterhaltungssälen verbunden. Pompejus hat sich als Bauherr in Rom weit herrlicher verewigt als Julius Cäsar. Im Jahre 55 wurde das Theater mit fürstlichen Spielen eingeweiht; aber Pompejus gab bemerkenswerterweise keine Gladiatorenspiele, keine Menschenmetzeleien,[15] sondern eine Löwenjagd, für die er 500 Löwen aus Afrika kommen ließ.

Inzwischen waren die Dinge in Rom unleidlich geworden. In unzähligen Fragen der Straßenpolitik wird Pompejus um seine gewichtige Meinung gefragt; vielfach aber äußert er sich zögernd, hinhaltend, unklar, mitunter gar zweideutig, und einen Menschen von so zappeliger Natur wie Cicero bringt das oft außer sich. Pompejus fühlte sich eben in Dingen des Bürgerrechts, des Staatsrechts, der Parteistellungnahme nicht sicher genug, und sie schienen ihm auch oft belanglos. Ja, hätte er Militär zur Hand gehabt, dann hätte er ganz anders mitgesprochen. Eines Tages geschah es, daß er selbst bei einem Krawall unter die Menge gerät und mit Blut bespritzt wird. Er eilt nach Haus, um sich umzukleiden; da sieht Julia das Blut und fällt in Ohnmacht vor Entsetzen. Es war innige Liebe, die die beiden verband. Julia erwartete eben ihre Niederkunft und starb. Ihr Tod war ein Schlag für Pompejus und für Rom.

Gleichwohl kann sich Pompejus von Rom und seinem häuslichen Leben auch hernach nicht trennen, und als er Spanien als Verwaltungsgebiet erhält, läßt er es durch seine Legaten verwalten. Verfassungsgeschichtlich bedeutsam wurde das

Jahr 52; da nahm in den Gassen die Anarchie so zu, daß der Senat endlich geradezu den Pompejus zum Gewalthaber, zum Alleinherrscher macht,[16] und jetzt endlich zieht Pompejus auch Truppen nach Rom. So hat also damals ein paar Monate lang eine sogen. konstitutionelle Monarchie, ungefähr in der Weise, wie Cicero sie sich dachte, in Rom bestanden: der Inhaber der Exekutive (Pompejus), der Senat und die Volksversammlung, die drei zusammenwirkenden Gewalten; und alles verlief verhältnismäßig gut. Es ist klar, daß Pompejus hiermit das liberale Kaisertum des Augustus vorwegnahm, eine Monarchie, die die „Freiheit" nicht aufhebt und die darum auch Seneca billigt. Ich werde hierauf zurückkommen. Pompejus faßte jetzt auch Zutrauen zu seiner staatsmännischen Aufgabe, und ihm schien die Zukunft so wenig drohend, daß er sich neu vermählte. Der Stoiker Cato verübelte ihm die frohe Hochzeit sehr. Aber er brauchte Behagen um sich. Eine sehr junge und gelehrte Dame führte er heim, Cornelia, die nicht nur künstlerisch musizierte (musizierende Römerinnen waren damals noch etwas Außerordentliches), sondern auch Geometrie, ja Philosophie trieb. Die Außenstehenden mäkelten: Cornelia sei zu pedantisch und ziemlich unleidlich. Einerlei! So stark war in dem Alternden der Trieb zur Jugend und zur Bildung: er nahm sich eine junge Studentin ins Haus. Und er war für Frauen noch immer liebenswert.

Schon aber hatten die Differenzen mit Julius Cäsar begonnen. Der siegreiche Cäsar stellte für seine Rückkehr aus Gallien nach Rom Bedingungen, die der Senat ablehnte, und auch Pompejus antwortete trotzig und stellte sich auf den Standpunkt des Senats.[17] Er wollte durchaus nicht glauben, daß Cäsar, undankbar, es zum wirklichen Bruch treiben würde: „Er, der mir wie ein Sohn ist, sollte mir mit dem Knittel drohen?"[18] Eben damals erkrankte Pompejus in Neapel; als er genas, kamen von allen Städten Italiens Gesandtschaften, die ihm Glück wünschten. Ganz Italien begeht Feste mit Heilrufen ihm zu Ehren; im Triumph kehrt er nach Rom zurück. Es waren die letzten schönen Ruhmestage dieses friedfertigen Herrschers wider Willen.

Da rückt Cäsar, im Jahre 49, mit seinen Truppen aus Gallien wirklich ein, über den Rubikon! Pompejus ist auf keinen Kampf vorbereitet und in höchster Verlegenheit. Er hatte obenhin großgetan: „wenn Cäsar kommt, stampfe ich die Legionen aus dem Boden," ein Zeichen dafür, wie wenig er an einen Krieg glaubte.[19] Eine Zeitlang schwankte er, was zu tun sei. Ein in militärischen Dingen so urteilsloser Mensch wie Cicero meint, er habe den Kopf verloren, und schreit Zeter, daß Pompejus aus Italien entweicht. Pompejus handelte aber richtig, und er wußte jetzt, was zu tun war. Die Einschiffung gelang. Er verlegte den Krieg auf die Balkanhalbinsel, nach Epirus, Thessalien.

Eine gewaltige Flotte steht ihm zur Verfügung, aber das Heer, das er neu bildet, besteht zumeist aus eben erst angeworbenen, gefechtsuntüchtigen Rekruten.[20] Seine spanischen Legionen kann er nicht heranziehen. Eine offene Feldschlacht ist also bei der qualitativ unvergleichlich überlegenen Macht des Gegners zu vermeiden. Pompejus beabsichtigt vielmehr, Cäsar, sobald er auf die Balkanhalbinsel nachgerückt ist, mit Hilfe seiner Flotte zu zernieren, von Italien abzusperren und so schließlich auszuhungern, und der Plan wäre ihm auch sicher gelungen. Die Rechnung war gut. Aber das Unheil wollte, daß ein Schwarm von vornehmen Leuten und alten Herren, an die hundert flüchtige Senatoren mit ihrem üppigen Troß, als Schlachtenbummler sein Hauptquartier belagerten. Die lagen ihm unausgesetzt in den Ohren, er solle sogleich schlagen, sobald der Feind sich nur zeige. Pompejus war klüger. In allen seinen bisherigen Kriegen war er nur seinem eigensten Rat gefolgt, und er hatte immer gesiegt. Jetzt folgte er zum ersten Mal, betäubt durch das Flehen und Poltern um ihn her, fremdem Ratschlag, und so geschah die verhängnisvolle Schlacht bei Pharsalos, am 9. August 48. Nicht Pompejus wurde bei Pharsalos geschlagen, sondern der Senat. Daß er freilich den Dummen ihren Willen ließ, der Vorwurf bleibt für immer auf ihm sitzen. Es geschah, was sich von selbst versteht, daß ein kleineres, vorzüglich diszipliniertes Heer ein größeres, das ungeübt ist, besiegt.

Gleich nach dem ersten verlorenen Reitergefecht — den vornehmen römischen Junkern wurden dabei von Cäsars gallischen Reitern die Gesichter zerhauen — erkannte Pompejus den Stand der Dinge, und sein Entschluß war gefaßt. Er verließ ohne weiteres das Schlachtfeld, und seine Motive sind durchsichtig. Mochte aus ihm selbst werden, was die Götter wollten: diese Schlacht sollte nicht auf seine Rechnung kommen. Das gebot ihm sein Ehrgefühl und sein Feldherrnruf. Die Herren, die sie angezettelt, mochten nun die Niederlage auch auskosten. Er wußte und sprach es aus: „Cäsar ist ein wohlwollender Mensch; er wird kein Blutbad unter den Leuten anrichten, die sich ihm ergeben."[21] Und auch jetzt handelte er nach wohldurchdachtem Plan. Seine Situation hatte sich erheblich verschlechtert. Aber, mochte Cäsar in den Balkanländern immerhin als Sieger stehen, das Meer gehörte noch dem Pompejus; er besaß noch seine Kriegsflotten, und Cäsar hatte keine. Er konnte also auch jetzt noch den Gegner mit seinen Schiffen vollständig blockieren und lahm legen und dadurch zu einem erträglichen Ausgleich nötigen. So hat in der Tat später auch sein Sohn Sextus Pompejus als König der See den Landmächten seine Bedingungen gestellt, und so versuchte es in unserer Gegenwart England in demselben Mittelmeer, im Jahre 1915.

Dies der Plan.[22] Aber zunächst mußte die Flucht gelingen. Es war eine peinliche Flucht und der Umschlag des Glücks erschütternd. Von wenigen geleitet, jagt der einst Allmächtige an die thessalische Küste. Da nimmt ein kleines Kauffahrerschiff ihn auf. Der Kurs geht nach Süden. Als es Zeit zum Mittagbrot ist (vielleicht gab es da nur Bauernbrot aus Kleie oder Hirse), beeilt sich sein vornehmer Gefährte Favonius, ein senatorischer Herr, dem Pompejus die Sandalen abzunehmen, und bedient ihn überhaupt wie seinen Herrn, bis zur Fußwaschung.

Pompejus mußte seine Flotte zu erreichen suchen. Dazu war es nötig, erst einmal an einer sicheren Stelle zu landen. Wirklich verschaffte er sich ein paar seiner Kriegsschiffe und fuhr nach Ägypten, das damals neutraler Boden und immer noch ein selbständiges Königreich war. Seine Gattin Cornelia sowie sechzig senatorische Männer geleiteten ihn jetzt. Cornelias Jammer, ihre Wehklage wird uns, wie in einer Tragödie, beweglich geschildert.

Man wußte aber nicht, wie der ägyptische Hof gesonnen sein werde, und eine Landung an Alexandriens Küste war nicht ungefährlich. Der Eunuch Potheinos hatte die ägyptische Regierung in Händen; denn der König Ptolemäus war noch ganz jung. Pompejus schickte also eine Botschaft mit der Bitte um Aufnahme. Potheinos sagte die Aufnahme zu, in Wirklichkeit aber faßte er den Plan, Pompejus aus der Welt zu schaffen. „Wer tot ist, beißt nicht mehr," sagte er, und es schien ihm bequemer, mit Cäsar in Zukunft allein zu tun haben. Zwei römische Machthaber waren ihm zu viel.

Um zu landen, mußte Pompejus sein Kriegsschiff und seine Gattin verlassen; denn das Wasser war zu seicht (so hieß es); ein kleiner Fischerkahn nahm ihn auf. Sein letztes Wort an Cornelia waren Verse aus einer Tragödie des Sophokles, die von Freiheit und Knechtung handelten. Cornelia war eben eine gelehrte Seele, und Pompejus erfreute sie gern mit einem Zitat. Im Nachen waren drei Männer, Beauftragte des Potheinos. Als man Pompejus ans Land ruderte, fiel ihm die Stille auf und daß niemand mit ihm sprach. Er sah sich erstaunt um; es war ihm unheimlich. Er versuchte ein freundliches Gespräch, aber der Angeredete nickte nur wortlos. Da holte er das Konzept der Ansprache, die er auf Griechisch an den

König richten wollte, hervor und las es noch einmal durch, bis der Kahn ans Ufer stieß. Königliche Hofbeamte, Publikum erwarteten ihn mit Neugier. Er erhob sich mit Hilfe seines freigelassenen Dieners Philipp von der Bank, um ans Ufer zu steigen. Da wurde er von hinten durchstochen. Alle drei Männer stachen auf ihn ein. Er verhüllte das Haupt und seufzte nur. Er war am Tag vorher 59 Jahre alt geworden.[23] Cornelia, die junge Frau, sah alles von weitem von ihrem Schiff aus, und ihr Jammergeschrei scholl über das Meer.

Schutzlos, von Neugierigen begafft, lag der Ermordete am Strand. Ihm wurde der Kopf abgehauen. Der Diener Philipp suchte sich Brennholz für einen Scheiterhaufen, verbrannte den Rumpf und sammelte die Asche. Als Cäsar dann nach Ägypten kam, überreichte man ihm den Kopf des Pompejus. Er wandte sich grausend weg; den Eunuchen Potheinos ließ er hinrichten. Die Asche des Pompejus wurde auf sein albanisches Landgut bei Rom gebracht.

Die Welt war voll Schrecken und Staunen. Es war wie Sonnenuntergang. Denn mit der Sonne haben die Alten Pompejus wirklich verglichen, da seine leichte Siegesbahn ihn von Sonnenaufgang bis Sonnenuntergang, vom Roten Meer und Kaspischen Meer bis zum Atlantischen Ozean trug.[24] Er war der letzte der großen Römer, der sich am Schwert erfreute und in Krieg und Sieg voll sich auslebte, ohne die Monarchie zu wollen. Wenn er trotzdem zeitweilig wie ein König in der Welt dastand, so tat er es nur gezwungen, durch die Umstände geschoben, zögernd, ja, zum Teil mit Pein. Das Schwergewicht seiner erstaunlichen strategischen Erfolge, die das Glück ihm zuwarf, hatte ihn wider Willen ins Zentrum der Bürgerwirren und der großen Politik gezogen. Aber Pompejus war zu sehr Mensch, um ein rechter Monarch mit den harten Händen zu sein, wie das Altertum ihn brauchte.

Julius Cäsar hat sich als Gott verehren lassen; er sah das gern. Pompejus hätte das gewiß auch haben können; aber er hat es vermieden.²⁵ Auch das ist für den Unterschied der Männer bezeichnend. Erst seine Söhne haben den Pompejus als Meeresgott, als Gott Poseidon verehrt und so sein Bild auf ihre Münzen geschlagen.

Die moderne Geschichtschreibung hat seine Natur zugunsten seines Besiegers planvoll bemängelt und kleinlich an ihm herumgezerrt. Das ist Sache derer, die dem Erfolge huldigen. Durch das ganze Altertum strahlt dagegen der Ruhm des Pompejus heller als der des Cäsar und fast schattenlos. Nicht Cäsar, nur Pompejus hat einen Lobredner wie Cicero gefunden; ein Voltacilius, ein Theophanes haben seine Taten verherrlicht; vor allem schrieb Varro, der echteste der Römer, drei Bücher „de Pompeio" und war und blieb sein Verehrer, und zur Zeit Neros entstand Lucans pharsalisches Gedicht, wo die Dichtkunst sich in den Schleier der Wehmut hüllt, am Grab dieses Römers, der zu groß war, um die Despotie der Cäsaren zu erleben.²⁶

Neben Pompejus Magnus steht Gaius Julius Cäsar im Buch der Geschichte, neben dem glanzvollen ersten Diener des Staats der geniale Herrenmensch, der den Staat schließlich geknechtet hat. In dem Augenblick, wo Cäsar den Pompejus besiegt, ist auf einmal das römische Kaisertum da. Das „Kaisertum", auch unser deutsches Kaisertum hat seinen Namen von ihm. Denn nicht „Cäsar", sondern „Kaisar" sprach sich sein Name aus. Sein Eigenname wurde zum Titel. Das Wort „König", rex, war mißliebig; denn man verstand darunter den Tyrannen, den Superbus, wie ihn die Sage im Tarquinius Superbus vorführte; und was das Wort imperator (empereur) betrifft, so bedeutete es nur das oberste Kommando über das Heer, und dies Wort genügte also wiederum nicht zum Vollausdruck der monarchischen Würde. Daher hat sich Augustus und nach ihm alle nachfolgenden Herrscher des Reichs, Tiberius, Vespasian, Trajan, Aurelian, auch diejenigen, die von der Julischen Familie gar nicht mehr abstammten, Cäsar betitelt. Der Titel pflanzte sich weiter nach dem Untergang Roms im byzantinischen Reiche fort und gelangte so schließlich zu den Germanen hinüber und zu Karl dem Großen. Es hat also noch ein ganz besonderes Interesse für uns, klarzustellen, wie jener erste der Cäsaren dazu kam, Alleinherrscher zu werden.

Was hat Julius Cäsar gewollt? Hat er von vornherein die Monarchie angestrebt und alle Menschen seinen frühgefaßten Plänen unterworfen? oder ist er erst später und wie zufällig auf die Idee gebracht worden? Bei vielen gilt Cäsar in der Tat als der wunderbar kluge Rechenmeister, der von Anfang an, sein Ziel klar vor Augen, mit den Parteien und allen Zeitgenossen, auch den größten, wie mit Schachfiguren spielt. Die zweite Ansicht entspricht aber weit mehr der Wirklichkeit. Cäsar ist wie jeder andere natürliche Mensch durch die Umstände getragen worden. Die Umstände führten ihn zuerst zur Schaffung des Triumvirats, der Dreimännerherrschaft, die seinem Ehrgeiz zunächst durchaus genügte. Der Tod der beiden anderen führenden Männer machte ihn zum alleinigen Befehlshaber der Legionen und Inhaber der Macht. Aber er hatte den Tod des Crassus und Pompejus nicht gewollt.

Cäsar steht ganz in derselben sittlichen Sphäre wie Pompejus; d. h. er empfindet Abscheu vor den Greueln und Metzeleien des Sulla und meidet wie Pompejus alles überflüssige Blutvergießen. Das ist schön und denkwürdig; es ist der Geist Scipios, der in ihm lebt. Der griechische Geist, der in Ciceros Schriften heute noch zu uns redet, war der Geist jenes Zeitalters. Sonst aber ist Cäsar echter Römer, Räuber und Verschwender zugleich, ein glänzendes Raubtier; durch das skrupelloseste Ausplündern der Provinzen wurde er reich; er besaß keinen Pfennig, den er, was wir so nennen, ehrlich erworben hatte. Das unterscheidet ihn von Pompejus.

Während ferner Pompejus von seiner Knabenzeit an Soldat und nichts als Soldat war, stand es mit Cäsar ganz anders; er war regelrechter Großstädter, Zivilmensch, Politiker, Demagog, der sich ohne Waffen auf den Marktplätzen, im Senatssaal, in den Klubs umtreibt; Cäsar hat seine militärischen Talente erst spät entwickelt, als Pompejus sich schon müde gekämpft hatte. Er war ohne Zweifel eines der vielseitigsten Genies und entdeckte sich selbst erst allmählich.

Geboren war er i. J. 100, und zwar im Monat Juli. Der Monat Julius hat seinen Namen von ihm (wie der Monat August von seinem Nachfolger). Seine Mutter Aurelia, die er hoch verehrte, gab ihm die sorglichste Erziehung. Antonius Gnipho hieß der geniale Hausgelehrte, der ihn in der Literatur unterrichtete; und da regte sich gleich die Keckheit in ihm. Griechischen Geistes voll, ersann Cäsar schon als junger Mensch die Legende, daß seine julische Familie sich von Troja, vom alten Helden Äneas herleite. Des Äneas Sohn hieß nämlich Julus; von ihm behauptete er herzustammen. Nun war aber Äneas selbst Sohn der Venus, und Cäsar stammte also von Venus ab: göttliche Herkunft! Halbgöttertum! Derartiges zu erfinden, wurde damals Mode. Es lag ein reklamehafter Anspruch darin, der Vornehmste unter dem alttrojanischen Blaublut in Rom zu sein. Aber es erinnert zugleich bedenklich an Sulla: Sulla hatte sich den Günstling der Venus genannt, Cäsar war jetzt ihr Enkel.

Seine politische Stellung war ihm durch die Tradition gegeben. Denn Cäsar war Neffe des Marius, des Teutonenbesiegers, des großen Feldherrn der Volkspartei. Des Marius Witwe, Julia, Cäsars Tante, lebte noch lange. Man könnte also sagen: es ist Marius, der in Cäsar weiterlebt. Doch das hat sich nicht bewahrheitet.

Schon als ganz junger Fant bekannte sich Cäsar als Marianer. Sulla lebte noch und bedroht ihn; Cäsar hatte damals eine Cornelia, die Tochter eines Marianers, geheiratet. Sulla fordert, daß er sich von ihr scheiden läßt. Cäsar trotzt, gehorcht nicht, und muß sich in Sicherheit bringen: die Verfolger hinter ihm her, auf einsamen Wegen — es war eine Hetze, eine Flucht ähnlich wie die berühmte Flucht des Marius —, bis er selbst sich nach Kleinasien rettet. Er war 17—18 Jahre alt. Da trieb er griechische Studien und ein bißchen Soldatentum und ließ sich in den Umgang mit dem König Nikomedes von Bithynien ein. Von diesem Umgang her blieb ein Schmutzfleck, der Vorwurf unmännlichen Jugendlasters, an ihm haften: Cicero hat ihm das später ins Gesicht gesagt.

Wie verschieden sind nicht die Männer, von denen ich handle! Mit wem unter den vielen sollen wir Cäsar vergleichen? Er gleicht, so echt römisch er ist, in seiner reichen Begabung doch keinem anderen seines Volkes. Schilderungen seiner Person erhalten wir nur aus der Zeit, wo er schon älterer Mann ist, und so erkennen wir ihn auch in seinen Statuen wieder: hochgewachsen, die Glieder hager, das Gesicht etwas voll; schwarze, funkelnde, rasch bewegliche Augen im blassen Gesicht; der Körper zäh und sehnig, die Seele wach und voll Spannkraft; dabei sehr peinlich in Dingen der Toilette, Rasieren, Frisieren;

Demagog und Marianer.

früh kahl und das Haar nach vorn über die Glatze gekämmt. Er ärgerte sich über diese Kahlheit und freute sich, wenn er auf der Straße den Lorbeerkranz tragen durfte, um sie zu decken (einen Hut trug man nur auf Reisen). Übrigens war sein Hausstand elegant, ja üppig bis zur Verschwendung. Ein unbehaglicher Mensch; aber zugleich für Frauenherzen gefährlich; man kann sagen, er war Ehebrecher von Beruf. Er wechselte gern. Auch des Pompejus Frau kam an die Reihe; und als der Parteimann Clodius sich mit Cäsars eigener Frau auf das Frechste einließ (Clodius verkleidete sich selbst als Dame, um in ein nächtliches Frauenfest einzudringen), da hat Cäsar auf der Durchführung der gerichtlichen Verfolgung dieses Clodius nicht bestanden. Seine Entrüstung schien nicht grenzenlos. Es ist charakteristisch, daß Cäsar plante, durch Gesetze die Vielweiberei in Rom zwecks Kindererzeugung zu legitimieren. Die Göttin Venus Genetrix war eben seine Ahnfrau. Vor allem stand er mit Servilia, einer der politisierenden Frauen, die einen großen Kreis von Männern um sich sammelte, in intimster Verbindung. Von einer wundervollen, riesigen Perle wird erzählt, die er ihr schenkte; wer weiß, ob sie nicht gestohlen war? Cäsar schwärmte überhaupt für Perlen. Diese Servilia aber war die Mutter des Brutus, der Cäsar ermordete.

Bis zu seinem 40. Lebensjahre ist Cäsar nichts als Demagoge und bewegt sich zumeist auf dem Straßenpflaster Roms. Gleich nach Sullas Tod im J. 78 ist er, 22jährig, wieder in Rom und beginnt kühn als Ankläger von Senatoren wegen Erpressungen aufzutreten. Dann widerfährt ihm ein Abenteuer. Als er sich nach der schönen Insel Rhodos begibt, um dort noch Unterricht als Redner zu nehmen (26jährig im J. 74), wird er von Seeräubern gefangen und verschleppt. Es war damals die Blütezeit des Piratentums, und nur gegen gewaltiges Lösegeld wurde solch ein eingefangener Römer wieder freigegeben. Köstlich, ja königlich überlegen ist die Keckheit, mit der sich Cäsar da 38 Tage lang als Gefangener der Piraten benahm. Er selbst hat offenbar dafür gesorgt, daß das bekannt wurde. Sie forderten nur 20 Talente (60 000 Mark) Lösegeld; er lachte sie aus und sagte: ich bin mehr wert! ihr bekommt 50 Talente (150 000 Mark). Das imponierte den Banditen so, daß sie ihn wie einen Fürsten behandelten; wenn er schlief, durften sie sich nicht räuspern, und er trieb noch sonst seinen Ulk mit ihnen, schrieb griechische Verse, und wenn sie seine Verse lobten, schimpfte er sie aus als ungebildetes Pack, und drohte ihnen: „ich laß euch noch alle hängen." Kaum war er frei und das Lösegeld gezahlt, so verschaffte er sich Schiffe, griff die Räuber auf und brachte sie zu Tode. Sie wurden sämtlich gekreuzigt. Das Kreuz ist der Galgen des Altertums. Auch sein Lösegeld hatte er wieder. Aber das Kreuzigen ist sehr schmerzhaft, und da die Räuber den Cäsar so gut behandelt hatten, so belohnte er sie damit, daß er sie erst töten ließ und dann erst ans Kreuz heften. Das war so ein geniales Jugendstückchen Julius Cäsars.

Kaum wieder in Rom, stürzt sich Cäsar in das politische Getriebe. Von rascher Entschlossenheit, ruhelos tätig, kühl und blendend wie ein Reptil, extravagant, herausfordernd und unverfroren, aber dabei von feinstem Schliff und von vornehmster Haltung, ein Plauderer und Redner wie kein Zweiter: so war Cäsar; seine Gestikulation feurig, seine Stimme hoch und hell, mit Tenorklang; dabei von fabelhafter Nüchternheit: überall der einzige Nüchterne bei den Gelagen. Der strenge Cato, der gern sein Glas Wein trank, hatte deshalb Angst vor ihm. Aber von staatsmännischen Plänen ist vorläufig nichts zu merken. Der Umstand, daß Pompejus im J. 70 der Volksversammlung und den Volkstribunen die alte Gewalt wieder zurückgab, war Wasser auf die Mühle Cäsars. Während sich Pompejus aber in seiner großzügigen Art über alle Staatsämter hinweggesetzt hatte, macht Cäsar die Ämterfolge, wie es die Regel forderte, durch; und zwar im Kampfe mit dem Senat. So wurde er auch Pontifex maximus (im J. 63). Es muß auffallen, daß er, bei seiner soldatischen Begabung, sich

Cicero

nicht früh dem Kriegshandwerk hingab. Als Offizier im Heere des Pompejus hätte er diesen vielleicht rasch überholt, wie Sulla den Marius. Aber er blickte noch nicht so weit, und sein politisches Genie war noch ganz in den städtischen Interessen verfangen.

Das römische Gassenvolk kennen wir schon zur Genüge. Es war ungefähr das verlumpteste, faulste, verworfenste, das die Sonne beschien, und nicht entfernt mit den Arbeiterbataillonen zu vergleichen, die bei uns zur Wahlurne ziehen. Eine wirkliche Liebe zu solchem Volk konnte Cäsar nicht hegen.[1] Warum hielt er also dauernd zur Popularpartei? Er wollte sich offenbar — wie Pompejus — die Gunst dieses souveränen Volks warm halten für den Fall, daß er sie einmal brauchen konnte, um irgend etwas über den Willen des Senates hinweg zu erreichen. Denn die Abstimmung in den Comitien gab die Amtsgewalten, und durch sie ließ sich auch die Verfassung ändern. Eben daher war Cäsar den Konservativen stets verdächtig. Aber ein Ziel sah er nicht vor Augen und verbrauchte seine Kräfte, wie es ging. Er leistete für das Volk im Grunde nichts. Er bestach die Massen, indem er Millionen über Millionen verschleuderte, als Ädil die glänzendsten Feste gab, und dabei erstickte er in Schulden. Er tat es, um durch das Volk den Senat zu bedrängen. Aber es kam doch dabei nichts heraus.

Wenn er einmal in einer Rede den Marius zu verherrlichen wagte (im J. 68, als des Marius Witwe starb), wenn er gar im J. 65 auf dem Kapitol die von Sulla niedergeworfenen Siegesdenkmäler des Marius über Nacht wieder aufrichten ließ, so waren das Demonstrationen; es machte das für den Augenblick gewaltigen Rumor. Aber auch weiter nichts. Es hatte keine Folgen. Gelegentlich hat Cäsar ein Ackergesetz eingebracht oder begünstigt (im J. 63 und 59), aber die Gesetze erwiesen sich als unausführbar oder verliefen doch im Sande. Italiens Bodenkultur und Industrie stand just damals im glänzenden Aufschwung, und es brachte nur Verwirrung, wenn jetzt einigen Tausend trägen Stadtrömern oder den Veteranen des Heeres italisches Ackerland angewiesen werden sollte, damit sie lernten, sich selbst zu ernähren. Denn fast alles Land war in festen Händen.

Ein erster Fortschritt läßt sich bemerken, als Cäsar im J. 61 (nach seiner Prätur) Spanien verwaltete. Das erweiterte seinen Horizont. Da hat er sich die Wichtigkeit einer geordneten Provinzialverwaltung durch Eigenschau klar gemacht und gleich selbst auf das nützlichste dazu Hand angelegt — auch bald hernach als Konsul im J. 59 Gesetze zur Regulierung der Provinzialverwaltungen votieren lassen. Auf diesem Gebiete liegen Cäsars größte Verdienste. Aber die Geldgier der Steuerpächter, der Ritter, begünstigte er gleichwohl, und Cäsar selbst hat sich in Spanien im Verlaufe des einen Verwaltungsjahres unerhört bereichert.[2] Er konnte gleich hernach in Rom alle seine Schulden tilgen. Crassus, sein großer Gläubiger, war natürlich froh. Aber die Dichter, wie Catull, schrien hinter dem Beutemacher her: „Haltet den Dieb!" Catull war der zündendste Dichter jener Tage. Aber er haßte Cäsar aus Instinkt; denn in seiner erregbaren Jünglingsseele lebte das Ideal der reinen Frauenliebe, von der Cäsar nichts wußte.

Neben Cäsar wirkten in der Stadt zwei andere namhafte Politiker, Cicero und Cato. Wenn man diese beiden vergleicht, so spürt man Cäsars Überlegenheit. Cato, der Stoiker, der beste der Menschen, war gleichsam das Gewissen Roms, und die spätere Zeit hat ihn wie Sokrates um seines sittlichen Adels willen verherrlicht. Wenn er aber im römischen Senat von Tugend und Unbestechlichkeit sprach, so lachten alle vornehmen Gauner, Cäsar voran, über den Narren[3]; um so mehr, da er in altmodischer Tracht herumlief, um den braven Altrömer zu markieren.[4] Cato wollte die herkömmliche Senatsherrschaft retten; dies sollte geschehen durch eine Versittlichung der Gesellschaft: einen Senat von lauter Stoikern, von lauter rechtschaffenen Leuten, den mußte es geben; dann wäre der Staat gerettet; dann würden vor allem die Provinzen nicht mehr ausgeraubt werden und der Senat das Werk, das später der Monarchie zufiel, auf sich nehmen, den unterjochten Völkern ein friedliches Gedeihen zu sichern. Denn die Monarchie wurde nicht im Interesse der Hauptstadt, sondern der Provinzen schließlich zur Notwendigkeit. Daher nun also suchte Cato eine Gemeinde der Guten zu bilden und kämpfte trotzig gegen jeden unrechtlichen Übergriff. Das schien grillenhaft, und es war utopisch, ein Schattenspiel der Tugend; aber auch in Cato war Größe, echte Größe des Römertums; denn als Cato sein Ideal zerbrochen sah, warf er sich ins Schwert: ein Märtyrer seines politischen Glaubens. Schon als 14jähriger Knabe hatte er im Tyrannenhaß einst Sulla erstechen wollen.

Anders Cicero. Cicero war im Grunde genommen nur Prozeßredner und Literat, weiter nichts; Schöpfer der lateinischen Schriftsprache, die eigentlich erst durch ihn lesbar wurde: quecksilbern beflissen in allen Dingen, triefend von Witz und guten Einfällen, betäubender Dauerredner, ein literarisches Genie, das ich auf das offenste bewundere und dem auch Cäsar in aufrichtiger Bewunderung gehuldigt hat. Aber politisch drückte sich Cicero durch, so gut es eben ging; denn er war aus geringer Familie, auch kein Militär, und für ihn war es schon viel, ebenbürtig als Mitglied im römischen Senat zu sitzen und für ein Jahr Konsul zu werden. Im Notfall verschob er etwas die Parteistellung; das tat ja auch Pompejus; warum sollte er es nicht tun?, und suchte mit den großen Männern gute, ja herzliche Beziehungen zu bewahren. Er begeisterte sich rasch bis zur Entzückung, konnte aber auch, wenn er getreten wurde, furchtbar schimpfen, und solche Schimpfrede Ciceros war wirksamer und gefürchteter als aller schmutzige Anwurf und politische Geifer, den wir heute nur zu oft in unseren Zeitungen finden. Daß Cicero übrigens auch ein bestimmtes Staatsideal im Herzen trug, werden wir später sehen; ja, auch das Ideal einer richtigen Verwaltung der Provinzen, wie sie später vom

Kaisertum durchgeführt worden ist, hat er schon entworfen; wir besitzen es[5]; aber er schrieb eben nur, er schrieb und schrieb. Was vermochten damals die hundert geschwollenen Bücher Ciceros und alle papierne Weisheit gegen ein einziges Machtwort derer, die zu herrschen verstanden? Man kann den Stoiker Cato mit einem engen Landsee vergleichen, der stagniert, keinen Abfluß hat und schließlich vertrocknet; Cicero glich der Fontäne, die gewaltig hochspringt und in allen Farben glitzert, aber doch schließlich in Nichts zusammenfällt, als hätte sie all ihre Kraft verschwendet; Cäsar war der Gebirgsbach, der ziellos vorwärts stürzt, bis er sein Bett tief gräbt, zum Strom wird und stark genug ist, die schwersten Lasten zu tragen.

Im J. 63 tritt uns der Unterschied der drei Staatsmänner stark entgegen. Es ward ruchbar, daß eine Verschwörung bankerotter römischer Adliger und Glücksritter von gewaltiger Ausdehnung die Gesellschaft unterminierte: die catilinarische Verschwörung. Angst, Todesschreck, die unheimlichste Stimmung griff um sich; man sah schon Rom in Flammen an allen Enden, Niedermetzelung, Ausplünderung der Reichen. Catilina, das Vorbild aller dekadenten Verbrecher, der gräßliche Catilina, stand an der Spitze. Es scheint, daß auch Julius Cäsar davon wußte; aber Cäsar schwieg; er ließ die Sache laufen. Ein bißchen Chaos in Rom schadete nichts. Cicero war nun eben damals Konsul, und Cicero war es, der das gefährliche Geheimnis aufdeckte. Die wichtigsten Mitverschworenen wurden rechtzeitig ergriffen, und es fragte sich nun: was sollte mit diesen Leuten geschehen? Hinrichtung? Cäsar erhob sich im Senat voll Ruhe und riet, man solle die Folgen einer so großen Gewalttätigkeit scheuen und auf bloßes Gefängnis erkennen; so verlangte es die Klugheit. Cato dagegen forderte pathetisch sofortige Hinrichtung; Cicero sprach als Präsident in gleichem Sinne schmetternde Worte. Und so kam es, daß Cicero die Verbrecher persönlich durch die Volksmassen hindurch über die Straße in den Kerker führte, wo sie sofort durch den

Henker erwürgt wurden. Am Abend große Illumination, Frauen auf den Dächern. Es war Ciceros größter Jubeltag. Aber er und Cato haben bald für diese Übereilung schwer büßen müssen. Cicero handelte in Angst und Wut, Cato aus moralischem Fanatismus, Cäsar als nüchterner Realpolitiker.

Trotz allem: Cäsar bedeutete in Rom bisher nicht viel mehr als der gute Cicero. Da kam die Wendung. Pompejus, der große Sieger, war aus dem Orient zurück. Im J. 60 erwarb sich Cäsar des Pompejus Vertrauen und intime Freundschaft, gewann ihn für seine Wünsche und Pläne. Erst durch die Hilfe, durch das Schwergewicht des großen Pompejus gelang es Cäsar endlich, sicher zu stehen und selbst handelnd weit auszugreifen: wie ein Adler, der aus dem Käfig der Sonne zufliegt und nach Beute sucht. Er war endlich er selber. Die beiden Männer schlossen mit dem reichen Crassus als drittem im J. 60 einen Dreibund von durchaus diskreter Beschaffenheit; es war nichts amtlich Gültiges. Aber die Welt empfand den Druck sofort. Der kühnste der Demagogen hatte sich mit der Hochfinanz und dem größten Militär verständigt: jeder andere Wille war jetzt lahm gelegt; der Senat knickte zusammen.

Mit dem Jahr 60 beginnt also eigentlich schon die Monarchie, aber eine dreiköpfige. Da ist es hochbedeutsam, daß kurz darauf Cicero seine Schrift De republica, die für alle Folgezeit grundlegende Schrift von der besten Staatsform, begann und bald auch ins Publikum warf, in der dieser Wortführer seiner Zeit die altrepublikane Freiheit als vergangene Größe verherrlicht, für die Gegenwart aber erkennt, daß ihr ein führender Mann von überragender Autorität — führend auf Grund übermächtiger Klientel oder Anhängerschaft unter den Bürgern — nötig ist, und demgemäß im Rückblick auf die Scipionen die Bedingungen eines annehmbaren Fürstentums in Rom festlegt. Durch diese Ciceroschrift ist dem Kaisertum damals der Boden bereitet worden. Cicero, der Senator, scheut sich vor ihm nicht. Er ist nicht nur ein Kenner seiner Zeit, sondern er will sie auch lenken; der Fürst aber, dem er Raum gibt, soll natürlich nicht als Despot herrschen, sondern unter freier Mitwirkung des hohen Senats und der herkömmlichen Volksversammlungen auf dem Campus. Das war das Programm der Zukunft, das Ideal des konstitutionellen Principats. Es fragte sich nur, welcher der drei Männer dieses Programm verwirklichen wollte.

Cicero hat nur an Pompejus gedacht. Es läßt sich zeigen, daß er sein Werk „vom Staat" geradezu für Pompejus bestimmt hatte, ja, daß er ihm dies selbst auch deutlich zu verstehen gab. An Cäsar dachte er nicht entfernt. Roms ganzes zukünftiges Glück schien an Pompejus zu hängen.[6] Aber Pompejus war müde und trat grundsätzlich persönlich mit keinem Machtanspruch hervor, bis man ihn drängte.

Was war Cäsars Plan? Nachweislich damals nur ein militärisches Kommando. Pompejus selbst wendet ihm die Verwaltung Galliens, die Aufgabe der Eroberung Galliens zu. Pompejus legte das Reichsschwert aus der Hand und gab es Cäsar. Er wollte auf seinen dreißigjährigen Kriegserfolgen ausruhen und meinte: der Jüngere voran!

Man verstand damals unter Gallien nicht nur das heutige Frankreich, sondern auch die reiche Ebene Norditaliens mit Mailand und dem Comer See. Dies Norditalien und ein Strich von Südfrankreich, die Provence, waren längst in Roms Händen; von den übrigen freien gallischen Völkern aber fühlte Italien sich immer bedroht. Der weitschauende Mithridates hatte sich mit diesen Galliern verbündet, sie gegen Rom aufgestachelt. Es galt Italien endlich gegen Norden sicher zu stellen. Der gallische Krieg war also eine Fortsetzung oder Folgeerscheinung des mithridatischen. Viele hofften, Cäsar werde dabei umkommen. Denn man dachte sich, die freien Gallier mit den langen, unbeschnittenen Haarmähnen seien immer noch so wilde Teufel wie die Gallier, die einst unter Brennus Rom erobert hatten.

In Cäsar aber erwachte auf einmal der große Feldherr. Er hatte nicht umsonst die Siegesdenkmäler des Marius wieder aufgerichtet. Marius hatte bereinst in Südfrankreich die Teutonen vernichtet; damit war Cäsar die Bahn gewiesen. Das Hauptmotiv aber war, daß er auf unermeßliche Beute hoffte. Gold, Gold! Frankreich war schon damals ein überaus reiches Land. Ganz Rom hoffte mit ihm auf riesenhafte Plünderung und Raub. Man brauchte nur zuzugreifen.[7]

Es war das Jahr 58, Cäsar 41 Jahre alt. Er stand zunächst in Genf, mischte sich geschickt in die politischen Wirren der gallischen Landschaften ein, in der Rolle des Protektors, und eroberte und besetzte das in sich uneinige und daher ziemlich wehrlose Land rasch bis Belgien, Bretagne, Normandie. Zum Glück waren auch die schrecklichen Germanen damals über den Rhein gekommen, der herrlich-trotzige König Ariovist. Es ist das zweite Mal, daß der Römer dem Germanen begegnet. Dadurch, daß Cäsar diese Hünen hinter den Rhein zurückwirft, erweist er sich als Schirm und Schutz der Gallier, die er unterjocht hat. Im Jahre 55 ist eigentlich schon alles fertig. In Rom gab es schon im Jahre 56 ein zwanzigtägiges religiöses Dankfest: Galliens Eroberung schien erledigt.[8]

Cäsar versuchte sich zu überbieten. Er setzte bei Bonn kühn über den Rhein und ging sogar nach England hinüber; in England hoffte er echte Perlen zu finden, die er so liebte. Aber er mußte wieder zurück. Diese Unternehmungen blieben ohne Ergebnis. Aber sie waren denkwürdig; denn Cäsar zeigte der Welt, daß der mächtige Rhein sich doch überbrücken ließ (wozu er natürlich seine griechischen Techniker verwendete), und durch die Erschließung Britanniens erweiterte er den Horizont der Geographen; er vergrößerte gleichsam Europa. Dann aber folgten erst die gefährlichsten Kämpfe, vor allem in der Auvergne. Ganz Gallien erhob sich von neuem, ein Verzweiflungskampf; Vercingetorix hieß Cäsars großer Gegner, ein junger, zwanzigjähriger Freiheitsheld. Es waren die Jahre 54—51. Aber Cäsar siegte endgültig (bewundernswert vor allem die Kämpfe um die hohe Bergfeste Gergovia bei Clermont und die Einnahme von Alesia bei Dijon), und das Land war für immer geknebelt; es hat nie oder doch nur noch einmal unter ganz anderen Umständen versucht, sich wieder selbständig zu machen. Ja, Gallien wurde auffallend rasch romanisiert und damit einer der wichtigsten Kulturträger. Denn Frankreich ist es, das vornehmlich die römische Kultur über das Mittelalter hinaus zu uns gerettet hat. Daher feiert Frankreich heute noch in Julius Cäsar seinen Ahnherrn und den Begründer seines Wesens.

Cäsars Feldherrnkunst ist von allen Autoritäten bewundert worden. Er hat uns das ermöglicht, da er uns seinen gallischen Krieg selbst beschrieben, und sein klassischer Kriegsbericht wird heute in allen höheren Schulen gelesen. Aber zur Kriegskunst kam sein persönliches Wesen: Entschlossenheit, überraschende Schnelligkeit, physischer Mut. Als Gallier vermummt, schleicht er sich im fremden Lande ganz allein, er, der Oberfeldherr, mitten durch die feindlichen Germanenhaufen. Und seine Rapidmärsche! Beim Reisen überholt er seine eigenen Eilboten. Hundert Meilen in 24 Stunden. Den Schlaf machte er im rollenden Wagen oder in der Sänfte ab, immer den Sekretär neben sich, dem er diktierte (vielfach chiffrierte Briefe); hinten auf saß die Leibwache. Auf dem Marsch aber schritt er, wie Marius, den Truppen selbst zu Fuß voran; kam ein Fluß in die Quere, schwamm er eben hindurch. Flohen die Soldaten, so sprang er ihnen an die Kehle und würgte sie, bis sie ins Gefecht zurückkehrten. Dabei aber war er der Abgott seiner Legionen. Sie opferten sich für ihn. Er redete sie auch nicht etwa „Soldaten", sondern Kameraden, Kommilitonen an. War der Sieg entschieden, ließ er sie im Quartier auch gern tüchtig schlemmen und streute mit Geld. Als einmal eine Legion revoltierte, schnaubte er sie an mit dem Anruf: „ihr Spießbürger!" „ihr Quiriten!"; da kroch sie schon zu Kreuze.

Nicht der Volksgunst, um die Cäsar als Demagog in den Gassen Roms zwanzig Jahre lang gebuhlt, hat er die königliche Stellung, die er schließlich gewann, verdankt, sondern

seinem Heer, das er sich in Gallien in den neun Kriegsjahren
herangezogen. Das Heer war wie ein stählerner Degen in seiner
Hand, der nicht zerbrach.

Was sollte nun geschehen? Crassus, der Reiche, war im
Orient, im Kampfe gegen die Parther, im Jahre 53 kläglich
umgekommen. Cäsar sah jetzt nur noch Pompejus neben sich.
Hat Cäsar damals nun wirklich nur geplant, Pompejus zu
vernichten und über seine Leiche hinweg seinerseits die Welt-
monarchie herzustellen? Das ist nicht wahr. Die Sache liegt
so. Cäsar wollte für das Jahr 48 Konsul werden. Um sich
wählen zu lassen, mußte er persönlich nach Rom kommen. Kam
er aber nach Rom, dann war er wehrlos ohne Heer; er wußte,
man würde ihn dort in Anklagezustand versetzen, denn man konnte
ihm mancherlei ungesetzliche Maßnahmen vorwerfen. Er hatte
ohne Befugnis die Zahl seiner Legionen von sechs auf acht,
dann auf zehn gebracht, hatte römisches Bürgerrecht eigenmächtig an die cisalpinischen Gallier gegeben. Cäsar beantragte
also, in absentia sich um das Konsulat bewerben zu dürfen.
Der Senat lehnt dies schroff ab und fordert, Cäsar soll zunächst
sein Heer entlassen. Cäsar ist wirklich dazu bereit, er ist durchaus
nachgiebig und stellt nur zur Bedingung, daß auch Pompejus
seine Legionen entläßt. Das war eine billige Forderung. Cäsar
hat sich also mit Pompejus durchaus friedlich einrichten wollen.
Pompejus brachte den Konflikt; er weigerte sich seinerseits,
seine Truppen, die übrigens ganz verstreut lagen, zu entlassen.

Damit war Cäsar vor die Wahl gestellt, entweder sich zu
unterwerfen oder zu kämpfen.

Hätte Pompejus nachgegeben, so wäre es ev. zu einer Zwei-
männerherrschaft, zu einer Dyarchie, gekommen, wie Rom sie
späterhin unter Antonius und Octavianus, unter Vespasian
und Titus, Mark Aurel und Verus tatsächlich gesehen hat;
insbesondere seit Diocletians Zeit bewährte sich die Teilung
der Herrschaft. Cäsar hoffte bestimmt, den Bürgerkrieg zu
umgehen.[9] Auch dann noch, als der Krieg schon im Gange

und Pompejus im Begriffe war, die Entscheidung nach Epirus zu verlegen, hat er ihm nochmals einen Vertrag und Ausgleich angeboten. Aber Pompejus trotzte; es war nicht nur Eifersucht[10]; es war auch ein prinzipieller Gegensatz; Pompejus war für die Rettung der Selbständigkeit des Senats, den Cäsar knechten wollte.

Cäsar setzte alle Hebel in Bewegung, um in der Welt Stimmung für sich zu machen; vor allem durch kolossale Bestechungen, die in alle Teile des Reiches gingen. Während Pompejus dereinst seine Kriegsbeute aus den asiatischen Kriegen pflichtgemäß an die Staatskasse abgeliefert hatte, brauchte Cäsar seine gallische Beute, die ebenfalls riesig war (denn er hatte alle Tempel und Städte des Landes gierig ausgeplündert), um sich durch Schenkungen, mit denen er um sich warf, Anhänger zu schaffen.[11] Es kam ihm nicht darauf an: die gemeinsten Subjekte, wenn sie nur geschäftsklug und ihm zu Willen waren, überschüttete er mit Geld und Ehrenstellen. Genau besehen, ist kaum ein anständiger Mensch auf Seite Cäsars zu finden; der ehrenwerte Labienus ging damals von ihm zu Pompejus über.

Die Grenze zwischen der gallischen Provinz und Italien bildete der Bach Rubikon. Niemand merkte es, wie Cäsar seine Kohorten bis an diese Grenze vorschob; auf Schleichwegen fand er sich selbst ganz unbemerkt dort ein. Dann machte er Halt. Was Cäsar dort am Rubikon gesonnen — es war schon im Altertum ein beliebtes Aufsatzthema, sich das auszumalen. Seine Leute setzten über den Bach. Da sprach er das Schicksalswort: der Würfel ist gefallen, zerriß sein Gewand und flehte seine Krieger unter Tränen an, ihm nun auch Treue zu halten.

Kaum hatte er die Grenze überschritten, so zuckte ein panischer Schrecken durchs Land. Rette sich wer kann! In Rom selbst stob alles auseinander. Nicht einmal ihr Geld nahmen die Leute mit. Man wußte nicht, daß Cäsar, dreist wie immer, nur ein paar Hundert Mann vorgeschoben hatte, und glaubte, ein zweiter Sulla sei im Anzug. Und in der Tat: jetzt enthüllte sich der Sulla in Cäsar, da er nach dieses Usurpators Vorbild heranzog, die Hauptstadt für sich zu erobern; Pompejus hatte zeitlebens den Standpunkt des Marius gewahrt, der von jeder Usurpation absah. Und das Chaos begann. Die Welt schien zu taumeln.

Nichts großartiger als die Zielsicherheit Cäsars in dem Weltkriege, der folgte; berühmt die Schilderung, die von den Dichtern ausgemalt wurde: wie er seine zurückgebliebenen Legionen über das Adriatische Meer herbeiholen will. Der Orkan peitscht das offene Meer und die Hafeneinfahrt: allein und unerkannt wirft er sich in den Fischerkahn. Der Schiffer erbebt im Sturm und will umkehren; Cäsar sagt ihm: „habe Mut; du fährst Cäsar und sein Glück."

Es war das Jahr 48. Als gegen alles Erwarten Pompejus in Ägypten ermordet ist, fand sich Cäsar plötzlich allein auf dem Gipfel der Macht. Die Welt lag plötzlich ihm zu Füßen: ein ungeheures Ergebnis, das ihn ohne Frage überraschte. Aber unbedenklich und mit wachsender Herrschbegier griff er sogleich nach der Krone. Nirgends ein vorgefaßter Plan. Auch alles, was folgt, vollführt er spontan und nach Eingebung.

In Ägypten lebte die junge Königin Kleopatra, die bezauberndste der Frauen; sie war eben 21 Jahre alt, aber durch eine feindliche Partei aus Alexandria und aus ihrem Palast vertrieben. Cäsar nimmt Wohnung in ihrem Palast und läßt dann das königliche Weib heimlich zu sich holen. Kleopatra verkroch sich in einen Bettsack, heißt es, aber er war zu klein; ihr Kopf guckte hervor; sie mußte sich zusammenkrümmen; dann wurde der Sack — wie wir hoffen, nur lose — zugeschnürt, und so wurde sie zu ihm gebracht. Sie blieb bei ihm; Cäsar erlag ihrer Koketterie vollständig und vergaß in ihrer Liebe, unter Festen und Gelagen und märchenhaften Nilfahrten Zeit und Raum, Vergangenheit und Zukunft: ein Wonnetaumel und schwelgerisches Ausruhen nach jahrzehntlangen Kriegsstrapazen, die er überstanden. Der „König" Cäsar hatte seine Königin gefunden.

Da erhob sich die Stadt Alexandrien gegen Cäsar. Blutiger Straßenkampf; Cäsar selbst wird im Palast Kleopatras belagert und rettet sich nur mit genauer Not. Die Hafenbauten muß er in Brand stecken. Bei einem Seegefecht springt er, um der Übermacht zu entkommen, ins Meer und schwimmt mit bewundernswerter Ausdauer bis ans Ufer, und zwar schwamm er nur mit der rechten Hand; denn in der linken hielt er Dokumente über Wasser, die er retten wollte.

Dies gefährliche Abenteuer mahnte ihn endlich an seine Pflicht, und er vollendete nun die Unterwerfung des Reichs durch energische Kriege im Pontus, in Afrika, in Spanien, Kriege, die ihn durch drei Weltteile führten. Am leichtesten war der Krieg im Pontus in Kleinasien gegen des Mithridates Sohn Pharnakes: eine militärische Promenade von nur fünf Tagen, woher die berühmte Siegesmeldung: veni vidi vici stammt, die in ihrer Kürze wie ein Telegramm wirkt.[12] Am schwersten dagegen war der Kampf in Spanien, wo die beiden wackeren Söhne des Pompejus ihm widerstanden.

Endlich, im Jahre 45, war Friede im Reich nach fünfjährigem Bürgerkrieg. Cäsar läßt sich endlich in Rom nieder. Friede auf Erden! Auf beiden Seiten hatte man jeden Justizmord vermieden; nicht der Mord, nur der ehrliche Soldatentod hatte unter den Bürgern aufgeräumt, und eine Aussöhnung mit der besiegten Partei schien also, wennschon Cäsar mit den Landbesitzungen der umgekommenen Pompejaner seit dem Jahre 48 eine schlimme Wirtschaft trieb[13], nicht ausgeschlossen. Friede auf Erden und den Menschen ein Wohlgefallen? So war es nicht. Nur fünf Monate hatte Cäsar noch zu leben. Erst gab er für das Volk die üppigsten Triumphalspiele, dabei auch Fechterspiele; er liebte besonders den aufregenden Gladiatorenkampf und besaß selbst große Fechterschulen in Capua. Dann begann er sein Regiment. Aber die gebildeten Kreise sahen ihm mit Befremden zu, und Rom runzelte die Stirn.

Mit wundervoller Geschäftigkeit und Geschäftskenntnis gab er eine Fülle nützlicher Gesetze. Eine Neuerung, die schon in frühere Zeit (in das Jahr 59) fällt, war die Nutzbarmachung der Stenographie; er führte im Senat stenographische Protokolle ein. Auch das Zeitungswesen hat er in Rom geschaffen, und der Römer hatte also seitdem so gut sein Tageblatt wie wir. Das größte war die Einführung des Julischen Kalenders (im Jahre 46), der noch vor kurzem in Rußland galt. Im Kalenderwesen herrschte in Rom zeitweilig die tollste Unordnung, so daß man ganze Monate einschalten mußte. Erst seit Cäsar ist der erste Januar Jahresanfang; früher war es der erste März.[14] Die Gesetze, die er weiterhin gab, betrafen die Rechtsprechung, die Provinzialverwaltung, Kolonien; gerade die Provinzen haben seine besondere Fürsorge erfahren, und darin lag der Zweck und der Beruf der neuen Monarchie[15]: denn der Senat hatte die Aufgabe der Provinzialverwaltung nicht gelöst. Auch Korinth hat Cäsar wieder aufgebaut.[16] Den arbeitslosen Pöbel Roms suchte er zum Teil in die Kleinstädte abzuführen, im übrigen ihm Arbeitsgelegenheit zu verschaffen. Wie die Folgezeit lehrte, war das vergebliche Liebesmühe. Größer noch als diese ziemlich zusammenhanglosen Verfügungen waren seine Pläne, die unausgeführt blieben: Umbau der Stadt Rom, Entsumpfung der Umgegend, Theater, Bibliotheken. Aber das, worauf alles harrte, geschah nicht: die Aussöhnung mit dem Senat.[17] Sich selbst ließ Cäsar die Tribunengewalt für Lebenszeit verleihen; das war eine Steigerung dessen, was Gracchus gewollt. Auch das Konsulat ließ er sich für mehrere Jahre votieren; das war das Ideal des Marius gewesen. Aber auch die Diktatur nahm er auf Lebenszeit in Anspruch, und darin lag unverhüllt die verantwortungslose Monarchie, das Tyrannentum.[18] In der Tat war der Senat entmündigt, die Volksversammlung ihrer souveränen Rechte beraubt. Eine annehmbare Staatsverfassung zu geben, daran dachte er nicht. Es wäre jetzt noch Zeit dazu gewesen, daß das geschah. Statt dessen dachte er an neuen Krieg; man sah, daß er schon wieder, und zwar gegen Persien, gegen die Parther rüstete. Und die Enttäuschung, die Entrüstung wuchs.[19] Daran, daß Halunken wie Mamurra begünstigt, ein Maultiertreiber und Spediteur Dentidius Bassus zum Senator befördert wurde, an derartiges war man schon gewöhnt.[20] Schlimmer war, daß Kleopatra nach Rom kam. Die ägyptische Königin entfaltete ihren Prunk in der republikanischen Stadt (man glaubt das Haus aufgefunden zu haben, in dem sie damals residierte), und Cäsar hatte sie gerufen; Cäsar huldigte ihr. Ja, er hatte von ihr einen Sohn, den man „Kaisarion" (den Miniaturkaiser, das kleine Kaiserchen) nannte. Vor dem Tempel der Venus, den Cäsar baute, ließ er ihr vergoldetes Bild aufstellen; ebendort empfing er zeremoniell die Senatoren und stand, als sie kamen, nicht von seinem Thronsessel auf. Das war ägyptischer Königsstil, und man empfand das als Kränkung, als Entehrung, als Schmach.

Cäsar aber fühlte sich vollkommen sicher. Die Anhänger des Pompejus hatte er schließlich alle in Gnaden aufgenommen, ja, zu Ämtern befördert, mit Schenkungen nicht gespart; er hatte die niedergeworfenen Statuen des Pompejus wieder aufgerichtet. Er bildete sich ein, durch andauernde Liebenswürdigkeit die grollenden Männer wirklich versöhnt zu haben[21]; als ob dazu Geld und gute Worte genügten. Sein Hirn war im Rausch, seine Menschenkenntnis verließ ihn vollständig. So oft er auf die Gasse trat, hörte er das Juchhe, den unbeschreiblichen Jubel des Janhagels. Das genügte ihm. Er fühlte nur seine eigene Größe. Nichts ist so bezeichnend, als daß er sich jetzt in Rom selbst als Gott verehren, daß er sich Altäre errichten ließ; auch das hatte er in Ägypten gelernt. Kein Römer hatte das vor ihm getan. Er hatte den Maßstab für sich und die Menschen verloren.

Das Jahr 44 war da. Da bot ihm beim Luperkalienfest im

Februar sein junger Verehrer Mark Anton vor allem Volk die Königskrone an. Es war eine verabredete Komödie; auch für Klaque war gesorgt. Die Krone bestand aus einer weißen, mit Laub durchflochtenen Binde. Die Klaque rief Beifall, aber das Volk schwieg; man wartete: das Volk schwieg immer noch und blieb stumm. Da verzichtete Cäsar; er lehnte die Krone ab. Die Wirkung aber war nicht günstig.

Schon vor etwa fünfzehn Jahren, als Pompejus in Macht war, gab es in Rom Verschwörung; man wollte damals Pompejus in der Senatssitzung erstechen.[22] Jetzt bildete sich eine Verschwörung gegen Cäsar, und sie war ernsthafter und gefährlicher. Es waren mehr als sechzig Senatoren, Männer von zum Teil edelster Herkunft und hervorragender Geistesbildung, darunter auch Brutus, der Philosoph, der junge Freund Ciceros, der Neffe Catos, Brutus, der Sohn jener klugen Servilia, deren intimer Hausfreund Cäsar gewesen. Brutus war Prätor; sein Amtsstuhl stand in der Gerichtshalle; eines Tages fand er an seinem Stuhl die Aufschrift: „Brutus, schläfst du?"

Die Tat war auf die Iden des März angesetzt, den 15. des Monats. Allerlei böse Vorzeichen warnten den Herrscher. Aber er verachtete sie. Cäsar trug seine Verachtung allen Aberglaubens stets zur Schau. Seine einzige Schwäche war, daß er, wenn er reiste und den Wagen bestieg, dabei einen Zauberspruch dreimal aufsagte. Das kam daher, weil er einmal mit einem Wagen zusammengebrochen war.[23] Jetzt geschah es, daß am Tage vor dem 15. März ein kleiner Vogel, den man den „kleinen König" oder Zaunkönig nannte, in den Senatssaal flog und da von anderen Vögeln totgebissen wurde. Welche Vorbedeutung! Schlimmer noch, daß Calpurnia, seiner Gattin, in der letzten Nacht träumte, daß Cäsar in ihrem Schoße starb.

Am Morgen fühlte Cäsar sich unpäßlich (er kränkelte jetzt öfter) und zauderte auf Andringen Calpurnias ernstlich in die Senatssitzung, die er selbst anberaumt hatte, zu gehen. Der Senat war schon versammelt; die Mörder warteten lange auf ihn, umsonst. Ein bleicher Schreck befiel sie. Gelang die Tat heute nicht, so mußte alles ruchbar werden. Es war etwa 11 Uhr vormittags; das Warten war unerträglich. Einer der Senatoren wurde abgeschickt, Cäsar zu holen. Da entschloß sich Cäsar; er kam wirklich. In seiner Hand trug er einen eben eingetroffenen Brief, der ihm den ganzen Mordplan enthüllen sollte. Aber er verschob es, ihn aufzumachen. Unterwegs bemerkte Cäsar einen Wahrsager (haruspex), der ihn kürzlich vor den Iden des März gewarnt hatte. Cäsar rief ihn lachend an: „Heute sind ja die Iden, und ich lebe noch!" Der andere erwiderte ernst: „Die Iden sind da, aber noch nicht vorüber."

Vor dem Sitzungssaal fand Cäsar die Opferdiener, die schon Tiere geschlachtet hatten; er wollte vor der Sitzung erst opfern. Aber es war schon zu spät geworden; er unterließ es und betrat sogleich den Saal, der mit des Pompejus gewaltigem Standbild geschmückt war. Alles erhob sich. Cäsar setzte sich, die Senatoren aber blieben stehen, vor ihm, hinter ihm. Einer, mit Namen Tillius Cimber, wirft sich auf die Knie und bittet Cäsar in ungestümem Ton für seinen Bruder, der im Exil, um Rückkehr und Straferlaß. Cäsar weigert und beginnt zu schelten. Da zerrt Cimber mit beiden Händen an seiner Toga. Das war für den Mord das verabredete Signal. Casca stößt nach Cäsars Hals. „Verrückter Mensch, was tust du?" ruft Cäsar und wehrt sich mit seinem Metallgriffel. Es hatte nur eine leichte Wunde gegeben. Da entblößten alle die Waffen. Umsonst versucht er, sich vom Sessel zu erheben. Dolche zucken, wohin er blickt, die ihn überall, auch ins Gesicht, in die Augen treffen. Brutus stieß ihm die Waffe in die Schamgegend. Cäsar seufzte nur und verhüllte sein Haupt; kein Wort weiter (das Wort „auch du, mein Sohn Brutus" ist unecht); aber um die Füße ordnete er noch sterbend sein Gewand, damit er nicht unschön daliege. Alles stob auseinander. Einsam lag der Gewaltige im leeren Saal zu des Pompejus Füßen, von dreiundzwanzig Wunden bedeckt. Aber nur eine Wunde, ein Stich in die Brust war tödlich gewesen.[24]

Julius Caesar

Als das Geschrei: „Cäsar tot" durch die Stadt gellte, erkannte man erst, was geschehen. Die tolle Wut des Volks war grenzenlos, grenzenlos die Ratlosigkeit der Mörder. Die Leiche selbst, auf dem Forum von Mark Anton aufgebahrt, schien nach Rache zu schreien. Mark Anton fühlte sich gleich als Erbe, als Rächer des Cäsar.

Cäsar selbst hatte nichts vorgesehen, und die geniale Planlosigkeit des siegreichen Mannes zeigte sich auch noch nach seinem Tode. Setzen wir den Fall, er wäre damals natürlichen Todes gestorben, ein Herzschlag hätte ihn hinweggenommen, dasselbe entsetzliche Chaos wäre alsdann entstanden, das nun entstand. Denn auch dann hätte niemand gewußt, wo nunmehr die regierende Gewalt zu suchen sei. Das Lehrreichste ist Ciceros Verhalten, der sich alsbald auf die Seite der Cäsarmörder stellte. Cicero, der doch in seiner Schrift De republica eine monarchische Staatsform empfohlen hatte, billigte Cäsars Beseitigung, er verwarf Julius Cäsar. Das heißt: er und die Einsichtigen im Senat wollten zwar im Notstand der Gegenwart einen monarchischen Staat, aber mit Gleichgewicht der drei Gewalten: regierender Präsident, Oberhaus und Volksversammlung, und so, daß der Präsident mehr durch Würde als durch Gewalt der Erste sei. Das war anscheinend schon das Ideal der Scipionen gewesen, und nicht Cäsar, Pompejus hatte das im Jahre 52 für kurze Zeit verwirklicht. Alle Hoffnungen der Senatspartei hatten deshalb im Bürgerkrieg an Pompejus gehangen. Jetzt drohte Mark Anton. Es fragte sich, ob der gewaltige Mark Anton Sieger blieb oder ob noch ein anderer kommen würde, dem es gelang, ein definitives Kaisertum zu gründen, durch das alle Parteien ausgesöhnt wurden.

Mark Anton

Die Zeit der freien römischen Republik ist zu Ende. Wir sind in die Zeit der Monarchie eingetreten. Das Kaisertum beginnt, die Ära der gewaltigen Cäsaren, die, so sittlich verkommen und gottverlassen sie auch oft waren, sich doch mit dem Heiligenschein der Göttlichkeit umgaben: absolut wie das Schicksal selbst wollten sie über die Welt herrschen; aber sie waren zumeist auch launisch wie das Schicksal. Den ersten großen Typus derart zeigt uns Rom in Mark Anton.

So arm weiterhin die Kaiserzeit an bedeutenden Männern war, so reich daran war das Rom des ersten Jahrhunderts vor Christo. Überblicken wir nur gleich im Gefolge von Marius und Sulla die Namen Sertorius, Lukull, Pompejus, Cäsar, Crassus, Cato, Cicero, Brutus und Cassius, dazu Marcus Antonius und Octavian: es wäre lohnend, jeden von diesen zu porträtieren. Ich beschränke mich hier im Verfolg auf die beiden großen Wettbewerber um die Monarchie: Marcus Antonius und Octavian.

Über Antonius wird gemeinhin zu ungünstig geredet; das liegt an den Quellen. Die Berichte aus dem Altertum stammen zumeist oder ausschließlich von der ihm feindlichen Partei. Dem Mark Anton selbst war es gleichgültig, was man von ihm redete, und er sorgte nicht für einen Leibhistoriographen oder Verteidiger seines Verhaltens.[1] Er herrschte im Orient, und die Skribenten in Rom standen ihm fern: es ist Pflicht, mit diesem Umstand zu rechnen.

Er war der Hauptschüler Julius Cäsars, zeitweilig seine rechte Hand; er war der eigentliche Erbe des Geistes Cäsars und seiner Pläne, er ist das erste erschreckende Resultat der von Cäsar geschaffenen Lage. Sein Schicksal spielt sich wie eine große Königstragödie ab, die man nicht, ohne ergriffen zu werden, erlebt. Denn mit ihm beginnt in Rom das tiermäßig maßlose Sichausleben der Menschen, die, da sie in Allmacht sind, da nichts sie hemmt, jedem starken Triebe folgen; großzügig, gewalttätig und das Gegenteil alles Kleinlichen; ein durstiges Ausgenießen der eigenen übermenschlichen Position. Auch die Gewalttätigkeit Sullas hat Antonius erneut, aber nicht froschkalt wie Sulla, nein, heißblütig, lebenswarm; man entsetzte sich über ihn, und er wurde trotzdem geliebt. Er hatte große und herzgewinnende Eigenschaften, und sehen wir ihn schließlich durch seine eigene Leidenschaft niedergeworfen und zermalmt, so packt uns das echt tragische Mitleid, das nur da erwacht, wo wirkliche Größe ist. Das hat auch Shakespeare voll empfunden.

Er war im Jahre 82 geboren und stammte aus alter, hochachtbarer Familie. In seinem Elternhaus herrschte reine, edle Sitte. Aber sein Vater starb früh. Das ist zum Verständnis sehr wichtig; denn im römischen Erziehungswesen war der Vater, die väterliche Gewalt, von erster Bedeutung und unersetzlich. Der Stiefvater Lentulus bot keinen Ersatz; des Lentulus Ausschweifungen waren berüchtigt. So verfiel Antonius denn als junges Blut der liederlichen intimen Freundschaft des genialen Curio, der den erregbaren Menschen durch alle Lasterhöhlen Roms schleifte. Weindunst und Weiberlachen! Auch der Hetzdemagoge Clodius, der zügelloseste aller Demokraten, bemächtigte sich seiner. Von Schulden überhäuft, rettet er sich nach Griechenland, 24 Jahre alt (Herbst des Jahres 58), ein verschuldeter Student, und treibt da Sport wie ein echter Grieche, dazu die unentrinnbare Philosophie und Beredsamkeit. Denn auch die Beredsamkeit lernte man schulmäßig. Er wurde ein Effektredner, wild, wie ein schnaubendes Roß. Er fiel offenbar auf, schon wegen seiner glänzenden körperlichen Leistungen. Der Verwalter von Syrien macht ihn zum Reiterführer; denn es gibt Krieg in Palästina. Antonius ist es, der da die Juden schlägt, den Kronprätendenten Aristobul[2] gefangen nimmt. Dann gab es eine militärische Promenade nach Ägypten, wo Thronwirren herrschten; die Römer griffen ein. Der junge Antonius erobert die Stadt Pelusium; der Gegner, König Archelaos, wird getötet. Antonius bestattet ihn mit Glanz, zeigt sich nobel und tapfer. Seitdem ist er gewissermaßen mit dem Königreich Ägypten verknüpft; es ist das Land, wo er sterben sollte. Erfolggekrönt kommt er nach Rom. Alles gab acht auf ihn.

Inzwischen war Curio (Scribonius Curio), sein Jugendfreund, von des Pompejus Partei zu Julius Cäsar abgefallen; Cäsar zog eben alle Durchgänger an sich. Durch Curio wurde auch Antonius Cäsarianer und machte gleich die letzten Feldzüge des großen Feldherrn in Gallien mit (im Jahre 54—50). Damit war sein Schicksal bestimmt. Mit lauter Stimme und Ungestüm war er Vorkämpfer der Sache Cäsars. Ja, er stieß eigentlich Cäsar vorwärts zum Bürgerkrieg. Man hatte Antonius zum Volkstribunen gemacht. Als Volkstribun stand er Anfang 49 im Senat und verlas da laut die Briefe Cäsars, die man unterdrücken wollte. Es waren die Forderungen Cäsars, die den Bürgerkrieg vorbereiteten. Im Verlauf der Debatte forderte der Senat: Cäsar soll sein Heer entlassen. Sofort stellt Antonius die schlagende Gegenforderung, daß auch Pompejus dasselbe tue. Große Entrüstung. Antonius wird aus dem Saal gestoßen: eine Vergewaltigung der Tribunen, die er absichtlich herausgefordert hatte. Als Sklave verkleidet, flieht er in einem Mietkarren zu Cäsar an den Rubikon, demonstrativ, als hätte man ihn umbringen wollen. Das nahm Cäsar zum letzten Anlaß, den Kampf wirklich zu eröffnen. Antonius stieß gleichsam das Boot, auf dem Cäsar sein Schicksal suchte, in die Stromschnelle, die es vorwärts riß.

Pompejus, der Gegner, rückt nach Epirus ab; Cäsar selbst eilt zunächst nach Spanien. Dem Antonius gibt Cäsar indes den militärischen Oberbefehl über Rom und Italien. Schon da war Antonius der zweite; schon da fühlte er sich als zweite Größe im Reich. Er war jetzt 34 Jahre alt: eine herrliche, mächtige Gestalt, edel und wohlgeformt, strahlend jovial, wenn er nicht zürnte, mit breiter Stirn und einer Geiernase. Die Künstler, die ihn gern abbildeten, verglichen ihn darum mit Herkules, und er ließ sich auch anfangs den Bart lang stehen,

obschon das der Mode ins Gesicht schlug; denn er wollte dem
Herkules gleichen. Hatte Cäsar sein Geschlecht von Venus her-
geleitet, so versicherte Antonius, als Cäsars gelehriger Schüler,
daß er von Herkules abstamme. Daher ging er auch gern nach
Art des Herkules in rauher Tracht, in kurzem Chiton, der nur
bis zum Schenkel reichte und die Knie nackt ließ, an der Seite
das Schwert, einen groben, festen Mantel um die Schultern.
Herkules war aber als Idealfigur auch ein Zecher, ein Rüpel
und lustiger Kumpan, voll Ulk und Prahlereien, polternd
und lachend; auch darauf verstand sich Antonius, zechte mit
den gemeinen Soldaten auf offener Straße, stellte sich an den
Soldatentisch und aß und schlang; ein rechter Landsknecht.
Dazu auch in Liebessachen kein Spielverderber; er half anderen
gern dabei und freute sich nur, wenn man ihn selbst mit einem
schlimmen Frauenzimmer neckte. Dazu kommt seine geradezu
sinnlose Freigebigkeit; er hatte eine lose Hand. Das ging durch
sein ganzes Leben. Einem Freund will er mit einer Million
Sesterz aushelfen; sein Kassenbeamter zählt das Geld auf den
Tisch. Antonius tut so, als hätte er noch nie Geld liegen sehen,
und ruft: „So wenig ist das? Das soll eine Million sein? Dann
gib ihm das Doppelte."

Aber der Bürgerkrieg rief ihn nach Epirus, Mazedonien.
Bisher war Labienus des Cäsar größter Unterfeldherr gewesen.
Labienus war zu Pompejus übergegangen. Cäsar sah sich jetzt
auf des Antonius Hilfe angewiesen. Man möchte wissen, was
Cäsar ohne ihn ausgerichtet hätte?

Zunächst galt es, die Truppen über das Adriatische Meer,
das von der Armada des Pompejus beherrscht war, zu bringen.
Dem Cäsar fehlten Kriegsschiffe. Antonius wagte den Truppen-
transport in kleinen Fahrzeugen mitten im furchtbaren Sturm,
im Angesicht der feindlichen Flotte: eine großartige Leistung.
Seine Nußschalen bargen sich vor dem Sturm eine Zeitlang
an der Küste; während dessen geschah es, daß die feindlichen
Kriegsgaleeren kenterten, und Antonius kam heran und plün-

derte die Wracks. Dann wurde man auf dem Lande mit Pompejus selbst handgemein. In etlichen Gefechten, auch in der Schlacht bei Pharsalus, stand Antonius als Sieger da neben Cäsar.

So kam es, daß, als Pompejus tot, als Cäsar in Ägypten in vielen Freuden mit Kleopatra die Zeit verbrachte, um dann dort schließlich um sein Leben zu kämpfen (48—47), dem Antonius von Cäsar abermals die Verwaltung Roms und Italiens anvertraut wurde. Cäsar war jetzt Diktator, alleiniger Inhaber des Staatswillens, Antonius war sein Stellvertreter, wo er abwesend (magister equitum).

Da schäumte er über. Man denke: es war das erste Jahr der römischen Monarchie, 48—47, und der Monarch Cäsar selbst war fern; Antonius war Vizekönig von Rom. Er sprang gleichsam vor Freude. Auch Cäsar lebte ja jetzt locker; und so beging sein jugendlicher Vertreter in Rom Orgien, die man ihm nicht verzieh. Zunächst ein blutiger Kampf auf dem Forum, um einen politischen Gegner — Dolabella — zu beseitigen. Übrigens: wie sonst mit seinen Rekruten, so bechert er jetzt lustig mit Jongleurs und Equilibristen und gemeinem Bühnenpersonal, treibt sich auf ihren sehr fragwürdigen Hochzeiten um, betrinkt sich gelegentlich so, daß er sich auf dem Forum erbricht, als er just reden soll, was man ihm nie vergaß. Mitten auf der Straße schlägt er seine Vergnügungszelte auf, fährt durch das enge Rom, wo sonst jeder zu Fuß geht, mit einem Löwengespann, quartiert üble Courtisanen bei vornehmen Frauen ein. Alles das erzählt uns die böswillige Fama. Wer weiß, wie viel davon übertrieben ist?[8] Seine Geliebte aber hieß Kytheris: ohne Frage eine prachtvolle Person. Sie war die erste Bühnengröße, die mondänste Schauspielerin der Zeit, eine Dame, die eben damals von dem angesehensten Dichter Roms mit ganzen Kränzen von Liebeselegien besungen wurde. Antonius, obschon verheiratet, zeigte sich mit ihr öffentlich, und die Folge war, daß man Kytheris wie eine Königin verehrte; wenn sie in ihrer eleganten Sänfte durch die Städte reiste, hatte sie ein Gefolge, das größer war als das Gefolge der Mutter des Antonius.

Da kam Cäsar auf kurze Wochen nach Rom und zeigte seinem großen Günstling denn doch seine Unzufriedenheit. Während Antonius jetzt alles Anrecht darauf hatte, Konsul zu werden, gab Cäsar das Konsulat, statt diesem, seinem älteren Anhänger, dem (Ämilius) Lepidus. Aber Antonius blieb unverlegen und zeigte sich dreist und steifnackig. Des verstorbenen großen Pompejus Palast und Besitzungen nebst Inventar wurden von Cäsar in Beschlag genommen und versteigert. Antonius trat als Käufer auf, und als er alles an sich genommen, verweigerte er die Zahlung. Cäsar ließ es ihm hingehen. Antonius hatte den Raub in Händen.

Dann aber geschah, während Cäsar wieder von Rom abwesend, etwas Großes. Antonius hatte die Ehe bisher leicht genommen; jetzt heiratete er eine mächtige Persönlichkeit, die erste Fürstin der römischen Geschichte, die Fulvia, und er verfiel ihr ganz. Der Disziplinlose hatte endlich jemanden gefunden, der ihn in Zucht nahm, der für ihn dachte. Man spricht immer nur von den harten Eigenschaften, der Kommandiersucht dieser Fulvia, aber sie muß auch schön gewesen sein und nicht ohne Zauber. Die Römerinnen sind noch heute bisweilen wie die Engel, und es sitzt der Teufel dahinter. Fulvia war, wie Antonius, schon zweimal verheiratet gewesen, das zweite Mal mit dem Volksmann Clodius, der vor etwa sechs Jahren verstarb und dessen Tod sie mit der Leidenschaft einer Vollblut-Italienerin beweinte. Sie war immer noch jung, etwa 29 Jahre alt, und sie liebte jetzt den mächtigen Antonius mit einer Liebe, die vom Ehrgeiz ihr Feuer empfing. Sie wollte ihn groß sehn, über alle. Niedlich ist die Szene, die uns beschrieben wird, wo Antonius von einer Reise unerwartet zurückkommt. Es war alte Sitte[4], daß die verreisten römischen Ehemänner ihre Heimkehr ihren Frauen durch Boten einen Tag vorher anmeldeten. Der immer zu Streichen aufgelegte Antonius dachte es diesmal anders zu machen. Er liebte Mummenschanz, verkleidete sich als Diener, kam so nachts in sein Haus und meldete sich am anderen Morgen: er habe der Fulvia einen Brief vom Antonius zu überreichen. Erregt fragt sie: „lebt Antonius?" Er schweigt und streckt ihr nur den Brief hin. Wie sie das Siegel bricht und zu lesen beginnt, überfällt er sie mit Küssen. Wer sieht da nicht den verliebten Mann? So war er; man erzählte vieles derart von ihm.

Ich finde, Antonius hat etwas vom Germanen; er war so, wie man uns die wilden deutschen Kämpen und Herzöge des Mittelalters schildert: weinglühend, wüst und toll, und doch siegreich und ein ganzer Held; hell von Verstand, aber von bedeutenden Frauen wie ein Kind zu lenken. Zu seinem Glück fiel er jetzt in Fulvias Hände, zu seinem Unsegen beherrschte ihn später Kleopatra.

Als Cäsar im Jahre 45 aus Spanien zurückkam, war er mit Antonius, der ihm entgegenfuhr, ganz zufrieden und voll ausgesöhnt (das dankte Antonius seiner Fulvia), gab ihm den Ehrenplatz in seinem Wagen und machte ihn zum Konsul, zum Kollegen im Konsulat für das Jahr 44. Als aber eine Meinungsverschiedenheit entsteht — es handelte sich um die Ehrung des Dolabella —, war es Cäsar, der nachgab; Antonius stemmte sich gegen ihn auf das dreisteste. Wie wäre das Verhältnis der beiden Männer weitergegangen?⁵ Da fällt Cäsar meuchlings unter den Dolchen der Senatoren. Man hatte mit Cäsar auch den Antonius ermorden wollen. Aber man schonte ihn. Rom war starr. Die Weltgeschichte hielt den Atem an vor Schreck. Man fürchtete sich vor den Verschwörern. Was hatten sie jetzt vor? Was würden sie tun? Antonius verkroch sich erst. Dann aber stand er aufrecht und umgab sich mit einer Leibwache von arabischen Knechten. Rom hatte ihn geschont: es sollte jetzt seinen Herrscher haben. Und der zweite Akt des Dramas begann.

Fesselnd und bewundernswert ist es, wie Antonius, der nun der alleinige Konsul des Jahres 44 war,⁶ die ungeheure und beispiellos neue Situation benutzte. Die Welt war im Wirbel. Er war der ruhige Punkt im Wirbel. Aber man merkt zugleich: Fulvia steht hinter ihm. Fulvia war wie Eisenrippen in dem wuchtigen, aber schwankenden Bau seiner Natur. — Die Verschwörer sind furchtsam, lagern oben auf dem Kapitol und getrauen sich nicht in ihre Häuser. Unten auf dem Forum gärt es unheimlich. Das Volk rottet sich. Auch Soldaten, Veteranen Cäsars, strömen massenhaft in die Stadt. Antonius behält anfangs Fühlung nach beiden Seiten. Den Brutus und Cassius lädt er verbindlich zum Speisen, beruft dann den Senat, gesteht der Senatspartei zu, daß den Mördern Cäsars nichts Übles geschehen soll (man nannte das eine Amnestie), setzte aber zugleich durch, daß alle Anordnungen Cäsars gültig blieben, und nicht nur das, sondern auch alle die Anordnungen, die sich noch in Cäsars nachgelassenen Papieren finden würden. Das war ein Meisterstreich. Denn Cäsars Witwe Calpurnia überließ ihm den Nachlaß vollständig; ja auch Cäsars Barvermögen, etwa 12 Millionen Mark, nahm Antonius vorläufig an sich, als wäre er der Erbe. Dann traf er eine Fülle von Anordnungen nach eigenster Willkür, verlieh z. B. den Bewohnern Siziliens das römische städtische Bürgerrecht, wofür zum Dank die Sizilianer ihm ordentlich zahlen mußten, und behauptete jedesmal, in Cäsars Papieren finde sich das so vorgesehen. Niemand konnte das nachprüfen. Fulvia sorgte, wo es nötig war, für Fälschung der Belegstücke.

Zugleich aber begann Antonius vorsichtig gegen die Verschwörer Stimmung zu machen. Gleich anfangs veröffentlichte er Cäsars Testament. In dem Testament aber stand erstlich als Legat ein gewaltiges Geldgeschenk für das Stadtvolk Roms (pro Kopf 300 Sesterz), sodann aber fand sich da auch einer der Cäsarmörder von Cäsar als Erbe bedacht, andere der Verschworenen waren im Testament in anderer Weise aus-

gezeichnet. So hatte Cäsar die geliebt, die ihn umbrachten!
Ein Schrei der Entrüstung erhob sich im Publikum. Und nun
wurde die Leiche des Gewaltigen selbst aufgebahrt. Das Forum
war die Bühne für das Schauspiel. Unzählige Veteranen
drängten heran. Schon hielt der Leichenzug, der sich langsam
bewegte, vor der Rednerbühne. Da hielt Antonius die Leichenrede auf das geschickteste;[7] nicht im offenen Ton aufhetzend,
nein! Er las nur das Ehrendekret vor, das der Senat selbst
einst voll von Huldigungen für den Toten erlassen hatte. Es
war nur ein Funke, den er warf, und schon schlug die Flamme
des Fanatismus hell empor. Auf dem Forum selbst wird aus
Tischen und Bänken — man nahm, was sich eben fand — rasch
ein Holzstoß aufgeschichtet; darauf legt man den Toten. Die
Flammen züngeln empor. In den Qualm und das Geprassel
mischt sich das Geheul der Menge. Soldaten werfen, dem Toten
zu Ehren, ihre Waffen in den Feuerbrand, die Zivilisten ihre
Mäntel. Dann aber ging der Krawall, die Hetze los. Man be-
stürmte die Häuser der Mörder. Mit Mühe gelang es dem
Antonius, das Schlimmste abzuwenden. Aber der Aufruhr,
der Terrorismus der Gasse dauerte an, wochen- und wochen-
lang und endete nicht. Da flohen die Verschworenen, da entwichen auch die anderen Vornehmen aus Rom. Antonius sah
sich allein in der Stadt. Er hatte alle Gewalt in Händen. Die
Staatsgeschäfte erdrückten ihn fast;[8] aber in ihm festigte sich
der Plan, nicht nur der Rächer, auch der Erbe Cäsars zu sein.

Aber da fand sich ein unerwartetes Hindernis. Cäsar, der
keine legitimen Kinder besaß, hatte in seinem Testament durch
Kodizill seinen Großneffen Octavius als Sohn adoptiert, und
dieser Sohn Octavius zeigte sich jetzt auf einmal in Rom. Er
war erst 19 Jahre und kam von Studienreisen aus der Stadt
Apollonia. Das war also der Erbe Cäsars! Antonius begegnete
ihm anfangs hochmütig bis zur Grobheit; solche jungen Leute
muß man einschüchtern! Aber dieser Octavius, der sich jetzt
Octavianus und Cäsar nannte, fand sogleich Anklang beim

Volk, ja, er warb Truppen, Soldaten an. Auf einmal standen drei Mächte nebeneinander: hier Antonius, dort Octavian, zwischen beiden der Senat, der eben jetzt wieder das Haupt hob und den Cicero, der 62jährige Cicero, der Freund der Mörder Cäsars, jetzt führte.[9] Auch der Senat hatte Truppen zu seiner Verfügung. In Gallien, d. h. in Norditalien, stand der Senator und Cäsarmörder Decimus Brutus mit einem Heer bei Modena.[10] Antonius bricht auf, diesen Decimus Brutus aus Gallien zu vertreiben; denn wer dies Gallien in Händen hat, beherrscht Italien. Aber auch Octavian rückt dort ein; er spielte sich vorläufig als junger Verehrer Ciceros auf und paktierte mit der Senatspartei. So wird Antonius zwischen zwei Gegnern eingeklemmt. Aber anfangs vermeiden alle drei die Schlacht; jeder fürchtet sich vor der Entscheidung — bis die Senatsarmee doch angreift und Antonius bei Modena den kürzeren zieht: zu Anfang des Jahres 43. Seine Legionen sind zu schwach; um sie zu retten, bricht er über die schwierigen Pässe des Apennin nach Genua durch: das war ein entsetzlicher Marsch durch die ödesten Strecken; aller Proviant fehlt; er muß sich mit seinem Heer von den Wurzeln des Waldes, ja, wie der Hirsch, wenn er hungert, von Baumrinde ernähren.

Da zieht aus der Provence, aus Süd-Frankreich, Lepidus mit etlichen Legionen heran. Auch dieser Lepidus war einer der Vertrauten Cäsars gewesen, und Antonius selbst hatte sich ihn gelegentlich durch Gefälligkeiten verpflichtet. Was würde nun geschehen? Würde sich Lepidus als Freund oder als Gegner zeigen? Antonius, der Feldherr, tritt an die Umwallung des Feldlagers des Lepidus, mit verwildertem Bart und wirrer Haarmähne, in dunklen Trauerkleidern, ein gespenstischer Anblick, und ruft des Lepidus Heer zur Rache für Cäsar auf. Lepidus ist unschlüssig; er läßt die Trompeter Signal blasen, um des Antonius Rede zu übertönen. Das Herz der Soldaten aber ist schon ergriffen. Am andern Morgen will Antonius das Lager stürmen; aber die Soldaten ergeben sich ihm von selbst; er findet Lepidus schlafend in seinem Zelt, erweist ihm alle Ehren, nennt ihn „liebes Väterchen", und Lepidus, der Windhund, der immer wetterwendische,[11] ist jetzt sein Verbündeter. Was sollte der junge Octavianus jetzt tun? Sollte er, Cäsars Adoptivsohn, noch an der Verbindung mit Cicero festhalten und für den Senat, der den Cäsar gemordet, gegen Antonius und Lepidus kämpfen? Unmöglich.

So geschah die schicksalsschwerste Wendung. Antonius, Lepidus und Octavianus tun ihre Heere zusammen und schließen einen Dreibund, das schreckhaft berühmte zweite Triumvirat des Jahres 43, mit der Zwecksetzung, dem Staat eine neue Verfassung zu geben. Auf einer kleinen Flußinsel in Norditalien kamen die Männer zusammen; Antonius und Octavian maßen sich mit Mißtrauen und untersuchten sich erst gegenseitig, ob keiner heimlich ein Stilet bei sich führe, ehe sie die geheime Verhandlung begannen, deren Wortlaut nie mitgeteilt worden ist.

Es war für die drei jetzt ein Kinderspiel, Rom zu nehmen. Aber das genügte nicht. Denn Marcus Brutus und Cassius, die beiden erheblichsten Männer unter den Verschwörern, standen jetzt im Orient, in Asien und Mazedonien, mit starken Heeresmassen und nahmen alle Geldzufuhr weg. Denn Italien war geldarm, und alljährlich flossen sonst die Einkünfte des römischen Staats aus Asien herzu.[12] Jetzt blieben sie aus. Brutus fing sie ab. Wie sollten die drei Triumvirn ihre Heere bezahlen? Von bloßer Cäsarbegeisterung wurden die Soldaten nicht satt. Der Staatsschatz war leer. Es galt Geld, Geld zu schaffen auf alle Fälle.

So kamen denn die grausigen Proskriptionen über Rom. Es ging den Reichen an die Kehle. Das Blutbad Sullas erneuerte sich jetzt. Ob Antonius, ob Octavian das zuerst angeregt hat, steht dahin: ich traue dem Octavian den teuflischen Gedanken am meisten zu. Die Güter wollte man in Beschlag nehmen und schlachtete dazu die Besitzer ab, 120 Senatoren, 3000 reiche Ritter: Großgrundbesitz und Großkapital. Die

Namen der Opfer wurden vorher bekannt gegeben. Das gab eine schauervolle Menschenjagd durch das ganze Land. Gleichzeitig wurden den Soldaten achtzehn italienische Städte zur Plünderung freigegeben. Cicero, der für kurze Zeit den Staat gelenkt hatte, war das erste Opfer. Er hatte den Mark Anton mit wüsten Schimpfreden überschüttet, ja, mit Schmutz beworfen: jetzt hieb man ihm, als er in der Sänfte floh, den Kopf herunter, schnitt ihm auch beide Hände ab; der Kopf ging von Hand zu Hand und mußte auf der Rednerbühne paradieren.

Man hatte eingesehen, daß ohne solchen Gewaltakt keine Monarchie Bestand haben würde. Cäsar hatte ihn zu vollziehen versäumt; jetzt war er vollzogen: ein gräßlicher Aderlaß. Der Senat war für immer gebrochen. Unteroffiziere, hergelaufenes Kriegsvolk kaufte bei den Güterauktionen für ein Lumpengeld jetzt die altherrschaftlichen Paläste und Landgüter auf, die einst in den Händen des alten Adels waren. Der ganze Besitzstand wechselte im Land. Man denke sich, man schlüge in einer Woche 120 vornehme Ost-Elbier und in Berlin und Frankfurt 3000 große Geldmänner tot, um ihren Besitz einzuziehen, und man wird die wirtschaftliche Erschütterung begreifen, die damals in allen Schichten eintrat. Aber der Erlös genügte den Triumvirn immer noch nicht. Sie beraubten auch die Gelddepots der Tempel, sie legten neue Steuern auf, auch eine Steuer auf die Mitgiften der reichen Frauen. Das war noch nicht dagewesen, und man kann sich vorstellen, welch ein Aufzug von bestürzten Matronen da zur Fulvia kam, um sie um Steuererlaß zu bitten. Denn man wußte, Fulvia war mächtig.

Wer hatte die Bestie in Antonius geweckt? War es Octavian? war es Fulvia? waren es die ganz außerordentlichen Umstände gewesen? Blutgier lag sonst nicht in seiner Natur. Er hat sonst nie gemordet, um sich zu bereichern.

Und nun erhob er sich, im Folgejahr 42, zu seiner größten

Tat, zur wirklichen Rächung Cäsars. Octavian zeigte sich schwach und unsicher und wie ein Zwerg neben ihm. Antonius suchte mit zwanzig Legionen die Cäsarmörder Brutus und Cassius zu finden, und er fand sie in Mazedonien, bei Philippi. In zwei großen Schlachten hat er sie da niedergerungen, mit einer strategischen Genialität, die des Cäsar würdig war. Brutus und Cassius fielen in ihr Schwert. Die Republik war für immer zu Ende. Gegen die Besiegten aber zeigte Antonius sich schonend und menschlich. Über die Leiche des Brutus breitete er sein eigenes kostbares Pupurgewand und befahl einem seiner Untergebenen, ihn fürstlich zu bestatten; als der Diener sich von dem Aufwand der Totenfeier durch Diebstahl bereicherte, ließ er ihn hinrichten. Dann aber verteilte er die Welt, gab dem Lepidus Afrika, Octavian bekam Italien und die Hinterländer; er selbst behielt sich den reichen Orient vor; denn der Orient war eigentlich die Welt: die Balkanhalbinsel, Kleinasien, Syrien und Ägypten. Eine erste Teilung des Reichs. Die Teilung hielt Antonius für definitiv; er hat seitdem nie mehr daran gedacht, das ganze römische Reich allein zu beherrschen. Es fehlte nur, daß Antonius sich auch eine Hauptstadt im Osten gründete, daß er sich dort mit einem neuen Senat umgab. Aber wozu einen Senat? Ein Kollegium ratgebender Freunde genügte ihm.

Und hiermit beginnt der dritte Akt der Antoniustragödie. Mochte sich Octavian mit dem verarmten Italien plagen und die schwierige Aufgabe lösen, die Tausende von ausgedienten Soldaten, die da zusammenliefen, anzusiedeln und zu sättigen: Antonius stellte sich eine weit größere Aufgabe und betrachtete sich auch darin als den Erben Cäsars. Cäsar war durch den Tod verhindert worden, den großen Krieg gegen Persien, gegen die Parther, den er schon rüstete, zu führen (oben S. 158). Antonius nahm jetzt diesen Krieg auf sich. Deshalb hatte Antonius sich das Recht gesichert, auch in Italien weitere Truppen auszuheben. Aber die Sache eilte nicht. Nach drei so ange-

Sieg bei Philippi. Herrscher des Orients.

strengten Jahren, Jahren voll von Katastrophen, gedachte der vierzigjährige Mann sich erst etwas zu erholen und vor allem Geld zu sammeln. Denn auch sein Fiskus war stets leer, und die Soldaten schrien nach Sold. Das Heer war immer größer, die Ansprüche der Söldlinge immer dreister geworden.

Zunächst bummelte er etwas in Altgriechenland, suchte seine klassische Bildung etwas aufzufrischen (er hatte sich bisher dazu nie Zeit genommen), unterhielt sich mit klassischen Philologen, besah alte Tempel und Rathäuser und amüsierte sich dabei in seiner burschikosen Weise. Dann ging er nach Asien, erhob eine hohe Kriegssteuer, ließ sich von den Königen hofieren und beschenken und begann etwas den Sultan zu spielen, wie das Morgenland das gewohnt war. So hat er im Lauf der Zeit die Karte des Orients nicht unerheblich verändert, hat Vasallenkönige da eingesetzt, wo bisher Republiken waren. Antonius war es, der den Herodes zum König der Juden machte. Dabei raubte und stahl seine Umgebung entsetzlich; er merkte es nicht; er war zu wenig mißtrauisch. Erfuhr er aber von solchem Skandal, so konnte er auch strafend dazwischen fahren.

Zu den Vasallen des Römerreichs gehörte nun aber auch Kleopatra und das Land Ägypten. Antonius lud Kleopatra ein, nach Tarsus in Kleinasien zu kommen. Vielleicht kam sie auch aus eigenem Triebe. Jedenfalls wollte er von ihr Geld für seinen Partherkrieg. Aber sie gab ihm mehr als Geld. Und so beginnt der sog. Kleopatraroman.

Antonius, der übrigens an Schönheit sehr verloren hatte (er war stark beleibt geworden), ließ sich damals von den Asiaten als Gott Dionys verehren. Das wußte sie. Uns klingt das heute wie ein kindischer Scherz; aber die feurige Phantasie der Orientalen nahm solche göttliche Verkleidungen ernst. Sie glaubten, daß in den außerordentlichen Menschen und Machthabern, wie Alexander dem Großen, sich wirklich ein Übermensch, ein Gott darstellt, und des Antonius Phantasie wurde davon mitergriffen. Man sah ihn also im Rebenkranze und in weichen griechischen Gewändern. Zu diesem Dionys kam nun Kleopatra auf ihrem goldenen Schiff, als Göttin Venus angetan, gefahren, von einem Ballett von Flügelknaben umgeben. Der Zauber wirkte. Noch war nicht der Winter da (des Jahres 41—40), da war er schon bei ihr in Alexandria. Nicht Dionys, nein, er war noch immer der Herkules, und der Herkules hatte jetzt seine Omphale gefunden. Aber auch hierin war er Cäsars Erbe; denn auch Cäsar hatte diese Kleopatra geliebt. Sie war inzwischen 28 Jahre alt; aber bei schönen Frauen der Hochkultur zählt man die Jahre nicht. Sie hatte ihn eingefangen. Zunächst war er aber noch der Gebieter. Er glaubte die Königin völlig zu beherrschen und für seine Zwecke ausnützen zu können.

Erst, als der Winter vorüber, hört er, was in Italien geschehen.[11] Fulvia, seine eifrige Gattin, und sein Bruder Lucius Antonius haben dort gegen Octavian die Waffen erhoben. Man sah Fulvia selbst in Waffen. Die ehrgeizige Frau verachtete Octavian; sie wollte, Antonius, ihr ungetreuer Gatte, sollte auch Mitherrscher Italiens sein. Der Erfolg aber war, daß sie fliehen muß. Sie flieht nach Griechenland, erkrankt und stirbt (im Jahre 40). Dadurch sank des Antonius Einfluß in Italien gewaltig. Sollte er nun darum den Bürgerkrieg, den Kampf mit Octavian beginnen? Aber die Soldaten selbst wollen keinen Krieg; sie zwingen die Herrscher zum Frieden und neuem Bündnis, und Antonius läßt sich überreden, zur Sicherung des Weltfriedens die Schwester des Octavian, die edle Octavia, zu heiraten. Dies geschah in Rom. Octavia war eine der lieblichsten und feinsinnigsten Frauen Roms. Sie liebte ihren neuen Gatten Antonius wirklich als den Vollmenschen, der er war, und den größten der Römer, die damals lebten. Und wirklich, auch er vergaß Kleopatra. Er verlegte seine Hofhaltung mit Octavia für den Winter des Jahres 39 auf 38 nach Athen; das war eine Zeit voll schöner Stunden und geistiger Anregungen. Aber die armen Athener mußten zahlen. Sie feierten ihn als Gemahl ihrer Stadtgöttin Athene, und er brauchte diese klägliche Schmeichelei und verlangte eine Mitgift der Göttin von tausend Talenten aus ihrem Tempelschatz. Als im Jahr 37 neue Zerwürfnisse mit Octavian entstehen, ist es Octavia, die bei ihrem Bruder den Frieden und Ausgleich durchsetzt. Jene Zerwürfnisse betrafen die Bekämpfung des Sextus Pompejus, des Sohnes des Pompejus Magnus, der damals wie ein Piratenkönig in Sizilien herrschte und dessen Angriffen Octavian ausgesetzt war.

Aber Antonius dankte der Octavia schlecht. Endlich, im Jahre 36, rüstet er zum Partherkrieg, der schwieriger war als alles, was Rom je unternommen. Es war die große Aufgabe seines Lebens. Dazu braucht er Ägyptens Hilfe und tut den großen, längst erwogenen Schritt und heiratet Kleopatra. Kleopatra hatte die Ehe längst gewollt. Rechtlich war diese Ehe nur in Ägypten, nicht in Rom gültig. Antonius blieb also für Rom Ehegatte der Octavia.

War es bloße sinnliche Verliebtheit? Gewiß nicht. Antonius hatte seine Zwecke. Er brauchte eben gewaltige Geldquellen für sein weites Reich, und nur der ägyptische Staatsschatz, den das gierige Rom noch nicht ausgeplündert hatte, konnte sie ihm noch bieten. Kleopatras Zweck aber war, die Selbständigkeit Ägyptens Italien und Rom gegenüber durch Antonius zu retten. Antonius vermied es noch, sich amtlich König von Ägypten zu nennen. Aber er war es de facto und hat in dieser Eigenschaft Ägypten selbst auf Kosten der römischen Provinzen vergrößert, Cypern, Phönizien und andere Länderstrecken mehr zu Ägypten geschlagen.

Da kam der entscheidende Schicksalsschlag. Der Partherkrieg des Jahres 36 mißlang. Das Vorhaben war eben unerhört groß, bis nach Persien vorzudringen; auch Cäsar wäre mutmaßlich daran gescheitert; denn keinem römischen Machthaber ist eine Eroberung in jenen Landstrecken je geglückt. Das lag an der Schwierigkeit des Verpflegungswesens, der Gefährlichkeit des Klimas. Das heiße Land ist in Wüsten gepanzert. Erst durch die modernen Eisenbahnen wurde die zeitweilige

Besiegung Persiens durch Rußland und England heut ermöglicht. Auch Kaiser Trajan hatte dort nur einen Scheinerfolg; er starb während des Kampfes, als der eigentliche Widerstand erst begann.[12] Des Antonius Vorbereitungen waren großartig; er schleppte einen Belagerungs- und Geschützpark auf 300 Wagen mit sich durch die Gebirge; und vielleicht hätte er trotz allem einen großen Erfolg gehabt, wäre nicht im gefahrvollen Augenblick der König von Armenien wortbrüchig von ihm abgefallen. Im Spätherbst gab es einen musterhaft geführten Rückzug; aber die Verluste waren sehr stark. Was nützte es, daß seine Soldaten ihn trotz allem liebten und verehrten und ihn in seiner Niedergeschlagenheit trösteten wie einen guten Kameraden?[13] In der Welt war der Eindruck des Mißerfolgs der ungünstigste. Das Ansehen des Octavian schnellte mit einem Male mächtig empor; vor allem fing von jetzt an Kleopatra an, den Antonius völlig zu beherrschen. Sein heller Glanz fing langsam an zu erblinden.

Das ägyptische Klima wirkte erschlaffend auf ihn wie auf so viele; auch brauchte seine Natur Vergnügen; er brauchte gleichsam immer gutes Wetter; und Kleopatra sorgte dafür. Sie war nicht eigentlich schön, aber das schlangenhaft Umstrickende, schwelgerisch Verführende ihres Wesens, ihre helle Klugheit, die unbeschreiblich verfeinerte Kultur und Anmut ihrer Verkehrsformen, das müssen wir glauben, machten sie so siegreich und unüberwindlich. Sie würfelte, so heißt es, und jagte mit ihm, trieb sich nachts als Page verkleidet mit ihm herum, wenn er ein bißchen die Leute foppte; und das Volk amüsierte sich mit. Er fischte auch gern. Kleopatra machte sich einmal den Spaß, viele Zuschauer zum Fischen zu laden, und als Antonius die Schnur ins Wasser wirft, läßt sie von Tauchern ein Stück geräucherten Tunfisch an dem Angelhaken befestigen. Er zieht hoch: ein ungeheures Gelächter entsteht. Kleopatra aber ruft: „Überlaß, o Antonius, unsern Strandleuten hier das Fischen; deine Sache ist es, Städte und König-

reiche zu angeln." Den Römern schien er zu galant gegen diese
Königin. Wenn Antonius Geld an seine Soldaten gab, sagte
er, das Geld komme von ihr. Beim Speisen pflegte er in An-
wesenheit der Gäste aufzustehen und ihr ein bißchen die Füße
zu frottieren, weil sie das so liebte. Auch über den Tafelluxus,
der da geherrscht haben soll, hielten sich die Römer auf. Aber
sie irrten sich. Einmal erhalten wir Einblick in die dortige
Hofküche; ein Koch Kleopatras hat das ausgeplaudert. Es
aßen bei Tisch nur zwölf Personen. Dafür wurden an einem
Tag acht wilde Schweine gebraten. Warum so viele? Nur deshalb, weil Antonius beständig mit der Tischzeit wechselte und
doch immer etwas fertig gebraten sein mußte. Aber nur Wild-
schwein: welche Einfachheit! Die Römer hätten ihren Lukull
fragen sollen, was Luxus ist. Hier darf dann auch die berühmte
Perle nicht fehlen, die Kleopatra in Wein aufgelöst haben soll,
um sie auf des Antonius Wohl zu trinken. Unsere Naturwissen-
schaft hat bezweifelt, daß dieser Hergang physikalisch möglich
sei.[16] Vielleicht wurde die Perle indes zerrieben und so pulve-
risiert im Wein hinabgespült. Jedenfalls aber haben wir so
manchen Klatsch, der den beiden angehängt wurde, mit größter
Vorsicht zu benutzen, und manches von dem, was ich darüber
mitgeteilt, ist danach zu beurteilen.

In den Jahren 35—33 strafte Antonius den treulosen König
von Armenien, führte ihn als Gefangenen mit sich fort und
rüstete langsam und mit größerer Vorsicht neue Unternehmungen gegen die Parther. Er war durchaus nicht untätig,
aber sein Blick ausschließlich nach dem Osten gerichtet. In
Rom wuchs indes die Mißstimmung gegen ihn, auch bei seinen
bisher zahlreichen Verehrern, und viele Freunde verließen
ihn. Die Kriegsstimmung wuchs. Man brachte dafür zum Teil
ganz alberne Gründe vor, wie z. B., daß Antonius bestimmt
hatte, im Todesfall in Alexandria begraben zu werden, oder
daß er die Gerichtsverhandlungen, die er leitete, unterbrochen
hatte, um Kleopatras Liebesbriefe zu lesen. Schlimmer war,

daß Octavia, die treugesinnte, den Antonius im Orient hatte aufsuchen wollen, und er hatte sie ohne weiteres zurückgeschickt (im Jahre 35); bald schrieb ihr Antonius endgültig den Scheidebrief (im Jahre 32). Vor allem: der Lebensplan des Antonius wurde jetzt aufgedeckt, und was man da hörte, konnte kein Römerherz dulden und überwinden: es war aber der übrigens durchaus vernünftige Plan, das römische Reich, das in der Tat viel zu groß war, zu teilen. Solche Teilung hat später vielleicht auch Mark Aurel beabsichtigt, Diocletian hat sie wirklich ausgeführt. Antonius wollte ein orientalisches Reich mit Alexandria als Hauptstadt. Der Orient ließ sich als Ganzes vortrefflich zusammenfassen, und Alexandria übertraf an Schönheit damals Rom bei weitem. Daher brauchte Antonius die Kleopatra; er konnte sie nicht entbehren. Es war eine Los-von-Rom-Bewegung. Die Quiriten am Tiber vergingen vor Ärger, als Antonius den König von Armenien gefangen einbrachte und seinen Triumphzug nicht in Rom, sondern in Alexandria hielt. Für ihn war Rom eben zum Ausland geworden, Alexandria seine Hauptstadt.

Der Orient brauchte Rom nicht, aber Rom brauchte den Orient. Italien wäre ohne den Osten verarmt und wirtschaftlich zugrunde gegangen. Das ist der tiefere Grund, weshalb Italien sich jetzt, da es etwas zu Kräften gekommen, gegen Antonius empörte. Octavian erklärte im Jahre 32 der Kleopatra den Krieg; und es kam zum letzten der großen Bürgerkriege, zum Zweikampf des Okzidents und Orients.

Antonius hatte schlechteres Soldatenmaterial. Die Masse allein tut es nicht, und er verlor die Übersicht über die Massen. Auch fehlten ihm Helfer und Ratgeber von Bedeutung und ein gutes Verwaltungspersonal. In Ägypten besorgten nach dem Herkommen Eunuchen und Freigelassene die Staatsgeschäfte. Unheilvoller noch war es, daß Kleopatra mit ins Hauptquartier kam. Aufs neue verließen ihn jetzt einige seiner alten Freunde, die er so dringend brauchte, und traten zum

Gegner über. Aber er ließ sich nicht erbittern und schickte ihnen noch ihr Gepäck nach. Auf einen Seesieg konnte er gleichwohl immer hoffen; denn er hatte 500 mächtige Galeeren vereinigt, die eine wunderherrliche Front bildeten.

So kam es nach langem Zaudern wirklich zur Schlacht. Es war bei dem Vorgebirge Actium im Adriatischen Meer an der epirotischen Küste, und zwar im Anfang September des Jahres 31. Daß Antonius es hier zur Schlacht kommen ließ, war durchaus nicht so töricht und planlos, wie manche glauben. Es verrät vielmehr den überlegenen Feldherrn. Denn des Octavian Landheer stand schon auf der Balkanhalbinsel. Gelang es ihm wirklich, des Octavian Flotte bei Actium zu vernichten, so hatte er auch jenes Landheer von Italien abgeschnitten; er konnte ihm den Zuzug rauben, es selbst zu vernichten suchen und sich Roms bemächtigen.

Im einzelnen aber fehlte es ohne Frage an Ordnung und klarer Disposition. Die kluge Kleopatra hatte inzwischen alles beobachtet; sie überschaute die Lage der Dinge und gewann die Überzeugung, daß die größeren Aussichten auf Erfolg bei ihrem Gegner waren. Da beging sie den schnödesten Verrat, um den Octavian für Ägypten günstig zu stimmen: sie floh plötzlich mit 60 Schiffen mitten aus der Schlacht aufs hohe Meer hinaus. Kaum nimmt Antonius dies wahr – er hatte sich auch schon vorher auffallend schlaff und kopflos gezeigt –, so wirft er sich in einen Schnellruderer und jagt ihr nach. Die kämpfende Flotte ist ohne Führer. Erst am Abend, als sie geschlagen sind, als ihre hochbordigen Schiffe in Flammen stehen, merken seine tapferen Mannschaften, daß Antonius, der Mann, für den sie kämpfen, fehlt.

So war Antonius. Er warf alles hin für das eine. Stumpf und öde, den Kopf in den Händen, jagt er drei bis fünf Tage lang mit ihr über das Meer. Als Flüchtling, ein vernichteter Mann, ist er wieder in seiner Hauptstadt. Durch Zerstreuungen und Festgelage sucht er sich mit ihr zu betäuben. Dann naht

Octavian. Antonius fordert Octavian zum Zweikampf. Umsonst. Es gilt die Stadt zu verteidigen: aber auch da verrät ihn das unselige Weib. Seine Schiffe, seine Truppen gehen sogleich zum Feinde über, und sie, sie ist schuld daran. Er rast. Er schäumt auf vor Wut. Da versteckt sie sich vor ihm in den Gewölben des königlichen Grabgebäudes. Er hört, sie habe sich dort getötet. Da hat er die Kraft nicht mehr, ihr zu grollen, ihr, der Circe, die ihn umgarnt, die das tapfere Männerblut in ihm vergiftet. „Ich habe nichts mehr, was mich im Leben hält," ruft er und fordert seinen ergebenen Waffendiener Eros auf, ihn zu töten. Eros zieht das Schwert, wendet sich um und tötet sich selbst. Da rafft Antonius das Eisen auf und stößt es sich in den Unterleib. Allein er stirbt nicht. Er fällt auf eine Bank und fleht die Anwesenden an, mit ihm ein Ende zu machen. Alle laufen davon, bis Kleopatra davon hört. Ein Hofbeamter Diomedes bringt Antonius noch lebend zu ihr ins Grab. Durch ein Fenster wird der noch Lebende zu ihr ins Gewölbe geschafft. Kleopatra selbst mit ihren Dienerinnen zieht das Seil, das ihn trägt. Er war blutüberströmt und reckte jammervoll sehnsüchtig die Hände nach ihr. Da versuchte sie ihm zu helfen, ihm Erleichterung zu verschaffen und nannte ihn schmeichelnd ihren Herrn und König. Sterbend riet er ihr, ihren Frieden mit Octavian zu machen und ihn selbst nicht zu beweinen, denn er sei groß und glücklich gewesen wie wenige, und es sei nicht unehrenhaft, daß ihn ein Römer besiegt habe. In der Tat, man kann sagen: nicht Octavian hat den Antonius besiegt; er erlag sich selber.

Die Hinterlist der Kleopatra aber war vergebens gewesen. Ägypten wurde für immer zum römischen Besitz, und sie erfuhr, Octavian wolle sie selbst greifen lassen und als glänzendstes Beutestück durch die Straßen führen. Da gab sie alle Hoffnung auf und wandte jetzt ihr Herz ganz dem Verstorbenen zu, den sie mit großem Prunk bestattete. Umsonst suchte Octavian ihr jede Möglichkeit, sich selbst zu töten, zu entziehen. Bald genug erhielt er von ihr einen Brief, in dem sie ihn bat, beim Antonius bestattet zu liegen. Da ahnte er, was geschehen.

Sie hatte am Morgen sich gebadet, dann in aller Pracht reichlich gefrühstückt. Dann brachte ein Mann vom Lande einen Korb voll Feigen in den Saal. Die an der Tür postierten römischen Aufpasser ließen den Korb ungeprüft an sich vorüber. Man vermutet, es lagen giftige Nattern unter den Feigen. Als man ins Gemach eindrang, fand man sie tot auf goldenem Lager, in königlicher Pracht und Schönheit. Die wirkliche Todesursache hat niemand sicher feststellen können. Als Octavian in Rom seinen Triumphzug hielt, ließ er das Bildnis der berühmten Frau mit herumfahren, und man sah da Kleopatra mit der Schlange. Und so steht die Sterbende auch heute vor unserer Phantasie; denn so hat sie Paolo Veronese gemalt. Sie war 39 Jahre alt.

Antonius hinterließ von den drei erwähnten Frauen Fulvia, Octavia und Kleopatra sieben Kinder. Drei schenkte ihm Kleopatra. Sechs Kinder nahm schließlich die gute Octavia an sich und erzog sie in Rom auf das treulichste. Das julische Haus, die Familie des Octavian selbst, hatte wenig Kindersegen; das Blut der Claudier und das Blut des Mark Anton war es, das statt dessen in der Kaiserfamilie, die Rom nunmehr beherrschte, in den nächsten achtzig Jahren weiterwirkte. Vor allem die beiden Antonien, die ausgezeichneten Töchter des Antonius und der Octavia, wurden durch die Heiraten, die sie eingingen, Stammütter im Kaiserhaus. Erklärt sich daher das Schwelgerische, gesetzlos Triebhafte in den Nachkommen, den Kaisern Caligula, Claudius und Nero? Aber Mark Anton selbst hatte großartige Taten aufzuweisen, und seine Ausschweifungen waren nichts als gewaltsame Erholung nach gewaltsamster Arbeit. Er hatte als Vollmensch sich selbst vergeudet, aber nicht nur im lachenden Taumel der Bacchanale, sondern auch in der Schlacht, im Tumult der Gasse, im Sturmgang der großen Weltgeschichte, die er gemacht. Nero und Caligula dagegen waren Nichtstuer und Ästheten, Menschen mit träge gewordenem Blut. Nicht die Tugenden, nur die Fehler haben sich in der Kaiserfamilie fortgeerbt und durch Vererbung gesteigert. Das war der Fluch der Erblichkeit der Monarchie. Diese Erblichkeit hat sich in Rom nicht bewährt.

Octavianus Augustus

Cäsar hatte die Monarchie in Rom begründet. Er hatte zwei Erben hinterlassen, einen geistigen Erben, Mark Anton, und einen rechtlichen, seinen Adoptivsohn Octavianus. Dem Octavian gelang es, Antonius zu beseitigen; er hat dadurch das sog. Kaisertum, die Erblichkeit des Namens Cäsar und die Herrschaft eines Einzigen im Reich endgültig gesichert. Octavian wurde 75 Jahre alt, er hat annähernd 56 Jahre regiert. Gewiß, auch er ist einer der ganz Großen in der römischen Geschichte; aber wie undramatisch ist sein Leben, wie anders sein Charakterkopf als der des leidenschaftlichen Mark Anton! Der Mann des Erfolges, allerdings, aber ein Pedant. Er streicht gelassen wie ein Kaufmann alle Ergebnisse der römischen Geschichte ein, zieht die Summe und nimmt das Ganze in Verwaltung. Aber man dankte ihm. Endlich, endlich hatte man Ruhe und Frieden, Geschäftssicherheit, Schlichtung aller Wirren nach den fürchterlichen sozialen Erschütterungen der letzten genau hundert Jahre, die wir von den Gracchen bis zu des Antonius Tod rechnen. Ein goldenes Jahrhundert schien für die Menschheit anzubrechen.

Gaïus Octavius — so hieß Octavian als Knabe — war im Jahre 63 geboren. Die Familie stammte aus einer Kleinstadt der näheren Umgegend Roms, Velitrae. Sein Vater, sein Großvater waren Bankiers. Vierjährig verliert er seinen Vater; allein der Hausgeist, der Sinn für das Geldgeschäft, ging auf ihn über. Übelmeinende munkelten, seine väterliche Familie stamme von einem Seilermeister ab, seine mütterliche gar von einem afrikanischen Parfümeriehändler. Erzogen wurde er nur von Frauen, seiner Mutter und Großmutter; er hatte auch nur Schwestern, keinen Bruder. Daher kam das Frühreife, das Herrische oder doch Herrschfähige, das er so früh zeigt; er war unter Weibern das einzige männliche Familienglied. Zwölfjährig hielt er eine öffentliche Leichenrede auf seine Großmutter Julia, durch die er mit Julius Cäsar verwandt war.

Herkunft und erstes Auftreten.

Julius Cäsar fing an, auf den ungewöhnlich verstandesbegabten Knaben acht zu geben, aber er hatte schwerlich Geschick im Umgang mit Jünglingen, die noch im Gymnasiastenalter stehen. Er schob den jungen Octavian nur, er erzog ihn nicht. Da ereilt Cäsar der Tod. In Cäsars Testament stand der junge 19jährige Octavius als Adoptivsohn und Haupterbe. Großartig ist die Entschlossenheit und Furchtlosigkeit, mit der da Octavian (denn er hieß jetzt Caesar Octavianus) in Rom erschien, um allen herrschenden Gewalten zum Trotz sein Erbe einzufordern. Nicht nur gegen den Senat und die Cäsarmörder, zugleich auch gegen den gewaltigen Mark Anton mußte er aufkommen. Im Museum des Vatikan steht heute der berühmte Marmorkopf des jungen Menschen: still und klug, fein und hinterhaltig ist da sein Ausdruck; die zäheste Entschlossenheit und Konsequenz, auch die Fähigkeit zu jeder Grausamkeit liegt in dem Gesicht. In der Tat, so war er.

Er fordert nun also energisch Cäsars Vermögen zurück, das Antonius in Beschlag genommen. Dem Antonius zum Trotz stellt er sich in der Gasse hin und hält Reden und Reden an den wüsten Pöbel, um für sich, den neuen jungen Cäsar, Stimmung zu machen. Antonius behauptete, von Octavian sei auf ihn ein Mordanschlag gemacht. Die Sache blieb unaufgeklärt; das war nichts Undenkbares.[1] Antonius holt sein Militär aus Süditalien, Brindisi, herbei. Sogleich wirft sich auch Octavian nach Süditalien und wirbt Soldaten an, und Cäsars Veteranen strömen ihm zu; er macht dem Antonius mehrere Legionen abspenstig. Antonius erkennt auf einmal in ihm den ebenbürtigen Nebenbuhler.

Dann näherte er sich Cicero. Für Cicero als den größten Schriftsteller Roms hatte Octavian tatsächlich die höchste Verehrung. Jetzt wickelt er den eitlen alten Herrn in Vertrauensbeweise ein; denn Cicero leitet eben jetzt den Senat. Gegen Antonius stützt sich Octavian also vorläufig auf den Senat und zieht demgemäß auch mit seinen Legionen gegen Antonius in die Po-Ebene der Lombardei, in den Krieg von Modena. Aber er zeigt sich dabei langsam, lässig, ohne eigentlich feige zu sein: merkwürdig unkriegerisch. Rom hatte noch keinen Feldherrn gehabt wie diesen. Sein Motto war: „Nur nichts übereilen" (speude bradéos)! Während dieses Feldzuges um Modena (im Jahr 43) läßt er Soldaten Soldaten sein und studiert in seinem Zelt seine mitgebrachten Bücher durch und übt sich im Deklamieren.² Aber sein politisches Ziel hatte er dabei ständig scharf im Auge. Er verstand abzuwarten.

So war sein Charakter. Er hatte die Natur zugleich des Bankiers und des Gelehrten, zugleich des Büchermenschen und des Operateurs. Ein guter Bankier wartet die günstige Konjunktur ab, still, kalt und nochmals kalt bis ans Herz hinan, sein Inneres verhüllend und ganz undurchsichtig. Wir können mit den Vergleichen noch fortfahren: er war wie ein Mathematiker, der seine Aufgabe still ausrechnet mit unendlicher Geduld, wie ein Naturforscher, der ein Insekt durch die Lupe studiert, wie ein Anatom, der den Frosch seziert und seine Zuckungen und Herzschläge mißt, endlich wie ein Chirurg, der seinen Schnitt kaltblütig ausführt; ohne starken Blutverlust ist der Schnitt nicht möglich; ist die Operation zu Ende, so stillt er das Blut, so gut es geht. Bei allem Blutvergießen fehlte dem Octavian jede urwüchsige Aufwallung, jede heroische Leidenschaft. Ein Vorsichtsrat: nichts ist bezeichnender, als daß dieser große Römer keine Rede hielt, die er nicht wörtlich vorher festgelegt hatte. Ja, sogar auf die wichtigeren Gespräche mit Livia, der Kaiserin, seiner Frau Gemahlin, bereitete er sich stets schriftlich vor und hielt das Konzept, wenn das Gespräch vor sich ging, in der Hand. Ebenso pedantisch war er mit seinen Briefen: er datierte jeden Brief genau, und zwar nicht nur mit Angabe des Tages, sondern auch der Stunde, in der er aufgesetzt war.

So erklärt sich die so beispiellos merkwürdige Veränderung in Octavians Auftreten: anfangs der grausame Henker der reichen Leute, ist er hernach der mildeste Friedensfürst. Es war nicht eigentlich eine Entwicklung seines Charakters; es war ein Systemwechsel.

Wir stehen im Jahre 43. Sobald die Umstände es ermöglichen, bricht Octavian mit Cicero und dem Senat, zieht mit seinem Heer rasch nach Rom und erzwingt dort, zwanzigjährig, seine Wahl zum Konsul. Dann macht er seinen Ausgleich mit Antonius und Lepidus, und es entsteht das Triumvirat des Jahres 43, das den Senat unterjocht und entmündigt und sich selbst offiziell und amtlich als Reichsregierung auftut. Und sogleich beginnen auch die Proskriptionen in Rom, die große Abschlachtung der reichen Leute, auf die man die Soldaten losließ. Trotz gegenteiliger Zeugnisse[3] glaube ich, daß der kaltsinnige Octavian dies politische Raubmordsystem zuerst ersann oder als notwendig erkannte. Jedenfalls war er der konsequenteste Henker. Antonius war durch Bitten leicht zu rühren; Octavian duldete keine Ausnahme. Er ließ sogar den Vormund seiner Kindheit Toranius unbegnadigt. Es schien ihn nicht zu rühren, wenn täglich bei ihm in Säcken die Köpfe der Geflüchteten eintrafen. Als alles vorbei war, sprach Lepidus im Senat sein Bedauern über das Geschehene aus; Octavian sagte dagegen kühl: „Jetzt wird ein Ende gemacht, aber ich behalte mir das Weitere vor." Es ist wenig erfreulich, an einzelne Szenen zu erinnern. Octavian hält eine Ansprache in einer Militärversammlung; ein Ritter mit Namen Pinarius ist anwesend und schreibt seine Worte nach; sogleich läßt er ihn als Spion niederstoßen. Ein Prätor Gallius (Prätor, also der zeitweilige Obergerichtspräsident) macht bei ihm Besuch und hat eine Schreibtafel unter dem Gewand. Octavian wartet, bis er wieder gegangen, dann läßt er ihm nachsetzen und unter der Anklage, er habe ein Messer unter dem Gewand getragen, durch Soldaten von seinem Richterstuhl herunterreißen und foltern; Gallius gesteht nichts und blendet sich selbst vor Verzweiflung. Danach wird er hingerichtet oder kommt sonst irgendwie um. Viele Geächtete suchten zu fliehen, und Sextus Pompejus, der mit seinen Schiffen an der Küste kreuzte, erwies sich als Helfer der Unglücklichen und nahm viele rettend auf.

Hier begegnet uns Sextus Pompejus, der Sohn des großen Pompejus, zum zweiten Male. Auch er war ein großer Mann, an Tatkraft und Unternehmungsgeist seinem berühmten Vater ebenbürtig, an Kühnheit ihm überlegen, aber verwildert und zum Piratenkönig entartet. Auf Sizilien, das bis heute so oft den Besitzer wechselte, so viele Schicksale gesehen, hatte er sich festgesetzt; von Sizilien aus beherrschte Sextus Pompejus das westliche Mittelmeer vollständig, ein vierter Machthaber neben den Triumvirn, und plünderte und schädigte den italienischen Handel auf das empfindlichste. Umsonst versuchte Octavian im Jahre 42 allein ohne Antonius ihn zu bekämpfen. Seine Unternehmung scheiterte kläglich.

Wie anders Antonius, der eben damals mit Wucht den beiden Cäsarmördern Brutus und Cassius in Mazedonien entgegenzog! Octavian folgte bald nach und zog hinterdrein. Er war sehr zart von Gesundheit und erkrankte eben damals. So kam es, daß er in der Schlacht bei Philippi von Brutus vollkommen geschlagen worden ist. Er hatte alles seinen Offizieren überlassen und war vor dem Feldlager spazieren gelaufen; denn das erforderte seine Diät. Da setzte feindliches Volk ihm nach, und er versteckte sich im Schilf.[4]

Mark Anton war es, den jetzt der ganze Weltkreis bewunderte, Octavian dagegen erschien als ein anmaßender Streber, der nichts leistete. Herzlos war sein Verfahren auch jetzt. Den vornehmen Leuten, die bei Philippi für Brutus und Cassius gekämpft hatten und die in seine Gewalt kamen, ging er ans Leben. Einer flehte: „Gönne mir nach dem Tode wenigstens ein ehrliches Begräbnis!" Octavian erwidert: „Dafür laß nur die Raubvögel sorgen." Von zwei Männern, die Vater und Sohn waren, will er einen schonen, aber so, daß sie darüber

Jugendlicher Augustus

unter sich losen sollen, wer am Leben bleibt. Der Vater wird darauf hingerichtet, der Sohn tötet sich selber.

Jetzt fiel ihm nun das Land Italien und die undankbare Aufgabe zu, die vielen entlassenen Soldaten in Italien zu versorgen. Selbst von den Veteranen des gemordeten Julius Cäsar waren noch Tausende unversorgt. Den gegebenen Versprechungen gemäß mußte Octavian daselbst über 300 000 Hektar Land durch Enteignung für sie freimachen. Und das geschah im Jahre 41 wirklich auf das rücksichtsloseste. Für das Militär geschah alles, die übrige Bevölkerung mußte dafür sich opfern. Bei Venusia in Süditalien so gut wie bei Cremona und an der Etsch geschahen die Landvermessungen, und Dichter wie Horaz, Vergil und Properz sagen uns, daß sie dabei kurzer Hand ihre väterliche Landstelle ohne allen Schadenersatz verloren haben; auch das Vieh, auch die Ackerknechte gingen mit an den neuen Besitzer über. Alle Deputationen der Landleute, die um Schonung flehten, nützten nichts.

Aber Fulvia, des Antonius energische Gattin, war im Land. Sie gönnte dem Octavian keine Art von Machtzuwachs, vor allem wollte sie die Grundbesitzer gegen ihn schützen und eröffnete mit Entschlossenheit den Aufstand gegen ihn. Lucius Antonius, der Bruder des Mark Anton, stand ihr dabei zur Seite und war noch hitzköpfiger als sie selbst. Es herrschten eben damals die wüstesten Zustände. Viele von den Landleuten, die man von ihrem Gutshof gejagt, taten sich als Straßenräuber auf. Keine Landstraße war vor Banditen sicher. Gleichzeitig blockierte Sextus Pompejus mit seiner Flotte die römischen Häfen, um die Hauptstadt selbst auszuhungern; und alles verlor den Kopf. Auch in Rom selbst ging das Rauben und Morden los. Alle Händler schlossen ihre Läden voll Angst. Handel und Wandel stand still. Octavian hatte dem Lucius Antonius anfangs bedeutende Zugeständnisse gemacht; denn er sah sich hilflos. Gegen Fulvia hielt er es für passend, Spottverse zu dichten, die wir noch besitzen und die an Unanständigkeit alles Denkbare übertreffen.

Er selbst wäre dieser Verhältnisse nie Herr geworden. Aber er fand einen Helfer, der hier zum erstenmal in die Geschichte eintritt: das ist Agrippa, Vipsanius Agrippa, ein Mann geringer Abkunft, aber sein Jugendfreund. In dem gleichaltrigen Agrippa fand der unschlagfertige Stubenmensch Octavian die eiserne Faust und das kraftvolle sichere Feldherrngenie, das ihn von jetzt an von Sieg zu Sieg führte. Lucius Antonius hatte sich in der herrlichen umbrischen Bergfeste Perugia festgesetzt, Perugia, das von seinem hohen Berge nach Florenz zu in die wundervolle toskanische Ebene blickt. Agrippa schloß den Gegner dort ein, verhinderte jeden Entsatz. Der Hunger kam. Die Stadt fiel. Fulvia floh aus Italien. Der Eindruck, die Enttäuschung war ungeheuer. Auf einmal war des Mark Anton bisher so gewaltiger Einfluß in Italien tief gesunken. Octavian war mit einemmal Herr in Italien geworden. Es war das Jahr 40. Aber er wollte ein Beispiel statuieren, daran man noch in Jahrhunderten zurückdenken sollte: die Stadt Perugia wurde nicht nur eingeäschert und vollständig zerstört, sondern alle Zivilpersonen besseren Standes mußten über die Klinge springen: ein abscheuliches Blutbad. Man erzählt: Dreihundert von ihnen ließ Octavian nach Rom schleppen und dort am Altar des Julius Cäsar, den man inzwischen zum Gott erhoben, hinschlachten, und zwar an dem verhängnisvollen Gedenktag, den Iden des März. Aus diesen Tagen stammt des Octavian unerbittliches, eiskaltes Wort moriendum est: „sterben sollt ihr."

Wut, Haß und Ingrimm zuckt durch ganz Italien. Was wollte dieser junge Tyrann, der noch nichts für das Land getan und seiner Zwingherrschaft ein Blutopfer nach dem anderen brachte? Man schrie nach Sextus Pompejus. Das war des besten Mannes Sohn. Lieber sollte Sextus Pompejus in Italien herrschen als dieser Octavian! Dann würden die Blockaden, Hunger und Elend aufhören. Die Zukunftsaussichten dieses Piratenkönigs wuchsen gewaltig. In einem feierlichen Vertrag wurde er jetzt von den Triumvirn als ebenbürtige vierte Macht anerkannt. Im geheimen aber rüstete Octavian schon gegen ihn. Agrippa war schon am Werk. Eine neue Flotte wurde gebaut: es waren die Dreadnoughts jener Zeit, Schiffe, die Türme und große Geschütze trugen. Ein neuer weiter Kriegshafen wurde bei Bajä geschaffen, indem Agrippa das offene Meer mit dem Lukriner See verband. Im Jahr 36 verliert dann Pompejus die beiden Seeschlachten bei Mylae und Naulochos (hart bei Messina) und flieht in den Orient. Der Erfolg dieser Schlachten ging über alle Berechnung. Denn jetzt glaubte der träge Lepidus, der Dritte im Dreibund, der in Afrika herrschte, begehrlich sich melden zu können und wollte Sizilien für sich in Beschlag nehmen. Aber siehe da! Des Lepidus sämtliche Truppen, die er mitgebracht, gingen frisch und fröhlich zu Octavian über. Lepidus wurde wegkomplimentiert. Er mußte für immer in dem Nest Circeji hausen; und Octavian beherrscht jetzt auf einmal nicht nur Italien, sondern auch Afrika, ja, den ganzen weiten Westen. Von jetzt an standen sich in der Welt Antonius und Octavian allein gegenüber. Des Octavian Verhalten im Krieg selbst aber blieb unrühmlich wie immer, so daß Mark Anton laut darüber seine Witze machte. So oft er allein den Befehl führt, wird er geschlagen; und unmittelbar vor der Entscheidungsschlacht bei Mylae schlief Octavian so fest, daß man ihn wecken mußte, damit das Signal zur Eröffnung des Kampfes gegeben werden konnte.

Aber so schwächlich im Kriegshandwerk, so folgerichtig und unbeugsam vordringend war er in seiner Politik. Seine Pläne richteten sich jetzt aggressiv gegen Antonius. Die Anlässe zum Hader mit ihm mehrten sich. Als er sich genug gerüstet weiß, beginnt Octavian den letzten großen Bürgerkrieg. In der Schlacht bei Actium ist es wieder Agrippa, der für ihn siegt. Die Schlacht war allerdings eigentlich, wie wir schon wissen, nur ein Scheingefecht, das aber doch so lange hinein bis in den Abend währte, daß Octavian in der Nacht darauf auf seinem

Kriegsschiff übernachten muß. Das war ihm unbequem. Beiläufig ist dies in der ganzen antiken Kriegsgeschichte die letzte große Seeschlacht gewesen. Seit dem Jahre 31 war Friede in der Welt; auf der See für immer. Es befriedigt darum unsere Phantasie, daß gerade die Schlacht bei Actium von den Dichtern der Zeit in wundervollen Gesängen, die uns vorliegen, in den höchsten Tönen gefeiert wurde. Gott Apoll selbst erschien, heißt es, auf Deck und sandte seinen klingenden Pfeil von goldenem Bogen in den Feind. Julius Cäsar, der verstorbene, thronte auf einem Stern in der Höhe und sah aus dem Himmel segnend dem Kampfe zu.

Octavian selbst war körperlich todmüde. Nach der Eroberung Ägyptens hat er überhaupt keine Waffe mehr mit seiner Hand berührt; das Schwert entfiel ihm im eigentlichsten Wortsinn. Er vertrug auch das Reiten nicht mehr. Der 32jährige spielte nur noch Ball, wenn er Bewegung brauchte (ein beliebter Sport für alte Herren in Rom), und er rannte spazieren, wie es die Gelehrten tun, wenn sie sich überarbeitet fühlen.

Dieser klügste und kühlste der Männer war nun Herr der Welt, der erste eigentliche römische Kaiser, und das Wunder ist, daß er das Reich in den langen Jahren von 31 vor Chr. bis 14 nach Chr. auf das segensreichste regiert hat. Er wurde der Schöpfer einer neuen Weltära. Es lohnt, ihn etwas näher zu betrachten.

Er war eine auffallende Männerschönheit, dunkelblond[5], im Wuchs ziemlich klein und durchaus nicht stattlich; aber das wurde aufgewogen durch das Ebenmaß der Glieder. Anmutig seine Bewegungen; der Klang seines Organs beim Reden eigenartig lieblich. Aber in der Tracht war er nachlässig wie jeder Gelehrte, hatte auch schlechte Zähne, kämmte sich nicht ordentlich, und sein Raseur geriet in Verzweiflung, wenn er während des Bartscherens las oder gar schrieb. Trotzdem wußte er sich Haltung zu geben: sein Gesichtsausdruck war gleichmäßig still und heiter, und seine leuchtenden Augen fielen auf durch wunderbaren Glanz; er meinte selbst, es sei ein göttlicher Schimmer darin; er hatte das im Spiegel entdeckt und freute sich, wenn die Leute seinen Blick nicht aushalten konnten.

So war er denn auch ein Sieger über Frauen: die einzige Eigenschaft, die er von dem großen Julius Cäsar geerbt hatte; auch er leitete sein Geschlecht von Venus her; auch er war Ehebrecher von Beruf. Seine ersten beiden Ehen löste er früh wieder auf. Übrigens erhalten wir eine regelrechte Leporelloliste von außerehelichen Beziehungen: Tertulla, Terentilla, Rufilla, Salvia und wie sie heißen. Zu seiner Rechtfertigung wurde vorgebracht, er habe bei diesen Damen nur die politischen Ansichten ihrer Gatten auskundschaften wollen. Aber auch die Ehe seines nützlichsten Freundes, des Mäcenas, hat er durch Liebeleien unglücklich gemacht, und als Octavian längst mit seiner Livia intim verheiratet war, mußte Livia selbst ihm junge Personen zuführen, um sein Abwechslungsbedürfnis zu befriedigen.[6] Ein wirkliches seelisches Interesse, ein Herzenserlebnis lag nirgends vor.

Livia selbst war anerkanntermaßen ein Stern ersten Grades in der Frauenwelt, zur Zeit der Hochzeit zwanzigjährig, dazu überlegen geschäftsklug wie wenige ihres Geschlechts, so daß Octavian sie sich zur Mitherrscherin, Beraterin und gleichsam zum Geschäftsteilhaber heranzog. Groben Anstoß aber gab die Hochzeit selbst. Denn diese junge Schönheit war schon mit Tiberius Claudius Nero vermählt, hatte schon einen Sohn (das war der nachmalige Kaiser Tiberius) und erwartete eben jetzt ein zweites Kind, als ihr Gatte sie dem Octavian überließ. Bei der Hochzeit war jener Claudius Nero selbst zugegen und übergab sie ihm so persönlich. Man höhnte, man verdrehte die Augen vor Entsetzen. Solch ein Skandal war selbst in Rom unerhört.

Seit dem Jahre 40 aber hatte Octavian in seinem politischen Gebaren eine ganz auffällige Schwenkung gemacht. Sie trat ganz plötzlich ein, und man traute seinen Sinnen nicht. Als die Greuelszenen von Perugia vorüber, war er auf einmal ein

leutseliger Menschenfreund, human und milde, und kein Bluts-
tropfen wurde mehr widerrechtlich von ihm vergossen. Die
Sache ist psychologisch höchst merkwürdig, ein Problem, aber
kein Rätsel. Es war, wie schon gesagt, System darin. Der
große Arzt und Operateur hatte nun genug Blut vergossen,
der große Schnitt schien geglückt. Die Genesung sollte jetzt
einsetzen, die Wunde vernarben, das Reich und die Gesellschaft
bei guter Pflege wieder gesund werden. Der Umschwung muß
ganz plötzlich über Nacht in ihm erfolgt sein. Er kannte natürlich jede Zeile in Ciceros Schriften, des großen Wortführers
der Zeitideale, der die Theorie vom besten Staat vorgetragen
hatte als ein Gedankenerbe der Scipionenzeit. Es kann darüber
kein Zweifel bestehen, daß Octavian eben jetzt, wo er den Plan
faßte, den römischen Staat neu zu gestalten, auf den einzigen
Autor zurückgriff, der ihm dazu Anleitung bot. Aber nicht nur
Ciceros Bücher über die beste Form des römischen Staats
gewannen Macht über ihn, sondern auch Ciceros noch eindring-
licheres Werk über die Pflichten (de officiis), in welchem alle
Idealpflichten des Bürgers wie des Herrschers standen. Kaum
hatte Octavian im Jahre 29 seinen glänzenden Triumphaleinzug in Rom gehalten, der sich durch drei Tage hinzog, so
ging er an das schwere Verfassungswerk, indem er das despo-
tische System Julius Cäsars, dessen geistiger Erbe Mark Anton
war, verwarf. Er wollte die bestmögliche Staatsform herstellen, optimi status auctor sein.[7] Freilich war er gerade in
dieser Zeit wieder schwer krank, so daß er ernstlich daran dachte,
ganz ins Privatleben zurückzukehren. Er glaubte schwerlich an
ein langes Leben.

Mit den Massen Geldes, die er in Ägypten erbeutet, tilgte
er zunächst die Staatsschulden, entschädigte die italischen Guts-
besitzer, sorgte endgültig für die Altersversorgung von zirka
100 000 Soldaten, die in all den letzten Kriegen Dienst getan.
Ägypten blieb das spezielle Kronland der Kaiser, aus dem sie
für ihre kaiserliche Schatulle die Reichtümer zogen.

Systemwechsel. Liberale Reichsverfassung.

Was die Verfassung selbst betrifft, so wurden drei Gewalten nebeneinander gestellt; das Volk behielt noch das Recht, die Beamten zu wählen und über Gesetze abzustimmen, der Senat blieb als wirkliches Regierungsorgan in voller Wirksamkeit; denn der Monarch braucht Helfer, und nur der senatorische Adel, so schien es, konnte sie ihm bieten. Diese Monarchie war also eine konstitutionelle Monarchie. Ciceros Motto: „Alle Bürger gleich frei, doch einer an Würde der erste" (libertate omnes pares, dignitate unus princeps, aus den Philippica) sollte gelten. Das heißt: die Gesinnung des Pompejus Magnus kommt darin zur Herrschaft, welcher Pompejus in dieser Weise im Jahre 52 für kurze Zeit die Reichsverwaltung als Präsident der Republik[8] wirklich geführt hatte. In dieser freiheitlichen Verfassung siegte also jetzt Pompejus über Cäsar; daher wird auch in der Literatur dieser Zeiten (bei Livius sowie späterhin bei Lucan) Pompejus verherrlicht, Cäsar verurteilt.

Der Senat zeigte sich nun aber gar nicht mehr regierungsfähig, und Octavian mußte von neuem gewaltsam eingreifen. Der Senat war damals ein Monstrum von mehr als tausend Mitgliedern geworden, und die niedrigsten Subjekte waren darin eingedrungen. Zweimal sorgte Octavian für rücksichtslose Ausstoßung aller faulen Elemente. Das war aber aufregend. Er glaubte, man werde ihn dabei ermorden, wie einst den Julius Cäsar, und trug in der entscheidenden Sitzung einen Panzer unter der Toga, und zehn handfeste Freunde mußten ihn umstehen. Manchem verarmten Senator half Octavian übrigens auch auf das liberalste mit Geld aus. So, hoffte er, würde nun dieser Regierungskörper der Reichsverwaltung, wie einst in der Zeit des Freistaats, gewachsen sein. Die Staatskasse, das „Ärar", blieb darum in Händen des Senats, und der persönliche kaiserliche „Fiskus" wurde durchaus davon gesondert. Hübsch ist zu hören, daß die jungen Senatorensöhne womöglich schon 15jährig als Zuhörer an den Sitzungen teilnehmen sollten (eine politische Jugenderziehung, wie wir sie heute gleichfalls anstreben). Dazu kommt eine Verfrühung des vorschriftsmäßigen Amtsalters für die höhere Beamtenlaufbahn sowie für das Richteramt: es beginnt jetzt schon mit dem fünfundzwanzigsten Lebensjahr, fünf Jahre früher als bisher. Octavian dachte bei dieser Verfügung offenbar daran zurück, daß er selbst schon 19jährig als Politiker aufgetreten, schon 20jährig Konsul geworden war.

Und die monarchische Gewalt endlich, worin bestand sie? wie wurde sie umgrenzt? Der Machthaber ließ sich für „sakrosankt" oder unverletzlich erklären; außerdem hieß er nur einfach princeps, d. i. erster Bürger oder Präsident. Hierzu kommt, daß er dauernd mehrere der Staatsämter übernahm, wie das Konsulat. Das Heerwesen war ihm unterstellt; daher hieß er auch dauernd imperator. Später ließ er sich dann auch zum Oberhaupt in geistlichen Dingen, zum pontifex maximus machen, und so wurde der römische Kaiser der Papst des Heidentums und blieb es, bis das christliche Papsttum das heidnische ablöste.

Im Januar 27 war dies große Reformwerk fertig, das unter anderem auch Seneca, der größte politische Denker der späteren Zeit, ausdrücklich mit den Worten gebilligt hat: „es war sinnlos, den alten Freistaat wieder herstellen zu wollen, da die alten Sitten verloren waren."[9] Da suchte der dankbare Senat nach einem neuen Ehrentitel, und Octavian erhielt den Namen Augustus, d. h. der Geheiligte und in Frömmigkeit zu Verehrende. So steht Octavian seit dem Jahre 27 als Augustus im Buch der Geschichte. Eine liberale Monarchie war es, die der feine Rechenkünstler — mit Hilfe seines noch feineren Beraters, des Mäcenas — langsam überlegend hergestellt hatte, um damit dem furchtbar erschütterten, blutgetränkten Erdkreis Friede, Freiheit, Hoffnung und Freude am Dasein wiederzugeben.

Aber er hatte sich verrechnet, und schon vier Jahre später, im Jahre 23, mußte er die Verfassung in strafferem monarchischem Sinn abändern. Denn der Senat entsprach den Erwartungen auch jetzt nicht. Die Aristokratie war zu sehr heruntergekommen. Die reichen Magnaten wollten nur noch dem Luxus leben, oder sie trieben Kunst, wie Mäcen, oder wurden gar fromm und verfielen der religiösen Propaganda; der Regent mochte allein alle Sorge und Verantwortung tragen; sie schüttelten nach Möglichkeit alles von sich ab. Eine persische Gesandtschaft kam mit wichtigen Anträgen nach Rom. Wer sollte sie empfangen? Augustus wies sie an den Senat, der Senat aber wies sie an Augustus zurück. Das war bequem; aber damit gab der Senat die auswärtige Politik, einen so wichtigen Teil der Gewalt, selbst aus der Hand.

Von jetzt ab steigert Augustus das Schwergewicht seiner persönlichen Macht, indem er dasselbe in das Reich außer Italien, in die Provinzen verlegt, von denen die wichtigsten der Aufsicht des Senats ganz entzogen werden (einige Provinzialländer, die keine Gefahr zu bieten schienen, behielt der Senat in Verwaltung). In jenen ist der Kaiser jetzt absoluter Herr, da er allein die Statthalter ernennt und beaufsichtigt. Seine höheren Beamten nimmt er jetzt, wie er will, auch aus nichtsenatorischen Kreisen. So zentralisiert sich das Reich erheblich, und die unbeschränkte Monarchie bereitet sich damit vor. Daher übernimmt Augustus jetzt auch die „tribunicische Gewalt" auf Lebenszeit. Das hatte auch Julius Cäsar getan. Auf die Prinzipien Julius Cäsars wird jetzt eingelenkt, zur Durchführung aber kamen sie auch jetzt keineswegs.[10]

Als man Augustus huldigend „Vater des Vaterlandes" nannte, da weinte er vor Freude (Tränen, Tränen in des Würgers Blicken?); als ihm aber das Volk gar den Titel „Diktator" aufgedrängt hatte, stürzte er sich auf die Knie, riß sich die Toga herunter und entblößte die Brust, indem er flehte, ihm den mißliebigen Titel zu ersparen. Das war eigentlich die einzige leidenschaftliche Szene seines Lebens.

Äußerlich trat er, wie Pompejus, nur als schlichter Bürger,

auf; ja, er betonte das. Sein Wohnhaus auf dem Palatin war herausfordernd bescheiden: kein Stück Marmor darin, keine schönen Mosaiken. Vierzig Jahre lange schlief der Herr immer in demselben ungünstigen Schlafzimmer, das im Winter für seine empfindliche Natur durchaus unzuträglich war. Auch sein Essen sehr frugal: Brot zweiter Qualität, Handkäse und Feigen und kleine Tiberfische. Auch dem Wein sprach er nur mit Vorsicht zu, fast Antialkoholiker. Bei Gesellschaften ließ er freilich drei bis sechs Gänge auftragen. Da ließ sich leben. Seine Möbel wurden nach seinem Tode wie die Spazierstöcke Friedrichs des Großen sorgfältig aufbewahrt, aber man staunte, wie schlicht das alles. Zum großen Schenkfest im Dezember (unserm Weihnachten) verteilte er mitunter ganz fürstliche Gaben, oft aber auch, ziemlich lumpig, nur Schwämme, Feuerzangen und Ofenhaken und Bettvorleger aus Ziegenhaar. Auch Statuenschmuck gab es nicht im Haus. Seine Villa auf Capri hatte er mit interessanten Fossilien, Mammutsknochen, die er gesammelt, ausgeziert.

So nun auch sein öffentliches Auftreten. An Kroninsignien dachte er nicht. Nie gab es auch in Rom große Paraden, Galaausfahrten, Hofbälle, Militärkonzerte und Zapfenstreich, überhaupt gar kein Hofleben. Beim Reisen kam Augustus absichtlich immer nur frühmorgens oder spät im Abenddunkel in die Provinzialstädte, damit man ja kein Aufhebens mache: also keine Fahnen wurden ausgehängt; keine Illuminationen; keine Schulkinder mit Blumen an den Straßen. In der Hauptstadt schob er zu Fuß über die Straße, wie jeder andere, oder im Tragstuhl mit offener Klappe, so daß er für jeden Gruß zugänglich war. Bittschriften nahm er dabei gern persönlich in Empfang. Einmal getraute sich einer nicht recht, ihm sein Schriftstück darzureichen. Da sagte der leutselige Herr: „Du gibst mir das Ding ja so, als wäre ich ein Elefant, dem du eine Brotschnitte in den Rüssel stecken solltest." So auch bei den Volkswahlen: selbst kam er an die Wahlurne und gab seine

Stimme mit ab. Bei allgemeinem Wahlrecht soll eben auch der Kaiser wählen. Ebenso trat er vor den Geschworenen ruhig mit unter den Zeugen auf. Besuche erwiderte er umgehend, und während vor Julius Cäsar der Senat sich erhob, mußten die Senatoren, wenn Augustus eintrat und ebenso, wenn er den Saal verließ, ruhig sitzen bleiben.

Unscheinbar also für seine Person, wie ein echter Gelehrter, liebte Augustus nun aber die königlichste Pracht und Verschwendung, wo es sich um öffentliche Bauten und Dinge der Volkswohlfahrt handelte. In Ägypten waren die Nilwasserkanäle, die zur Befruchtung der Äcker dienten, vollständig verschlammt; Augustus ließ sie gleich im Beginn seiner Herrschaft neu regulieren. Agrippa mußte Südfrankreich mit Wasserleitungen versorgen: von Agrippa stammt der Pont du Gare in der Provence. So gab es nun auch in Italien Wasserleitungen; dazu kam die Tiberregulierung, Einführung einer Polizei, des Instituts der Nachtwächter und Feuerwehr, die Durchführung der Meilensteine an den Straßen und damit auch der Meilenzählung; eine Reichsvermessung und zuverlässige Landkarte des Reichs; eine Volkszählung im Reich. Dazu weiter die Wohltätigkeit: die sog. Congiarien, große Spenden von Geld oder Nahrungsmitteln ans Volk, an jeden Haushaltungsvorstand; dazu die Fürsorge für Unmündige und Geisteskranke. Viele Kinder ließ Augustus in seinem Palast mit seinen eigenen Enkeln zusammen erziehen; in seinem Palast hielt ein berühmter Gelehrter, Verrius Flaccus, Kinderschule.

Dann aber die Hebung der Gottesdienste und der Religiosität. Die Stadt war ganz verwildert; verfallene Heiligtümer sah man an allen Ecken Roms. Zweiundachtzig Gotteshäuser hat Augustus wieder hergestellt; ebenso auch alte Kulte neu belebt, wie die Verehrung der Laren. Die zwei Laren, kleine Götterfiguren in tanzender Stellung, wurden da, wo sich die Wege kreuzten, aufgestellt und mußten zweimal im Jahre, im Lenz und im Hochsommer, bekränzt werden. Denn diese

Laren schützten nicht nur Haus und Feld, sondern auch den Wanderer und den Reisenden. Großartiger als alles das die Neubauten: durch sie wurde das backsteinerne Rom jetzt zu einer Marmorstadt. Wie Wahrzeichen jener Zeit ragen noch heut die drei hohen Säulen der Castoren auf dem Ruinenfeld des alten Forums (wohl dem, der sie dort im Mondschein vergoldet gesehen hat!), ragen noch heut die Säulen des Mars-Ultor-Tempels an der Via Bonella nahe der Trajanssäule und stimmen jeden, der altertumsdurstig nach Rom pilgert, zur Andacht. So stellte Augustus auch auf den Palatin den vielbesungenen Apollotempel mit der öffentlichen Bibliothek: es ist der Tempel, der unter der Villa Mills verschüttet lag und dessen Ausgrabung immer noch nicht vollendet ist. Weiterhin aber — und Agrippa trat dabei wetteifernd als Bauherr neben dem Kaiser auf — draußen auf dem Marsfeld die größte Rotunde, das Allgötterhaus des Pantheon mit den Thermen des Agrippa, der Neptuntempel (heute die Börse Roms), das mächtige Theater des Marcellus usf. Welche Herrlichkeit! welche Kühnheit der Konstruktionen! Denn die gewaltigsten Größenmaße kamen dabei zur Anwendung. Und endlich die schattigen, gedeckten Promenadengänge, die man Porticus nennt und die meilenlang durch die Quartiere geschlagen wurden, vollgefüllt mit den Originalwerken griechischer Meister der Bildhauerkunst: kostbar und sehenswert. Rom genas. Rom war verjüngt. Rom freute sich seines Glanzes, wennschon es ein erborgter Glanz war; denn die griechische Kunst schmückte die Stadt.

Echter war dagegen die Poesie, die Blüte der augusteischen Dichtkunst, die sich gleichfalls gerade jetzt aufgetan und erschlossen hatte; denn sie war echt lateinisch und nicht griechisch. Diesem durchaus prosaischen Herrscher Augustus war es beschieden, die besten Poeten Roms zu erleben, Vergil, Horaz, Properz, Ovid; sie priesen den Octavian einmütig als den göttlichen Mann, der das goldene Zeitalter verwirklicht habe, und der Nüchterne sah sich von einer Glorie umgeben, die ihm damals seltsam zu Gesichte stand, die aber für immer an ihm hängen geblieben ist.

Dieselben Dichter feierten aber zugleich auch die Ruhmestaten der freien Republik, die Zeiten der Scipionen und Meteller, ja, den freien Tod des Cato in Utica: eine Tendenz, die damals auch der große Geschichtschreiber Livius verfolgte. Aber das war kein Gegensatz. Denn Augustus selbst war ebenso gesonnen. Augustus schuf damals das Vorbild zu der vielgeschmähten Siegesallee in Berlin. Er stellte auf dem Augustusforum, das er neu schuf, „als Vorbild für künftige Geschlechter", wie er sagte, die Statuen sämtlicher Helden der freien Republik auf; sie standen (wie die Fürstenbilder in Berlin) reihenweise, aber in Wandnischen, mit Inschriften darunter, worauf ihre Taten verzeichnet standen, zum Auswendiglernen für die Passanten.

Augustus' Gesundheit hatte sich etwas gestärkt, und zwar durch eine Kaltwasserkur, die ihm sein Leibarzt Antonius Musa empfahl. Sofort brauchten natürlich alle Leute in Rom Kaltwasserkuren, auch der voraussichtliche Thronfolger Marcellus. Aber sie bekamen nicht jedem, und Marcellus starb. Übrigens war Augustus grenzenlos tätig und beschäftigt; seine Stiefel mußten zum Ausgehen immer bereit stehen, und wenn er sich Erholung gönnte, war sie möglichst trivial. Er schwang den Würfelbecher mit Leidenschaft und gewann dabei immer (es ging augenscheinlich oft um hohe Summen). Viele kleine Kinder hatte er sich gekauft; die ließ er sich oft holen und spielte dann mit ihnen Nüsse werfen. Auch Boxer ließ er sich gern kommen, die vor ihm ganze Schlachten liefern mußten. Dann aber das Theater; Augustus hat eine damals ganz neue Kunstgattung, das Ballett, im Theater zur Herrschaft gebracht; das war der hochkünstlerische, aber stark lüsterne Pantomimus. Daran ergötzte sich das feinere Publikum; die Tierhetzen und blutigen Fechterspiele dagegen waren für das Volk der Gasse;

die wirklich Gebildeten blieben da weg; Augustus aber war es, der diese großen Sensationen zum unaufhörlichen Zeitvertreib der Volksmassen machte, des Volkes, das jetzt nicht nur sein Brot, sondern auch sein Festspiel gratis vom Staat fordert. Man muß gestehen: das war nichts Gutes. Einmal ließ er auch vor der Stadt künstlich einen See graben und gab da eine Seeschlacht, eine Naumachie zum besten. Denn die Römer wollten auch einmal die Schlacht bei Actium selber sehen. Das ganze Volk strömte dazu aus den Toren, eine wahre Auswanderung, und eine beträchtliche Polizeimannschaft mußte die leere Hauptstadt hüten, damit die Banditen nicht indessen alle Läden und Banken ausplünderten.

So schien in der augusteischen Zeit alles sorgenlos heiter, köstlich herzerhebend und schattenlos sonnenhaft, als wären die Götter selber erschienen und schritten durch Länder und Städte, und der Segen sproß, wohin sie wandelten. Aber das Unglück erfaßte trotzdem diesen glücklichsten der Cäsaren mitten im Glück, und in dem Werk, das er vollendet hatte, schlummerte der Keim des Mißlingens und der Zerstörung. Und daran war die wüste Entsittlichung in der Hauptstadt schuld und der unbändige, hirnlose Luxustrieb, der die wohlhabende Klasse damals ergriffen hatte. Es war nur noch ein gebrochenes Geschlecht. Daher hatte niemand mehr Lust, große politische Pflichten auf sich zu nehmen. Auch vom Militärdienst drückte man sich, wie man konnte. Das Schlimmste der Verfall der Ehe, die kinderlosen Häuser. Daher die grausam harte Ehegesetzgebung des Kaisers, die allen unvermählten Männern das Recht zu erben vollständig entzog. Man begreift, daß diese Ehegesetze einen Riesentumult zur Folge hatten, und zwar im Theater, wo Augustus sich gern zeigte. Noch vergeblicher als dies war aber die Verbreitung edler Moralschriften, die Augustus planvoll betrieb. Wozu gab es die vielen guten Bücher? Man sollte endlich auch danach leben! Hebung der Sittlichkeit! In der Tat, die Zeit lechzte nach moralischer Genesung. Daher gerade damals unter des

Augustus Regierung das Auftreten Johannes des Täufers in Palästina und die Geburt des Christentums. Diese Bestrebungen am Tiber und am Jordan waren gleichzeitig. Und Augustus rang selbst ehrlich danach, sich und seine Familie auf ein sittlich höheres Niveau zu stellen. Dieser Mann ist ein wertvolles Beispiel für den Satz, daß große Pflichten den Menschen erziehen und ein hohes Amt ihn selbst mit hebt und reinigt. Seine herzlos brutalen Triebe hat Augustus als älterer Mann in erstaunlichem Grade überwunden, und die Humanität, die da fast jede seiner Handlungen zeigte, macht durchaus den Eindruck, daß sie echt und innerliches Eigentum geworden war.

Nun aber erlebte er die Schrecknisse des Sittenverfalls am eigenen Fleisch und Blut. Julia, sein einziges Kind, das ihm einst seine zweite Frau, Scribonia, gegeben, Julia, dies wundervoll rassig geniale, blendende Weib, war mit dem nächsten Freunde, dem Feldherrn Agrippa, vermählt. Alle Hoffnung stand auf dieser Ehe. In ihr aber erwachte das großherrlich üppige Machtgefühl der Kaisertochter, das Gefühl, über Gut und Böse zu stehen, und sie lebte triebhaft sittenlos, zügellos, schamlos, zeigte sich im Schwarm ihrer Galans frech und offen. Der Skandal, an öffentlicher Stätte, war so unerhört groß, daß Augustus diese Tochter, die er mit zärtlicher Nachsicht umgeben hatte, als Verbrecherin richten, strafen, verstoßen mußte. Dabei war ihr bevorzugter Liebhaber einer der Söhne des Mark Anton gewesen, und dieser junge Antonius hatte gar einen Mordanschlag auf den Kaiser geplant. So rächte sich des Augustus eigenes lockeres Jugendleben schließlich an ihm selber.

Das Unglück aber ging weiter. Fünf Enkelkinder hatte ihm Julia gegeben; darunter war ein geistig unnormaler Sohn, Agrippa, aber zwei gut beanlagte Knaben, Gaïus und Lucius. Augustus, um Nachfolge im Regiment besorgt, adoptierte diese Enkel; sie wurden also seine Kinder; er kaufte sie geradezu dem Schwiegersohn Agrippa ab und liebte sie, soweit er lieben konnte; er liebte sie gleichsam systematisch, gab ihnen selbst

Rechenstunde und Lesestunde, hatte sie immer um sich, ließ sie auf Reisen neben sich herreiten. Aber die Jungen entwickelten sich nicht sehr günstig, und plötzlich, in den Jahren 2 und 4 nach Chr. starben sie beide. Der Schlag erschütterte ihn sehr. Im Publikum hieß es gar, Livia habe die Jünglinge vergiften lassen. So starben aber auch des Augustus alte Freunde und Helfer, Agrippa, Mäcenas, so starben auch die besten der Dichter, die ich nannte und die sein Zeitalter verschönten, lange vor ihm weg. Der Hochbetagte wurde immer einsamer und hatte sich nunmehr mit Livias beiden Söhnen abzufinden, mit seinen Stiefsöhnen Tiberius und Drusus, bis auch Drusus, der weit sympathischer als Tiberius war, nur allzu früh starb (9 vor Chr.). In den letzten zweiundzwanzig Jahren seines Lebens sah sich der müde Herrscher mit Livia und dem düster verschlossenen Tiberius allein. Aber erst im Jahre 4 nach Chr. hat er den Tiberius als Mitregenten nahe zu sich herangezogen.

Dazu kam noch politisches Unheil. Augustus hat sonst wenig Kriege geführt; denn die auswärtigen Völkerschaften suchten mit dem jetzt scheinbar so mächtigen Kaiserreich ihren Frieden; so vor allem auch die Parther (im Jahre 20 vor Chr.). Nur die Germanen machten dauernd Sorge. Schon im Jahre 16 vor Chr. wurde des Augustus Feldherr Lollius von ihnen schmachvoll aufs Haupt geschlagen. Das machten zwar Tiberius und Drusus wieder gut, die auf berühmten Feldzügen tief in Deutschland, bis zur Elbe, eindrangen, und auch auf das rechte Rheinufer legte sich jetzt die breite Tatze Roms. Aber das Schlachtgemetzel im Teutoburger Wald, der plötzliche, gewaltige Sieg des Cheruskers Arminius, im Jahre 9 nach Chr. vernichtete das alles. Drei Legionen unter Publius Quinctilius Varus waren bei dem Überfall umgebracht worden, auch alle Offiziere; alle Feldzeichen verloren, selbst das Kastell Aliso gefallen, und Varus selbst warf sich ins Schwert. Die verhaßte römische Rechtsprechung und die römischen Steuern hatten die Germanen zu diesem Freiheitskampf getrieben. Noch am Abend vor Ausbruch des Aufstandes hatte der schlaue Arminius bei den nichts ahnenden Römern auf dem Kastell Aliso gespeist. Da zeigte sich auf einmal, wie das Heerwesen Roms gesunken war. Das Reich war eigentlich beständig in Geldnot und infolgedessen die Truppenkontingente an den ausgedehnten Grenzen zu schwach. Der alte Augustus ließ sich vor Gram Bart und Haare lang wachsen. So blieb er monatelang. In Rom selbst wurden Sicherheitsmannschaften verteilt, damit kein Aufruhr gegen die Regierung entstünde, und allen Provinzialstatthaltern ihre Amtszeit verlängert, damit sich nicht auch noch die übrigen Völkerschaften im Occident gegen Rom erhöben. Augustus hatte bisher eine Leibwache von Germanen (so wie der Papst heute ein Schweizer Leibwache); denn die Germanen galten als die stärksten und treuesten Hüter. Jetzt schaffte er sie ab. Die germanische Gefahr stand von jetzt an drohend am Horizont des Römerreichs.

So fehlte es nicht an Kummer und Demütigungen. Dennoch konnte sich der seltene Mann, der fünfundfünfzig Jahre lang über seine Römer geherrscht, endlich im Jahre 14 zufrieden zur Ruhe legen. Rom prangte. Ganz Italien erholte sich wohlig still zu neuem Gedeihen, und vor allem regte sich in sämtlichen Provinzen, in der Weite der Welt, dank der vortrefflich eingerichteten Reichsverwaltung gesundes reiches Leben. Eine herrliche Saat war da gestreut. Ein freudiger Optimismus ging durch diese Provinzialländer. Dicht vor seinem Tode, als er im Golf von Neapel segelte, kamen unversehens schlichte alexandrinische Bootsleute zum Augustus an Deck und sagten feierlich zu ihm: „Du bist es, durch den wir leben, unsre Schiffahrt ausüben und Freiheit und Gewinn haben." Es war gewiß lieblich für sein Ohr, das so zu hören. Und die Tage waren noch so schön: Hochsommer war es, noch nicht September. Wundervolle Wärme, die den alten Menschen so wohl tut. Das blaue Meer strahlte in Glut. Auf Capri gab der greise

Herrscher noch eine Volksspeisung und veranstaltete eine Balgerei der jungen Leute, unter die er Backwerk und Äpfel werfen ließ. Das erheiterte ihn sehr. Vier Tage war er so noch auf Capri, in mildester Stimmung. Im Gespräch kam es, daß er unversehens einen hübschen griechischen Vers machte und gleich noch einen dazu. Da fragte er seinen hochgelehrten Begleiter Thrasyll: „Von wem ist dieser Vers?" Als Thrasyll bedauerte, den vortrefflichen Dichter nicht zu kennen, war er ganz aus dem Häuschen vor Lachen. Aber die Kolik, an der er litt, hatte ihn ganz von Kräften gebracht. Über Neapel gelangte er noch nach Nola bei Pompeji. Da ließ er den Tiberius zu sich kommen; denn er fühlte plötzlich das Ende nahen. Einen ganzen Tag lang verhandelte er da noch geheim mit seinem finsteren Thronerben. Nach diesem Gespräch soll Augustus gesagt haben: „O armes Römervolk, welch langsames Gebiß wird dich zermalmen."[11] Dicht vor dem Sterben fragte er: „Ist das Volk draußen schon aufgeregt?", ließ sich dann einen Spiegel geben und das Haar glätten (er legte jetzt mehr Wert auf sein Äußeres). Dann schrak er zusammen; er sah vierzig Jünglinge im Geist, die ihn hinwegtragen wollten. Es waren seine künftigen Leichenträger. Er spürte schon, daß er den Unterkiefer nicht mehr beherrschte, gleichwohl sagte er noch zu den Umstehenden die merkwürdigen Abschiedsworte: „Scheint es euch, daß ich das Theaterstück des Lebens nett gespielt?" und dann auf griechisch: „Hat euch das Stückchen gefallen, so klatschet Beifall und macht, daß ich fröhlich abtreten kann." Dann verschied er in Livias Armen. Jene Worte aber sind so charakteristisch wie möglich. Denn so war es wirklich: das Leben ein Theaterstück! Er hatte seine Rolle gespielt, und sie war schwer zu spielen, die Rolle des Friedensfürsten und Weltbeglückers. Um sie durchzuführen, hatte er alle gemeinen Triebe, Blutgier und tyrannische Menschenverachtung fahren lassen. Er hatte sich vierzig Jahre lang als guter Mensch maskiert. Er war schließlich dabei gut geworden. Diese Selbsterziehung ist phänomenal. Darum hat er auch den Beifall gefunden, den er wollte. Er ist der unübertroffene Idealkaiser der Römer geblieben für alle Folgezeit.

Als er tot, lebte von seinen Enkeln, von den Söhnen seiner Tochter Julia, noch einer; es war der schwachsinnige geistesgestörte jüngere Agrippa. Tiberius ließ diesen Agrippa sofort umbringen. Dann erst machte er im Publikum bekannt, daß Augustus gestorben. Tiberius war jetzt der alleinige Erbe.

Soll ich noch von den übermenschlichen Ehren reden, die Augustus gefunden? Am nächsten berührt uns heute, daß der Monat August (früher Sextilis) nach ihm benannt worden ist; es war der Monat, in dem er im Jahre 30 v. Chr. über Ägypten triumphiert und der Welt den dauernden Frieden gebracht hatte. Übrigens wurde er schon bei Lebzeiten außerhalb Roms in vielen Tempeln als Gott verehrt, und es bildeten sich deshalb in vielen Städten besondere Kultbrüderschaften, die sogenannten Augustalen. Darum erzählte man auch: Octavius war gar nicht des Augustus Vater, sondern Augustus war Gottes Sohn. Gott Apollo selbst hatte seiner Mutter Atia beigewohnt. Dann kam noch eine andere Fabel dazu, daß nämlich ein Wahrsager in Rom für das Jahr 63 vor Chr., das Geburtsjahr des Augustus, voraus verkündet hatte, in diesem Jahre werde der König Roms geboren werden; sogleich befahl der römische Senat, der sich vor dem König fürchtete, daß alle Kinder, die in diesem Jahr 63 geboren würden, getötet werden sollten (ein Vorbild für die Erzählung vom Bethlehemitischen Kindermord). Aber diese Untat blieb unausgeführt deshalb, weil alle Eltern vornehmen Standes, die in diesem Jahr ein Kind zu erwarten hatten, darauf brannten, ihr Sohn solle der verheißene König der Welt werden. Natürlich wurde nach des Augustus Tod auch sein Geburtshaus in Rom zum Heiligtum; auch sein Kinderheim in Delitrae wurde noch später von den Fremdenführern gezeigt; es war da unheimlich; ein Geist spukte in den leeren Räumen, und niemand wagte sich darin aufzuhalten oder gar zu wohnen.

Zwischen Tiberfluß und dem Corso in Rom, der alten Flaminischen Straße, hatte Augustus selbst für sich und die Seinen ein Mausoleum gebaut, das von einem schönen Gartenhain, einem Spielplatz für die Jugend, umgeben war. Da wurde seine Asche beigesetzt. Senatorische Männer waren es, die seine Leiche auf dem Leichenbett hoch auf ihren Schultern durch Roms Gassen zum Holzstoß dort hinaustrugen. Als der Holzstoß brannte und die Flamme über der Leiche zusammenschlug, fand sich jemand — es war einer der Senatoren —, der es mit Augen sah, wie Augustus aus Flammen und Rauch leibhaftig gen Himmel fuhr. Himmelfahrt eines Gottessohnes! Dies kann uns nicht befremden. Es war damals die Zeit einer kühn phantastischen Religiosität, und man glaubte gern an solche Wunder.

Kaiser Claudius

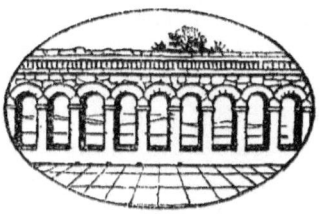

Die römische Kaiserzeit, die mit des Augustus vierzigjähriger Alleinherrschaft anhob, dauerte durch fünf Jahrhunderte. Sie endet für Westeuropa im 5. Jahrhundert, im Jahre 476 n. Chr. durch Odoaker, den germanischen Heerkönig. Jeder der etwa sechzig römischen Kaiser — oder waren es mehr? —, die da geherrscht haben, ist ein Charakterkopf. Geld haben alle prägen lassen, und die Kaisermünzen zeigen uns ihre ehernen Züge. Wir müssen uns hier mit wenigen begnügen.

Auf Augustus folgten zunächst durch regelrechte Erbfolge, die sich auf Familienverwandtschaft gründete, nur die vier: Tiberius, Caligula, Claudius und Nero. Wenn ich aus ihnen den Kaiser Claudius herausgreife, so geschieht es nicht nur aus dem Triebe nach Abwechslung: gerade dieser Claudius war als der dümmste aller Monarchen verschrien, und es verlohnt, nach so viel Heroen auch einmal einen sogenannten Narren im Purpur zu sehen; wichtiger ist, daß viele Menschen, auch Frauen berühmten Namens, sich um Claudius gruppieren. Er regierte nur dreizehn Jahre.

Es ist zunächst nur einiges vorauszuschicken. Schon gleich nach Augustus' Tod, schon unter Tiberius, war das milde Kaisertum zeitweilig zum offenen Despotismus geworden, zwar nicht gesetzlich, aber durch Mißbrauch. Der Machteinfluß des hohen Senats, der einst zur Zeit der freien Republik den Staat so großartig geführt, war ganz gesunken. Und nun gar das Volk! Die Volkswahlen, die Beamtenwahlen durch das Volk schaffte Tiberius ab, die Beamten wählte jetzt der Senat nach Vorschlägen des Kaisers. Schon Augustus hatte ferner zu seiner Sicherheit 3000 Mann kaiserliche Garde nach Rom gelegt; Tiberius organisierte diese Truppe in einem festen Lager draußen jenseits des Viminal. Das sind die Prätorianer, deren Präfekt oder Befehlshaber bald der mächtigste Mann nach dem Kaiser wird. Schon unter Tiberius, dem mißtrauischen, steht überdies das abscheuliche Denunziantenwesen in Blüte (delatores) und die Justizmorde in Anlaß angeblicher Majestätsbeleidigung;

auch das ein neuer Begriff. Nur einem einzigen Menschen
schenkt Tiberius, dieser hochbedeutende Mann, der aber in
Menschenhaß und Menschenfurcht versank, sein Vertrauen,
dem durchtriebenen Sejan: ihn läßt er in Rom schalten und
zieht sich unnahbar in ein von Geheimnis umgebenes Privatleben nach Capri zurück. Capri, die Insel, hängt noch heute voll
von magisch düsteren Erinnerungen an den Tiber, und nachts
spukt dort um die eingeknickten Ruinen seiner Palastburgen
noch heute sein gequälter Geist. Aber Sejan betrog ihn schmählich; es war für den Greis wie ein Stoß ins Herz. Der Zähe
fand gleichwohl noch Kraft genug, ihn zu strafen. Überdruß
und Ekel blieb ihm übrig. Tiber wurde 79 Jahre alt. Der
Tod selbst fürchtete sich vor ihm. 23 Jahre lang lastete des
Tiberius Herrschaft auf der Hauptstadt (von 14—37); aber
den Provinzen gedieh sie fraglos zum Segen, und sein alter
Feldherrnruhm hat bewirkt, daß Roms Name weithin in hohem
Ansehen stand bei Parthern und Germanen.

Auf ihn folgte der junge Caligula, des Tiberius Großneffe;
er war der einzige Thronerbe, der noch zur Verfügung stand.
Denn das Sterben, und zwar das gewaltsame Sterben hatte
in der Kaiserfamilie schon damals bedenklich aufgeräumt.
Caligula war durch seine Mutter der Enkel des Mark Anton;
er war der Sohn des vielgepriesenen, vom Volk abgöttisch an-
gebeteten Prinzen Germanicus. Er war jung, 25 Jahre alt.
Aber er enttäuschte alle Hoffnungen; denn ein Geisteskranker
hatte jetzt die Gewalt in Händen. Alles an ihm ist pathologisch.
Er wußte es selbst; er schlief des Nachts nicht, und die boh-
renden Gedanken hetzten ihn. Aber niemand schlug den blut-
gierigen Verrückten in Fesseln. Die vier Jahre seiner sogen.
Regierung waren nichts als Morden und Plündern. Rom
wurde fürchterlich gegeißelt, aber nicht nur Rom; auch in die
Provinzen gingen die Raubzüge seiner Habgier. Katzenhaft
und hämisch gegen alle Welt, hielt er die Senatoren so in
Schrecken, daß sie ihn bei Tisch wie die Kellner, die Serviette

unter dem Arm, bedienten. Futter für seine Raubtiere zu kaufen, war ihm zu teuer; daher ließ er den Bestien Verbrecher vorwerfen: die kosteten nichts. Caligula ist es auch, der — war seit langem unerhört — die öffentliche Verbrennung eines Sträflings zum besten gab.[1] Aber er fand ein gebührendes Ende und zwar durch seine Palastwache selbst. Die Prätorianer bestimmten schon damals das Geschick Roms; sie haben den wahnwitzigen Laffen bei einer Ballettprobe in seinem Palast ermordet.

Also jetzt mordet nicht mehr der Senat die Tyrannen. Gleichwohl regte sich auch in ihm der alte tatkräftige Geist noch etwas. Es erhob sich sogleich im Senat eine starke Partei, die die Abschaffung des Kaisertums jetzt für immer durchsetzen wollte. Aber die Soldaten? was kümmerte sie der Senat? Die Prätorianer machten gleich folgenden Tags den Claudius, den sie im Lager bei sich hatten, zum Kaiser Roms durch Huldigung und Eidesleistung (diese Prätorianer waren Vollbürger und Italiener, anders als die kaiserlichen Leibwächter, die, Knechte und Leibeigen, aller Politik fern standen, übrigens damals vielfach schon Germanen waren). Solches geschah im Januar 41. Es ist von Interesse, die näheren Umstände, unter denen sich das zugetragen, zu kennen.

Dieser Claudius war der Onkel des Caligula, der Bruder des edlen Germanicus, und er war damals schon fünfzig Jahre alt. Schon in seiner Knabenzeit wurde er mit Verachtung behandelt. „Dümmer als Claudius" war schon früh ein Sprichwort in der kaiserlichen Familie. Seine eigene Mutter Antonia nannte ihn ein Ungeheuer (portentum), das bei der Geburt nicht fertig geworden. Darum gab man dem Knaben zum Hauserzieher den rohesten Kerl, den man aus den Ställen holte, einen Aufseher über die Pferdeknechte. Livia, die alte Kaiserin-Mutter, gönnte dem ungeschickten Tölpel überhaupt nie ein Wort der Anrede, und Augustus äußerte: „Er wird uns ewig lächerlich machen, der arme Kerl. Laß ihn nur ja nicht im Zirkus vorn in unserer Kaiserloge sitzen, denn da sehen ihn alle und lachen."

Claudius stotterte in der Tat, er hielt sich die Nase nicht sauber, er hatte eine gemeine Art zu lachen, und wenn er bös wurde, geiferte sein Mund; übrigens war er groß gewachsen; aber er wackelte mit dem Kopf und hinkte auch etwas. Tiberius und Caligula, beide behandelten ihn, als sie Kaiser waren, als Null, ja, ließen ihn nur deshalb am Leben, weil sie dachten: er ist ungefährlich. Claudius wünschte sich ehrlich, einmal ein Staatsamt zu übernehmen. Tiberius erwiderte ihm: „Du taugst nur zum Carneval; anbei 40 Goldstücke zum Verplempern."

Aber alles das war ungerecht. Aus Claudius hätte sich gewiß etwas machen lassen. Der Mensch verschaffte sich früh aus eigenstem Trieb eine gründliche literarische Bildung, ja, die entlegensten Kenntnisse auf dem Gebiet der alten Geschichte; Livius, der große Historiker, war sein Lehrer, und er verkehrte gern mit griechischen Gelehrten. Nicht nur das; er hat früh auch selbst gelehrte Werke veröffentlicht, die er 3. T. auch in griechischer Sprache abfaßte. Worin bestand also seine Dummheit? Es ist offenbar gelegentlich ein Laster, klassischer Philologe zu sein; denn das war er; er beschäftigte sich auch mit Phonetik; welcher Unsinn! Was sollte ein solcher Sonderling und Buchstabenkrämer unter den kaiserlichen Prinzen und gewiegten Weltleuten? So kam es nun aber, da man ihn von allen Ämtern und Staatspflichten planvoll ausschloß, daß er schließlich zu trinken und zu spielen anfing und sich nur noch mit geringen Leuten abgab, die ihn gröblich hänselten. Nach Tisch schlief er ein; da warfen sie ihn mit Olivenkernen oder zogen ihm wollene Handschuh an; wenn er erwachte und sich die Augen rieb, erschrak er über seine rauhen Hände.

Nun denke man sich, solch ein Mensch wird plötzlich Kaiser der Welt. Daß das eine Katastrophe geben mußte, ist vollständig klar.

Als Caligula in seinem Palast ermordet werden sollte, entfernten die Verschwörer möglichst alle lästigen Zeugen aus den nächsten Räumen. Claudius wurde zunächst in eine der guten Stuben abgeschoben. Als er dort das schreckliche Schreien des verwundeten Caligula hört, schleicht er auf einen Altan hinaus und versteckt sich vor Angst in eine Marquise. Ein Soldat sieht seine Füße hervorgucken. „Hallo! wer steckt da?" Er erkennt den Claudius, der vor Schreck auf seine Knie fällt. Der Soldat salutiert gleich, begrüßt ihn sogleich als „Imperator", der ganze Soldatenhaufe schleppt ihn durch die Stadt in einer Sänfte in den Kasernenhof. Da verbringt Claudius zunächst die Nacht, kopfhängerisch und scheu.

Inzwischen tagt der hohe Senat, der sich oben auf dem Capitol festgesetzt hat, tagt und tagt und weiß nicht, was er eigentlich beschließen soll; das Gassenvolk drängt heran; das Volk schreit nach einem neuen Herscher, der ihm Brot und Spiele gibt. Da schaffen die Prätorianer eine vollendete Tatsache. Sie vereidigen sich auf des Claudius Namen. Er ist Kaiser durch die Garde, und sogleich läßt Claudius jedem einzelnen Gardesoldaten als Handgeld 15000 Sesterz (etwa 3000 Mark) auszahlen.

Es kam, wie es kommen mußte. Wen hätten die Leute sonst wählen sollen? Von der ganzen Nachkommenschaft des Augustus war trotz aller Adoptionen kein erwachsener Mensch mehr übrig außer Claudius. Ja, hätte sich aus dem Schoß des Senats ein begabter Mann erhoben, entschlossen und gewissenlos genug, die Soldknechte durch Geld für sich zu gewinnen! Aber ein solcher fand sich nicht.[2] Am wenigsten eignete sich Seneca zu solcher Rolle, der sogen. Philosoph Seneca, der bedeutendste Mann jener Zeit, damals schon etwa 43 Jahre alt, reich begabt, fein, geschäftsklug und voller Hingabe an große Ziele, aber zu gutherzig; ein Mann der Billigkeit und Humanität taugte damals noch nicht für das Szepter Roms. Caligula hatte ihn eben um dieser Eigenschaften willen schwer bedroht und verfolgt. Man sah Seneca nur noch in Privatzirkeln tätig. Seine große Zukunft lag noch fern.

Eben damals, im Jahre 41, schrieb Seneca, der genialste

Schriftsteller seines Jahrhunderts, die packende Mahnschrift gegen den Zorn (de ira), die durch ihre Neuheit frappierte.⁸ Die Schrift war ein Tagesereignis. Er sah, daß es der Jähzorn oder die Ungebändigtheit aller egoistischen Triebe war, die alle Segnungen der Kultur verdarb und das Leben in Rom zur Hölle machte. Er forderte endlich Selbstbesinnung, Selbstzucht, Maßhalten, ja, Menschenliebe (ein bisher für den Römer noch kaum entdeckter Begriff) von den Mächtigen dieser Welt. Auch verkündete er laut Augustus als Idealkaiser, zu dem man zurück müsse.⁴ Alles dies war dem neuen Kaiser Claudius durchaus sympathisch, und Seneca machte einen nachhaltigen Eindruck auf ihn; denn auch Claudius wollte zur milderen Regierungsart des Augustus zurück; er wollte den Senat wieder stärken; er schämte sich seines Jähzorns, den Seneca mißbilligte, und versprach öffentlich Maßhalten, Selbstbesinnung.

Aber die Dinge lagen zu verwickelt. Vom ersten Tag seiner Regierung an hängten sich zwei Mächte an den Kaiser: erstlich seine Gattin Messalina, zweitens seine Freigelassenen.

Claudius lebte sich zwar mit wirklichem Fleiß selbst in die Geschäfte ein. Seine Senatsreden zeigen, daß er die einzelnen Positionen persönlich mit Sorgfalt durcharbeitete. Als es in Rom brennt, bleibt er zwei Nächte hintereinander bei der Brandstätte und ruft das Publikum selbst heran, zu helfen und zu retten; dabei hat er Körbe voll Münzen vor sich stehen und belohnt jeden, der da hilft, sogleich. Ein schlimmes Zeichen ist, daß er die Rechtsgelehrten verachtete; die Rechtsprechung aber hat er mit Eifer gefördert, jede Verschleppung der Prozesse verhindert. Dabei war er selbst oberste Instanz in der Zivilrechtsprechung, und er kam dabei immerfort mit dem Publikum in einer Weise in Berührung, wie es für einen modernen Monarchen ganz undenkbar ist. Leider machte er sich gerade hierbei unendlich lächerlich. Den ganzen Tag lang saß er auf dem Forum und ließ die Advokaten vor sich reden und reden, bis er einschlief; das ging durchs ganze Jahr so, auch an den Hundstagen (man benke, die Hundstage in Rom!). Nur wenn er in der Nähe ein Priesteressen roch, brach er plötzlich ab und lud sich selbst ein. Und nur allzu läppisch waren oft seine Entscheidungen, wie z. B. bei dem Griechen, den man anklagt, er habe sich das römische Bürgerrecht mit Unrecht gemaßt. Claudius verordnet, daß dieser Grieche bei der Verhandlung, solange der Ankläger spricht, in seiner griechischen Tracht erscheinen soll; sobald aber der Verteidiger zu reden anfängt, soll er sich umkleiden dürfen und als Römer dastehen.

Aber dieser sonderbar kleinliche Herr hatte im Palast seine Hausminister, hochintelligente griechische Sklaven, denen er die Freiheit geschenkt hatte. Das Wort Minister selbst heißt ja Diener auf Deutsch; die kaiserlichen Ministerien waren also ursprünglich nichts als Hausdienerstellen. Diesen ganz privaten Dienern hat Claudius nun alle größeren Regierungsangelegenheiten anvertraut, und das war klug. Felix hieß einer von ihnen, der der Verwalter Judäas wurde; Pallas hatte das Rechnungswesen, also die Finanz; Narcissus war Kanzler; das war das Wichtigste, d. h. er führte im Reich und über die Reichsgrenzen hinaus die ganze politische und administrative Korrespondenz. Polyb und Callistus endlich hatten das Amt für Bittschriften. Narciß war der schneidigste, großartigste unter diesen griechischen Hofleuten, auf die die faulen Römer allerdings mit Wut blickten. Es waren Griechen, die jetzt über Rom herrschten: daher die Wut. Das war Brotneid und Rassenhaß. Claudius dagegen war mit Recht voll Dank, und keine Auszeichnung schien ihm zu hoch für seine Helfer. Man warf diesen Griechen mit Recht vor, daß sie ihre Stellung ausnutzten, um sich grenzenlos zu bereichern. Narciß und Pallas waren annähernd die reichsten Leute Roms. Aber welcher Römer machte es denn anders, wenn er nur irgend Gelegenheit dazu fand? Dies Raubsystem haben die griechischen Emporkömmlinge von den Großen Roms selbst, Julius Cäsar an der Spitze, gelernt. Tatsache ist, daß die Regierung des dummen Claudius durch bleibende Leistungen auf politischem und administrativem Gebiet viel glänzender dasteht als die des Tiberius und Caligula. Das dankte sie vor allem dem Narciß, der die auswärtigen Dinge und die Gesamtverwaltung in Händen hatte. Ich erinnere nur an den Wunderbau der Claudischen Wasserleitung, der aqua Claudia, deren Kolossalbögen heute noch die Hauptzierde der Campagna sind und beim Lateran über die Stadtmauer stolz in die Stadt drängen. Dazu kam der Ausbau des ganz versandeten Hafens von Ostia mit dem Leuchtturm. Ostia ist der natürliche Hafen der Millionenstadt Rom, aber auch heute wieder ganz versandet. Es war technisch eine Riesenleistung, vielleicht schwieriger als z. B. unser Wilhelmshaven, und keiner der römischen Machthaber hatte sich bisher darangewagt. Interessanter noch, daß damals Marokko endgültig als Provinz eingerichtet worden ist, ohne Frage wieder ein unschätzbarer Gewinn für das Reich; was Marokko handelspolitisch bedeutet, darüber sind sich heute die Franzosen und auch einige Deutsche klar geworden. Das Größte aber ist, daß Britannien, genauer Süd-England, durch des Claudius Generale im Jahre 43 und den folgenden erobert und zur römischen Provinz wurde. Das ist das Denkwürdigste. Denn mit dieser Tatsache beginnt England eigentlich erst seine Geschichte.

Aber wo bleibt Messalina? Sollen wir nur von den Hausdienern des Claudius reden? In der Tat, neben den Ministern, die des Kaisers rechte und linke Hand waren, stand noch eine andere Macht, die ihn erst recht beherrschte. Das war seine Gemahlin, die junge Kaiserin Valeria Messalina. Sie war, als ihr Gatte Kaiser wurde, erst 17 Jahre, schlank und goldblond, im vollen Zauber der Jugend und Lieblichkeit, aber dabei sinnlich, begehrlich und siegGewohnt, eine Dame mit allen Schikanen und werbefähig, obendarein aber jähzornig, ja, eine Furie in der Leidenschaft. Ihre historische Großtat war, daß sie dem Claudius einen Kaisersohn gebar. Es war ein kaiserlicher Prinz da. Das war sein Entzücken. Man denke, in diesen kinderarmen Kreisen! Keinem der vorigen drei Kaiser, im Verlauf von 72 Jahren des Kaisertums, war bisher ein Sohn geboren worden. Claudius nannte das Kind nach der Eroberung Britanniens Britannicus. Um so unbedingter aber herrschte Messalina, die den Thronerben geboren, und konnte sich alles, wirklich alles erlauben. Daher waren ihr auch die Hausminister ganz gefügig. Und sie erlaubte sich alles; sie wußte nichts von Zurückhaltung. Das gab ein Weiberregiment in Rom, als wäre Kleopatra jetzt siegreich eingezogen. Aber Kleopatra war klüger als Messalina. Freilich ist gewiß eine Menge der Schändlichkeiten, von denen wir hören, übertrieben; denn als die Kaiserin starb, bewarf sie der Klatsch Roms mit Schmutz von allen Seiten. Gleichwohl, eine Reihe von Tatsachen sind unbestreitbar. Wozu hatte Messalina diesen Claudius in der Zeit, als er noch nichts bedeutete, geheiratet? Nur dazu, um von ihm abzusehen. Jetzt, da ihr Gatte Kaiser geworden, hatte sie die unvergleichlichste Stellung, und sie trieb nicht nur ihre zahlreichen Liebeshändel offenkundig (ob es ein Gladiator oder ein Tänzer war, war ihr einerlei; der feine Vitellius hatte ihren Pantoffel erbeutet und prahlte damit, daß er ihn ständig am Herzen trug); es war überdies gefährlich, ihre Liebe zurückzuweisen; wer spröde war, verfiel ihrer Rache. Messalina ging über Julia, die lasterhafte Tochter des Augustus, darin hinaus, daß sie auch töten oder sterben lassen konnte. Aber sie brauchte vor allem Geld, um ihre Günstlinge zu beglücken, und eröffnete deshalb ein großes Verkaufsbureau von Bürgerrechtsbriefen für Nichtrömer und von Beamtenstellen für Römer. Käuflichkeit des Bürgerrechts und der Ämter! Natürlich mußten Narciß und die anderen Hofbeamten das Geschäftliche dabei für sie besorgen.

Aber es gab da im Palast auch Widerstand, eine Gruppe von kritisierenden Personen. Das waren die Prinzessinnen Livilla und Agrippina, zwei bedeutende Weiber, die Schwestern des Caligula, die Nichten des Claudius; und zu ihnen hielt sich Seneca, der bedeutendste Geist in der Männerwelt Roms. Messalina sah mit Groll auf diese drei. Seneca, der in allen Häusern fast wie ein Prediger für Sittenreinheit und Heiligung des Lebens warb, war für sie nichts als ein widerwärtiger Schwätzer. Claudius bezeigte Sympathien für ihn; das konnte gefährlich werden. Livilla aber war wieder einmal eine wunderschöne elegante Person, prachtvoll rassig, aber gewissenlos (wie übrigens auch Agrippina) und auch in frivolen Dingen allem Anschein nach Messalinas ebenbürtige Wettbewerberin. Die Sache ging schnell: Livilla wird verbannt, dann umgebracht. Seneca wurde des unerlaubten Umgangs mit ihr bezichtigt; auch er soll sterben, aber Claudius rettet ihn nach Korsika.

Agrippina blieb von den dreien allein übrig. Sie war damals schon Witwe und hatte einen vierjährigen Sohn, Nero.[5] Messalina mußte es erleben, daß das Gassenvolk diesem kleinen Prinzen Nero gelegentlich größere Ovationen darbrachte als dem Britannicus. Sie war wütend, aber sie tat dem Kinde nichts.

Da kam das Verhängnis. Einer der Minister, Polyb, ein ehrenfester Mann, leistete der Kaiserin in irgendeinem Handel Widerstand. Sogleich läßt sie ihn töten. Da wenden sich alle anderen Minister von ihr ab. Der große Narziß ist jetzt ihr erklärter Feind. Sie sollte bald davon die Wirkung spüren.

Im Jahre 47 befiel ihr Herz nach so vielen leichtlebigen Zerstreuungen endlich eine heiße Liebe. Sie war jetzt 24 Jahre. Sie liebte den anerkannt schönsten Mann Roms, der wohl nur wenig älter als sie war, Gajus Silius, und der wahnsinnig verwegene Gedanke befiel sie, ihn zu heiraten. Claudius kannte ihn sehr gut; er hatte diesen Silius soeben für das Konsulat bestimmt; es kann also kein Zweifel sein, daß Claudius, wo es sich um einen so hervorragenden jungen Mann handelte, auch von dieser Hochzeit, die wirklich in allen Formen vor sich ging, erfuhr, obschon Claudius damals nicht in der Hauptstadt anwesend war. Aber in seinem oft bewährten Stumpfsinn ließ er die Sache vorläufig laufen. Messalina erwartete, daß er ihr den Scheidungsbrief schicken würde; aber er tat es nicht. Sie stand also vor der Welt jetzt in Doppelehe: ein beispielloser Skandal immerhin; aber man hat die Tatsache ohne Grund für unglaublich, unmöglich erklärt. Diese Doppelehe war das Ergebnis außerordentlicher Verhältnisse. Gesetzt den Fall, daß Messalina die Ehescheidung wünschte, so lag es doch schwerlich in ihrer Macht, den Akt selbst zu vollziehen.[6] Da Claudius ihr trotz ihrer Übergriffe den Scheidungsbrief nicht geschickt hatte, blieb ihr, bei ihrem heißen Begehren, nichts übrig, als so vorzugehen, wie sie es tat. Und ihr Allmachtsgefühl gab ihr den Mut; denn Claudius hatte sich bisher alles bieten lassen. Gewiß gab die Bigamie in der Gesellschaft den größten Anstoß: aber kaiserliche Personen fühlten sich über den Gesetzen stehend.[7] Auch fehlte es nicht an Analogien; dem Plancius warf man zu Ciceros Zeit Bigamie vor[8]; das war ein sittlicher Vorwurf, aber, wie es scheint, gerichtlich nicht strafbar; Julius Cäsar hatte die Vielweiberei geradezu gesetzlich schützen wollen[9], und der große Mark Anton hatte sich mit der Königin Kleopatra vermählt, als er der Gatte der Octavia war.[10] Warum sollte einer Messalina nicht dasselbe zustehen? Claudius war ihr bedingungslos ergeben und rührte sich ja auch tatsächlich nicht; er schien die Sache ruhig hinzunehmen.

Aber ihr Feind Narziß verstand den Fall auszunützen. Er gab dem Kaiser zu verstehen, Silius, der junge Gatte der Kaiserin, strebe natürlich nach dem Kaisertum. Narziß brachte auch Zeugen dafür. Ein Komplott gegen die Majestät! Claudius war feige; er zitterte sogleich für sein Leben, und die Todesangst machte ihn zu allem fähig.

Er war so feige, heißt es, daß er jeden, der ihn besuchte, nach Waffen durchsuchen ließ; ja, er fürchtete sich vor den Metallgriffeln seines Schreiberpersonals; denn diese Griffel waren scharf wie Nadeln, weil man damit auf Wachs schrieb. Daher hatte Claudius vor ein paar Jahren (im Jahre 42) unter anderen

Claudius

auch den Appius Junius Silanus umgebracht. Messalina war es, die diesen Silanus, der eben Messalinas verwitwete Mutter geheiratet hatte und der ihr dadurch unbequem war, aus der Welt zu schaffen wünschte. Silanus besaß überdies die wundervollen Gärten des Lukull; auch diese Gärten mochten sie locken. Narciß stand damals noch mit ihr im Bunde. Narciß erzählt dem Kaiser, er habe geträumt, Silanus plane Kaisermord; Messalina fällt ein; so ist's! sie habe ganz denselben Traum gehabt. Das genügte für den abergläubischen Monarchen. Er glaubte unbesehen an eine Verschwörung. Wie Silanus in den Palast tritt, um dem Kaiser seine Aufwartung zu machen, läßt er ihn augenblicklich niedermachen.

Das war Silan. Jetzt stand nun Silius in demselben Verdacht. Aber Narciß hatte gelogen. An Palastrevolution und Kaisermord dachte niemand. Der heißblütigen Kaiserin waren Regierungssorgen etwas Schauderhaftes; sie hatte ja auch den Titel Augusta abgelehnt, und sie hätte ihren schönen Freund nie mit dem Kaisertum belastet. Zum Regieren war Claudius gut genug. Auch ahnte sie nichts Arges und genoß nur den Rausch der Gegenwart: Schaum und Traum! Sie verlor den Boden der Wirklichkeit ganz unter den Füßen und wollte im Größenwahn der Allmacht ganz so, wie später Nero, ein Götterdasein auf Erden verwirklichen.

Es war Oktober und überall im Land jubelnde Winzerfeste; so auch in Rom selbst. In den Gartenhöfen ihres Palastes gab sie ein Winzerfest, Maskerade mit den üblichen Verkleidungen: Messalina trat bacchantisch als Ariadne auf, im Schwarm der Mänaden und Satyresken, unter rauschender, rasselnder Musik, während man die Keltern preßte und der Most zischend in die Kufen floß. Silius selbst mußte epheubekränzt als Gott Dionys ihr nahen, als der junge Gott, der die verlassene Ariadne erlöst und mit sich hinreißt zur Wonne. Da kletterte einer der Gäste auf einen Baum und meldete: „Es droht ein Gewitter von Ostia her." Wußte er etwas? oder zog wirklich nur ein

Gewitter auf? Schon kamen Boten; sie brachten die Nachricht, der Kaiser, der in Ostia beschäftigt war, nahe sich von dort drohend. Er drohe Bestrafung. Alles stob auseinander.

Messalina verlor erst den Kopf, dann wußte sie Rat. Mit ihren beiden Kindern Britannicus und Octavia — denn sie hatte dem Claudius auch eine Tochter, Octavia, gegeben — wollte sie ihm nach Ostia entgegen. In der Eile konnte sie zwar nur einen simplen Gärtnerkarren zur Fahrt auftreiben. Aber das war um so wirksamer. Der Anblick mußte ihn rühren. Sie wußte, Claudius konnte dem Eindruck ihrer Erscheinung nicht widerstehen; denn sie war immer noch schön und jung. Da sah sie einen Wagen; Claudius kam mit seinem Gefolge ihr entgegen. Schon von weitem ruft ihm Messalina ihre Fleherufe zu. Aber Claudius sieht sie nicht an; denn Narciß sitzt im Wagen neben ihm und fesselt mit betäubender Lebhaftigkeit des Claudius Achtsamkeit durch gehäufte Anklagen gegen die Frau. Auch die Kinder entzieht er geschickt seinem Auge. Der alte Mann saß vollständig stumpf im Wagen, wortlos brütend, mit wackelndem Kopf. Narciß hatte Vollmacht zu allem. Er wollte ja doch immer das Beste. Er war das Schicksal.

So führt er den Kaiser, als sie in Rom angekommen sind, erst in das Haus des Silius, und es ergab sich, daß Messalina eine Menge Kunstsachen aus dem Kaiserpalast weggenommen und damit des geliebten Silius Haus geschmückt hatte. Silius wird in den Kasernenhof der Prätorianer geschleppt. Dort steht schon Narciß als sein Ankläger. Die Garde akklamiert mit Geschrei, und Silius bittet nur, rasch ein Ende zu machen. Auf der Stelle läßt Claudius ihn töten.

Messalina ist indes mit ihrer Mutter in die Lukullischen Gärten geflohen, in Angst und in Wut. Sie weiß, Claudius wird sie dort aufsuchen; sie weiß, sie wird dann sein Herz rühren; ja, mehr noch, sie will sich rächen an diesem Narciß. Aber der Kaiser kommt nicht. Der Kaiser ist zwar zur Milde geneigt. Aber Narciß hält ihn zurück. Von seinem Kommen hing jetzt alles ab. Es wird Nacht. Welch' schreckliches Harren! Ihre Mutter Lepida rät ihr, sich selbst zu töten. Aber sie brachte es nicht über sich. Sie konnte nicht an einen so plötzlichen Untergang glauben.

Da hört sie Schläge am Tor. Narciß hat die Mörder bestellt. Die Mörder sind es. Umsonst Messalinas Jammergeschrei. Unter gemeinen Schimpfreden wird die Elende niedergemacht. Ihre Kinder standen über der blutenden Leiche.

Das war die Messalinatragödie. So etwa schildert sie uns Tacitus, aber ausführlicher und ergreifender. Sie macht auf uns heute jedenfalls mehr Eindruck als damals auf den Kaiser Claudius, der sich, als er den Ausgang hörte, ganz apathisch zeigte, ohne jede Regung, selbst als er seine Kinder um ihre Mutter weinen sah. Ja, er soll folgenden Tags bei Tisch gefragt haben: „Warum kommt denn die Kaiserin nicht zu Tisch?" als hätte er von dem, was geschehen, überhaupt nichts wahrgenommen.

Mag man noch so sehr die Art des Vorgehens verabscheuen, jedenfalls war es eine Erlösung für Rom, daß Messalina hinweggeräumt war; und das war des Narciß Verdienst. Der Senat aber beschloß, sämtliche Statuen der Kaiserin zu vernichten, und das ist leider wirklich geschehen. Nur ein dauerndes Monument hatte sie sich gesetzt: das war ein Rezept für gutes Zahnpulver, das Messalina gebrauchte und das längere Zeit beliebt blieb. Das Rezept ist uns erhalten.

Claudius war jetzt 58 Jahre. Er stellte sich vor seine Soldaten hin und rief schmerzlich, familiär: „Ich habe Unglück in der Ehe. Stoßt mich nieder, wenn ich je wieder heirate." Aber Agrippina lebte noch, und sie hatte es anders beschlossen. Sie war jetzt 33 Jahre alt, Nero, ihr Söhnchen, noch nicht elf. Agrippina war jeder wirklichen Liebe unfähig, herzlos und berechnend und in allem das Gegenteil Messalinens; auch ihre Vergangenheit durchaus nicht makellos; aber das gehörte damals zu den Ehrentiteln schöner Frauen: der bedenkliche

Hausfreund fehlte nie. Vor kurzem hatte Agrippina dann einen gewissen Passienus geheiratet, aber nur, um ihn umbringen zu lassen und ihn dann zu beerben. Jetzt aber warf sich ihr Ehrgeiz auf ihren Sohn. Sollte ihr Sohn Nero nicht Kaiser Roms werden können? Warum nicht? Skrupellos, klug, ränkevoll, vor allem herrschsüchtig, erhob sie sich zu diesem gewaltigen Plan. Schon Anfang 49 war sie des Claudius Frau: Agrippina Kaiserin! Der alte Mann war so empfänglich für Zärtlichkeit, und sie hatte, weil sie ja seine Nichte war, das Recht, ihn bei den Begrüßungen zu streicheln und mit einem Kuß zu erfreuen. Das wirkte, und er tat, was sie wollte. Allerdings galt eine Heirat zwischen Onkel und Nichte in Rom geradezu als Blutschande (Incest). Aber der Senat wurde in Bewegung gesetzt; er mußte bei dieser Gelegenheit beschließen, daß solche Ehen fortan gestattet sein sollten. Vierundzwanzig Stunden nach diesem Senatsbeschluß war schon die Hochzeit. Beide hatten es eilig. Aber Claudius ließ, um mit seiner Handlungsweise nicht so allein dazustehen, im Publikum den Wunsch laut werden, nun sollten auch andere Oheime ihre respektiven Nichten heiraten. Wirklich fand sich irgend jemand, der dazu Lust hatte, und Claudius und Agrippina besuchten dann demonstrativ dieses Mannes Hochzeit.

Der gedankenlose Claudius fuhr, wie es heißt, auch jetzt noch fort, Agrippina, wie früher als Onkel, mein Töchterchen zu nennen oder: du mein Schoßkind. Aber dieses Töchterchen wuchs ihm bedenklich über den Kopf. Zunächst handelte es sich um des Claudius Tochter Octavia. Diese Octavia war mit einem jungen Prätor Silanus verlobt. Gleich am ersten Tag, nachdem Agrippina Kaiserin geworden, hob sie diese Verlobung auf und trieb den Silanus in den Tod. Nero wurde sogleich mit Octavia verlobt: ein Verlöbnis von Kindern, wie das im Altertum so häufig war. Nero war 12 Jahre alt. Dann aber ging es an den jungen Thronerben Britannicus. Dieser frische, sympathische Junge wurde rücksichtslos in den Winkel gebrängt und mit Schrecken umgeben, endlich Nero im Jahr 50 von Claudius als Sohn adoptiert. Jetzt war Nero nicht nur des Kaisers Schwiegersohn, sondern auch Kaisersohn, der Lieblingssohn des Claudius. Er allein wurde dem Volk gezeigt, ihm alle Ehren zuerkannt. Claudius sicherte ihm die Tronfolge ausdrücklich. So schien alles gut. Agrippina konnte nicht mehr verlangen.

Indessen brachte die allgemeine Weltlage wenig Regierungssorgen. Erwähnenswert ist für uns, daß damals, im Jahr 50, Köln gegründet worden, d. h. aus einem Militärlager in eine bürgerliche Ansiedelung verwandelt worden ist. Auch hier hatte Agrippina ihre Hand im Spiel. Die Stadt wurde nach ihr Colonia Agrippinensium genannt. Außerdem sei erwähnt, daß damals, im selben Jahre 50, der Judenkönig Agrippa starb, der dem Claudius zeitweilig sehr nahe stand. Damit ging das Königtum in Palästina ein, und das Land kam wieder unmittelbar unter römische Verwaltung als Anhang zur Provinz Syrien. Claudius aber vertrieb sich die Zeit mit Gladiatorenspielen und mit Rechtsprechung. Dabei war er von einer unglaublichen Langmut. Ein römischer Ritter, der fälschlich verklagt war, warf ihm vor Empörung sein Aktenmaterial an den Kopf. Ein andermal ist jemand aus der Provinz als Zeuge vorgeladen und kommt nicht. Dessen Landsmann entschuldigt ihn: „Er kann nicht kommen!" Claudius fragt: „Warum nicht?" und bekommt, so oft er fragt, immer nur zur Antwort: „Er kann nicht." Erst zum Schluß kommt dann die Erklärung heraus: „Weil er tot ist, Majestät."

Läppische Bemerkungen des Claudius werden uns genug überliefert. Er wollte z. B. einmal einen jungen Menschen zum Quästor befördern (die Quästur war damals ein vornehmes Amt). Man fragt ihn, warum? und er sagt: „Ich war einmal krank, und da hat mir sein Vater ein Glas Wasser gereicht, als ich eben sehr durstig war." Den Senat aber langweilte er mit seinen Reden, in denen er mit ausgezeichneter Gelehrsamkeit auseinandersetzte, wie es in diesem und jenem

Punkt vor drei- oder fünfhundert Jahren in Rom gehalten wurde. Dann wurden die Reden gelegentlich gar auf Bronzetafeln graviert, und so ist uns eine davon wirklich in Lyon erhalten. Auch eine neue Sorte Schreibpapier erfand dieser Kaiser und vor allem drei neue Buchstaben im Alphabet und setzte durch, daß die drei Buchstaben in der Rechtschreibung seiner Zeit auch durchgeführt wurden. An der ägyptischen Universität in Alexandria mußten auf seinen Befehl seine beiden großen Geschichtswerke, die er in der Jugend verfaßt, alljährlich im Auditorium vorgelesen werden; das eine Werk erforderte zwanzig Vorlesungstage, das andere acht. Dies war gewiß kein Vergnügen. Sie handelten über die alten Punier und die alten Etrusker. Der heutige Historiker seufzt freilich: besäßen wir diese Werke doch noch! Wir würden unendlich viel daraus lernen. Nach dem Tagewerk aß und trank Claudius dann maßlos; er war nach Tisch stets im Rausch. War er dann eingenickt, so kam sein Lakai mit der Feder und steckte sie ihm in den Schlund, damit er sich erleichtere.

Agrippina aber beschäftigte sich indes damit, den Senat zu demütigen und vor allem im Stil Messalinas Ämterschacher zu treiben, um Geld zu haben; eine gewaltige Frau, gewaltig in ihrer Gewaltsamkeit. Ihres Zieles aber war sie noch keineswegs sicher. Denn Narciß lebte noch, und Narciß war ihr Gegner. Narciß hatte die Heirat Agrippinas mit Claudius nicht gewollt. Darum haßte sie ihn. Und Narciß war nicht untätig; er bewirkt, daß dem Kaiser sein Sohn Britannicus wieder vor Augen tritt. Claudius fing an, den zurückgesetzten, ganz verschüchterten Jungen zu bemitleiden, ihn zu lieben, und es kam so weit, daß der alte Mann ein neues Testament machte, in dem er nicht Nero, der eben, im Jahre 53, die Octavia geheiratet, sondern seinen Britannicus zum Erben seiner Macht einsetzte. Jetzt galt es zu handeln. Es war das Jahr 54. Narciß war gerade krank; er litt schwer an Podagra und ging nach Campanien in die Bäder von Sinuessa. Der Augenblick war günstig. Die alte Giftmischerin Lucusta mußte helfen. Niemand schützte den Claudius; denn auch den sog. Vorkoster, der immer beim Kaiser stand und jede Speise erst prüfte, hatte Agrippina bestochen. Claudius liebte die Pilze. Diesmal gab es vergiftete Pilze. Agrippina reichte sie ihm selbst. Das Essen fand gegen Abend statt. Am andern Morgen war Claudius tot. Aber erst um Mittag wollte Agrippina ihren Nero zum Kaiser machen; denn die Sterndeuter hatten ihr verkündet, nur die Mittagsstunde sei günstig. Also hieß es am Vormittag nur, Claudius sei erkrankt. Es wurden sogar Komödianten oder Operettensänger herbeigeholt, die im Nebenzimmer irgend etwas zum besten gaben; denn es hieß, der Kranke hätte eben danach verlangt.

Erst um Mittag führte dann die Mutter ihren Sohn Nero aus dem Palast, wo eine Abteilung der Garde auf Posten stand; und wieder ist es die Garde, die Nero zuerst durch Akklamation als Kaiser anerkennt. „Den Kaiser macht das Heer." Ein noch nicht ganz 17 jähriger Kaiser. Agrippina frohlockte. Die Welt beugte sich der vollendeten Tatsache. Der Offizier im Palast verlangte darauf von dem neuen Herrscher Nero eine Tagesparole. Die Parole, die er gab, lautete: „die beste Mutter." Diese beste Mutter aber sorgte endlich noch für eine Sicherung. Narciß, der mächtigste Mann der Zeit, der Besitzer von mehr als zwanzig Millionen, wurde in Sinuessa gleich in den nächsten Tagen umgebracht. Sie ließ ihn umbringen. Dann versetzte Agrippina den Claudius unter die Götter Roms: auch diesen frechen religiösen Mummenschanz beging sie; sie selbst. Denn Nero war fast noch Knabe. Sie regierte jetzt. Die Gesellschaft aber behauptete, Claudius, dieser Karnevalskönig, lebe nach seinem Tode nicht als Gott, sondern als Kürbis weiter. Diese Verkürbissung des Claudius wurde damals in einer Satire „Apokolokyntosis" dargestellt, die uns indes nicht erhalten ist.

Agrippina und Nero! War das der Gewinn, den man von Messalinas Beseitigung erhofft hatte, daß Nero herrschte? Das wäre ein trostloser Gedanke gewesen. Aber nein, da war ein ganz anderer Gewinn. Das war Senecas Zurückberufung aus Korsika, die gleich nach Messalinas Tod erfolgte. Claudius selbst soll das angeregt haben. Seneca, auf Korsika in melancholische Untätigkeit versunken, stand jetzt als der Erzieher Neros und als eine einflußreiche Person am Hof da: seit dem Jahre 49. Er bekam den Nero, diesen jähzornigen und doch so feigen jungen Menschen, in vier bis fünf Erziehungsjahren so fest in seine Gewalt, daß, als Nero Kaiser geworden, nicht Nero, und auch nicht Agrippina, sondern er, Seneca, die nächsten sieben Jahre die Welt verwaltet hat.

Die letzten entsetzlichen Zeiten unter Caligula und Claudius, die Seneca mit angesehen, waren doch nicht ohne Nutzen. Denn ihre Wirkung war, daß ein heilsamer Gegenschlag erfolgte. Mitten in den blutrünstigen Egoismus der Zeit hinein rief Seneca das Wort: Alle Rache ist gottlos. Versöhnt euch! lernt Vergebung und dient einander. Denn wir sind zum Lieben da und nicht zum Hassen. Es kam eben damals zu einem Aufruf aller guten Elemente und weiter zur Begründung einer neuen römischen Sittenlehre durch ihn; vor allem aber kam es zum Handeln, indem er für die Regierung der Welt selbst idealere Gesichtspunkte verfolgte: mitten im Kampf der Gemeinheiten der Versuch eines edleren, uneigennützigen Menschentums. Die ideal oder religiös gesinnten Menschen hielten sich damals abseits, als die Stillen im Lande; Seneca rief sie auf, sich am Staatsleben zu beteiligen. Es ist bequem, aber es ist kein Verdienst, gut zu sein, wenn man sich den politischen Bürgerpflichten entzieht.

Senecas kurze Regierung brachte eine neue goldene Ära, eine Wiedererweckung der augusteischen Zeit. Alles atmete auf, wie befreit; und auch die Dichtkunst, die so oft der Maßstab des Glückes der Epochen ist, die Poesie, die unter Tiberius, Caligula und Claudius, wie auf den Mund geschlagen, lautlos dagelegen, fing plötzlich wieder frei atmend an, sich zu regen. Die Hirtenpoesie nahm Calpurnius wieder auf, das Epos Lucan, die Satire Persius, die horazischen Oden Caesius Bassus.

Nur die Elegie, die schöne, aber sittenlos heißblütige Liebesdichtung, blieb tot und erwachte nicht wieder. Vor allem aber schrieb Seneca jetzt selbst, in seiner herrschenden Stellung, eine köstliche Serie reformatorischer Lehrschriften, die, wie gesagt, das Gefühlsleben Roms und also der Welt in sittlicher Hinsicht auf einen anderen Boden stellte: über soziale Hilfe, über Gnade des Fürsten, über den Wert des Reichtums u. s. f., Evangelien der echten Humanität, die sich auf reine Gottesverehrung gründet, in tausend Wendungen die neue Wahrheit verfechtend, daß der Mensch seiner Mitwelt dienen soll und sich nicht besser dünken soll als jeden geringsten, der menschliches Antlitz trägt. Daraus ergab sich eine Pflichtenlehre der Menschlichkeit, wie Rom sie bisher nicht hatte, die Rom ihm verdankte und die heute noch nachwirkt, ohne daß die meisten es wissen: Du sollst deinen Nächsten lieben wie dich selbst.

Seneca behauptete seine Machtstellung, solange die kaiserliche Garde, die Burrus befehligte, ihm ergeben war. Als Burrus starb, ereilte auch ihn endlich das gewaltsame Schicksal, das damals alle Besten wegnahm. Neros eigentliche Natur kam zum Durchbruch; der eigentliche „Nero" war erwacht.

Nero hatte erst den wehrlosen Britannicus, er hatte sodann, im Jahr 59, auch Agrippina, die ruhelose, herrschgewohnte Mutter, umbringen lassen. Die Mutter hatte längst auf allen Einfluß verzichtet. Aber Nero hatte doch Angst vor ihr. Agrippinas Ende, so wie Tacitus es schildert, wirkt noch erschütternder auf den Leser als das Ende Messalinas. Denn ihre Todesart war noch gräßlicher, und es war der eigene Sohn, der seine Mutter hinschlachtete. Der Dank des Sohnes an seine „beste Mutter." Dann erlitt, im Jahr 65, auch Seneca den Tod, einen qualvollen Märtyrertod, und die Hauptstadt sank in Abscheu, Ekel und Grauen zusammen und warf alle Hoffnung hin auf bessere Zeiten. Aber Seneca wußte es besser: „ich betreibe die Geschäfte der Nachwelt," war sein Ausspruch; eine bessere Zeit war doch nicht fern, die Zeit einer reineren Menschlichkeit.

Titus

Der Verfall der Sitten in Rom war durch die Bürgerkriege seit Sulla so groß geworden; er beruhte auf dem Egoismus des Einzelnen, der sich zu allem erfrecht, der sich alles mit Blut und List erstreitet und anmaßt. Auch in der Zeit der Erschlaffung, als der orientalische Luxus gesiegt hatte, hat sich diese Selbstsucht nur noch gesteigert; aber sie griff seitdem nach niedrigeren, gemeineren Zielen. Lukull, der Schlemmer, vertausendfachte sich jetzt, und von Julius Cäsar erbte nicht das Heldentum weiter, sondern nur das Ehebrechertum. Hiergegen erhob sich Seneca und die übrigen Anhänger der stoischen Religion; eine neue Sittlichkeit wurde laut gepredigt, nach der einst schon der jüngere Scipio trachtete: nur noch strenger und weltflüchtiger als damals. War dies Wirken Senecas vergeblich? Doch nicht; aber die Wirkung zeigte sich in den regierenden Kreisen nur langsam; langsam, aber sicher. Die Geschichte Roms nach Senecas Wirken ist in der Tat ein hoch erfreulicher Aufstieg in sittlicher Beziehung, und nichts verdient so sehr unser Interesse, nichts kann uns so sehr mit dem Glauben an die Macht des Guten erfüllen, wie die Beobachtung der Veredlung der Gesellschaft zwischen den Jahren 60—160. Bevor das Christentum einsetzte, hatte sie sich vollzogen. Für uns stellt sie sich zuerst in Kaiser Titus dar. Sueton setzt über seine Biographie dieses Kaisers die Worte: „Titus, die Liebe und Wonne des Menschengeschlechts", als gäbe er damit dem Mann einen Titel, eine Amtsbezeichnung. Es ist des Titus Ehrentitel in der Geschichte geblieben. Aber zuvor erlebte die Welt eine Steigerung alles Abscheulichen, ein Überwuchern der Zuchtlosigkeit, den gänzlichen Bankerott der sog. höheren Klassen. Der Name Nero sagt genug.

Vierzehn Jahre lang (54—68) hat Nero geherrscht, geherrscht, aber nicht regiert. Als Seneca beseitigt war, ist es der Gardechef Tigellinus, ein ganz gemeines Subjekt, der den Nero hält. Senecas Tod war mit Massenhinrichtungen verbunden in Anlaß der Aufdeckung der Verschwörung des Piso, die sich tatsächlich gegen den jungen Despoten richtete. Von seinen eigenen Lastern gehetzt, entwickelt sich dann Nero immer mehr ins Perverse; eine blödsinnige Selbstvergötterung, Selbstverhimmelung ist damit verbunden, und so wie Messalina ihre Doppelehe vor aller Welt glaubte durchführen zu können, zeigt Nero jetzt gar vor aller Welt seine widernatürlichen Lüste; das Homosexuelle wird mit göttlichem Nimbus umgeben. Nero gibt sich seinem Freigelassenen Doryphorus zum Weibe, er selbst heiratet einen Knaben, Sporus. Natürlich war dieser knochenlose Mensch auch Ästhet und selbst Dichter, ein schönheitssüchtiges Halbweib, das sich dilettantisch, aber fiebernd und haltlos für alle Kunstdinge begeistert. Und die Gesellschaft machte mit. Es war ein Kunsttaumel in Rom. Daß dabei im Dekorativen eine Verfeinerung und Bereicherung des Geschmacks zustande kam, ist wahr; z. B. in der Zimmerdekoration; die Loggien Rafaels gehen auf Motive der Zeit Neros zurück. Nero selbst aber machte vor allem in unermeßlicher Pracht (Vergoldung und echte Perlen) und im Kolossalen. Die Kolossalstatuen stiegen jetzt auf die Postamente. Alles das brachte Unsummen Geldes unter die Leute, und die Hauptstadt fiel von einer Überraschung in die andere.

Tapfer zeigte sich der feige Mensch nur als Wagenlenker im Zirkus. Aber natürlich hielten die Kutscher, mit denen er da um die Wette fuhr, ihre Tiere weislich zurück, um ihm den Sieg zu lassen. Zu riskieren war nichts dabei, aber das Juchhe und Hoho der Masse berauschte ihn, und vor allem das Hetzen und Tiereschinden schien ihm köstlich. Auch liebte er, wie Caligula, die Stalluft und den Verkehr mit Kutschern; er hatte überhaupt den dirnenhaften Trieb, sich gemein zu machen. Je größer der gesellschaftliche Abstand seiner Umgebung, je größer die Hingebung und Anbetung, die er fand. Im Jahre 64 stand dieser göttlich Verworfene auf der Höhe. Denn da brennt Rom, sechs Tage lang; nein, schließlich neun Tage. Die Stadt zerfiel in vierzehn Regionen; nur vier Regionen blieben vom

Flammenmeer unberührt. Welches Elend, welch' unermeßlich gräßliches Wirrsal! welche Schuttmassen! welche Massen der Obdachlosen und Abgebrannten! Daß Nero den Brand angelegt hat, ist zweifelhaft, daß er ihn absichtlich genährt hat, daran glauben alle. Nun folgte allerdings ein Neubau der Stadt, mit breiteren Straßen, weitläuftigeren Mietskasernen und Geschäftshäusern, alles ansehnlicher und großstädtischer. Schuld gab der Pöbel den Christen, und Nero griff das auf. Zum erstenmal tritt uns hier die christliche Gemeinde in Rom im Jahre 64 entgegen. Sie war verhaßt. Nicht die zahlreichen Juden, die Christen wurden damals angefeindet. Ihr Verhalten muß also doch irgendwie herausfordernd gewesen sein. Da, wo heute Vatikan und Peterskirche stehen, fand dies erste christliche Martyrium statt: eine Anzahl Gläubige, die angeblichen Brandstifter, wurde zur Nachtzeit hoch an Pfähle gebunden und verbrannt.

Aber Nero war auch Sänger. Dieser aufgeschwemmte Mensch mit den dünnen Beinen und dickem Wanst, der übrigens bei aller Schlemmerei immer gesund blieb, eine durchaus nicht ideale Erscheinung: nach so vielen Justizmorden und Exzessen macht Nero als erster Operntenor eine Kunstreise in Griechenland; denn Griechenland war das Land der Kunstkenner, die eigentliche Heimat der Musik. Dabei war seine Stimme nur dünn und ohne jedes Metall. Man denke sich: der Kaiser der Welt will singen! welche Aufregung in den kleinen griechischen Nestern! In all den Winkelorten erwarb er sich da Siegerbinden oder Kränze. Aber während Nero dann von Griechenland als gekrönter Tenor seinen albernen Siegeseinzug in Neapel und Rom hält (er trug dabei Frauenfrisur, dunkelblondes[1], in Stufen gelegtes langes Haar), brach bei den Truppen in den Provinzen der Aufstand aus. Das wirkte auf einmal wie Blitz und Donnerschlag. Da die Garde der Hauptstadt sich gegen dieses Weib Nero nicht empörte, taten es jetzt die Legionen im Rheinland, Spanien, Afrika. Sie rissen des regierenden Kaisers Namen

von den Feldzeichen herunter. Die Erlösung kam zum erstenmal
aus den Provinzen. Wer aber sollte nun Kaiser sein? wer
das Heer und die Hauptstadt haben? Die Familie des Augustus
war aufgebraucht. Man mußte in der weiten Welt nach einem
Kaiser suchen, aber allen schien es selbstverständlich, daß nur
ein waschechter, blaublütiger römischer Aristokrat möglich sei.
Auf drei Prätendenten fiel die Wahl der Truppen, Galba,
Otho, Vitellius, aber alle drei erwiesen sich als vollständig
unbrauchbar und von Neronischer Fäulnis angefault. Es folgt
also jetzt das Jahr 69, das sogenannte Dreikaiserjahr.

Voran gingen die Legionen in Spanien, die dort den alten
Galba ausriefen. Bei den Legionen am Rhein fand Galba
keinen Anklang; trotzdem rückte er durch Südfrankreich sogleich
nach Italien vor; der Senat hatte ihn ohne Zaudern als Kaiser
anerkannt. Da fiel Nero aus allen Himmeln: Tigellinus, der
Präfekt der Garde, selbst verriet ihn. Er fiel plötzlich aus seinem
Theaterhimmel herab, in die Versenkung, nein, in die Hölle
der Verzweiflung. Man schildert uns, wie er mit drei Begleitern
aus Rom flieht, sich bei Hunger und Durst irgendwo in ein
Gemach verkriecht und vor sich hinseufzt: „ich, solch ein Künstler, soll umkommen." Er hört, der Senat habe beschlossen, ihn
zu Tode peitschen zu lassen, und sagt zu seinen Begleitern:
„aber so weint doch um mich." Die Reiter kommen, die ihn greifen wollen. Da durchstößt er sich endlich die Kehle; aber es
gelingt ihm nicht; sein Begleiter Epaphrodit muß nachhelfen.
Seine Augen standen ihm gräßlich aus dem Kopfe.

Sulpicius Galba aber setzte sich in Rom unbedenklich im
leeren Kaiserpalast fest, der ihm gar nicht gehörte, als wäre das
sein Eigentum. Nero hatte keine Erben. Auch nahm er ohne
weiteres den Familiennamen Cäsar an, der damit zum erstenmal
zum Titel, zu einer Amtsbezeichnung wird: übrigens ein ganz
verbrauchter, willenloser alter Herr, 73 Jahre alt, den seine ge-
wissenlosen jüngeren Freunde gängeln, besonders sein Liebling und Freigelassener Ikelus; diese Freunde nannte man seine

Bärenführer oder Pädagogen. Der ganze Mann ein Gicht-
knoten: Hände und Füße verknorpelt. Planlos alle seine Maßregeln; das Schlimmste aber war sein Geiz. Knauserei vertrug
Rom nicht. Eines Tages rufen die Prätorianer daher den Otho
zum Kaiser aus, und in der Stadt Rom sind also jetzt zwei
Cäsaren.

Salvius Otho, das war allerdings ein ander Gesicht: ein
welker junger Roué aus dem engsten Verkehrskreis Neros.
Von Schulden überhäuft, verspricht er jedem Söldling jetzt
Berge von Gold. Entweder Kaiser werden oder bankerott,
war seine Losung. Der alte Galba eilt, als er das hört, in der
Sänfte aufs Forum und wird sogleich erschlagen. Die Prätorianer kamen zu Pferd herbei. Zugleich aber mit Galba wurde
auch der junge Piso erschlagen, den er zum Sohn adoptiert
und zum Nachfolger bestimmt hatte. In diesem Piso sehen wir
die erste Figur aus dem Kreise der geläuterten stoischen Tugendlehre, die sich dem Kaisertum nähert. Zum Glück war der junge
Titus damals fern von Rom; sonst hätte es ihm ebenso gehen
können; denn manche glaubten, Galba werde vielmehr den
Titus adoptieren.[2] Galbas abgeschlagener Kopf ging von Hand
zu Hand; aber es war ein Kahlkopf, und man konnte ihn an
den Haaren nicht anfassen; so steckte der betreffende Soldat
einfach den Daumen in den Mund und transportierte ihn so.

Otho, der 36jährige, war gleichfalls schon kahl, trug aber
eine Perücke, die täuschend gut gearbeitet war. Er rieb sich täglich die Gesichtshaut mit nassem Brot, um sich jung zu machen:
ein Schönheitsnarr wie Nero, weich und elegant. Aber er
herrschte nur 95 Tage. Denn inzwischen hatten die bei Xanten
und Köln am Rhein stationierten Legionen, die besten Regimenter, die das Reich besaß, dazu auch die germanischen
Bataver, ihrerseits die Kaiserwahl getroffen, und das war der
dritte Prätendent, das dritte klägliche Subjekt: Aulus Vitellius.
Eine sonderbare Wahl. Die Unteroffiziere und Gemeinen jener
Truppe kümmerten sich bei ihrer Wahl gar nicht um persönliche

Nero

Verdienste; sie brauchten nur einen stattlich klingenden römischen Namen als Feldgeschrei; wie der Kerl beschaffen sei, für den sie sich schlugen, war ihnen vorläufig ganz einerlei. Dieser Vitellius hatte einst den Liebhaber Messalinas gespielt, mit deren Pantoffel er herumlief; dann war er Schmeichler des großen Narciß gewesen, dessen goldene Statue er in seiner Hofkapelle aufstellte, dann des Nero, nicht nur auf der Rennbahn; auch Neros Konzertgesang entzückte ihn. Im Jahre 68 hatte Nero diesen Vitellius dann als Befehlshaber nach Köln versetzt. Gänzlich verschuldet kommt Vitellius im Dezember 68 dort an. Seine Gläubiger hatten ihn aus Rom nicht herauslassen wollen, und nur mit Mühe und Not entkam er ihnen. Eine wundervolle Riesenperle, den Ohrring seiner Mutter, mußte er dabei versetzen. Schon im Januar 69 rufen ihn dann aber die Truppen am Rhein zum Kaiser aus. Er zeigte sich leichtlebig und verschwenderisch, von schlemmerhaft herablassenden Manieren; das genügte.

Und sogleich hieß es: Aufbruch nach Rom, in die Kaiserstadt! Vitellius gegen Otho. Das war Bürgerkrieg. Welch entsetzliches Wort! Es war wie ein Fatum. Denn genau hundert Jahre waren seit dem letzten römischen Bürgerkrieg, seit der Besiegung Mark Antons vergangen. Welch klägliches Wiederaufleben nach just hundert Jahren. Denn wie anders waren jetzt die Gegner! Puppen in der Hand ihrer Soldaten. Die Legionen machten jetzt den Krieg; es waren die batavischen, und sie wollten gern einmal Rom nehmen. Bei Cremona fiel die Entscheidung. Vitellius selbst blieb ruhig oben in Gallien sitzen und pflegte sich. Otho aber überhastete alles; er hatte spanisch-gallische Truppen, dazu neu in Italien ausgehobene Rekruten. Er war der Spieler, der alles auf eine Karte gesetzt hatte. Als sich die Gefechte bei Cremona für ihn ungünstig anließen, gab er sich, bevor es zum entscheidenden Kampf kam, zum Staunen der Welt selbst den Tod. Es schien ja doch alles verspielt. Warum noch weiter schlagen und Menschen opfern? Darum ist der sonst so liederliche Otho mit einem gewissen Recht verherrlicht worden. Niemand, heißt's, starb so großartig wie er; denn Otho räumte sich selbst nur deshalb hinweg, damit nicht andere stürben. In der Tat ergriff, heißt es, sein Tod die Mannschaft so, daß sich etliche an seinem Scheiterhaufen selbst entleibten: ein Zeichen für die wunderbar hingebende Lehnstreue des damaligen Soldatentums.

Erst als Vitellius von diesem Ausgang hörte, kam der Träge persönlich nach Italien; seine Reise war wie ein langsamer Triumphzug; Girlanden und Blumen überall; auch Trüffeln und Pasteten. Seine Legionen aber läßt er die Städte und Dörfer ausplündern und rauben; es war eine Schandwirtschaft. Hoch auf dem Apennin, vor Rom, gab es ein großes Bacchanal. Dann tut Rom selbst seine Tore auf, und mit blanken Waffen zieht das Heer ein. Die germanischen Truppen hatten jetzt ihren Willen, und es folgten Feste auf Feste. Sein Bruder gab dem Vitellius ein Empfangsessen; dabei wurden 2000 feine Fische und 7000 Vögel verspeist.[3] Dem Italiener munden die Singvögel auch noch heute. Und bei der Gelegenheit hören wir denn auch von der berühmten Leibschüssel des Vitellius, die aus Leber des Scarus, eines der wertvollsten Seefische im Mittelmeer, aus Fasanenhirn, Pfauenhirn, Flamingozungen und den Milchen der Muränen bestand. Aber Vitellius war immerwährend hungrig und auch gar nicht so wählerisch: er raubte sich das Backwerk, das auf den Altären lag, holte sich aus den Garküchen das dampfende Schmalzgebackene, wenn es auch schon von gestern war. Neben all diesen Festen her ging aber ein scheußliches Morden: vor allem seine sämtlichen früheren Gläubiger brachte Vitellius um. Aber dieser mörderische Bruder Lustig genoß sein Freßkaisertum nur acht Monate. Denn schon regt sich im Osten der junge Titus mit seinem Vater Flavius Vespasianus: die Kaiser aus der Familie der Flavier.

Es war damals prophetisch im Morgenland verkündet

worden, aus Judäa sollte der König der Welt kommen. Der
Sinn des Orakels wurde jetzt aller Welt klar. Vespasian und
Titus standen jetzt eben in Judäa, im Jahre 69, im Begriff,
Jerusalem zu belagern. Vespasian ist also der Verkündete.
Er kam vom Osten aus Judäa über Rom. Aber er ist nur
Nebenfigur. Sein Sohn Titus ist es, auf den alles sieht.

In Wirklichkeit dachten die Legionen in Syrien: wir können
so gut einen Kaiser wählen wie die Legionen am Rhein oder
in Spanien. Sie gaben also die neue Losung aus. Licinius
Mucianus war damals der angesehenste Mann im östlichen
Heer. Dessen Liebe zu Titus lenkte diese Wahl. Die Losung
flog dann rasch weiter zu den Truppen in Serbien und Nieder-
österreich (Mösien), ja, zu denen in Pannonien, d. i. West-
ungarn, Steiermark, Slavonien. Und wieder beginnt sofort
der Krieg, und zwar so, daß Vespasian selbst sich ganz fernhält.
Die wenigsten kennen den Mann, für den sie kämpfen, überhaupt. Das Heer kämpft in blindem Drang nur für die neue
Losung. Aus Ungarn rückt der Legat Antonius Primus mit
sieben Legionen in Italien ein, auf Cremona zu. Der Kriegs-
schauplatz bleibt also derselbe, und jetzt droht in der Tat ein
fürchterlicher Kampf. Denn auf des Vitellius Seite steht das
unüberwindliche germanisch-batavische Heer. In der Truppe
selbst, in den verschiedenen Mannschaften des Reichsheeres
steckte der Ehrgeiz, sich miteinander zu messen. Aber es kam
anders. Kaum steht man sich gegenüber, so beginnt der Verrat.
Wer wollte sich auch ernstlich für einen Vitellius schlagen?
Die Offiziere des Vitellius, der höchstkommandierende Cäcina
voran, gehen zu Vespasian über. Nur um die Kriegsfurie zu
sättigen, damit die wild losgelassenen Truppen doch Blut und
Beute sehen, wird das unglückliche Cremona, das Widerstand
geleistet hat, zu dreitägiger Plünderung den 40000 Mann
preisgegeben. Das Schicksal der Welt aber ist wieder einmal
entschieden. Friede und Erlösung! Die entlastete Stimmung
war genau so beglückend wie nach der Schlacht bei Actium vor

hundert Jahren. Das Schicksal hatte für Vespasian entschieden. Er war Herr aller Truppen.

Nur dem Kaiser Vitellius ging es übel, der indes noch in Rom sitzt. Er will gegen eine gute Lebensrente abdanken. Aber seine trotzigen Soldaten, die er noch in Rom bei sich hat — es waren nicht viele — zwingen ihn zum Widerstand. Sie bestehen auf ihrem Kaiser. Zufällig war damals ein Bruder Vespasians, er hieß Sabinus, Stadtpräfekt Roms. Dieser Sabinus gerät jetzt in Not; er hat sich mit seinen Getreuen aufs Kapitol zurückgezogen; da greifen die Soldaten ihn an, erstürmen das Kapitol, töten alles, stecken alles in Brand, und so verbrennt auch das ruhmvolle Nationalheiligtum der ewigen Stadt, der größte Stolz Roms, der Jupitertempel. Vitellius stand indes gemächlich auf seinem Hausdach und sah dem erschütternden Brande zu. Da rückt von Cremona her die feindliche Armee gegen Rom. Jetzt ist Vitellius endgültig verloren. Erst sucht er mit seinem Bäcker und Koch aus der Stadt zu entwischen; dann verkriecht er sich in der Pförtnerstube des Kaiserpalastes auf dem Palatin. Da wird er von den Soldaten entdeckt, halbnackt, den Strick um den Hals, der furchtbar beleibte Mensch, über die heilige Straße und übers Forum geschleift, zermartert und gehöhnt („gegrüßt seist du, mein Kaiser"), mit tausend kleinen Stichen zu Tode gebracht und endlich in den Tiber geworfen. Seine germanischen Soldaten aber zogen sich ins feste Lager der Garde zurück. Sie hätten sich ergeben können, aber sie wollten es nicht; sie starben da heroisch für ihren Soldateneid bis auf den letzten Mann. Es folgte ein Morden und Rauben der siegreichen Vespasianer, das noch lange andauerte; sie ließen sich nicht bändigen. Die Gassen Roms strömten von Blut über. Dies waren endlich, endlich die letzten Greuel der gräßlichen ersten Kaiserzeit nach Augustus, der Zeit, die von Tiberius bis zu Vitellius reicht.

Tief im Innern Italiens, in einem fruchtbaren Gebirgstal, unterhalb der Abruzzen, da lag die kleine sabinische Landstadt Reate (heut Rieti). Da war Vespasian geboren, und da blieb er auch immer heimisch: ein Mensch aus dem Volk, der jetzt Kaiser wird. So mußte es kommen. Die Aristokratie Roms hatte jetzt mit Galba, Otho und Vitellius für immer abgewirtschaftet. Sollte überhaupt kein Ausländer, sondern ein geborener Italiener Kaiser werden, so konnte nur noch aus den gesunden unteren Volksschichten, vom Lande, aus den Kleinstädten Italiens das Heil kommen. Es wird uns ausdrücklich gesagt: in diesen Nestern und in den Bergtälern Italiens herrschte noch immer die uralte biedere, ehrenfeste Sitte; der Geist des Orients mit seiner Fäulnis fand keinen Weg dahin. Vespasians Großvater Flavius sollte der Sohn eines Arbeitsvermittlers für Tagelöhner gewesen sein; der diente als Unteroffizier unter Pompejus. Vespasians Vater war Zolleinnehmer oder Zollpächter. Wichtiger aber ist die Mutter Vespasia, die aus derselben sabinischen Gegend, aus Nursia stammte, wo es die besten Rüben gab. Rüben waren die alte Heldenspeise der Römer. Auch Vespasia gehörte einer braven Spießbürgerfamilie an, aber ihr Streben ging hoch; sie zählt, wie die Mutter der Gracchen, zu den ehrgeizigen Müttern. Auf ihren Antrieb suchten ihre beiden Söhne eine höhere Laufbahn zu machen: Sabinus wurde Stadtpräfekt der Hauptstadt; Vespasian folgte dem Beispiele dieses Bruders mit einer gewissen bäurischen Langsamkeit. Narciß, der schneidige Minister, war es, der ihn und seine Begabung entdeckte. Er schickte ihn nach Britannien, und vornehmlich Vespasian hat damals unter Kaiser Claudius für Rom Süd-England erobert. Weil Narciß sein Freund, mußte er sich vor Agrippina ducken. Nero schleppte ihn dann, als er seine große Konzertreise machte, als Reisebegleiter mit nach Griechenland; aber Vespasian schlief bei den kaiserlichen Arien buchstäblich ein, worauf Nero, tief gekränkt, seinen Gruß nicht mehr annahm. Bald brach in Syrien der gefährliche jüdische Aufstand aus. Dorthin schickte Nero den Vespasian als obersten Befehlshaber; denn er dachte: ein Mensch von so niedriger Abkunft ist mir ungefährlich, mag er noch so viel Ruhm ernten. Aber die Vorzeichen meinten es anders; die Alten gaben nämlich auf Vorzeichen immer abergläubisch acht, und ein solches war, daß dem Vespasian träumte, ihm werde das höchste Glück zuteil, falls dem Nero ein Zahn ausgezogen wird. Gleich am anderen Morgen besucht ihn der Hofarzt und zeigt ihm einen Zahn, den er wirklich dem Nero gezogen hat.[4]

Nach Judäa nahm Vespasian seinen Sohn Titus als Unterfeldherrn oder Legaten mit, und damit traten beide auf die große Bühne der Weltgeschichte. Vater und Sohn, das war für den Beobachter ein rechter Gegensatz: Vespasian, 60jährig, eine feste Gestalt von echt plebejischer Gesundheit, ein Mensch, der für seine Gesundheit nie etwas tat (nur freilich legte er zur Abhärtung in jedem Monat einen Hungertag ein). Aber auch sein Gesichtsausdruck war durchaus nicht königlich, sondern er sah ständig so aus, als kniffe und peinigte ihn etwas, was er nicht los werden könnte. Der Sohn Titus dagegen ein hervorragend schöner Mensch, ausgezeichneter Bogenschütze und Reiter, voll Kraft und Geist und Kunstsinn und von freiem, gewinnendem Wesen.

Die Kriegsoperationen in Judäa waren für lange Zeit durch Neros Tod und die darauf folgenden Thronwirren unterbrochen worden. Vespasian ließ, als er Kaiser geworden, Titus in Palästina zurück und begab sich zunächst allein nach Ägypten. Denn in Ägypten hatte man ihn zuerst ausgerufen. Aber der platte und etwas sehr triviale Mann wußte sich anfangs nicht zu benehmen und war ungelenk wie ein rechter Kleinstädter. Da erhalten wir nun eine sehr merkwürdige Mitteilung. Man sagt dem Vespasian: „wenn du dich recht als Kaiser fühlen willst, mußt du ein Wunder tun. Denn wer Kaiser ist, ist heilig oder göttlich, und wer heilig ist, der kann auch Wunder tun. Hier sind ein paar Kranke. Lege deine Hand auf und heile sie." Vespasian ist erst scheu und getraut sich nicht. Dann heilt er wirklich vor dem versammelten Volk erst einen

Blinden, dann einen Lahmen, den Blinden mit Speichel, den Lahmen, indem er ihn mit seinem Hacken berührt. Da haben wir ein paar Wunder, die uns ebenso gut bezeugt sind und auch ebenso gläubig mitgeteilt werden, wie die in den Evangelien; und damit stand nun des Kaisers höhere Natur, wenn nicht für ihn, so doch für das Volk fest.

Dann ging Vespasian nach Rom, und Titus mußte allein Jerusalem erobern. Seit dem Jahre 66, ja schon seit 44, war ein ständiges Hetzen und Kämpfen zwischen Juden und Andersgläubigen in Cäsarea und in allen Städten der dortigen Gegend gewesen. Die schwache römische Besatzung in Jerusalem war von den fanatischen Juden hinterlistig vergewaltigt worden. Rom mußte endlich energisch eingreifen.

Obschon Palästina schon sehr lange Rom unterworfen war[5] und obschon die vornehmen Pharisäer, die Orthodoxen alten Stils, sich in diese Lage ruhig ergeben hatten, hörte in den Tiefen des Volkes der Stolz und der vom Prophetentum genährte Glaube nicht auf, daß sie, die Juden und ihr Nationalgott, einst herrschen würden über alle Völker. Die finster erbitterte Erregung hatte sich jetzt bis zum Fieber gesteigert, der felsenfeste Glaube, daß Gott ganz gewiß ein großes Wunder tun werde, wenn man nur den rechten Eifer zeigte. So entstand die Partei der Zeloten oder der „Messermänner" im Lande (so nannte man sie), die Hauptstadt und Land in Schrecken hielten und jeden Römer und Römerfreund niederstachen. Nun hatte Vespasian zunächst langsam Galiläa und Samaria besetzt. Da hatte es Kämpfe am See Genezareth, ja, sogar zu Schiff auf dem See gegeben. Der Berg Tabor wurde mit List genommen. Eine andere Feste, Jotapata, hatte man lange Zeit umlagern müssen; schließlich sprang Titus kämpfend als erster auf die Festungsmauer. Jerusalem selbst aber galt als fast uneinnehmbar; es war eine der festesten Städte, die es gab. Man unterscheidet vier durch Schluchten getrennte Teile der Stadt: Oberstadt und Unterstadt, Tempelberg und Burg Antonia. Die kolossalen, unzerbrechlichen Mauern, die jedes römischen Rammwerkzeuges spotteten, standen überall auf steilen Felsenabhängen, mit Ausnahme der Nordseite. So ist es begreiflich, daß die Belagerung des Titus im Jahre 70 n. Chr. volle fünf Monate dauerte. Die Deutschen haben im Jahre 1870, um Paris zu erobern, genau ebensoviel Zeit gebraucht. Dämme, Einschließungsmauern, Belagerungstürme mußten gebaut werden, um an die Mauerbrüstungen heranzukommen. Warum aber ist der Untergang Jerusalems eins der schaurigsten Ereignisse der alten Geschichte? Die Juden selbst haben ihn dazu gemacht. Furchtbar war der Hunger, furchtbarer der Fanatismus der Juden selbst in der Stadt; denn es waren drei Parteien. Die Zelotenpartei des Messermanns Johannes, die Partei des Bandenführers Simon und eine dritte, die wieder von der ersten sich abtrennte, zerfleischten sich während der Belagerung gegenseitig in blinder Wut auf das grausamste und wildeste. Jede sann auf vollständige Vernichtung der gegnerischen Partei: ein Hinmorden auch von Weibern und Kindern. Titus sah dem zu und nahm erst die Burg Antonia weg, dann bot er eine Schonzeit an, die abgelehnt wurde. Dann nahm er auch den Tempelberg mit Feuerbrand; endlich die Oberstadt. Auch der berühmte Tempel Salomos selbst ging dabei für immer zugrunde. Es ist wahrscheinlich, daß Titus dieses Zentralheiligtum des verstreuten Judentums mit Plan und Absicht vernichtet hat, sowie von ihm auch die ganze Stadt geschleift und in Ackerland verwandelt worden ist. Denn nie wieder sollte sich hier eine Nation sammeln; und die Judenaufstände, die später unter Kaiser Trajan folgten, haben gezeigt, wie recht er hatte. Zugleich aber dachte Titus dabei gewiß an den Jupitertempel auf dem Kapitol, das Zentralheiligtum des Römerreichs, zurück, das vor einem Jahr ganz ebenso durch Brand vernichtet worden war. Die Gefangenen behandelte er als Rebellen; er ließ sie töten; so auch den Johannes, der sich ebenso wie der Bandenführer Simon in den Kloaken ver-

Vespasian

steckt hatte. Simon dagegen, des Giora Sohn, wurde für den
Triumphzug in Rom aufgespart. Fortan durften die Juden
keine Tempelsteuer mehr für irgendeinen ihrer Tempel zahlen,
sondern mußten eine entsprechende Abgabe an den Kaiser nach
Rom entrichten. Kein Volk hatte die Geduld Roms so lange
gereizt wie dieses; keins ist auch in seiner politischen Ehre här-
ter bestraft worden.

Titus bewährte sich bei diesem mühseligen Kriege auch persönlich: er schoß einmal mit sieben Pfeilen, ohne zu fehlen,
sieben Feinde hintereinander von der Mauer herab. Aber er
wurde auch selbst getroffen von einem anderen Pfeil: er verliebte sich in eine jüdische Frau; Titus hatte Judäa, Judäa aber
hatte auch den Titus erobert. Es war eine Berenike, die Tochter eines üppigen Kleinfürsten in der Nähe, etwa dreizehn
Jahre älter als er, aber mutmaßlich schön und faszinierend und
jedenfalls eroberungslustig und eroberungsfähig. Sie kam zu
ihm ins Lager vor Jerusalem, von Pagen und Kastraten bedient, und umgab Titus da mit allem sinnfällig lockenden
Prunk des Orients. Ihr Plan ist durchsichtig: sie wollte Kaiserin Roms werden, eine zweite Kleopatra. Und sein Herz war
wirklich tief getroffen. Aber er reiste schließlich doch ohne sie
nach Rom.

Titus war so schlicht erzogen wie sein Vater; wie bei kleinen
Leuten war er aufgewachsen; sein ärmliches Geburtshaus
wurde später als Merkwürdigkeit gezeigt. Aber, weil er ein
hübsches und kluges Kind und vielseitig begabt, wurde er vom
Kaiser Claudius an den Kaiserhof gezogen und zum Spiel-
gefährten des zarten Prinzen Britannicus gemacht. Da hat
Titus, so früh schon, Hofluft geatmet; da hat er Nero und Agrippina, da hat er vor allem auch Seneca gesehen. Es ist notwendig,
ja selbstverständlich, daß er Seneca dort sah; und das ist zum
Verständnis äußerst wichtig. Als Britannicus im Jahre 55
vergiftet wurde, da war sein Gespiele, der 15jährige Titus, bei
Tisch neben ihm und probierte mit aus demselben Becher, in

dem der Gifttrunk war. Titus hat dem Freund seiner Kinderzeit später Statuen gesetzt und sein Andenken liebevoll gepflegt.

Auch in den geringfügigsten Umständen können sich oftmals wichtige Dinge verraten. Nichts ist aber für Titus so bedeutsam, als sein Verhältnis zu Seneca festzustellen. Daher noch folgende Kleinigkeit. Titus war, wie wir hören, der gewandteste Stenograph; zu Senecas Ruhm aber gehört es, daß er die Stenographie neu begründete. Ist das Zufall? Für den großen Geschäftsbetrieb Roms und der Reichsverwaltung hat Seneca in einem grundlegenden Werk die stenographischen Zeichen gesammelt.[6]

So kommt es nun aber, daß Titus viel mehr höfische Lebensart besaß als sein Vater. Er hatte beiläufig am Hofe auch das Musizieren gelernt und begleitete sich selbst beim Singen, aber nur im häuslichen Kreise. Vespasian machte seinen Sohn gleich im Jahre 70 zu seinem Mitregenten: gewiß ein Beweis schrankenlosen Vertrauens; aber das Heer selbst, das den Titus vergötterte, nötigte ihn dazu; denn die Soldaten hatten geschwankt, ob sie nicht Titus selbst statt seines Vaters zum Kaiser ausrufen sollten. Titus schrieb nun also die Briefe, erließ Edikte, hielt Reden im Senat für den Vater; er teilte fast alle Pflichten.[7] Vor allem aber war er der Sicherer und Schützer (tutor) des Kaisertums, d. h. er übernahm das städtische Kommando der Garde, und von den gefährlichen Prätorianern drohte also keine Gefahr. Dann gingen die Herrscher mit festem Griff daran, die Reichsverwaltung neu zu gestalten, und es gelang ihnen in der Tat, in die fürchterliche Zerrüttung aller Verhältnisse (Militärwesen, Finanz, Bauwesen) wieder Ordnung und Sicherung zu bringen. Das war vornehmlich das Werk des Vaters. Besonders erwähne ich, daß sie für Erfrischung des Blutes in der verkommenen Aristokratie sorgten; sie steckten eine Menge Leute aus den Kleinstädten, ja, aus den Provinzen in den hohen Senat Roms. Sie wollten Männer gleichen Zuschnitts wie sie selbst. Dann bauten sie das würdigste Monument, das sich denken läßt, den Tempel des Friedens, am Forum. Denn endlich war wieder Friede im Reich, im Reich und in den Herzen.

Der Vater war ein rechtes Original; altfränkisch und schlicht, wie er gewesen, so blieb er. Zur Sommerlust ging er immer nur auf die kleine väterliche Landstelle bei Reate. An allen Festtagen trank er aus einem kleinen silbernen Becher, den er von seiner alten Großmama, der Unteroffiziersfrau Tertulla, hatte. Die Stiefel zog die alte Majestät sich stets allein an. Der alte Kauz war aber auch filzig und geldgierig, ein Profitmacher. Ein Bauer sagte von ihm: „Ein Fuchs bleibt ein Fuchs, wie oft sein Balg auch die Haare wechselt." Aber er sparte nicht für sich, sondern für den Staat. Es galt eine Reichsschuld von angeblich 40 Milliarden Sesterzen zu tilgen, und dazu genügten die in Jerusalem eroberten Schätze nicht. Daher ließ er z. B. — wenn es wahr ist, was man von ihm erzählt — die Verwalter in den Provinzen sich erst tüchtig bereichern, wie die Schwämme, die sich vollsaugen; dann machte er ihnen den Prozeß und preßte sie wie die Schwämme aus. Unter den Auflagen, die er verfügte und die auch unter Domitian sich fortsetzten, litt das Land Italien freilich schwer, und Nerva und Trajan mußten alles tun, es wieder hoch zu bringen. Besonders bekannt ist die Steuer, die Vespasian auf den zu Medikamenten und sonst technisch verwendeten menschlichen Urin legte.[8] Titus tadelte ihn darum; als die erste Steuer eingeht, hält er dem Sohne das Geld vors Gesicht und sagt selbstzufrieden: „nun, riecht es etwa?" Überhaupt war er voll von platten Späßen. Die ganze Vergötterung der Kaiser kam ihm im Grunde sehr albern vor, und als er merkt, daß er sterben muß, sagt er spottend: „Aha! ich glaube, jetzt werd' ich Gott." Dann aber stellt er sich gerade auf die Füße, mit den Worten: „ein Imperator muß stehend sterben."

Wer aber dem ganzen Regiment die Seele, den Schwung und den Glanz gab, das war ohne Frage sein Sohn Titus. Titus hatte lebhaftesten Sinn auch für Reichtum und für Kunst. Jeder Archäologe erinnert sich hier, daß der Laokoon, das Gipfelwerk der jüngeren Plastik, in des Titus Palast stand. Da sah Plinius den Laokoon. Titus war durchaus kein Engel; denn er steckte mit seinen Wurzeln noch in Neros Zeit. Er neigte als junger Mensch zu Gewaltsamkeiten und konnte auch als Regent sehr derb zufassen. Daß er nach der Eroberung Jerusalems jüdische Kriegsgefangene in Cäsarea in Fechterspielen umkommen ließ, entsprach durchaus dem Herkommen, von dem er sich nicht losmachte. In Rom hat er bedrohlich-staatsgefährliche Elemente gleich anfangs durch Hinrichtung beseitigt, und alle niederträchtigen Denunzianten, die dem Nero gedient hatten, ließ er peitschen und dann aus dem Lande jagen.[9] So nahm er alle harten Maßnahmen, die zur Sicherung der Herrschaft seines Vaters nötig waren, als Gardepräfekt auf sich und erntete darum das Odium der Gesellschaft. Auch lebte er anfangs flott, etwas im Barockstil der vorigen Machthaber. Daran war schuld, daß Berenike zu ihm nach Rom kam. Sie verfolgte ihn, und er liebte sie augenscheinlich. Auch ihre ganze Gefolgschaft von schönen Knaben, Tänzern und Kastraten schleppte Berenike hinter sich nach Rom. Aber seine Freunde warnten ihn, und Titus besiegte sich selbst; bei einem Menschen seiner Machtstellung war das nichts Geringes. Er wies die Frau von sich, und von ihrem bedenklichen dienenden Menschenapparat entwöhnte er sich gleichfalls; und so kam es, daß Rom keine jüdische Kaiserin erlebt hat. Für Rom war es gut, daß es keine Kaiserin gab. Man wußte von früher her, wie schlimm die Messalinen und Agrippinen sind. Von seiner Gattin Marcia hatte Titus sich früh getrennt, und er lebte ehelos mit einem einzigen Töchterchen Julia; auch der alte Vespasian behalf sich, seit er Witwer war, ohne Kaiserin.

Soll ich nun die Tugenden des Titus aufzählen? Wir haben leider nur eine knappe Schilderung, aber sein Gedächtnis ist dadurch mit einer Glorie des Edelsinns und wahrer Humanität umgeben, und daran zu zweifeln haben wir keinen Anlaß. Schon gleich bei der Einnahme Jerusalems: da will man ihn mit dem Kranz des Siegers krönen; er aber weigert sich dessen; denn was er geleistet habe, sei Gottes Werk.[10] Dann hören wir, daß er als Freunde und Ratgeber nur treffliche Männer an den Hof zog, daß er, was das Geld betrifft, die üblichen Geschenke, die man den Kaisern zu machen pflegte, ablehnte, daß er keinen Bürger je an seinem Eigentum geschmälert, daß er zu allen milde (darin stimmte er zum Glück mit seinem Vater überein) und daß er wohltätig war, wo er nur konnte, und in einem berühmten Ausspruch von dem Tag, an dem er niemandem etwas Gutes erwiesen, sagte: Ihr Freunde, ich habe den Tag verloren; vor allem, daß er das Menschenwürgen verabscheute, niemand tötete und reine, sündlose Hände hatte, wie ein rechter Oberpontifex oder Statthalter Gottes sie braucht. Denn auch, wo er schwer gereizt war, nahm er nicht Rache.

Wer kann, wenn er das hört, verkennen, daß das alles nichts ist als die genaue Verwirklichung der Lehren Senecas? Senecas Schriften über das Wohltun, sein Eifern für Menschenliebe und gegen die Rache (de ira, de clementia): hier sehen wir greifbar davon die unmittelbare Wirkung. Hier ist der Musterkaiser, den Seneca plante; Seneca hat den Titus gezüchtet, nachdem ihm Nero mißlungen. Es ist gut, daß wir nachweisen konnten, daß Titus den Seneca wirklich auch persönlich gekannt haben muß.[11]

Zwei vornehme ehrgeizige Männer hatten gegen Titus Mord geplant; Titus ließ die gefährlichen Leute zu sich kommen, tat ihnen nichts und tadelte nur ihre Unvernunft: „Beklagt euch offen über unsere Regierung; dann wollen wir abstellen, was verfehlt ist." Dann lädt er sie auch noch zu Tisch und weiter, bei den Fechterspielen im Amphitheater, wo Titus wehrlos allein unter den Zuschauern sitzt, läßt er es unbedenklich zu, daß die beiden Verschwörer sich in seiner Nähe aufstellen, ja, er läßt zwei Fechtersäbel heraufholen und gibt sie ihnen in die Hand:

„Prüft bitte, ob sie scharf sind!" Dies Vertrauen entwaffnete sie vollständig.

Allein und ohne den Vater, hat Titus nur etwas über zwei Jahre, von 79—81, regiert. Gerade da aber kam Unglück über Unglück; zuerst die Verschüttung Pompejis und Herculanums und der unerhörte Ausbruch des Vesuv im Jahre 79; dann eine dreitägige Feuersbrunst in der Hauptstadt, in der nochmals das Kapitol, aber auch das berühmte Pantheon Agrippas verbrannte; endlich gar Seuche und Pestilenz. Titus half tatkräftig, soweit in solchen Nöten eine Regierung helfen kann. Er sorgte persönlich dafür, die Kenntnis von Heilmitteln im Publikum zu verbreiten, begann in umfassender Weise den Wiederaufbau der verbrannten Staatsgebäude in Rom und schuf eine Kommission, die für die heimatlosen Überlebenden der untergegangenen schönen Städte am Neapler Golf sorgen mußte, die außerdem die Nachgrabungen beaufsichtigte, wodurch alles Wertvolle aus der Verschüttungsmasse gerettet wurde, und die auch den Wiederaufbau der Städte zu leiten hatte, soweit ein solcher angänglich schien. Ja, Titus weilte selbst lange Zeit in Campanien in der Nähe der Stätte des Unheils.

Vespasian hatte einst als junger Mann unter Kaiser Claudius Süd-England für Rom erobert. Der Plan, diese Eroberung Englands zu erweitern, wurde von ihm und seinem Sohn im Jahr 78 wieder aufgenommen, denn sie wollten auch als Mehrer des Reichs erscheinen. Aber Titus selbst war in der Hauptstadt unabkömmlich, und er gönnte daher dem jungen aufstrebenden Feldherrn Agricola ohne Neid und ohne alles Mißtrauen den Ruhm, diesen neuen und entscheidenden britannischen Krieg zu führen. Erst damals, heißt es, wurde sichergestellt, daß England kein Festland sei, sondern eine Insel.[12]

So war Titus. Aber das Gute hatte, so schien es, keine Rast auf Erden. Schon in seinem zweiundvierzigsten Jahre starb er. Er hatte vormittags den Schauspielen, die er so liebte, beigewohnt[13]; es war Anfang September des Jahres 81; da befällt ihn ein Weinkrampf, eine Nervenschwäche, inmitten des Publikums. Er will gleich hinaus aufs Land, auf das sabinische Familiengut bei Reate: das war eine Reise von mehreren Tagen. Schon auf der ersten Nachtstation schüttelt ihn ein heftiges Fieber. Als man ihn in der Sänfte weiter befördert, schlägt er voll Trauer die Vorhänge zurück, um den offenen Himmel zu sehen, und klagt: „ich soll schon sterben, und ich habe es doch nicht verdient; nichts habe ich getan, was ich bereuen müßte." Nichts? Dann fügte er hinzu: „eins ausgenommen." Kein Mensch erriet, was er mit dieser Ausnahme meinte.

Der Ausspruch selbst aber ist unendlich charakteristisch und echt antik; echt antik der fröhliche Glaube an die eigene Tugend. Erst das Christentum hat das Gefühl der Sündigkeit, das Allzumal=Sünderbewußtsein in die Völker des Westens getragen, die in ihrer Natürlichkeit davon nichts wußten.

Eine Landestrauer wie damals hatte Rom noch nicht erlebt; denn jeder, heißt es, trauerte um Titus wie um einen Blutsverwandten. Noch ehe der Konsul die Senatoren zu einer Kundgebung berufen konnte, eilten alle zum Senatssaal, und da dessen Türen noch verschlossen waren, fingen sie auf der Straße und vor dem Palast an, vom Leben des Titus und von dem Danke Roms zu reden, um so lauter und um so wahrhaftiger, da er selbst es nicht mehr hören konnte.

Wer heut in Rom sich nach einem Monument des Titus umsieht, der hat nicht weit zu suchen. Auf der Velia am Forum steht ja der Titusbogen in seiner so bescheiden vornehmen Schönheit; in seiner nächsten Nähe aber die großartigste antike Ruine, die Rom überhaupt besitzt, das Kolosseum, das Amphitheater der Flavier. Dieser Bau war freilich kein Werk der Humanität, sondern eine Riesenkonzession an das Volk. Nero hatte an dieser Stelle seinen sog. goldenen Palast von märchen=

hafter Ausdehnung errichtet, ihn aber unfertig hinterlassen. Die ganze Neronische Herrlichkeit wurde jetzt weggerissen, und auf die Fläche, wo Nero in seinen Gärten für einen See ein großes künstliches Becken angelegt hatte, das Amphitheater gestellt, der größte und massivste Unterhaltungsraum, der je einer Stadt geboten worden ist. Unter Vespasians Namen wurde der Bau begonnen, und zwar als die Verwirklichung eines Planes, den einst schon Kaiser Augustus hegte. Aber nur der Verschwendungslust, oder sagen wir: dem großzügigen und glanzliebenden Geist des Titus kann die Idee dazu entsprungen sein. Er hat aus Teilen desselben Neronischen Palastes auch seine Titusthermen, gewiß eines der schönsten Volksbäder jener Zeit, hergestellt, wo er dann selbst häufig gutmütig inmitten des Volkes badete.

Wir wissen, Titus liebte die aufregenden Vergnügungen des Amphitheaters; das haftete an ihm wie an jedem echten Römer. Er hatte sich eine naive Weltfreudigkeit bewahrt. Daher auch seine Liebe zu dem jungen, virtuosen Faustkämpfer Melankomas, der früh verstarb und den der größte Redner jener Zeit, Dio „der Goldmund", mutmaßlich auf des jungen Kaisers Anregung, verherrlicht hat.[14] Von den Tierkämpfen aber, die Titus zur Einweihung seines Kolosseums hundert Tage lang zum Besten gab, besitzen wir noch genaue Schilderungen: eine Frau, die einen Löwen erlegt; ein Rhinozeros im Kampf mit dem Stier oder mit dem Bären; ein Löwe vom Tiger zerrissen; auch Auerochsen und Bison; aber auch Verbrecher, die in phantastischer Verkleidung dort ihre Hinrichtung fanden; endlich die Arena in einen See verwandelt und wundervolle, magisch beleuchtete Schwimmballetts der Nereïden.

Der Bau steht noch heut wie ein rundes ausgehöhltes Felsengebirge, dessen Längsachse 600 Fuß lang ist, ein Riesenbecher, der in Scherben ging und in dem dereinst die Leidenschaft, Freude und Wut von mehr als 40000 heißblütig schaulustigen Menschen aufschäumte. Wer heut allein und ohne Fremden-

Titus

führer in diesem Kolosseum steht, der schließe die Augen, und er wird den Gesang der Nereïden, er wird das Brüllen und Fauchen der Wildkatzen, das Ächzen der Kämpfer wirklich noch aus der Zeitenferne zu hören glauben. Aber nein! die Hofloge ist leer; der Kaiser fehlt, der dies alles geschaffen. Der phrenetische Lärm der Masse verstummt. Das ganze festlich geschmückte Volk Roms steht auf einmal tief in Schwarz gekleidet, und alle sprechen: Wir trauern nicht um ihn, wir trauern um uns. Er war unsre Wonne. Er verlor nichts; wir sind es, die verloren haben.[15]

Trajan

Denken wir an die Volksfreundlichkeit des Titus zurück, so ist sein eigentlicher Nachfolger Kaiser Trajan, der in den Jahren 98—117 regierte, gewesen. Zugleich war aber Trajan auch Kriegsfürst, der erste Kriegsfürst und Sieger großen Stils unter den Kaisern Roms im Geist des Pompejus und ein Mehrer des Reichs, und dazu der „beste Mann", wie alle, die ihn erlebt haben, versichern. Unter ihm gewann das römische Reich für ein paar Jahre seine größte Ausdehnung; es ist der Gipfel der römischen Geschichte.

Aber Trajan folgte nicht unmittelbar auf Titus. Erst mußten Vespasian und Titus einen Nachfolger eigenen Flavischen Blutes haben; es war ein Nachfolger, der das Prinzip der Erblichkeit der Monarchie unter Blutsverwandten wieder einmal als verderblich erwies. Auf Titus folgt im Jahre 81 für fünfzehn Jahre sein jüngerer Bruder Domitian.

Dieser Domitian hatte immer tückisch und mit Neid auf seinen älteren Bruder gesehen; er beanspruchte nach des Vaters Tod Mitregent des Titus zu werden; er hatte ihm nach dem Leben getrachtet. Jetzt übernahm er als dritter Flavier den für das ganze Reich vortrefflich eingerichteten Regierungsapparat, der sich auch unter des Domitian Verwaltung zum Vorteil der Provinzen bewährte. Vor allem hat er, um das gesegnete Rheinland, das in Roms Händen war, und um Frankreich gegen die freien Germanen zu schützen, den Bau des sog. Limes begonnen, eine Grenzbefestigung, der die heutige Altertumsforschung sich eingehend widmet: Wall und Graben oder Mauer und Graben, dazu Palisaden; alle halbe Stunde ein Wachtturm; auch Kastelle in bestimmten Abständen: so zog sich die Grenzwehr, die Teufelsmauer oder der Heidengraben oder wie sie sonst bei uns im Volksmund heißt, von Andernach aus südwärts durch den Taunus, durch die Wetterau und weiter hin, indem sie schließlich große Teile von Baden, Schwaben und Franken umfaßte. Unter Domitian ist diese Grenzwehr in der Main- und Taunusgegend zuerst in imponierender Weise zur Ausführung gelangt.

Daß der römische Kaiser selbst persönlich zu Felde zog, lag in seinem Beruf; denn er hieß imperator; er mußte diesem Titel genügen. Nero hatte das zu tun versäumt, und die Legionen verachteten ihn deshalb und stürzten ihn. So erklärt es sich, daß Domitian, obschon durchaus keine soldatische Natur, einen Eroberungszug gegen die Chatten, gegen unser Hessenland unternahm, auch nicht ohne einigen Erfolg; er gewann den Chatten wirklich einen Gebietsstreifen ab. Aber dies geschah nicht durch entscheidende Schlachten und Gefechte, sondern durch Anlage jenes Limes im Taunus von beträchtlicher Länge, durch den er sie allmählich zurückdrängte. Dieser Limes machte in der Kriegsgeschichte Epoche; denn daß Rom gegen die Deutschen fortan in der Defensive stand, wurde durch ihn festgelegt.

Mit mittelmäßigem Erfolge kämpfte Domitian auch gegen das gefährliche Volk der Daker an der unteren Donau und gegen die Markomannen. Trotz der schweren Verluste, die er dabei erlitt, feierte er in Rom prangende Triumphe, als hätte er großartig gesiegt, und überfüllte die Hauptstadt mit Straßenbögen und mit seinen eigenen Statuen aus Silber und Gold: ruhmsüchtig und prunksüchtig. Ein Herrscher muß vor allem bauen. So hat denn Domitian das unter Titus verbrannte Kapitol wieder aufgebaut und die großen öffentlichen Bibliotheken Roms, die gleichfalls verbrannt waren, auch die ganzen dabei zugrunde gegangenen Bücherbestände erneut. Wer Rom kennt, sei dabei an folgendes erinnert. Wer in Rom heut auf der Piazza Navona steht, die langgestreckt ist wie eine antike Rennbahn, der steht auf dem „Stadion" des Domitian, dem Kampfplatz für griechische Wettkämpfe, dessen Form sich da genau erhalten hat. Und wer heute in der Kirche S. Maria sopra Minerva steht, um dort den Christus des Michel Angelo zu betrachten, steht, wie schon der Name der Kirche verrät, auf dem Boden eines antiken Minervatempels, den Domitian erbaute. Die Götter wechseln: der Minervadienst wurde durch diesen Kaiser merkwürdigerweise zur Hofreligion.

Dieser Kaiser dichtete zwar nicht; er hat nur eine Schrift über Pflege des Kopfhaares verfaßt. Aber er war doch Ästhet, wie Nero. Nero und Domitian sind die beiden Musikkaiser Roms, und das ist vielleicht das Denkwürdigste, was Domitian geleistet: er stiftete regelmäßige Wettkämpfe von Dichtern, von Rednern und Musikanten mit Preisverteilung auf dem Kapitol Roms. Die Dichterkrönung wurde durch ihn üblich, etwa so, wie wir heute Schillerpreise verteilen, eine staatliche Ermutigung der Poeten und Tonkünstler. Die Erinnerung daran hat weit gereicht; denn noch Petrarca und Tasso streben nach dem kapitolinischen Dichterlorbeer.

Und so blüht denn jetzt auch die Literatur in Rom. Vor allem zwei Genies taten sich auf, Statius und Martial; aber beide Dichter kriechen vor dem Kaiser und verraten uns durch ihre unerhört maßlos schmeichlerischen Töne, daß es wieder einmal ein Tyrann ist, der herrscht. Martial, der Epigrammatiker, allerdings eine unvergeßliche Größe der Weltliteratur: er ist der Witzemacher Roms, frech und sittenlos, aber dabei graziös, prickelnd geistreich und unerschöpflich. Köstlich sind die Einblicke, die er uns in das heitere Leben der Zeit gewährt: Bäderwesen, Ballspiel, Gastgelage, Toilette, Parfümerien, Dauerreden der Advokaten, Ärzte uff. uff. Dabei fällt auf, daß Martial nie die Geistlichen und nie die Rechtsgelehrten verhöhnt, auch keine Konfession, weder Juden noch Christen jemals zum Ziel seiner flotten Angriffe macht.

Domitian, das ist der einsame Mann, der in seinem Marmorsaal sitzt und Fliegen spießt. Er faßte Liebe oder Zutrauen zu niemandem. Nur einen in Purpur gekleideten, jungen Zwerg mit einem Riesenkopf hatte er ständig um sich, auch wenn er in die Schauspiele ging, und sprach mit ihm über die ernsthaftesten Dinge. Anfangs hatte er sich maßvoll gezeigt, bald aber stand er als ein zweiter Nero da: ein schöner Mensch, dem aber in der Aufwallung leicht das Blut ins Gesicht schoß. Titus und Vespasian hatten sich nach den Regierungsgrundsätzen des Augustus und des Seneca der Hilfe des Senats in wohlwollendster Weise bedient. Domitian vermochte das nicht; bedeutenden Männern gegenüber wurde er verlegen; er gehörte zu den eitlen Leuten mit starkem Eigenwillen, die einen Meinungsaustausch mit ebenbürtigen Personen nicht vertragen. Daher ist ihm der Senat unleidlich; er zeigt ihm seine Mißachtung, ja, hält ihn in Schrecken, indem er seine eigenen Machtbefugnisse steigert (Domitian ließ sich u. a. selbst dominus et deus nennen) und gab so ein Vorspiel für das sultanische Kaisertum des späteren Diokletian und Konstantin. Wenn Domitian als Zensor die Sittenpolizei in die Hand nahm, so tat der Sittenlose auch das nur, um damit das leichtlebige vornehme Publikum in Angst zu setzen. Eine Menge Tötungen aus geringfügigstem Anlaß nimmt er vor: die Majestätsbeleidigungsklagen erwachen wieder und das schreckliche Denunziantenwesen. Der kaiserliche Fiskus, Reichskasse und Privatkasse zugleich, ist immer leer, und der Kaiser tötet, um zu rauben. Der Ausdruck „Konfiskationen" wird jetzt gang und gebe, d. h. die Aneignung von Privatvermögen durch den Fiskus. Domitian veranstaltet auch eine große Stoikerhetze in Rom, eine Vorläuferin der späteren Christenverfolgungen. Alle freie Rede hört auf und damit zugleich alle Geschichtschreibung. Kein Historiker wagt mehr den Griffel zu rühren. Denn da war ein Hermogenes von Tarsus; den ließ Domitian wegen zu freier Äußerungen in seinem Geschichtswerk hinrichten, und nicht nur ihn, sondern auch alle Schreiber, die das Werk abgeschrieben und vervielfältigt hatten.

So wird er immer einsamer, wie das Raubtier, das sich am Tag verkriecht; er trägt seine Einsamkeit überallhin mit sich herum.[1] Auch den Gebrauch der Füße hat er verlernt[2], und man sieht ihn nur in seiner Sänfte durch die Straßen huschen.

Seine Menschenfurcht war ebenso groß wie sein Aberglaube, der Glaube an die Astrologie, der durch die Jahrhunderte geht und dem auch noch Wallenstein verfallen war. Auch Sueton, der uns Domitians Ende erzählt, glaubt an diese Wahrsagekunst. Der Kaiser hat immer vor Mördern Angst: da gibt ihm der Sterndeuter Askletarion genau Tag und Stunde an, an der er sterben wird. Domitian erschrickt zu Tode, aber er fragt den Mann: „Soll ich dir wirklich glauben, so sage, wie wird dein eigenes Ende sein?" Askletarion erwidert: „Mich werden demnächst die Hunde zerreißen." Sogleich läßt Domitian den Menschen mit dem Schwert töten, und er hat jetzt die Sicherheit, daß er falsch weissagt; denn sein Ende war ein anderes. Aber siehe da, beim Begräbnis des Askletarion erhebt sich ein solches Unwetter, daß der Leichnam auf den Boden kollert, und die Hunde zerreißen ihn wirklich. Von jetzt an ist Domitian seines Schicksals sicher. Morgen um die elfte Stunde soll er sterben. Er weiß es. Der Seher hat es verkündet. Er springt nachts angstgepeitscht aus dem Bett. Der Morgen bricht an. Auf der Stirn hat er eine Warze; die drückt er sich auf, und es blutet. „Möge dies Blut heut genügen," sagt er erschreckt. Die elfte Stunde naht; er horcht auf den Stundenausrufer im Palast. Der Ausrufer aber will den Kaiser absichtlich täuschen und ruft schon die zwölfte Stunde aus. Nun ist er froh und erleichtert; es ist schon Mittag; der gefährliche Zeitpunkt ist vorüber. Wohlgemut begibt er sich ins Toilettenzimmer, um sich umzukleiden. Da wird er mit sieben Stößen niedergemacht. Seine eigene Gattin, die Kaiserin Domitia Longina, leitete selbst die Verschwörung.[3]

Das Volk war gleichgültig; nur die Garde war entrüstet, der Senat aber frohlockte über den Tod; denn der Ermordete hatte keine Erben. Jetzt konnte der Senat über die Zukunft mitentscheiden, und es wurde zum erstenmal ein Kaiser aus seiner Mitte gewählt. Auch traf er eine gute Wahl. Es folgte jetzt eine fast hundertjährige Zeit des Segens, und die große

Domitian

Domitia

Epoche des Glücks für die Welt, für Orient und Occident, hebt an. Im Jahre 96 war es der Senat, der den Nerva zum Kaiser erhob, einen Rechtsgelehrten, freilich schon gut 60 Jahre alt und kränklich und ohne starke Willenskraft, aber einen Mann, der auf dem Boden der sittlich veredelten Neuzeit stand und der begriff, daß Herrschen so viel ist wie Dienen.

Nerva sah, daß Italien landwirtschaftlich hinter den übrigen Provinzen des Reiches zurückblieb; der Steuerdruck unter den Flaviern war dort zu groß gewesen. Domitian hatte diesen Rückgang dadurch aufzuhalten versucht, daß er den gesamten Provinzen außer Italien und sogar dem fernen Asien den Weinbau verbot": ein undurchführbarer schnöder Eingriff in das Erwerbsleben jener Länder. Nerva ging anders vor; er warf große Summen aus, um in Italien neue Bauerngüter zu schaffen und die Abwanderung der italienischen Bevölkerung aufzuhalten, die damals nach der unteren Donau zu ging (davon hat, wie man glaubt, noch heut Rumänien seinen Namen). Außerdem machte der alte Nerva den Anfang mit dem Werk der sozialen Hilfe und rief die sog. Alimentationen ins Leben, d. h. die regelmäßige staatliche Hilfe für die Kindererziehung in den ärmeren Familien. Das waren ganz neue Ziele.

Aber die Garde tobte. Die Garde wollte Rache für die Ermordung des Kaisers Domitian. Um gegen sie seine Stellung zu stärken, adoptierte da Nerva den besten Soldaten des Reichs, Trajan, als Sohn und Nachfolger im Oktober des Jahres 97. Dann starb er, schon im Jahre 98, und Trajan war Kaiser Roms.

Trajan: wieviel drängt sich in diesem Namen zusammen! Ein Spanier; der erste Mensch aus der Provinz auf dem Kaiserthron: welch ungeheures Ereignis! Man kann sagen: mit Trajan wird die römische Geschichte zur Weltgeschichte; d. h. bisher war die Stadt Rom für alles, was geschieht, das Zentrum oder der Hintergrund, und wir waren eingeengt in den Gesichtskreis der einen großen Metropole. Jetzt werden plötzlich alle Wände weggeschoben, und grenzenlose Fernsicht umgibt uns.

Der neue Kaiser Trajan ist schon 43 Jahre alt (im Jahre 55 geboren). Er ist mit Plotina vermählt; ihre Ehe ist kinderlos, wie die Nervas es war. Das ist bedeutsam. Wie im monarchischen Staat die Thronfolge zu regeln sei, ob durch Erblichkeit oder Wahlkaisertum, ist ein altes Problem. In Rom hat sich die Erblichkeit der Krone auf das übelste bewährt; denn die kaiserlichen Familien degenerierten regelmäßig schon im zweiten Gliede. Daher kam jetzt ein Verfahren auf, wonach der regierende Herrscher seinen Nachfolger jedesmal durch Adoption ernennt. Er nimmt irgendeinen trefflichen Mann zum Sohne an; dieser setzt weiter dasselbe Verfahren fort.[5] Dabei werden zunächst nur kinderlose Männer oder doch solche adoptiert, die nur Töchter, keine Söhne haben. So ist das römische Kaisertum von Nerva bis zu Mark Aurel aus einer tüchtigen Hand in die andere gegangen.

Der neue Herrscher war aus dem schönen Italica (bei Sevilla) am Guadalquivir gebürtig und Abkomme einer römischen Kolonistenfamilie, die vor Zeiten nach Spanien gewandert war; handfest und voll Tätigkeitstrieb, an Wuchs alle überragend, mit ruhigem, festem und treuherzigem Ausdruck.[6] Die Marmorporträts Trajans, die wir besitzen, zeigen eine niedrige Stirn, weil das glatte Haar ins Gesicht gekämmt ist, und starken Hinterkopf, dabei ein paar gespannte Augen, als ob sie zielten, wie die Augen des David des Michel Angelo. In der Tat war Trajan auch ein großer Jäger und Alpenfex, der ohne alles Gefolge allein im Hochgebirge die Gemse und den Steinbock jagt[7]; als Soldat ein derber Draufgänger, der auch einen guten Trunk liebt; aber schon früh ergraut; und das gab seiner Erscheinung etwas Ehrwürdiges.

Unter Nerva hat Trajan in den germanischen Provinzen am Rhein gewirkt und dort seinen Ruf als Militärgouverneur begründet. In Köln erhält er, im Februar des Jahres 98, die Nachricht von Nervas Tod, geht aber alsdann nicht gleich nach Rom. Noch im Jahr 99 steht er an der Donau. Damals hat er auch für das Emporkommen Baden-Badens und des ganzen umliegenden Neckarlandes bis nach Württemberg hinein alles Wichtigste getan, so auch die Landstraße mit dem gut römischen, festen Straßendamm von Mainz über Heidelberg nach Baden-Baden geführt. Erst dann kommt er nach Rom, und sein Einzug wird uns genau geschildert. Das Volk begrüßt ihn auf dem Kapitol nicht nur als Kaiser, sondern auch als Gott; er aber sagt: „Alles Gute kommt vom Jupiter, nicht von mir." Wenn er betet, so betet er um Segen zuerst für den Senat, dann für das Reich, erst zuletzt auch für sich. Das ist ernst gemeint. Der Senat ist froh und fühlt sich frei[8]: eine erfreuliche, wenn schon begrenzte Selbständigkeit, wie in den besten Zeiten.[9] Und dieser Kaiser geht nun wieder zu Fuß durch die Gassen selbst bei seinem feierlichen Einzug. Nur ein schmaler Streifen ist in den überfüllten Straßen für ihn ausgespart; da schreitet er ganz langsam hindurch, damit jeder ihn auch ordentlich betrachten kann, und die Kranken schleppen sich aus ihrem Bett herbei, um ihn einmal gesehen zu haben; denn sie glauben, schon sein Anblick heile ihre Krankheit (solche Heilkraft haben wir auch am Kaiser Vespasian bemerkt). Welche Leutseligkeit! Die senatorischen Beamten nennt dieser Kaiser seine Kollegen[10], und als er pro forma Konsul wird, legt er wie jeder andere gewöhnliche Sterbliche den Amtseid ab, was sonst kein Kaiser für nötig hielt[11]; und zwar tat er es stehend vor seinem Amtsvorgänger, der sitzt. So hat er stets seine Helfer geehrt und sie nicht in den Schatten stellen wollen; er hat den Trieb zur „Sozialität" und ist „innocens", er schadet niemandem[12], wie Seneca in seiner Schrift „De clementia" es forderte. Aber die Denunzianten aus Domitians Zeit werden öffentlich gepeinigt und dann auf Schiffe verladen, die im Sturm ins Meer treiben. Plinius stand am Hafen und sah die Schiffe sich auf dem Meer zerstreuen, das in Schaumwellen ging.

Martial, dies kleine Menschlein, bisher der schmiegsame Anbeter Domitians, erhob sich sogleich mit großen Tönen zum

Wortführer der neuen Ära, um die Wahrheit der Gesinnung, die jetzt in Rom einzog, festlich zu begrüßen und die „Schmeichelreden" fortzujagen[12]:

> Ihr armseligen Schmeichelreden, fort!
> Eure abgenutzten Lippen soll'n jetzt schweigen.
> „Herr Gott" ist am Hof jetzt ein verpöntes Wort,
> Und ihr sollt in Rom euch nicht mehr zeigen.
> Zu den Morgenländern, zu den Persern geht,
> Wo die Tiara herrscht: da kriecht und fleht,
> Werft zu Füßen euch der Majestät,
> Die da prunkt in farbigen Ornaten.
> Unser neuer Fürst ist „Herr" nicht seiner Staaten.
> Herr nicht, „Feldherr" nur läßt er sich nennen;
> Nur als „Besten des Senats" soll'n wir ihn kennen.
> Aus dem Orkus, aus dem Reich der Schatten
> Bracht' er endlich uns die **Wahrheit** wieder,
> Die wir jahrelang verloren hatten,
> Die da schlicht ist, ungeschminkt und bieder.
> Lerne, Rom, die Huldigungen sparen,
> Die in schlimm'rer Zeit gebräuchlich waren.

Woher dieses ansprechend menschliche Verhalten, voll von Zutrauen? woher nahmen Nerva und Trajan ihr neues Herrscherideal? Die Antwort ist klar: von Seneca, dem großen Neubegründer der Menschenpflichten. Senecas Schrift über die fürstliche Gnade wurde denn doch nicht umsonst geschrieben; und Trajan respektierte auch den Menschen Seneca und sagte ausdrücklich rückblickend, am besten sei Rom vor ihm in den Jahren 54—60, und das sind eben Senecas Verwaltungsjahre, regiert worden. Auch Seneca war übrigens Südspanier von Herkunft. So ist es uns möglich, den verdeckten Verbindungsfaden, der von Augustus zu Seneca, von Seneca zu Titus und Trajan führt, freizulegen. Aus alledem erklärt sich auch, daß Herkules als besonderer Schutzheiliger Trajans galt, daß Plinius ihn mit Herkules vergleicht und Trajan statuarisch als Herkules dargestellt wurde; denn Herkules, der für die Menschheit sich abmüht und kämpft, um endlich Gott zu werden, ist der Idealheld der Stoa.¹⁵ Es ist eine Freude zu sehen, wieviel das schriftstellerische Wirken eines hochgestellten Mannes, wie Seneca, zur moralischen Umgestaltung der Welt vermocht hat.

Der Stand der Finanzen, hören wir weiter, war jetzt vortrefflich. Der kaiserliche Fiskus kann alles Nötige zahlen, ohne dabei die Privatvermögen zu schröpfen; und für das Land Italien setzt nun Trajan die Wohltaten des Nerva fort, baut neue Verkehrsstraßen und Häfen, macht die Pontinischen Sümpfe passierbar und steigert weiter die Alimentationen. Es war eine große Kinderfreude in Rom, als er für 5000 Knaben die Erziehung auf die Staatskasse übernahm.¹⁶ Durch dieses Vorgehen wurde die Anweisung Senecas verwirklicht, daß man dem Betteln vorbeugen soll; d. h. man soll so rasch geben, daß den Eltern das Bitten erspart wird.¹⁷ Aber auch die Kornversorgung Roms ist jetzt so vortrefflich, daß, als Ägypten unter Mißernten leidet, die großen römischen Kornspeicher am Aventin dorthin reichlich Korn ablassen können.

Aber dieser Trajan ist zugleich Kriegsfürst, ein Mann des Eisens und seit langem der erste Berufssoldat, der das Reich regiert. In Germanien am Rhein hatte er, wie wir sahen, schon mächtig gewirkt, hatte Kastelle und Brücken gebaut, mit den Barbarenstämmen verhandelt und den Lehrsatz befolgt, den Tacitus gab, Zwietracht unter die Germanen zu säen, die unbesieglich sind, wenn sie einig sind. Jetzt, im Jahre 101 rufen den Trajan die Daker ins Feld, und jahrelang sieht niemand ihn mehr in Rom.

Die Daker saßen an der unteren Donau, am linken Stromesufer, in der Wallachei, Ostungarn und Siebenbürgen; ein mächtiges Gebiet; ihr König Dekebalus, einer der rührigsten Barbarenkönige, und dazu hellsten Verstandes, hatte sein Volk zu einer Weltmacht, ähnlich dem Partherreich, erhoben und machte auf das dreisteste Raubüberfälle ins römische Gebiet, Mösien, heut Bulgarien, in weite Strecken der Balkanhalbinsel. Domitian zahlte an Dekebalus, damit er sich ruhig hielt, einen jährlichen Tribut, eine Schmach für Rom; ja, Domitian mußte ihm römische Techniker und Arbeitskräfte zur Verfügung stellen, die nun halfen, das dakische Land gegen Rom zu befestigen. Trajan bewies jetzt, in zwei schweren Kriegsgängen in den Jahren 101 bis 106, daß das römische Heerwesen immer noch unbesieglich. Zweimal ist Dekebalus besiegt, bis ans Karpathengebirge gehetzt, und er tötet sich selbst. Das römische Reich wird durch eine ausgedehnte neue Provinz Dakien bis in die Nähe der Karpathen erweitert, ein reiches Land, lockend und lohnend für Kolonisten, reich vor allem an Goldbergwerken. Seitdem hob sich auch in den serbisch-bulgarischen Ländern, die wir die europäische Türkei zu nennen gewohnt waren, damals Handel und Wandel, und das von Städten umgrenzte Schwarze Meer wird der Träger eines ergiebigen Warenaustausches nach dem Osten hin. Auch eine Menge Städte gründet Trajan in Bulgarien, die er stolz nach sich oder nach seiner Gattin und Schwester Trajanopel, Plotinopel, Marcianopel benennt, und noch heute besitzt das Donauland zahlreiche Denkmale jener Kriegszeiten: den 60 Kilometer langen Trajanswall in der Dobrudscha, an der rechten Uferseite der Donaumündung, drei bis sechs Meter hoch, mit Kastellen und Wachthäusern verstärkt; die Trajanstafel bei Orsowa am rechten serbischen Donauufer, im Jahre 102 zur Erinnerung an die Erbauung der Militärstraße längs der Donau errichtet. Vor allem erbaute Trajan schon im Jahre 102 in der Dobrudscha ein trotziges Siegesmonument, das die Eingeborenen dort heut Adamklissi nennen und dessen Rekonstruktion unsere Archäologen ausgiebig beschäftigt hat; denn es sind großartige Bauteile davon noch heute erhalten.

Inzwischen lebte man in Rom ein glückliches und beruhigtes Leben. Nero und Domitian waren endgültig vergessen. Der Dichter Martial fand keinen Anklang mehr und entwich aus Rom. Alle ruhmredige, großtönige Poesie hört auf. Statt dessen erhebt der mächtige Satiriker Juvenal jetzt seine grelle Stimme, um im Kapuzinerton und in schnaubendem Zorn die vergangenen ruchlosen Zeiten zu geißeln; es ergreift vor allem der vornehm gemessene Tacitus, der Historiker, das Wort und schildert in scharfumrissenen, dunkelglühenden Bildern die Kaiser selbst, von Tiberius an; auf Tacitus folgt dann unmittelbar Sueton mit seinen Kaiserbiographien. Beide, Tacitus und Sueton, sind Bewunderer Trajans; beide schildern seine Vorgänger mit herber Strenge, d. h. so, wie Trajan sie aufgefaßt wissen wollte, und der freundliche Glanz der Gegenwart wurde um so leuchtender empfunden. Eben damals verfiel aber auch der jüngere Plinius auf den glücklichen Gedanken, Privatbriefe, die er geschrieben, seine fein und anmutig stilisierten Korrespondenzen, zu sammeln und herauszugeben, aus welchen Briefen wir nun recht ersehen können, wie es damals im lieben Rom herging. Wir lesen da von Hochzeiten, Verlöbnissen, Sensationsprozessen, Bädern und Villenbau, wohltätigen Stiftungen, Verhältnis des Hausherrn zur Dienerschaft, von jungen Männern, denen Plinius die besten Erfolge im Leben wünscht, Nachrufe für Verstorbene: welch erfreulicher Umgangskreis! Man sieht da fast lauter brave, ehrenfeste, anständige, prächtige Menschen. Gewiß, es gab außerdem immer noch viel gemeines Gesindel, wie in jeder Großstadt; aber es ist trotzdem nicht zu verkennen, daß die Standhöhe der Gesellschaft damals sich ganz erheblich gehoben, daß die Gesellschaft sich im besten Sinne vermenschlicht hat, in weiten Kreisen. Damals gab es auf der Bühne schon jene Nackttänze, wie man sie auch heutzutage bei uns betreibt. Es ist bezeichnend, daß es damals das Publikum war, das die Abschaffung der unsittlichen Nacktänze des Pantomimus vom Kaiser forderte.

Eins aber enttäuscht unsere Erwartung, daß nämlich in diesen kaleidoskopischen Bildern, die Plinius bringt, die Kaiserin Plotina niemals auftritt, die doch, wie man meinen sollte, da sie im Kaiserpalast hauste, im Mittelpunkt des Lebens der Hauptstadt gestanden haben muß.[18] Sie war ganz bestimmt eine bedeutende Frau, in ihrer Jugend auch schön (so zeigen sie die Münzen); aber sie trat gesellschaftlich noch bescheidener auf als ihr Mann und galt eben deshalb als das Ideal einer Frau. Wir lernen in ihr einmal eine der Stillen im Lande, eine Epikureerin im echten und edlen Sinne des Wortes kennen; denn Epikur schrieb vor, damit die Heiterkeit der Seele nicht leide, soll der Mensch in Abgeschlossenheit leben und sich von Staatsdingen möglichst fernhalten. Man bewahrte das Wort auf, das Plotina sprach, als sie zum erstenmal in den Kaiserpalast eintrat: „Möge ich einst im Tode dieses Haus so ohne Tadel der Menschen, wie ich es jetzt betrete, verlassen." Besonders wird uns gerühmt, daß sie sich sogar mit ihrer Schwägerin Marciana, der Schwester des Kaisers, gut vertrug, die im selben Palast mit ihr wohnte und die Kinder hatte, während sie selbst kinderlos war. Die Schwester des Kaisers und die Frau des Kaisers, beide den geliebten Mann abgöttisch verehrend: bei jenem südländischen Temperament wollte es etwas heißen, wenn die beiden Frauen miteinander auskamen.

Als Trajan im Jahre 105 nach Rom zurückkommt, gibt es natürlich zuerst ein wundervolles Siegesfest, das, beispiellos unersättlich, 123 Tage andauert und bei dem in der Arena Tausende von Bestien umkommen und zehntausend Fechter, vor allem dakische Kriegsgefangene, ihre blutigen Fechterspiele geben. Aber Trajan fand keinen Historiker, der seinen dakischen Krieg würdig beschrieb.[19] Denn die, die ich nannte, waren anderweitig in Anspruch genommen. Daher gab er selbst ein Generalstabswerk heraus, das indes niemand las; so lakonisch trocken und unlesbar war es augenscheinlich abgefaßt. Aber er tat mehr: der Kaiser errichtete seine Trajanssäule, das großartigste Denkmal römischer bildender Kunst, das wir überhaupt kennen und das bis auf heute der vornehmste Schmuck der ewigen Stadt Rom ist. Genau 100 Fuß ragt sie über ihrem Sockel und ist von oben bis unten mit einem Bilderbuch umwickelt, das in 155 Bildern die Kriegsereignisse selbst

Trajan

in größter Ausführlichkeit erzählt. Trajan hat, wie feststeht, den Kaiser Titus besonders verehrt; so hat er von ihm auch die Prachtliebe übernommen und leistete eben jetzt als Bauherr das Größte, um Rom zu verschönen.

Zwischen Kapitol und Quirinal schuf er durch Enteignung vieler Grundstücke einen riesigen freien Platz; das war das majestätische forum Trajani, ein Forum, dessen Größe verschieden abgeschätzt wird, bis zu 200 Meter im Quadrat. Um es herzustellen, mußte er den westlichen Ausläufer des Quirinalberges senkrecht abgraben, und zwar 100 Fuß tief. Wo früher die größte Enge herrschte, war mit diesem Durchstich eine wundervolle, an 200 Meter breite Durchgangsflur für den Menschenverkehr gewonnen, Luft, Luft in die beengte Hügelstadt. Diesen Platz umgrenzten dann Kolonnaden und allerlei Prachtbauten, u. a. zwei Bibliotheken, für griechische und für lateinische Bücher, alles schimmernd in bunten Marmorsorten und von Statuen erfüllt. Auch die Statue des Dekebalus, die jetzt in St. Petersburg ist, stand dort. Wer eine Vorstellung davon gewinnen will, denke an den Petersplatz in Rom mit den Berninischen Kolonnaden von etwa 300 Säulen. Erst hierdurch war Rom endgültig die schönste Stadt der antiken Welt. Als Konstantin der Große später seinen berühmten Konstantinsbogen errichtete, wußte er nichts Besseres zu tun, als unter anderem vom Trajansforum die Reliefs zu rauben, die seinen Bogen noch heute schmücken. Man muß wissen, daß die schönsten Reliefs am Konstantinsbogen nicht Konstantin, sondern den Trajan sowie weiter auch den Hadrian und Mark Aurel darstellen.

Zwischen die beiden Bibliotheken, die ich erwähnte, stellte Trajan nun endlich seine Trajanssäule, die erst im Jahre 113 fertig wurde. Wir müssen dabei, wie gesagt, an Kaiser Titus zurückdenken. Denn nach der Zerstörung Jerusalems ließ Titus bei seinem Triumph in Rom große buntgemalte Plakate auf Gestellen herumfahren, und das Volk sah auf diesen Bildern den ganzen Krieg vorgeführt, das Land Palästina selbst und die Juden, wie sie kämpfen, wie sie fliehen, gefangen werden, den Tempelbrand, das Einstürzen der Häuser usw.[20] Ganz ebenso war auch das Relief an der Trajanssäule bunt bemalt. Titus war bescheidener und bot das ganze auf vergänglichem Material, Trajan war ruhmsüchtig wie ein ägyptischer Pharao, der seine Taten auf die Tempelwände für die Ewigkeit graviert; und wer mit seinem Blick hinaufglitt bis zur Höhe, konnte da den ganzen dakischen Krieg studieren, wie wir es noch heute tun. Damals stieg man zu diesem Zweck ohne Zweifel auf die flachen Dächer der benachbarten Bibliotheksgebäude; wir haben es heut bequemer. Denn die ganze Säule ist in Gips abgegossen worden, die Abgüsse wiederum photographiert.

Da befinden wir uns also an der Drau, Sau und Donau. Die Donau selbst wird uns sichtbar gemacht. Verschanzungen am Ufer werden gebaut. Flußschiffe bringen Proviant den Strom hinab, wobei man sieht, wie die Säcke mit Stricken zugebunden sind. Schiffsbrücken werden über den Strom gelegt, dann auch feste Pfahlbrücken. Auch Schuppen für Pferdefutter, Heu und Häcksel sind da. Hier stehen Soldaten auf Posten, dort sind sie auf dem Eilmarsch und tragen Speere, an deren Spitze ein Sack voll Zwieback hängt, tragen auch Ränzel mit Käse und anderem Proviant. Dazwischen die Adlerträger; Trompeter; Reiterei. Auch die Garde aus Rom ist mit dabei. Weiter der Zeltbau: je zehn Soldaten hausen in einem Zelt, wobei wir lernen, daß der Helm von den Soldaten nie im Lager, sondern nur in der Schlacht getragen wurde. Weiter: Wasserschöpfen; die Rosse der Reiter zur Schwemme geführt; Kundschafter ausgeschickt. Die Majestät selbst, die sich zumeist zu Fuß bewegt[21], hält eine Ansprache, inspiziert die Lagerarbeiten; hundertmal ist so der Kaiser zu sehen. Dann endlich Handgemenge, abgeschlagene Köpfe. Soldaten reiten durch den Fluß; Wagen werden erobert; Frauen und Kinder fliehen, und so ins Unendliche. Der Sieg führt den Kaiser nach dem Paß des Eisernen Tores, nach Siebenbürgen. Sarmizegethusa heißt

eine der Hauptstädte des Dekebalus; Trajan nennt sie hernach
Ulpia Trajana; heute heißt sie Várhely.

Leider fehlen uns auf den Reliefs alle Beischriften und Namen,
und wir können nur bisweilen erraten, wen diese oder jene Figur darstellt. Lusius Quietus hieß der Hauptfeldherr Trajans;
er war von Herkunft ein Scheich aus Marokko, und man hat
ihn auf diesen Bildern wiederzuerkennen geglaubt, wonach
Trajan diesen Mann ganz wie seinesgleichen behandelt und
ihn bei Beratungen ebenbürtig neben sich sitzen läßt.

Die Kunst, die diese Reliefs schuf, fesselt durch ihre Eigenart; sie ist gewiß gut künstlerischen Geistes, aber dabei naiv
und kräftig realistisch. Nirgends lernen wir das römische Heerwesen in seiner Kompliziertheit und Großartigkeit so gut kennen
wie durch sie; ebenso aber auch die fremden Nationen, die Daker,
die babarisch-germanischen Hilfsvölker Trajans und die wirklich
ansehnliche Kultur, den gewaltigen Reichtum, der damals bei
diesen Völkern von Ungarn bis nach Rumänien herrschte. So
ist die Siegessäule nicht nur ein Kriegerdenkmal, sondern ein
Kulturgeschichtsdenkmal ersten Ranges.

Sieben Jahre lang lag danach über dem Reich der Friede;
ein stolzer Friede. Während dessen entwickelte Trajan seine
gewaltige kolonisatorische und seine Bautätigkeit in den verschiedenen Provinzen. Die berühmte Brücke von Alcantara
in Spanien ist dessen noch heut ein Denkmal. Eine europäische
Riesenstraße führte er vom Schwarzen Meer durch Ungarn die
ganze Donau entlang zum Rhein und nach Frankreich hindurch.
Auch Afrika — Tunis, Algier — hat sich schon unter Trajan
zu jener Selbstpflege und Pracht des Lebens erhoben, die uns
jetzt seit Jahrzehnten aus den dortigen französischen Ausgra-
bungen (Timgad) entgegengetreten ist; es herrschte auch dort
in den Städten ein erstaunlicher Wohlstand.

Damals begann Trajan, der selbst Provinziale von Herkunft war, damit, den Schwerpunkt des Reiches aus Rom in
die Provinzen zu verlegen. Das ist das Bedeutsamste, und Rom

18*

selbst sollte die Wirkung davon bald verspüren. Trajan ist es, der durchführte, daß das Reichsheer sich überhaupt nicht mehr aus Italien, sondern nur noch aus Gallien, Spanien, Germanien, Illyrien, Syrien rekrutierte; d. h. die Provinzen allein schützen sich hinfort selbst, ja, sie schützen auch Italien. Italien ist auf die Regimenter der Provinzialländer angewiesen. Nur unter den Offizieren sind noch Italiener. Woher wir das wissen? Wir werden darüber durch die zahlreichen Grabsteine von Soldaten belehrt, die gefunden sind und die vielfach die Heimatangabe enthalten. Es kam daher alles darauf an, für einen guten Nachwuchs römischer Mannschaften in den Provinzen, für eine Sicherung und Steigerung ihrer Kultur zu sorgen.[22] Je mehr dadurch das große Reich zu einer Einheit verwuchs, je mehr sank die Bedeutung des römischen hohen Senats, und die Teilnahme der Senatoren am Regiment wurde, bei aller Freundlichkeit des Herrschers, mehr und mehr illusorisch.

Nebenher gingen noch andere Verfügungen des Kaisers, unter denen uns eine besonders interessieren muß. Sie betrifft das Christentum oder besser die junge, aufkommende christliche Kirche, und zwar in Kleinasien. Denn in Kleinasien breitete sich die junge Kirche viel schneller aus als in Italien. Im Jahre 111 hören wir plötzlich von ihr. Plinius ist da der Verwalter Bithyniens und hat in der Stadt Nikomedien seinen Standort. Wir besitzen einen Haufen von Briefen Trajans, die er da auf Anfrage an diesen Verwalter Plinius richtete und die sachlich den trefflichsten Eindruck machen, wennschon sie im trockensten Kanzleistil abgefaßt sind. Wir sehen daraus wieder, wie die kaiserliche Regierung bestrebt ist, alle Verhältnisse im weiten Reich zu steigern; es handelt sich um Aquädukte, Turnanstalten, Herstellung von Wasserstraßen und Kanälen für den Warentransport u. a. m. Ratlos steht da Plinius der Christensache gegenüber; denn diese Christen bilden eine Gemeinde mit eigenen Beamten, eine Assoziation, und solche Assoziationen sind verboten. Das Vereinswesen war streng geregelt und vom Staat beaufsichtigt. Plinius ist ein gründlicher und zugleich ein gutmütiger Mann; er dringt in die Geheimnisse der Gemeinde und findet sonst nichts Staatsgefährliches an ihr als den Trotz. Die da trotzig bleiben, läßt er tatsächlich hinrichten: viele aber fallen, als er ihnen die Strafe androht, von Christus ab und erzählen ihm dann, um ihn zu begütigen, daß die Christen eben nur Christus als Gott verehren, daß sie ferner Sonntagsmorgens in der Frühe zusammenkommen, ein Gemeindelied zusammen singen und sich durch Eid verpflichten, keine Sünde, keinen Diebstahl, keinen Ehebruch zu begehen; außerdem werde auch ein gemeinsames Mahl gehalten. Plinius sagt, die Göttertempel stünden — schon im Jahre 111 — unter dem Einfluß der christlichen Propaganda fast leer; aber jetzt werde wieder alles anders; die Propaganda sei aufgegeben.

Nun folgt Trajan und sein Kaiserwort. Er verfügte damals, was unendlich denkwürdig, daß der hartnäckige Christ zwar auch in Zukunft mit Tod zu strafen ist, daß die Regierung aber Konflikte ihrerseits nicht hervorrufen, die Sache möglichst unbeachtet lassen und sich nach dem, was diese Christen treiben, nicht weiter erkundigen soll. Dieser nach antiken Begriffen durchaus humane Grundsatz, der den Christen Verwicklungen ersparen will, weil diese schließlich doch auch für die Regierung unbequem sind und zu übermäßigem Blutvergießen Anlaß geben würden, dieser Grundsatz ist für mehr als hundert Jahre hernach maßgebende Richtschnur des römischen Kaisertums geblieben, und er hat vor allem geholfen, daß sich die Gemeinden bald genug als abgeschlossene Staaten im Staat festigten und daß die Bischöfe geradezu zu Machthabern neben den weltlichen Autoritäten wurden. Als die planvollen Christenverfolgungen begannen, war es zu spät; die ungeheuren Volksmassen ließen sich nicht mehr ausrotten, und jedes Martyrium steigerte nur den Andrang.

Dies die Christen. Noch viel langmütiger aber hat sich Trajan den Juden gezeigt; sie traten ihm selbst persönlich gegenüber, und wir erleben geradezu eine Szene, die um das Jahr 114 spielt. Ein erst neuerdings zutage gekommener Originalbericht verhilft uns dazu. Ägypten war das Kronland der Kaiser. In Ägyptens Hauptstadt Alexandria aber saß eine hunderttausendköpfige, reiche Judenschaft, die sich streng absonderte in besonderen Quartieren und ständig den Haß der Griechen der Stadt erregte. Es gab immer neue Krawalle wildester Art. So auch jetzt. Um sich zu beschweren, kommt eine jüdische Gesandtschaft zu Trajan nach Rom. Sofort schicken auch die Griechen Gesandte. Der Kaiser empfängt zuerst die Juden feierlich. Die Kaiserin Plotina greift ein; sie setzt durch, daß auch die Herren vom Senat, die gewiß nicht sehr judenfreundlich waren, dabei zugegen sein müssen, und Trajan gibt nun den Juden recht; er streichelt sie mit den allergnädigsten Worten; die Griechen dagegen läßt er abfallen; sie werden hart von ihm angefahren. Aber siehe da, als er noch so spricht, fängt das Gottesbild des Serapis, das die Griechen aus Alexandria mit nach Rom gebracht haben, vor Unwillen an zu schwitzen; der ganze Hof erschrickt über das Wunder, und sogar in den Gassen Roms entsteht ein Auflauf, ein Entsetzen. Da erhalten wir einmal flüchtigen Einblick in das fremdartige Treiben jener Zeit und die Leidenschaften, die jene Südländer bewegten. Was bloß Volkshetze war, wurde zum Kampf des griechisch-ägyptischen Gottes Serapis gegen den Judengott gestempelt.[23]

Wer war in diesem Fall der eigentlich Schuldige? Bald genug, ja schon nach zwei Jahren, ging das Judentum seinerseits zum Angriff über und begann in Cypern und in Ägypten ein furchtbares Morden der Griechen. Die Leutseligkeit des Kaisers war vergeblich gewesen.

Schon aber kam der Kaiser selbst nach Asien. Es gab neue Römerschlachten. Der unruhige Kriegsmann konnte den Frieden nicht länger ertragen. Für den Winkelfanatismus der religiösen Sekten hatte er keinen Sinn; in ihm reckte sich noch einmal der römische Staatsbegriff, das Römertum selber auf, zu dessen

Wesen der Eroberungskrieg gehört, und streckte seine Tatzen. Die Daker hatte Trajan bezwungen; er wollte jetzt endlich auch noch die Parther am Tigris bändigen. Dieser kühne Partherkrieg ließ sich idealistisch begründen durch den Hinweis auf die Griechen, die zu schützen Roms Ehrenpflicht sei; denn Alexander der Große hatte dereinst tief bis nach Mesopotamien die griechische Kultur getragen, und am Tigris lagen herrliche Griechenstädte, wie Ktesiphon und Seleukia, von 600000 Einwohnern, und sie waren nun in der Gewalt der Parther, der Barbaren. Vor allem war Armenien seit Lukulls Zeiten im Orient der bitter-süße Zankapfel, in den sich beide, Rom und die Parther, verbissen hatten.

Rom hat seit Crassus nie erfolgreich gegen die Parther gekämpft; Cäsar ließ seinen Feldzug gegen sie zum Glück für seinen Ruhm unausgeführt, nur Mark Anton machte einen großartigen Versuch; der Versuch scheiterte nicht etwa an der Lauheit des Feldherrn, sondern an der außerordentlichen Schwierigkeit der Sache. Auch dem Trajan ist sie nicht ganz gelungen; und wenn er zunächst in den Jahren 114 bis 116 das, was dem Antonius mißlang, rasch und siegreich durchführte, so haben ihm nur ganz besonders günstige Umstände, die Thronwirren im Königshause der Parther, den Erfolg ermöglicht. Auf der Bahn Alexanders des Großen drang Trajan zielbewußt über den Euphrat bis nach Medien vor und setzte den Fuß auf Babylon; und rasch entschlossen, ja, nicht ohne Hast, errichtete er als Bollwerke im Osten gleich zwei, ja drei neue Reichsländer oder Provinzen: Armenien, Mesopotamien und Assyrien. So war es stets; um die eine Provinz zu sichern, mußten andere vorgelegt werden. Dann fuhr er noch den Persischen Meerbusen hinab, bis sich ihm der Indische Ozean öffnete, und baute schon eine Flotte, die nach Indien laufen sollte. Indien, der Traum so vieler Eroberer, auch Napoleons, des Korsen, wurde jetzt das Ziel der Sehnsucht auch für Trajan, den Spanier.

Aber in den neueroberten Ländern regten sich sofort schwere Aufstände. Auch war da eine märchenhafte arabische Wüstenstadt, Atra oder Hatra, die Trajan vergebens umritt, um sie zu nehmen. Sein neues Werk war noch keineswegs gesichert. Da erkrankte er, der sonst jedem Klimawechsel gewachsen war.[24] Er will nach Italien eilen; sein Herz treibt ihn doch, in Rom zu sterben. Da erlag er plötzlich dem Schlagfluß, am 8. oder 9. August des Jahres 117. Rasch in allem, so war er auch im Sterben. Er starb in Kleinasien, Cilicien. Plotina war im Hauptquartier; die Kaiserin war bei ihm. Eine Riesenposition, wie sie noch nicht dagewesen, hinterließ er seinem Nachfolger.

Wer aber sollte der Nachfolger sein? Trajan, der umsichtigste der Organisatoren, hatte für einen Nachfolger nicht gesorgt. Jeder Mensch hat seine Schwäche; so hatte Trajan die Schwäche, an seine eigene Kraft und Unzerstörbarkeit zu glauben. Er rechnete nicht mit seinem Tod. Erst in der Todesstunde selbst führte er die wohl seit langem beabsichtigte Adoption des Hadrianus aus, vor der er sich immer gescheut hatte. Plotina zwang ihn dazu. Diese Adoption ist die Tat der Kaiserin gewesen. Trajan wünschte sich einen anderen Mann, einen Vollblutsoldaten, als Erben. Aber er hat ihn nicht gefunden. Hadrian, der Mann mit der weichen Hand, war nicht nach seinem Sinn.

So war das Leben Trajans. Dieser „herkulische" Mann ging zwanzig Jahre über die Welt hin, wie das Schicksal, wie ein gnädiges Schicksal; aber er selbst hat, können wir sagen, eigentlich kein Schicksal gehabt. Er selbst erlebte nichts umstürzend Persönliches, was ihn uns menschlich nahe bringt. So geht es den Lichtfiguren: je weniger Schatten sie trifft, je lichter sie sind, je ungreifbarer werden sie für uns. Auch kennen wir seine Jugendzeit nicht, und es ist nichts irgendwie Pikantes zu berichten.

Sein Andenken aber ist so ewig wie Rom und die Trajanssäule, und auch das Beiwort „der Beste", optimus, das der Senat ihm verlieh, blieb an ihm haften. Denn er war die

Plotina

Güte selbst, ein Wohltäter des Menschengeschlechts gewesen.[25] Lange blieb es Sitte, daß der Senat jeden neuen Kaiser mit dem herausfordernden Zuruf ärgerte: „werde noch besser, als Trajan war." Optimus, so hieß sonst nur der große Gott Jupiter. Trajan wurde geradezu mit Jupiter gleichgesetzt, oder er hieß doch der Stellvertreter des höchsten Gottes. „In dir leben und sind wir," sagt Plinius zu ihm inmitten des Senats.[26] Diese Kaiserverehrung hatte vollständig religiösen Ton; der Kaiser war eine Fleischwerdung, eine Inkarnation des höchsten Gottes.

So die Römer selbst. Anders stand es bei uns Deutschen. Bei den Germanen hat der Name des großen Herrschers zu dem sonderbarsten Mißverständnis Anlaß gegeben; denn man machte in blindem Unverstand Trojanus daraus. Bei Xanten am Rhein hatte Trajan die Festung Colonia Trajana erbaut. Das ungebildete Volk nannte das aber schon in ganz alten Zeiten Colonia Trojana, die „Trojanische Kolonie".[27] Bei Xanten saß nun der mächtige Stamm der Franken, und so kommt es, daß die Franken seitdem steif und fest behaupteten, daß sie selbst Trojaner seien, aus Troja eingewandert, eine trojanische Kolonie am Rhein. Auch den Namen der Stadt Xanten leitete man von dem Fluß Xanthus bei Troja her. Dieser Wahn hat sich dann überhaupt auf alle Anwohner des mittleren und unteren Rheins weiter ausgedehnt, und so steht dieselbe Fabelei sogar in der nordischen Edda zu lesen, und auch in unserem Nibelungenlied heißt der grimme Held Hagen „Hagen von Tronje", d. i. „Hagen aus Troja".[28] Hagen ein Vetter des Paris, oder ein Neffe der Kassandra! Die Geschichte spielt oft wunderbar. Wir erkennen darin die Allmacht der Sagenbildung. Die üppig wuchernde Sage schlingt sich wie Efeu und Lianen erstickend um das, was bloß historisch ist. Trajan selbst war längst vergessen; aber Hektor und Priamus, die Helden der trojanischen Sage, leben ewig; sie lebten selbst bei diesen nordischen Völkern auf.

Hadrian

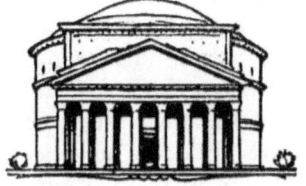

Auf den Kriegsfürsten Trajan, der in erfolgreichen Feldzügen die Grenzen des römischen Reichs über die Donau und über den Tigris hinausgeschoben, folgt ein Friedensfürst, und der Segen, der schon unter Trajan sich über das Innere des weiten Reichsgebietes ergoß, steigerte sich noch, verdoppelte sich noch. Dieser Friedensfürst war Hadrian.

Mit Hadrian tritt eins der größten Probleme des Altertums an uns heran. Jeder hat ihn anders aufgefaßt. Unsere Nachrichten sind dürftig und fadenscheinig, und sie heben dabei allerlei seltsame Widersprüche in seiner Natur hervor. Man kann sagen: in Hadrian sammelten sich noch einmal wie in einem Akkumulator alle geistigen Kräfte der antiken Kultur und versuchten durch ihn neu und von oben her, wie ein Regen des Glücks, der aus der Wolke kommt, auf die weite bildungsdurstige Welt zu wirken.

Der große Trajan, der rüstige muntere Haudegen, erkannte den krassen Gegensatz in der Natur Hadrians, der alles nur mit dem Handschuh der platonischen Liebe und der Ästhetik anfaßte, und er zögerte deshalb, Hadrian als Sohn zu adoptieren. Aber es steckte nicht nur ein wunderbarer Reichtum der Gaben und der Ziele, es steckte auch Tatkraft und Entschlossenheit in diesem jungen hochgewachsenen Manne.

Aelius Hadrianus war weitläufiger Neffe Trajans; sein Großvater hatte, wie es scheint, eine Tante Trajans zur Frau gehabt, und er stammte wie jener aus Spanien, von den Ufern des Guadalquivir; im J. 76 n. Chr. war er geboren, erhielt aber seine erste Erziehung in Rom und trieb da emsig Griechisch, nicht nur mit dem Geist, sondern auch mit dem Herzen, so daß man ihn scherzend das kleine Griechenkerlchen nannte. Trajan selbst wurde, als der Junge seinen Vater verlor, sein Vormund. 15jährig geht Hadrian nach Spanien zurück und lebt sich da tüchtig aus; denn er war ein robuster flotter Mensch, der der Jagd und Pirsche fröhnt ganz so wie sein Onkel. Er übertreibt das, und Trajan nimmt ihn nach Rom zurück; jetzt

tritt er in die altmodische Ämterkarriere ein, wird dann Offi=
zier bei den Legionen an der Donau, lebt dabei munter darauf
los und macht sogar Schulden. Da wird Trajan Kaiser Roms:
große Überraschung! Hadrian eilt stracks, 22 Jahre alt, von
der Donau nach Köln, um ihm die Glückwünsche seiner Trup=
pen zu überbringen. Die letzte Strecke der Reise macht er als
Schnelläufer zu Fuß, um anderen zuvorzukommen (es war
alles intensiv bei ihm, und er ist immer ein Schnellreiser gewesen). Noch enger verband er sich dem Trajan, als er Sabina
heiratete, eine Enkelin der Schwester des Kaisers. Zugleich
aber verfiel er in eine jünglinghafte Bewunderung der Plotina, der Kaiserin selbst, der Frau Trajans. Der intelligenteste
Jüngling seines Jahrhunderts hat diese philosophische Frau
schrankenlos verehrt; sie muß es verdient haben.

Die Folge ist, daß Hadrian schon im Jahre 101 — 25jährig —
den Kaiser Trajan im Senat vertritt, indem er da Reden vor-
liest. Aber seine lateinische Aussprache war so schlecht und
von dem krächzend rauhen spanischen Jargon so beeinflußt, daß
die feine römische Aristokratie des Senats den jungen Provinzialen auslachte. Sodann hat sich Hadrian in befehlender
Stellung an den Kämpfen Trajans gegen die Daker und Parther nicht unrühmlich beteiligt. Aber er war inzwischen ein
fertiger Mann in der höchsten Reife geworden, vierzig Jahre
alt. Er hatte Zeit gehabt, sich innerlich zu vertiefen, sich seine
Ideale festzulegen, und zeigte deutlich, daß er die Kriege, die
nur geführt wurden, um groß dazustehen oder um das Militär
zu beschäftigen und in Übung zu halten, mißbilligte.

Hadrian war Platoniker, Plato sein Lebensführer. Das
folgt allein schon daraus, daß er in seiner bautenreichen Tibur-
tinischen Villa das Lykeion und die Akademie, nicht aber den
Kepos und die Stoa nachgebildet hat.[1] Den landesüblichen,
herben Stoizismus machte er nicht mit. Dafür war er zu genial,
sein Schaffenstrieb, sein Kunstsinn zu rege. Er liebte auch gar
zu sehr eine gute Küche.[2] Aber auch wer mit so offenen, hellen

Sinnen in die Welt schaut, auch wer das Lachen liebt und am Spiel mit dem Schönen triebhaft sich weidet, kann die Dinge dieser Welt als Denker philosophisch erfassen und ein Herz in sich tragen, das ein tiefer Ernst verschattet. Wie Hadrian gesonnen war, das zeigt uns schon sein Bart. Unter so vielen Unbärtigen trug er nahezu allein den Vollbart. Er brachte den Vollbart fortan in Mode. Seit Alexander dem Großen, also seit fünfhundert Jahren, ging ungefähr die ganze antike Welt mit glattrasiertem Gesicht.³ Nur die Philosophen machten davon eine Ausnahme, Plato, Zeno, Epikur, ebenso auch die Straßenprediger des Cynismus und ebenso auch die Christen. Der Bart war also ein Bekenntnis. Er war philosophisch und volkstümlich zugleich. Doch trug Hadrian ihn kurz geschnitten, ein Kompromiß zwischen dem Philosophen und Offizier. Trajan wird mit Verdruß darauf geblickt haben; und dazu machte dieser sein voraussichtlicher Nachfolger außerdem in allen Künsten und Wissenschaften, in geradezu beängstigender Vielseitigkeit.

Hadrian focht nicht nur ausgezeichnet, er trieb auch höhere Arithmetik und Geometrie, ja, auch die Sterndeutekunst; er musizierte und begleitete sich, wie Titus, selbst mit der Laute zum Gesang; er dichtete allerlei Versschnitzel und war obendarein philosophisch hochgelehrt. Als Architekt entwarf er z. T. selbst die Grundrisse seiner Bauten, als Maler malte er Stilleben, wie z. B. Kürbislauben (welch herrlicher Gegenstand!). Durch die Huldigungen seiner Umgebung wurde er offenbar kühn und eitel gemacht und glaubte alles zu können. Trajan merkt, daß dieser Herr Neffe sich augenscheinlich sehr wenig für die Annektion von Mesopotamien und der Tigrisländer interessiert. Aber Plotina schätzte Hadrian; sie verstand ihn; denn sie war selbst Philosophin, und als Trajan im Sterben wirklich noch die Adoption Hadrians vollzog, war das Plotinas Werk gewesen. Es war das Jahr 117.

Und nun gleich Hadrians erste Tat. Die Welt war starr:

noch war Trajan nicht begraben, da gibt Hadrian dessen ganze Eroberungen im Orient, Mesopotamien, Assyrien auf; auch in Armenien stellt er die früheren Verhältnisse wieder her. Trajans ganzer persischer Feldzug war damit annulliert. Die Parther flossen von Dank über. Friede, Friede war wieder in der Welt und nochmals Friede. „Wir haben Besseres zu tun, als Renommierkriege zu führen," so dachte Hadrian. Das war das neue Programm. Die Kriegspartei am Hof schäumte Wut. Es waren das ausgezeichnete Generale, die Trajan herangezogen, und man kann sich allerdings ihre Stimmung denken. Der kennenswerteste unter ihnen war der Marokkaner-Häuptling Lusius Quietus. Hadrian aber geht nicht nach Rom, wo indessen Trajan als Toter seinen Triumphaleinzug hält (Trajans Statue stand dabei auf dem mit Schimmeln bespannten Wagen, als lebte er noch). Er nimmt vielmehr in Kleinasien die Huldigungen als neuer Monarch entgegen. Von da schickt er seine Generale aus, um die Aufstände in Marokko und bei den Donauvölkern rasch niederzuzwingen. Dem König der Rozolanen entschließt sich Hadrian sogar jährliche Summen zu zahlen, damit er Mösien oder die neue Provinz Dakien in Ruhe lasse. Die Kriegspartei, Lusius Quietus an der Spitze, will diesen unkriegerischen Kaiser nicht dulden; sie macht, während Hadrian auf der Jagd ist, einen Anschlag auf sein Leben; der Anschlag mißlingt. Die vier Hauptverschwörer werden in Italien aufgegriffen und dort vom Senat zu Tode gebracht. Damit ist gesagt, daß auch der Senat nicht für den Krieg war, daß er Hadrian und seine Friedenspläne billigte.

Erst im Jahre 118 kommt Hadrian nach Rom, und nun offenbarte sich, was er wollte und wofür er jene gewaltigen Opfer gebracht hatte. Eine Riesentätigkeit begann er zur Erneuerung der Verwaltung und Steigerung der sozialen Staatshilfe, und zwar für das ganze Reich, das immer noch groß genug war, um die Tätigkeit eines Herrschers zu ermüden.

Diese Reformen waren augenscheinlich sehr nötig, und Hadrians Kabinettsorder waren ganz sein eigenstes Eigentum; er bevormundete durch seine Reskripte die ausführenden Behörden vollständig und beauffichtigte sie auf das peinlichste: ein Mensch, allen überlegen, wie König Friedrich der Große, der auch alles persönlich machte und von dessen Hirn die unsichtbaren Leitungsfäden gleichfalls bis in alle Winkel des Staates gingen. In der Tat, die Ähnlichkeit beider Männer wirkt schlagend in manchen Beziehungen. Auch Friedrich war Philosoph, auch Friedrich war Musiker und Dichter, wie Hadrian; wie Hadrian für das Griechentum, ganz ebenso schwärmte Friedrich für die französische Kultur; und wie Friedrich sagte, daß er nur ein Diener seiner Untertanen, so hat das ganz ebenso auch Hadrian gesagt: „Alles fürs Volk, nichts für mich" (populi rem esse, non suam). So war denn in Hadrian der Philosoph jetzt zum erstenmal König der Welt, wie einst Plato es gewollt. Hadrian hat sich in Hast und Eifer und in einem unbedingten Idealismus als Diener seines Reichs selbst aufgerieben.

Hadrian der Platoniker: erst wer ihn als solchen faßt, kann sein Wirken begreifen und in dem Vielen, umstürzend Neuen, das er bringt, den Plan entdecken. Der Mann hat nichts Geringeres gewollt, als den Idealstaat Platos in seiner Weise zu verwirklichen. Der Staat, der in den Büchern des Dichterphilosophen entworfen war, sollte kraft der römischen Kaisergewalt, endlich aus seinem papiernen Dasein erlöst, ins Leben treten, um alsogleich die ganze Menschheit zu umfassen. Plato hatte einst seinen Schüler, den Tyrannen Dionys in Syrakus, für sein Ideal gewinnen wollen; jetzt war Hadrian der Schüler, der wirklich zugriff. Nach den drei seelischen Funktionen des Verstandes, des Mutes und des Begehrens (Nus, Thymos und Epithymie) hatte Plato seinen Staat organisiert. So baut auch Hadrian sein Reich auf; der Philosoph ist Inhaber des Regiments; er ist der „Verstand", der die Gesetze macht und ein Corpus juris schafft; unter ihm steht als Helfer das

Hadrian

neu zu gestaltende Heerwesen, der Stand des „Mutes", und der „begehrende" Kaufmannsstand, der fortan auch seinerseits der Reichsverwaltung dienen muß. Friede mit dem Ausland aber war die Voraussetzung des Platonischen Staatsgebäudes; er ist es auch für Hadrian. Nur noch zur Verteidigung werden die Waffen geschmiedet.[4]

Betrachten wir einiges Einzelne, wodurch wir zugleich in manche Lebensverhältnisse lebendigeren Einblick erhalten; wie sich das Vorgetragene in alledem bestätigt, wird jeder ohne Hinweis bemerken. Schon Kaiser Augustus hatte damit begonnen, sich seine Beamten aus dem Ritterstand, d. h. aus den Männern der großen Kaufmannswelt zu wählen. Hadrian schaffte nun auch die Gepflogenheit der Kaiser ab, die Ministerposten nur mit ihren Privatdienern und Freigelassenen zu besetzen; er wählte Ritter auch für diese wichtigsten Ressorts. Dadurch steigerte er das Verantwortungsgefühl in den höheren Kreisen, und sie wurden nachhaltig in den Dienst des Staates gezogen. Alles, was Bildung hat, soll am Gemeinwesen beteiligt sein. Das späterhin herrschende besoldete höhere Beamtentum, eine vornehme Bureaukratie, hat er damit vorbereitet. Freilich verfeindete er sich damit den Senat der Hauptstadt, den hohen Adel, der für immer dadurch lahm gelegt war und auf das neue Verwaltungssystem mit Neid und scheelen Augen blickte. Die Senatsherren, die nicht über ihre sieben Hügel hinaussehen, versinken mehr und mehr in Nichtigkeit. Aber sie haben sich gerächt; sie haben zum Dank dafür in der Geschichtschreibung den Hadrian nach Möglichkeit schlecht gemacht und das Leben des Kaisers mit Tendenzlügen entstellt, von denen wir, um gerecht zu sein, hier gründlich absehen müssen.[5]

Für das Eintreiben der Steuern fand der Kaiser ein unmittelbares Verfahren, das Zwischenhände und Veruntreuungen möglichst ausschloß. Zur Kontrolle der vielen Provinzialbeamten aber bildete er sich, um nicht „Spione" zu sagen, kaiserliche Reporter (frumentarii) heran, die immer wie die Augen des Kaisers durch die Welt reisten und dem Herrscher berichteten, ob alle Landpfleger auch ihre Pflicht taten: eine Beaufsichtigung, die den hohen Beamten natürlich widerwärtig war, die aber im Interesse der Untertanen geschah. Denn dem leitenden „Verstand" im Staate durfte nichts entgehen. Die ganze Reichspost hat Hadrian ferner verstaatlicht und den Gemeinden die Last abgenommen. Dazu kamen seine peinlichen Militärreglements; unter anderem die Bestimmung, daß alle Offiziere im Reichsheer womöglich Italiener sein sollten, womit in der buntscheckigen Armee die Einheit gesichert wurde. Auch sollten — beiläufig — die Offiziere nicht zu jung sein, sondern sie mußten schon einen Bart aufweisen können. Hadrian war der Protektor des Bartes.

Sodann die sozialen Dinge. Wir müssen uns gegenwärtig halten, daß der Militäretat die Staatskasse damals lange nicht so wie bei uns belastet hat. Denn das weite römische Reich, das doch mindestens zehnmal so groß wie unser Deutsches Reich war, hielt alles in allem nur etwa 250 000 Mann auf den Beinen. Die Staatsfinanz hatte also für andere Zwecke viel Geld übrig. Und die weiten Provinzen, vor allem die westlichen Länder, blühten wie noch nie; sie zahlten reichlich ihre Steuern.

Gleich Hadrians erste Handlung in Rom war ein großer Schuldenerlaß; auf dem Forum ließ er sämtliche Schuldbücher feierlich verbrennen; auf alle noch rückständigen Steuerzahlungen im Gesamtbetrage von zirka 190 Millionen Mark[6] leistete der Staat damit Verzicht; die Flammen schlugen auf und zündeten in aller Herzen. Hadrian war ein Freund des Volkes. So hat er auch die Alimentationen, die Kinderfürsorge großen Stils, fortgesetzt. Es war vielfach Sitte, daß wohlhabende Leute, wenn sie starben, den Kaiser mit Vermächtnissen bedachten; Legate solcher Bürger, die Kinder hatten, nahm Hadrian nicht an. Für den Schutz der Sklaven gegen die Willkür der

Herren ist er zuerst im Sinn der Menschlichkeit mit Gesetzen aufgetreten; und das war epochemachend. Im selben Geiste hat er das Gladiatorenwesen, das Dirnenwesen bewacht und eingeschränkt. Er verbot auch, daß in den Thermen Frauen und Männer zusammen badeten, eine großstädtische Unsitte, die immer wieder einriß, die dann noch das ganze Mittelalter überdauerte und bekanntlich auch noch in unseren ehrbaren deutschen Städten des 16. Jahrhunderts blühte. Hadrian badete selbst gern in den Volksbädern mit und sorgte gelegentlich dafür, daß die Leute auch ihr Badetuch hatten. Er liebte es, dem Volksmann zutraulich auf die Schulter zu klopfen und mit ihm irgendwie seinen unschuldigen Spaß zu treiben. Und so schlicht war sein Auftreten durchweg; stehend empfing er seine Gäste, machte Krankenbesuche bei geringen Leuten, haßte die Protzen und die Wucherer; denen aber, die ohne Verschulden in Not gerieten, gab er aus Trieb jede Hilfe. So begreift man, daß er auch keine Anklagen wegen Majestätsbeleidigung mehr duldete; es war wie unter Trajan: kein Mensch in der weiten Welt wurde aus solchen Anlässen verfolgt oder behelligt. Aber auch keine Christenverfolgung geschah, im Gegenteil: in Athen ließ sich Hadrian eine Rechtfertigungsschrift der dortigen Christen überreichen[7]; die Christen blickten mit heißem Dank auf ihn und verstiegen sich später zu der Behauptung, Hadrian selbst sei heimlich ein Christ gewesen.

Aber er hielt es in Rom nur drei Jahre aus. Was sollte er da? Mit den hochwürdigen Senatoren zeitlebens verbindliche Redewendungen austauschen und dem Stadtpöbel Tierhetzen geben, um sich anjubeln zu lassen? Die Welt ist weit und alle, alle hatten das Recht auf ihn. Die Provinzen standen jetzt dem Lande Italien gleich; aber fast nie ruhte des Kaisers Auge auf ihnen. Da die Provinzen nicht zur Regierung pilgern können, muß die Regierung zu den Provinzen gehen. So begann Hadrian sein Reiseleben, die Feldzüge des Friedens. Er ist, wie Friedrich der Große, das große Modell des reisenden Monarchen gewesen. Sein Kabinett, den ganzen Regierungsapparat, führte er überall mit sich durch die Länder, zeitweilig auch seine Frau Sabina. Könnten wir dem großen Wanderer folgen, die ganze, wundervoll kulturgepflegte, in Fruchtfeldern und Bauten prangende Welt vom Tajo bis zum Tigris, von der Themse bis zum Nil würde sich vor uns auftun. Aber wir müßten dabei, wie Hadrian, jeden Klimawechsel, Sonnenglut und Frost, Regen, Wüstenwind und den Nebel von London ertragen, und Hadrian reiste zudem noch ohne Hut!

Schon im Jahre 119 war er in Kampanien; Kampanien litt wohl noch, seit vierzig Jahren, an den Nachwirkungen des Vesuvausbruchs, und er überschüttete das Ländchen mit Wohltaten. Im Jahre 121 aber begann sein großer Auszug. Er trieb vorher eifrig Reiselektüre und suchte dann, als wäre er ein Engländer von heute, an jedem Orte alle denkwürdigen Stätten auf, erpicht darauf, alles wirklich zu sehen, an Bauten und Heilquellen und seltenen Tieren und Stätten, wo ein frommer Mensch gelebt. Zunächst ging es in das schöne Frankreich, dann an den Rhein, zur Grenzwacht der germanischen Legionen. Da widmete er sich dem Limes, den er vom Rhein eine gewaltige Strecke bis zur Donau hinüberführte, und der Disziplin des Heeres mit Paraden und Manövrierübungen. Er war auf den Drill wie versessen und gegen das Heer ein eiserner Herr; selbst die Prätorianer wagten sich nicht zu rühren, und der Grund dafür ist leicht zu finden. Er sah eine lange Friedensperiode, wie sie auch in der Tat gefolgt ist, voraus; ja, er wollte ihn selbst, den ewigen Frieden, aber einen bewaffneten; das Militär durfte nicht in Untätigkeit erschlaffen. So zeigte er sich selbst rüstig und ungeschmückt; kein goldenes Schloß am Gürtel, kein elfenbeinerner Degengriff; zwanzig Kilometer marschierte er in Waffen und aß mit den Gemeinen die Kasernenkost, Schinken und Käse, wozu man eine Limonade trank, die aus Essig und Wasser und eingeschlagenen Eiern bestand (posca). Vor seinen Augen wurden dann von den Leuten gelegentlich allerlei Bravourstücke vollführt: ein Soldat durchschwimmt vollbewaffnet die Donau; derselbe schießt einen Pfeil und trifft denselben Pfeil in der Luft mit dem nächsten Pfeil.[8]

Dasselbe Interesse trieb ihn sodann nach England, das von Schottland her ständig bedroht wurde; um England zu sichern, errichtete dort Hadrian den bekannten Hadrianswall, einen achtzig Meilen langes Limes, der von der Mündung des Tyneflusses aus anhob. Sabina, die Kaiserin, war auch mit dort, die kinderlose Frau, eine mißmutige Dame, von mürrischem Wesen. Sie hat aus ihrer großen gesellschaftlichen Stellung nichts zu machen gewußt. Hadrian war mißtrauisch, und man hinterbrachte ihm, daß Sabina mit seinen höchsten Hofbeamten allzu vertraulich verkehre. Sogleich gab er diesen Männern den Abschied. Einer von ihnen war kein geringerer als Sueton, der Kaiserbiograph. Aber von Sabina schied er sich nicht. Dieser ungeliebten Frau, die er mit sich durchs Leben schleppte, dankte es Hadrian, daß er ein so einsamer Mensch blieb; aber er hörte nicht auf, sie öffentlich zu ehren.

Weiter führte ihn seine Reise nach der Provence und sodann nach Spanien. Dort geschah es, daß ein gemeiner Arbeitsmann, ein Unfreier, auf Hadrian ein Attentat verübte. Hadrian ließ den Menschen ruhig festnehmen, stellte fest, daß es ein Verrückter war, und übergab ihn dem Arzt zur psychischen Behandlung. Weiter nichts. Wie vollkommen modern! Sein Verhalten machte mit Recht großes Aufsehen.

Auf einmal aber ist er schon im fernsten Asien, da es mit den immer unruhigen Parthern am Euphrat wichtige Dinge zu verhandeln gab. Und nun pilgert er vom Euphrat westwärts durch das städtereiche asiatische Land zurück, überall dort vom Griechentum umgeben, bis er in Athen zuerst einige Rast und Ruhe findet.

Von hundert und aberhundert Stadtgemeinden hat der Kaiser auf dieser gewaltigen Rundreise sorglichst Kenntnis genommen, ihre Bedürfnisse geprüft und Hilfe und wieder Hilfe geschaffen. Viele erhaltene Inschriften nennen ihn uns als Wohltäter der Städte; überall heißt er der Restitutor. Das betraf den Straßenbau, die verfallenden Heiligtümer, die versandeten Häfen, die pekuniäre Sicherung der gottesdienstlichen Volksfeste, Getreidespenden, Wasserleitungen, Nymphäen oder öffentliche Brunnen und so fort. Er reiste, kann man sagen, als Heiland durch die Welt; denn das ist es, was das Altertum unter Heiland, Soter, verstanden hat; er brachte Heil und verlangte nichts für sich: ein Segen wie von oben; und er war allgegenwärtig, wie ein Gott. Dergleichen war noch nie gesehen worden.

Das Schönste für ihn selbst und für seine Seele war sein Aufenthalt in Athen (im Jahre 125 ff.). So wie die Religion des modernen Menschen das Christentum ist, so war die Pflege der griechischen Geisteskultur in Philosophie und Kunst die Religion Hadrians. Die Einheit und Verbreitung dieser Religion lag ihm am Herzen, und Athen war dafür das Zentrum, die heilige Stadt. In Athen hat Hadrian geradezu einen neuen Stadtteil, die Hadrianstadt, gegründet, hat dort vor allem den seit siebenhundert Jahren unvollendet gebliebenen Zeustempel zu Füßen der Akropolis endlich glanzvoll ausgebaut und vollendet und dabei für den Osten der Welt ein Panhellenentum, ein Allgriechentum in Anbetung dieses höchsten Zeus in Athen geschaffen oder zu schaffen gesucht.[9] Dabei gestattete Hadrian nun aber ferner auch, daß die Griechen die Verehrung seiner eigenen Person mit diesem Zeusdienst verbanden und an ihn anschlossen. Ja, er hat dies offenbar gern gesehen.

Hadrian als Gott: lag darin ein Größenwahn? ein Wahnwitz des Kaisers? oder sollen wir gar von platter Eitelkeit reden? Wer das tut, vergißt, daß Trajan ja auch in Rom als Jupiter galt, und sollte dazu auch folgendes überlegen.

Hadrian hat diese seine göttliche Adoration nur bei den Griechen und Orientalen gern zugelassen oder begünstigt, seine

Italiener und den ganzen Occident hat er damit verschont. Ihm selbst und seiner Person stand solche Anbeterei durchaus fern, und er hatte dafür ganz gewiß nur ein sokratisches Lächeln. Aber der Orientale war es einmal seit Urzeiten so gewohnt, den Herrscher, sofern er Herrscher war, abgöttisch zu verehren, d. h. mit der Gottheit zu verknüpfen. Dem hat sich Hadrian allerdings ohne Bedenken anbequemt, ganz ebenso, wie es schon Kaiser Augustus dereinst getan hat. Diese Leute wollten neben dem höchsten Gott Zeus auch noch einen „Heiland" verehren; Hadrian verwehrte es ihnen nicht, ja, er gönnte es ihnen mit Freuden.

Dazu kommt, daß er selbst, wie schon gesagt wurde, allerorts schlicht und bescheiden aufgetreten ist und sich durchaus nicht etwa bonzenhaft als ein Dalailama und höheres Wesen aufgespielt hat. Im Gegenteil: er fühlte im Tiefsten das Gebrechliche alles Irdischen und hegte in sich selbst eine ehrliche Sehnsucht nach Gott und Ewigkeit und den Mächten über ihm. Daher ließ er sich als Mitglied in das Geheimkonventikel der Eleusinischen Weihen oder Mysterien aufnehmen, durch welche Mysterien die Seligkeit im Jenseits, das Elysium, jedem einzelnen, der sich sittenrein führt, zugesichert wurde. Das tat er, wie jeder bessere Spießbürger Athens.

Es ging überhaupt im zweiten Jahrhundert ein gesteigertes Suchen und Sehnen durch die Welt nach einer großen, neuen Religion, die da alle Herzen einigt und alles Menschliche an den Himmel bindet, und Hadrian, so überlegen er war, war doch nur ein Sohn seiner Zeit. Das Christentum berührte ihn noch nicht; aber es war damals aus dem persischen Land der Sonnendienst herübergekommen, der Dienst der ewig wiederauferstehenden Sonne (Sol invictus), der mit dem Christusdienst mehr Berührungen hat, als man glauben möchte und der uns in der Feier des „Sonntags" ein bleibendes Denkmal hinterlassen hat; denn unser Sonntag ist der Festtag der Sonne. Auch unser Weihnachtstag, der 25. Dezember, ist der alte Geburtstag des Sonnengottes. Ohne Zweifel stand Hadrian dem nahe; denn nur so erklärt sich, daß er den Sol auf seine Münzen hat prägen lassen. Und zweimal hat dieser Weltenwanderer gewaltige Bergbesteigungen ausgeführt; auf Sizilien hat er den Ätna, an den Grenzen Arabiens hat er den heiligen Berg, mons Casius, bestiegen; schon jene Ätnabesteigung war für die Antike eine nahezu unerhörte Leistung. Aber er tat es beidemal nur, um dort oben die heilige Frühstunde, den Sonnenaufgang zu erleben. Auch auf seinen Münzen wird gerade der Sonnenaufgang dargestellt.[10] Ihn leiteten dabei keine naturwissenschaftlichen Probleme (Vulkanismus, Messung der Atmosphären); er hatte rein religiöses Interesse. So wie Konstantin der Große, der vermeintliche Christ, sich als Helios hat verehren lassen — Helios aber ist die Sonne —, so hieß auch Hadrian bei den Orientalen Hadrianos Helios[11]; und der Zufall wollte, daß er selbst mit Familiennamen Älius Hadrianus hieß. In diesem Namen Älius erkannte man den Namen Helios wieder, so daß die Orthographie Helius (z. B. Helius Verus) für Älius in der Folgezeit geradezu in Aufnahme kam.[12]

Aber Hadrian beruhigte sich nicht hierbei. Tatsache ist, daß er in vielen Städten leere Tempel oder Kapellen ohne jedes Gottesbild und augenscheinlich auch ohne jede zugehörige Priesterschaft und Weihinschriften errichten ließ. Wem galten sie? Einem Gott, den er noch suchte. Er suchte nach einer neuen höchsten Instanz für seine Gebete. Es hat dies mit dem „unbekannten Gott", von dem Paulus in Athen die berühmten, geheimnisvollen Worte sprach, freilich nichts zu tun. Wohl aber taucht hier vor uns eine andere Gestalt auf; wir spüren den Einfluß des seltsamen Gottsuchers und Wundertäters Apollonius von Tyana. Dieser Mann, oft nichts als ein öder Schwätzer und dabei doch der Verkünder einer erstaunlich geläuterten Religiosität, hat auf alle Fälle seine Zeit durch sein frommes Predigen mächtig beeinflußt. Auch er

Sabina

war ein Weltenwanderer wie Hadrian, dem es nicht Ruhe ließ, bis er alle klugen Menschen, alle Sitten der Länder der Welt kannte. Derselbe Apollonius aber lehrte damals, man solle Gott, dem einen, höchsten, zwar Tempel bauen, aber ihn mit keinem Namen nennen, mit keinen Darbringungen ihn behelligen; denn Gott braucht sie nicht. Bis zu Hadrian hinauf reichte die Wirkung dieser Predigt, und der Kaiser säumte nicht (er handelte immer rasch) und stellte die leeren Tempel, von denen ich berichtete, an die Straße![13] Später fabelte man natürlich, er habe sie für Christus bestimmt.[14] Jedem, der sich für Religionsgeschichte interessiert, müssen doch diese Dinge wunderbar denkwürdig und unvergeßlich sein.

Bei alledem denke man nicht, daß Hadrian ein tiefsinniges Wesen zur Schau trug, etwa gar Visionen hatte oder sich in salbungsvollen Reden erging. Im Gegenteil: er war Ironiker und gab sich als lustige Person, liebte den übermütigen Scherz und den Humor, um sein Innerstes zu verbergen (es gibt viele Melancholiker, die dies tun) und täuschte seine Umgebung spielend über die Geheimnisse seines Herzens hinweg.

Seine Umgebung. Denn er brauchte Menschen, wenn auch nur, um sich ihnen überlegen zu fühlen, und sein Sach- und Personalgedächtnis war dabei erstaunlich. Mit allen erheblicheren Gelehrten, Dichtern und Künstlern seiner Zeit suchte er Berührung, Arrian, Plutarch und wie sie sonst heißen. Sie waren eigentlich sein einziger wirklicher Umgang, auch auf seinen Reisen. Ganz so hielt es Friedrich der Große. Daß Hadrian den edlen Platoniker Plutarch verehrte, ist mir gewiß, und nichts ehrt den Kaiser selbst so sehr, als seine intime Freundschaft mit Epiktet, dem größten Sittenlehrer und Erzieher jenes Jahrhunderts. Aber er foppte die weisen Herren gerne, zeigte sich souverän überlegen und setzte sie durch erstaunlich kluge Fragen in Verlegenheit.

Das Wichtigste dabei ist, daß er für gewisse Fächer feste Gehälter aussetzte, womit — in Plato's Sinn — die Verstaatlichung des Unterrichtswesens, die Staatsschule begann. Alle Professoren, heißt es, wurden dabei zu wohlhabenden Leuten. Schien ihm einer zu unbefähigt, so enthob er ihn seines Amtes mit reichlicher Altersversorgung: woraus folgt, daß er selbst die Leistungen aller beurteilte. Diese Gelehrtenfürsorge gipfelte in der Gründung einer Universität in Rom, Athenaion genannt, mit einem weitausgedehnten Lehrgebäude. Von demselben Hadrian aber ist, auf juristischem Gebiet, die Begründung des Kaiserrechts ausgegangen. Ich nenne den großen Juristen Julian, der damals in 90 Büchern das römische Zivilrecht abhandelte; sein wichtigstes Lebenswerk aber war eine endgültige Redaktion der prätorischen Bestimmungen über das Gerichtswesen, Edictum perpetuum genannt, die durch die kaiserliche Autorität gedeckt, bis zu Justinian dauernde Gültigkeit behielt. Aber auch Hadrians eigene Rechtsentscheidungen waren berühmt; er wird uns volkstümlich wie ein zweiter Salomo geschildert.

Und neben dem bedeutsamen Ediktenwerk Julians, das äußerlich als winziges Buch auftrat, steht nun das Pantheon, das Pantheon in Rom.[15] Man hat festgestellt, daß der herrliche Kuppelrundbau des Pantheon, den wir heut bewundern, nicht das Werk Agrippas, sondern das des Hadrian ist. Aber Hadrian war bescheiden, aber er besaß doch historische Ehrfurcht und ließ an der Front des Bauwerks den Namen des Agrippa stehen, der von einem früheren Bau noch an der Vorhalle haftete und den wir dort heute noch lesen. So hat dieser vielseitige Kaiser aber auch auf die Dekorationskunst, auch auf die Bildmeister der Marmorplastik ohne Frage persönlich bestimmende Einflüsse ausgeübt; zum wenigsten verändert sich ihr Charakter unter seiner Regierung wesentlich und eigentümlich.[16] Auch die Münzen, die er prägen ließ, ragen durch künstlerische Ausführung hervor.

Wetterwendisch und unberechenbar, bald streng und abwartend, bald gütig und lieb soll Hadrian im Umgang mit all diesen Vertretern der Kunst und Wissenschaft gewesen sein. Welchen Ton er dabei anschlug, mag uns folgende kleine Gedichtprobe zeigen. Der Dichter Florus, ein Duodezpoet jener Zeit, hatte aus Rom an Hadrian, als der Kaiser in England stand, folgende lustigen Verse gerichtet:

> Ich möchte kein Kaiser sein;
> Sonst müßte ich ja marschieren
> Nach England, an den Rhein,
> Wo Einem die Ohren frieren
> Und Feinde sich erfrechen
> Uns meuchlings zu erstechen.
> O nein, nein, nein,
> Ich möchte kein Kaiser sein![18]

Hadrian schrieb gut gelaunt zurück:

> Ich möchte kein Florus sein.
> Sonst würd' ich ja zu den Flaneuren
> In Rom und im Kneipverein
> Zur Stammgastrunde gehören.
> Es würden mich gar die frechen
> Moskitos in Rom zerstechen.
> O nein, nein, nein,
> Ich möchte kein Florus sein.

Endlich, im Jahre 127, kam Hadrian von seiner Ätnabesteigung nach Rom zurück.[19] Aber in Rom, da gab es nichts zu tun. Schon im Jahre 128 begann er eine neue Rundreise, und zwar jetzt wie im Rapidzuge. Seine Schnelligkeit war erstaunlich. Zuerst nach Algier und Marokko. Fünf Jahre hatte es dort in Nordafrika entsetzliche Dürre gegeben.[20] Sobald Hadrian dort erscheint, fällt erquickender Regen, und das Volk huldigte und dankte ihm für dies Wunder. Auch dort in Afrika gründete er dann Städte, inspizierte das Heerwesen und die Grenzkastelle, um sogleich weiter nach dem fernen Osten abzugehen: Athen, dann Syrien, Damaskus, Samosata. Die Stadt Gaza förderte er so, daß sie von dieser Zeit eine neue Ära, eine neue Jahreszählung begann. Aber jetzt standen ihm zwei Erlebnisse bevor, die ihn erschütterten und ihm ans Herz gingen. Zuerst Jerusalem. Hadrian hatte begonnen, das durch Titus zerstörte Jerusalem als römische Stadt wieder aufzubauen und auf dem Tempelberg, wo der Jehovatempel zerstört lag, einen Jupitertempel zu errichten. Das wurde der Anlaß zu einem neuen Aufstand der Juden, der den ganzen Osten der Welt mit Schrecken erfüllte. Schon unter Trajan hatten die Juden an den verschiedensten Plätzen Aufruhr geschürt, und zwar waren sie damals die Angreifer und von einem furchtbaren Blutdurst. Ihre Bevölkerungsziffer muß gewaltig gewesen sein. Heute sind etwa 11 Millionen Juden über den Erdball verstreut. Damals lebte dasselbe etliche Millionen starke Volk eng zusammengedrängt um die Küsten des östlichen Mittelmeerbeckens. So erklärt sich, daß sie in der Lage waren, Hunderttausende von Griechen totzuschlagen, und nicht nur zu töten, sondern zu zersägen und zu zerfleischen, wie das damals in Cypern und in der Cyrenaika geschehen ist. Jetzt, in den Jahren 130—135, sah sich Hadrian gezwungen, einen Vernichtungskampf zu führen, der seine doch weiche und empfindsame Seele tief betrübt haben muß. Auch hielt er sich selbst von der Sache möglichst fern. Sein Heerführer war Julius Severus, der in Palästina einrückte. Bar Kochba hieß der heldenhafte neue Vorkämpfer und Messias der Juden. Alle bewohnten Stätten im Land wurden jetzt zerstört. Das jüdische Volk hat sich seitdem nie wieder kriegerisch erhoben.

Ein äußerlich geringfügiges Ereignis kam dann hinzu. Es betrifft den Antonius. Hadrian reiste eben mit der Kaiserin Sabina in dem ältesten Götterlande Ägypten. Das war recht etwas für ihn. Da studierte er die Pylonen und Tempel und Pyramiden, schrieb eigenhändig am 21. November des Jahres 130 Gedenkworte an die Memnonssäule[21]; denn Memnon galt als Sohn der Morgenröte, die Hadrian verehrte. Auf einer Nilfahrt bei Kairo im Oktober 130 ertrank da sein junger Begleiter Antinous, ein von ihm geliebter, ja, schwärmerisch verehrter junger Grieche aus Bithynien. Wir erfahren von diesem Antinous wenig; schon im Jahre 124 war Hadrian mit Sabina und ihm zusammen in Athen.²² Interessanter ist die Löwenjagd, bei der der junge Mensch verwundet wurde; diese berühmte Löwenjagd Hadrians ist nicht nur auf einem der Reliefs am Konstantinsbogen dargestellt, sondern auch von Dichtern besungen worden. Auf einem ägyptischen Papyrusblatt, das als Flaschenverschluß gedient hat, haben sich 40 Verse daraus erhalten. Da lesen wir, daß Hadrian, der Jäger, in der Wüste den Löwen stellt und verwundet; aber er will dem Antinous die „Jagdehre" lassen; Antinous soll ihn töten. Beide sind beritten; die Bestie aber stürzt sich aufs Roß des Antinous, der in Gefahr gerät, und Hadrian führt dann den rettenden Todesstreich. Da wuchs, wie es in denselben Versen heißt, aus dem Blut des verwundeten Antinous eine Lotosblume empor, die danach die Antinousblume genannt wird.²³

Wäre dies Papyrusblatt nicht vor kurzem gefunden, wir wüßten von der Lebensführung des Antinous so gut wie nichts. Aber sein Name ist trotzdem allen seit langem wohlbekannt; er ist bei uns sogar zu einer Romanfigur geworden, und ein neugieriges Interesse hat sich an ihn geknüpft. Denn das Wunderbare ist geschehen, daß dieser fremdartig ernste Jüngling in vielen wunderschönen Marmorbildern weiterlebt und in allen Antikenmuseen der Welt uns entgegentritt. Der Kaiser Hadrian weinte über seinen Tod, heißt es, weichmütig, wie eine Mutter um ihr Kind weint (muliebriter), und „machte ihn zum Gott". Der gedankenreiche philosophische Herr muß eine selten hohe Begabung oder eine seltene Abgeklärtheit und Tiefe des Wesens in diesem Jüngling gefunden haben — das ist bestimmt anzunehmen; sonst ist der ganze Hergang unerklärlich —, und er hatte Hoffnungen an Antinous gehängt, wer weiß, wie weit diese gingen?

Nach der Legende sollte Antinous gar auf der Nilfahrt für den Kaiser, um ihn zu retten, den Opfertod auf sich genommen haben. Meistens ist er in den Bildwerken als Gott Dionys und immer mit dem Ausdruck verschatteter Schwermut dargestellt. Man hat diesen Ausdruck schwärmerisch gefunden. Das ist aber ganz irrig. Dieser junge Mensch schwärmt nicht, er trauert nur. Es ist einfach die Trauer darüber, daß schon die Jugend sterben muß, in diesem Jünglingsbild selbst zum Ausdruck gebracht. Man muß, um den gottgewordenen Antinous zu begreifen, tiefer gehen, und es ist das Nächstliegende, das Adonisfest der Griechen zu vergleichen. Da betrauerte man den frühen Tod des Adonis. „Osiris, Attis, Adonis sind Menschen gewesen, gestorben und als Götter auferstanden; wenn wir uns mit ihnen vereinigen, sie in uns aufnehmen oder sie anziehen, haben wir die Gewißheit der eigenen Unsterblichkeit."[24] Der Adoniskult ist, meine ich, von Hadrian im Kultus des Antinous nachgeahmt und erneuert worden, und so wie an jenen, wird er auch an Antinous die Auferstehungshoffnung geknüpft haben. Daher trägt Antinous wie ein Frühlingsgott Blumen in der Hand; daher wird er mit dem ägyptischen Osiris, dem gleichfalls Auferstandenen, daher endlich und vor allem mit Bakchos oder Jakchos gleichgesetzt; denn dieser Bakchos war in den eleusinischen Mysterien der Gott der Unterwelt und des Erwachens aus dem Tode.[25]

Man sieht, die ganze Sachlage ist religionsgeschichtlich höchst eigenartig und interessant; denn dieser vom Papstkaiser Hadrian neu geschaffene junge Gott hat wirklich wohl ein volles Jahrhundert lang weithin und durchaus nicht nur in Ägypten Verehrung gefunden.[26] Der Kaiser hat die Antinousreligion eingeführt als Konkurrenz zur Christusreligion.

Das Vorstehende habe ich, wie ich erwähnen möchte, im Januar 1912 niedergeschrieben; die wunderbarste Bestätigung hat es bald danach durch die Ausgrabung der Stadt Antinoë erfahren, die Hadrian dem jungen Gott zu Ehren in Ägypten gründete. In überraschender Weise ist da ein vollständiges ägyptisches Pompeji aufgedeckt, und die Antinousverehrung steht uns nun vor Augen; sie war dort dem Osiriskult nachgebildet. Die ganzen Priesterschaften, auch Priesterinnen, sind da als Mumien wohlerhalten aufgefunden worden, aber auch die Gebettexte, und wir erfahren, daß es sich in der Tat um ein Mysterium, um die „Passion" des Antinous handelte und daß da in feierlichen Reigen oder auch mit Hilfe von Marionetten sein Tod und seine Auferstehung alljährlich aufgeführt worden sind.[27]

Anderswo, wie z. B. im Peloponnes, wurde Antinous dagegen, wie schon gesagt ist, nicht als Osiris, sondern als Bakchos oder Jakchos verehrt. Es ist aber festzuhalten, daß der Kaiser diesen neuen Gottesdienst vornehmlich für den griechischen Orient, nicht für Rom oder Spanien geschaffen hat. Es ist derselbe Orient, für den auch Hadrian selbst Gott war. Der Kaiser wollte selbst nicht göttlicher sein als dieser sein Pflegling, in dem er tatsächlich etwas Idealisches und Göttliches erkannt haben muß.[28] Denn Hadrian war Schüler des Idealisten Plato und hat augenscheinlich den „Eros" des Plato im erziehenden Umgang mit Antinous geübt. Setzt man dies an und lag diese ernste Gesinnung zugrunde, so erklärt sich in diesen außerordentlichen Vorgängen alles oder doch vieles. Aber nur der Orient, nicht der Occident hatte dafür Verständnis.

Seitdem ist Hadrians Leben verdüstert, oder es liegt doch eine Schwermut über ihm. Im Jahre 132 feierte er noch ein großes Zentralfest des Hellenentums in Athen. Dann kehrte er im gleichen Jahre 132 abermals nach Rom zurück. Erst nach des Antinous Tod bemerkte er, daß er selbst alterte (er war jetzt 56 Jahre) und begann sich ernstlicher nach einem Nachfolger im Kaisertum umzusehen.

Bei Tivoli oder Tibur hatte er seit Jahren begonnen, sich jene berühmte Villa von unausdenkbarer Größe anzulegen, jene Hadriansvilla, das Wunderwerk launischer Prunksucht und fürstlicher Romantik, im Umfang von zirka 70 Hektar, in deren Trümmerfeld der Reisende noch heute traumumfangen stundenlang umherschweift, wenn zwischen den zu Boden gestreuten Marmorresten Veilchenfelder blühen, die Eidechse geräuschlos über die niedergestürzten Gesimse huscht, die uns ansieht, als wüßte sie ein Geheimnis, und die halbzerbrochenen Mauern und die stummen Völker der Zypressen in das grelle jubelnde Sonnenlicht ihren tiefen, melancholischen Schatten werfen. Hier begann die Selbstsucht dieses sonst sich so aufopfernden Pflichtmenschen. Hier hat er sich mit einem üppigen Altersheim umgeben, mit phantastisch ersonnenen Bauten ägyptischen und griechischen Stils, Obelisken, Gemäldehallen, Tempeln, Theatern; alles mit Mosaiken und Statuen durchsät; es war gleichsam ein „Auszug" aus der gesamten antiken Kunst, ein Panoptikum seiner Reiseerinnerungen in Stein, in dem der vornehme Einsiedler unter tausend Hofschranzen dahinwandelte. Das Bedeutsamste unter diesen Bauten war erstlich eine Nachbildung der Akademie Platos, sodann eine Darstellung des Elysiums, der Unterwelt selber: denn in der Akademie Platos wurzelte sein eigenes Wesen, auf das Elysium hin stand seine Hoffnung; in dem Bezirk der Unterwelt hatte er auch ohne Frage das Bild seines Antinous als eines Rufers in das Jenseits aufgestellt.

Gleichzeitig über rüstete der Kaiser auch schon sein Grabmal, dem Marsfeld gegenüber, jenseits des Tiberstromes. Dies Grabmal heißt heute die Engelsburg. Die Engelsbrücke, die Hadrian gleichfalls gebaut hat, führt noch heut zu dem Grab hinüber. Es ist eine marmorbekleidete Festung, um die in späteren Zeiten, im sechsten, im sechzehnten Jahrhundert Goten und Spanier gefochten haben und die heute halb zertrümmert, doch immer noch zwischen den Häusern Roms wie ein Mammut zwischen Ameisen steht. Dies Kolossalgrab war bestimmt, den winzigen Aschenkrug Hadrians aufzunehmen, aber auch die seiner Nachfolger[29], deren Zahl sich Hadrian wohl als endlos dachte. Es ist die mächtigste, wuchtigste Verherrlichung, die das römische Kaiseramt gefunden hat. Denn nicht

Antinous

nur ein weltlicher Regent, sondern ein Gottsucher und ein Pontifex Maximus, einer der vornehmsten Päpste des Altertums legte sich dort zur Ruhe. Die Idee des Bauplans stammt von den monströsen Königsgräbern, den Pyramiden im Ägypterland. Aber Hadrian wählte statt der Pyramide die volle Rundform, die Kreisrundform des Grundrisses, die auch das Pantheon auszeichnet; denn der Kreis galt bei den Philosophen als Sinnbild der Ewigkeit, da er nirgends ein Ende hat. Erst nach seinem Tode wurde das Mausoleum Hadrians vollendet.

Ein schweres Leiden hat ihn in seinen Schlußjahren heimgesucht, und er merkte bald, daß es mit ihm zu Ende ging. Aber anfangs verließ ihn inmitten der Schmerzen sein Humor nicht, und er schrieb Verse wie die folgenden, die er an seine eigene freundliche Seele gerichtet hat:[30]

> Mein Seelchen[31], freundliches Seelchen du,
> So wanderlustig immerzu:
> Der Leib war nur dein Gasthaus, und nun
> Sollst du die letzte Reise tun
> In jenes Reich,
> Wo alles so öd' und kahl und bleich,
> In jene Nacht,
> Wo keiner mehr deine Späßchen belacht.

Dann aber steigerte sich sein Leiden zu der entsetzlichsten Pein, zu einem höllischen Martyrium. Umsonst flehte er, daß man ihn töten möchte. Als solcher Schwerkranker hat er dann noch für seinen Nachfolger gesorgt. Zuvor aber mußte er erleben, daß sein eigener Schwager, der alte, schon 90jährige Servianus und dessen Enkel, Hadrians Großneffe, Pedanius Fuscus, seinen wehrlosen Zustand benutzten, um öffentlich Anspruch auf die Nachfolge zu erheben. Dies bedeutete Rebellion, und Hadrian ließ beide töten. Die Not der Umstände hat ihn zu dieser einzig harten Tat getrieben. Bei der so wichtigen Entscheidung über die Nachfolge wollte er sich vollkommenste Selbständigkeit wahren, und Blutsverwandtschaft gab nach seiner Meinung kein Anrecht auf das kaiserliche Erbe; sie war vielmehr ein Hindernis.

Hadrian adoptierte den 52jährigen, trefflichen Antoninus Pius an Sohnesstatt, und zwar unter der weisen Bedingung, daß dieser Antoninus seinerseits wieder den jungen Mark Aurel zu seinem Sohn und Nachfolger bestimmen sollte. So war auch das noch das Werk Hadrians, daß ein Goldmensch wie Mark Aurel später Kaiser Roms geworden ist. Sterbenskrank erschien Hadrian an seinem letzten Geburtstag selbst im Senat, dessen Zustimmung zu erwirken er für Pflicht hielt, und der Senat genehmigte des Kaisers Vorhaben. Dann suchte Hadrian, diese Wanderseele, Bajä auf, um noch einmal das Meer zu sehen, wo er, nach 21jähriger Regierung, im Jahre 138 gestorben ist.

Sein entseelter Name aber flog wie ein schwermütiger Schatten, groß und fremd und angestaunt und unbegriffen wie ein Rätsel des Märchens, durch die Jahrhunderte von den Heiden zu den Christen. Der Selbstaufopferer, der absoluteste der absoluten Herrscher, hatte stolz und einsam über einer Welt gestanden, die ihn zu verstehen glaubte, wenn sie ihn anbetete, und die ihn zu erledigen und abzutun glaubte, wenn sie seine Vielseitigkeit und seine Schwächen bespöttelte oder gar ihn mit Schmutz bewarf.[32] Hadrians Selbstlosigkeit ist so außerordentlich gewesen wie sein Selbstgefühl; seine Überhebung war so groß wie seine Liebe. Die Welt war klein für ihn; nur der Gott in ihm war groß. Das ist das Hadrianproblem, zu dessen Lösung hier ein schüchterner Versuch gegeben ist. Nur wer Hadrian versteht, kann sich berühmen, daß er ein Kenner des Altertums ist.

Mark Aurel

Auf den Friedenskaiser Hadrian, der im Jahre 138 starb, folgten unter seinen beiden Adoptiverben Antoninus Pius und Mark Aurel vierzig weitere Jahre der Gerechtigkeit und zunächst zwanzig weitere Friedensjahre. Es ist Mark Aurel, dem wir nunmehr uns zuwenden[1]: der schönste, edelste Name, den das alte Rom zu nennen hat. Alles, was gut war an der Antike, sammelte sich gleichsam in diesem Herzen: ein reines Menschentum, voll männlicher Kraft und voll Geduld, Ausdauer, Umsicht und aufrichtigster Güte. Ein Vater der Menschheit. Mark Aurel war Kaiser der Welt; aber er ist auch ein Lehrmeister der Frömmigkeit, ein Tröster der Einsamen geworden, und noch im zweiten Jahrtausend nach seinem Tode haben sich viele Herzen an ihm erbaut und aufgerichtet, Herzen, die Standkraft und Frieden suchen in den Wirren und Enttäuschungen des Lebens.

Die Darstellungen römischer Porträtköpfe, die ich gegeben, betrafen größtenteils so gewalttätige Kraftmenschen wie Sulla und Antonius oder so bösartige Geschöpfe wie Nero und Domitian. Es sind, ich sehe es mit Schrecken, eigentlich weit mehr abgeschlagene Köpfe als Porträtköpfe, die ich meinen Lesern geliefert. Jetzt aber, im Hinblick auf Mark Aurel ist es so, als sollte meine Darstellung in frommer Betrachtung und in Andacht endigen.

Mark Aurel bildet für uns mit Recht die Schlußfigur, weil gleich nach ihm die Größe Roms geknickt wird und das Provinzialleben alles überschwemmt. Mark Aurel steht noch auf der Höhe Hadrians; gleich hinter ihm gähnt der Absturz, und ein Chaos von Thronwirren beginnt; dazu wirtschaftlicher Niedergang und die Angst vor den Germanen. Dieser Mensch mit der reinen Seele war ein Kämpfer; er hat Rom noch einmal vor den Germanen gerettet. Die Antoninssäule in der Siebenhügelstadt verkündet das aller Welt noch heute, auf der Piazza Colonna, nahe dem Monte Citorio, wo heute das Parlament tagt und über das Geschick des modernen Italien entscheidet.

Vor allem aber steht oben auf dem Kapitol Mark Aurels ehrwürdiges Reiterbild in Bronze. Wer kennt es nicht? Michel
Angelo hat es dahin gestellt; und wer in dies Gesicht sieht,
der fühlt: der Mensch ist nicht schön, aber so onkelhaft gut, von
einer so herzgewinnenden Häßlichkeit: wo dieser Landesvater
wacht, o Volk Roms, da magst du ruhig schlafen. Er reitet;
in der Stadt ritt aber der Kaiser nie. Das Roß zeigt also an,
daß er im Kriege ist und im Felde steht.² Und er trägt den
Philosophenbart, einen Vollbart, der weit länger ist als der
Hadrians. Das ist ein Zeichen der Zeit: wie der Bart, so ist
seitdem auch die Philosophie gewachsen.

Auf Hadrian folgte zunächst durch Adoption Antoninus
Pius, der wieder den Mark Aurel zum Sohn annahm. Antoninus Pius war gleichfalls ein fleißiger und wackerer Fürst.
Die Regierungsmaschine brauchte er nur in Gang zu halten;
sie war von Hadrian trefflich konstruiert und eingestellt. Der
freundlich brave, aber etwas spießbürgerliche Mann stammte
aus Nimes in der Provence. Alle vornehmen Leute, die aus
den Provinzen nach Rom kamen und dort in den Senatoren-
stand erhoben wurden, waren gesetzlich gezwungen, sich auch
Grundbesitz in Italien zu erwerben; so besaß dort Antoninus
das Landgut Lorium und saß da gern fest. Er war sparsam
und reiste nicht. Kaiserreisen kosten doch immer Geld. Mit
den Senatsherren aber, die Hadrians wundersam extravagante
Natur nicht leiden konnten, stand er andauernd gut und tauschte
gern mit ihnen Versicherungen der Wertschätzung und Verehrung. Altrömisch simpel, wie ein Fabricius und Cincinnatus
und König Numa (es war damals Mode geworden, das ganz
Altrömische wieder aufzuwärmen), so saß er am liebsten auf
seinem Bauerngut und fütterte die Hühner; auch das war eine
Hofhaltung. Aber er hat da auch den Knaben Mark Aurel
an das Landleben gewöhnt und sich väterlich seine Liebe erworben, so daß Mark Aurel späterhin sich nicht genug tun kann,
Antoninus' Rechtschaffenheit und nüchterne Besonnenheit zu

lobpreisen. Im Sinne des alten Fabricius und König Numa geschah es auch, daß er den Knaben die alten Saliarlieder auswendig lernen ließ, fromme Liturgietexte, die so veraltet waren, daß kein Sterblicher in Rom ihren Wortlaut mehr verstand.

Hadrian hatte diesen Antonin gezwungen, nicht nur den jungen Mark Aurel als Sohn zu adoptieren, sondern auch einen zweiten jungen Mann, den er begünstigte, den Lucius Verus. Der bedächtige Antoninus erkannte jedoch, daß nur Mark Aurel, nicht Lucius Verus den in ihn gesetzten Hoffnungen wirklich entsprach, und als er im Jahre 161 friedlich dahinstarb (75jährig, ein für einen Kaiser selten hohes Alter), bestimmte er nur Mark Aurel zu seinem Nachfolger.

Beide, Antoninus Pius und Mark Aurel, hatten zusammen im selben Palast, im Tiberiushaus auf dem Palatin gewohnt. Die Regierung ging da also, als Mark Aurel Kaiser wurde, nur von einer Stube in die andere über. Dafür war eine Figur der Göttin Fortuna das Symbol; diese goldene Puppe wurde in Mark Aurels Zimmer hinübergetragen; es war das goldene Schicksal, Kaiser Roms zu sein.

Kaum war aber das geschehen, als Mark Aurel den Lucius Verus zu sich rief und ihn aus eigenster Entscheidung zu seinem ebenbürtigen Mitregenten machte. Damit begann er gleich: Teilung der Macht! Ein Akt des Vertrauens. Das war offenbar schon Hadrians Idee gewesen. Das Reich war für einen einzigen tatsächlich zu groß. Man denke sich: einen Weltteil vom Umfang Europas soll ein einziger Mann von seinem Palast aus regieren. Wer das gut machen wollte, erlag der Last. Zwei nachweislich so kerngesunde Männer wie Trajan und Hadrian waren unter der Last zusammengebrochen: ihr Körper brach zusammen. Der kränkliche junge Mark Aurel brauchte Hilfe. Verus sollte ihm die militärischen Dinge abnehmen. Aber dieser Plan mißlang, und auch Mark Aurel erlag, in seinem schweren Amt allein gelassen, nur zu früh der Überanstrengung.

Mark Aurel, der Philosoph, so heißt er schon im Altertum,

das gern Unterscheidungsbeiwörter setzte (so nannte sich sein Vorgänger Pius wegen seiner Pietät gegen Hadrian). Man muß nur wissen, was das Volk damals unter Philosophie verstand. Auch heut reden alle vom Philosophen Mark Aurel, und man versteht darunter nur zu leicht einen jener Leute, die ihre Lebenszeit mit philosophischen Spekulationen vertreiben, auch wenn nichts als ein Gesäusel von abstrakten Worten dabei herauskommt. Aber der Kaiser, von dem ich handle, war ganz anders; er war ein Mann des Geschäftslebens und der zugreifenden Tat (ganz so wie auch Seneca), und er hat sich nie erdreistet, von seiner kostbaren Zeit etwas für solche tiefsinnigen Luxusfreuden, die sich ein Einsiedler oder ein englischer Großgrundbesitzer gestatten kann, herzugeben, außer dem einen Umstand, daß er in späten Jahren eine Sammlung von Selbstgesprächen niederschrieb, die etwa zehn kleine Foliobögen anfüllen und über die ich hernach berichten werde.

Man sagt gewöhnlich, es sei erstaunlich, daß ein solcher Philosoph sich auch als praktischer Mann bewährt habe. Es muß vielmehr umgekehrt heißen: es ist bewundernswert, daß ein so tatkräftiger Praktiker des Militär- und Zivildienstes auch noch sogenannte philosophische Interessen nährte. Aber diese Philosophie war gar kein Lehrgebäude[3]; Philosophie ist damals das griechische Ersatzwort für Religiosität gewesen. Die griechische Sprache besitzt kein anderes Wort dafür. Für den Stoiker ist „sophia" das Frommsein, „philosophia" das Streben nach Frömmigkeit. Religion und wieder Religion! Die wahre Religiosität raubt dem Berufsmenschen keine Zeit, sie erfordert kein Studium, sondern sie ist in uns immer gegenwärtig, wenn wir handeln; sie ist die Gotteskraft in uns, die uns in jedem Augenblick leitet. Mit anderen Worten: feste Grundsätze, die auf stoischer Frömmigkeit beruhten, die nährte Mark Aurel in sich, und er sagt von sich[4], daß er sie ständig bereit hat, wie der Arzt seine Instrumente immer bei sich führt, die Schröpfköpfe und den Katheter.

Man denke sich ja nicht, daß Mark Aurel ein kaltblütiger Phlegmatiker oder ein Träumer war. Er war ein Feuerkopf oder besser ein Feuerherz, von rascher heißer Empfindung und hastigstem Tätigkeitstrieb: so sehen wir ihn als Knaben und Jüngling. Denn wir kennen ihn aus seinen Jugendbriefen.

Seine Familie war spanisch, wie die Trajans. Aber er erblickte in Rom das Licht der Welt im Jahre 121 in einem Gartenhaus auf dem Mons Cälius. Als Hadrian stirbt, ist er schon 17 Jahre, hat schon das Alter des Primaners, nähert sich schon der Studentenzeit. Hadrian sorgte dafür, daß er auf das vielseitigste in allen nur denkbaren Fächern unterrichtet wurde. Die Fülle der Bildung ergoß sich über ihn; die vortrefflichsten Gelehrten, die Hadrian auftreiben konnte (sie werden uns alle aufgezählt), wurden seine Lehrer. Das war natürlich nur humanistische Bildung, Gymnasialbildung. Die Realschulbildung war im Altertum für die Knechte. Wir besitzen Briefe des Schülers an den hochvornehmen Redner Fronto. Welcher Fanatismus des Lerneifers zeigt sich da, und welche Schwärmerei für den „Herrn Lehrer" (dominus magister)! Fronto unterrichtet den klugen Prinzen in den kümmerlichen Äußerlichkeiten des Aufsatzschreibens, wie man die Worte wählen und setzen soll. Der ehrgeizige Junge aber hetzt sich so, daß er die Nächte nicht schläft; er nährt sich auch nicht ordentlich (Brot und eine Hand voll Feigen bauen doch den Körper nicht auf); er schreibt sogar einen Aufsatz, eine Stilübung gegen den Schlaf, der uns betrügt und nur Zeit kostet. Fronto muß ihn ermahnen, sich einmal Ferien zu machen, auch einmal gut zu essen (auch der alte König Numa habe sich schon ein gutes Priesteressen gegönnt), und schreibt einen Gegenaufsatz zum Preise des Schlafes, den Gott uns Menschen zum Nutzen ersonnen habe.

Übrigens waren natürlich Philosophie und Rechtswissenschaft die wichtigsten Lernfächer. Ja, Hadrian hielt darauf, daß der Knabe auch in die schönen Künste eindrang; Mark Aurel mußte auch malen lernen. Schon zwölfjährig lief der

Junge im Philosophenmantel herum (wie unsere Tertianer in ihren farbigen Mützen) und war darauf versessen, auf der harten Erde zu schlafen: als strammer Stoiker. Dazu Bücher lesen, Bücher und kein Ende! Das war die stürmische Jugendzeit. Und er umfängt dabei seinen alten Magister mit flammender Seele. Der langweilige Fronto hat Gicht in den Fingern, hat Reißen in den Knochen: der kleine Mark Aurel betrübt sich zu Tode darüber, trägt die Briefe seines Lehrers wie ein Kleinod immer mit sich herum und schreibt: „Könnte ich dir doch den schlimmen Fuß pflegen, du schönstes Herz, mein Herr und Meister. Laß es dir gut gehen, du meine Seele. Ich glühe vor Liebe zu dir." Dann setzt er die Feder ab: „Ich habe kaum noch Atem, so müde bin ich." Oder ein anderes Mal: „Lebewohl, du meine Süßigkeit, meine Liebe und Wonne" oder: „Mein ersehntester, honigsüßer! ich möchte dich küssen für deine letzte schöne Rede!" „Wenn nur dein Hexenschuß wieder besser wird, dann geht es mir auch besser," schreibt der Kränkliche. „Ich habe heute ein Bad genommen. Meine Mama grüßt bestens." In solch glühenden Tönen kann nur ein Südländer, kann nur ein Italiener reden: ardore di amore! Die platonische Liebe lebt sich hier aus. Der junge Mensch nennt sich den „Erasten" seines Lehrers.[5]

Als er sich dann mit Inbrunst der stoischen Schullehre ergibt, da wimmert sein Schulmeister: „Du vergißt ganz, daß die Hauptsache im Leben ist, gutes Latein zu schreiben!" Vor allem war es ein Römer mit Namen Junius Rusticus, zugleich Stoiker und Praktiker (wie Seneca), der Mark Aurels Charakter gebildet hat. Diesen Rusticus verehrte er auch später noch, als er schon Kaiser war, so sehr, daß er ihn, wo immer er ihn traf, selbst vor der Front des Garderegiments, durch einen Kuß auszeichnete.[6] Von seinen sämtlichen Lehrern aber hatte er vergoldete Standbilder in seiner Hauskapelle stehen; das heißt, er verehrte sie wie Heilige.

Achtzehnjährig war Mark Aurel, als Antoninus Pius ihn

adoptierte, und der Adoptivsohn war seitdem fast keinen Tag von dem Kaiser getrennt. Besonders in Personalfragen (Beförderungssachen) war er früh dessen Ratgeber. Er galt also — wenn schon vielleicht mit Unrecht — als Menschenkenner. Aber die angeregten gelehrten Studien gingen noch lange weiter, auch noch, als er, etwa 23jährig, die reizende Tochter des Kaisers, Faustina, heiratete. Ja, Faustina nimmt jetzt mit Anteil an seiner Lektüre, und Fronto interessiert sich jetzt auch pflichtgemäß für die junge Frau und ist entzückt von den Kindern, die sich bald einstellen.

Der Gedanke, er solle einst Kaiser werden, stimmte Mark Aurel zunächst traurig. Das erklärt sich leicht; denn er hatte ja mit angesehen, wie gräßlich Hadrian gelitten hatte, aufgerieben vom Beruf, und wie wenig der Senat dem Hadrian dankte; und er selbst fühlte die Schwäche seiner eigenen Konstitution. Er ängstigte sich vor der ungeheuren Last: als zweiter Atlas den Erdglobus auf seinem Nacken zu tragen.

Herodian, so hieß der emsigste Philologe jener Zeit, der damals ein großes Grammatikwerk in 21 Büchern schrieb. Wovon handelte es? Von nichts als der richtigen Aussprache des Griechischen, von der Setzung der Akzentzeichen und Regulierung der Buchschrift; und er widmete es dem Mark Aurel; dieser aber nahm die Widmung an, d. h. er übernahm gutwillig persönlich die Verantwortung für die Verbreitung des Werkes und Herstellung guter Abschriften.[7] Wie friedlich und nervenberuhigend war doch die Kleinarbeit dieser Berufsgelehrten!

Als dann Antoninus Pius wirklich stirbt und ihm Platz macht (im Jahre 161), ist Mark Aurel vierzig Jahre. Er ist gereift, ruhiger geworden, abgeklärt. Das Studium war nur Vorbereitung zum Leben. Er wirft es entschlossen hinter sich. Vor allem: fort mit den Büchern![8] Er verachtet sie jetzt in moralischer Vollkraft. Er rafft sich selbst. Welche Energie des Wesens![9] „Keine Lebensstellung ist für mein religiöses Leben (φιλοσοφία)¹¹ so günstig wie mein jetziger großer Beruf," sagt er als Kaiser befriedigt.¹² Aber er gesteht zugleich, daß dieser kaiserliche Beruf nur seine Stiefmutter, daß die stoische Religion seine eigentliche Mutter ist. Er kann seiner Stiefmutter nur dienen, wenn er seine rechte Mutter lieben darf.¹³

Vierzig Jahre lang war bisher Friede gewesen. Er hoffte jetzt zweifellos auf eine friedliche Regierungszeit und griff dabei vornehmlich auf Hadrian zurück, dessen eigentlicher Fortsetzer er ist. Das betraf alle Wohlfahrtseinrichtungen bis hinab zur Einschränkung der Gladiatorenspiele; es betraf auch die Landstädte Italiens. In Italien herrschte früher Selbstverwaltung der Kommunen; aber die Kommunen machten bankerott. Hadrian stellte nun in ihnen zunächst die Rechtsprechung unter kaiserliche Aufsicht, indem er Italien zu dem Behuf in vier Distrikte, als wäre es eine Provinz, zerlegte.¹⁴ Antoninus gab das wieder auf; Mark Aurel stellte es wieder her. So erneute er auch für das Heer das strenge hadrianische Reglement. Und das war sehr nötig. Der Himmel umwölkt sich von allen Seiten. Mars rasselt mit den Waffen. Die Friedensschalmeien verstummen. Mark Aurel sollte sein Leben in Sorgen und Kriegsstrapazen verbrauchen.

Gleich anfangs gab es eine Tiberüberschwemmung in Rom, die die Stadt entsetzlich mitnahm. Dann begannen die unruhigen Parther im Osten den Krieg. Mark Aurel schickt seinen Adoptivbruder und Mitregenten Verus gegen die Parther, aber zum Glück nicht ihn allein. Avidius Cassius ist der römische Feldherr (Legat), der die Fehde im Osten damals in vier Jahren ruhmvoll erledigte, im Jahre 165. Verus aber war einer von den gottvollen Prinzen, die gern wie ein König in Frankreich leben; gar nicht bösartig, aber von der naivsten Vergnügungssucht. Warum nicht mit Geld plempern? und wozu sind die guten Weine da und die edle Kochkunst und die schönen Weiber? Sich amüsieren ist erste Lebensregel. Er hielt sich während des Kriegs wohlweislich weit außer Schußweite in Antiochien und in jenem verführerischen Daphne auf, dem verrufensten und üppigsten Vergnügungsort des syrischen Orients, wohin man planvoll kein Militär legte, weil es dort verlotterte.

Am liebsten wäre darum dieser Verus ganz im Orient geblieben. Mark Aurel mußte ihn zwingen, endlich zurückzukommen. Er hatte sich schwer in ihm getäuscht, und wir merken daran, welch ein Vollblut-Optimist er war. Mark Aurel hatte dem Verus, dem 31jährigen, seine 15jährige Tochter Lucilla zur Frau gegeben und auch sonst alles getan, um ihn zu heben. Er wollte vor Verus an Ehren nichts voraus haben; alles mußte unter ihnen hübsch gleich sein; sogar den Titel „Vater des Vaterlandes", mit dem der Senat den Mark Aurel ehrte, mußte sogleich auch Verus erhalten; der edelmütige Bruder bestand darauf, und das Vaterland erlebte die Absurdität, daß es so zwei Väter und einen Vater zu viel hatte. Je sparsamer sein Bruder war, um so mehr konnte Verus ausgeben und lebte im phantastischen Luxus des Kalifen.

Aber die Sorge wuchs. Erst erhoben sich die Marokkaner; d. h. die Mauren machten von Marokko aus Einfälle in Südspanien. Zugleich kamen Mißernten über das Reich und eine gewaltige Hungersnot, die schlimme Krankheiten erzeugte.[14] Es war gerade so wie unter Titus, unter dem auch eine Landplage nach der anderen über die Menschheit niederfuhr. Und schon regten sich die Germanen. Sie durchbrachen den Limes nördlich der Donau, überfluteten das ungeschützte römische Pannonien, das ist das heutige Nieder-Österreich und weiter Steiermark und die Gegenden von Laibach und Ödenburg bis nach Ofen, durchbrachen die Ostalpen, nach Süden, und Todesangst war auf einmal in Rom. Sie standen schon in Norditalien bei Aquileja, dem Hauptbollwerk, das Rom schützte, am Golf von Triest, am Rand der venetianischen Ebene. Die Barbaren sind da! Die Zeit der Cimbern und Teutonen kehrt wieder, und kein Marius schützt uns! An der Spitze des Reichs steht ein Philosoph und ein Schlemmer. Es war das Jahr 168.

Bei den in unendlich viele Stämme zersplitterten Germanen war schon öfter der Trieb erwacht, sich zu einen. „Wollen wir die Germanen niederhalten, so müssen wir ihre innere Zwietracht nähren; denn gottlob, sie sind ein Volk der Zwietracht!" so hatte ungefähr einst Tacitus geschrieben, und Trajan hatte den Rat noch mit Glück befolgt. Hermann der Cherusker und Marbod, Hermanns Gegner, hatten unter den Deutschen dereinst schon Einigungsversuche gemacht. Jetzt erlebte Mark Aurel, wie sich die beiden großen Völker der Markomannen und der Quaden zusammentaten und sich, mit noch anderen verwandten Stämmen vereint, aggressiv raublustig auf das Reich warfen.

Ohne Zaudern entsetzte Mark Aurel die Stadt Aquileja. Er zwang Verus mitzukommen. Seine Truppenmacht war gering; aber der Feind wich trotzdem sogleich und gab Entschuldigungen und Versprechungen. Verus war mit dem Erfolg hoch zufrieden und wollte sofort nach Rom zurück. Mark Aurel aber erkannte, wie einst Trajan im Dakerkrieg, daß es galt, den Feind in seiner Heimat aufzusuchen und dort zu erdrosseln. Schon diese Idee zeigt den echten Feldherrn. Als solcher begann jetzt Mark Aurel sich zu zeigen.

Da brach ein neues Unglück herein, die Pest. Es war gleich im Winter 168/169, ein epidemisches Massensterben. Aus der Gegend von Babylon war die Pest im Vorjahr durch das Heer verschleppt worden, und sie fraß um sich in den Städten und in Rom selbst, wo ganze Quartiere ausstarben und ganze Karawanen von Lastkarren die Leichenhaufen zum Tor hinaus in die Massengruben schafften. Das Altertum stand solchen Epidemien ebenso wehrlos gegenüber wie noch unser 18. Jahrhundert. Man denke nur an das nächste, an die Pest in Preußisch-Littauen im Jahr 1739, die Friedrich der Große als Prinz erlebte, wo 300000 Menschen starben und hunderte von Dörfern verlassen standen. Was nützte die so außerordentliche Sauberkeit der Lebensführung, die das Altertum auszeichnete? das

Kloakenwesen, das großartige Bäderwesen, die Riesenthermen Roms? Nur die Götter konnten helfen, irgendein Gott! Alle Religionen bot Mark Aurel auf — nur nicht die christliche, die er mißachtete.[15] Umsonst. Auch das Heer zerfraß die Seuche. Ganze Regimenter starben weg. Damals wurde der große Arzt Galén nach Aquileja von Mark Aurel als Leibarzt (archiater) berufen; aber er floh, wie auch Mark Aurel selbst, aus dem Lager nach Rom.[16] Alle Ordnung löste sich auf. Und sogleich steigerte sich wieder der Andrang der Germanen und ihrer Verbündeten.

Wir hören da bekannte und unbekannte Völkernamen: außer Markomannen und Quaden drängen die Sueben, die Osi und Bessi heran, die Langobarden mit den langen Bärten, die Costoboci, Bastarnen, und vor allem auch die Jazygen und andere Sarmaten, berittene Nomaden. Die Quaden verschleppten aus Pannonien 50 000 römische Ansiedler nach Mähren, die Jazygen gar 100 000 in ihr Donauland. Welch entsetzliche Zustände! Ja, die politische Aktion ergriff die ganze römerfeindliche Welt: auch in England regt sich Aufstand; auch die Parther beginnen mit einzugreifen. Das Schlimmste war, daß die Germanen inzwischen viel von der römischen Taktik und Kampfweise gelernt hatten. Die Schüler maßen sich jetzt mit ihren Lehrmeistern.

Da starb Verus, im Jahre 169, an einem Schlaganfall, der ihn, als er mit Mark Aurel im Wagen fuhr, ereilte. Damit fiel eine Last von Markus ab. Er hatte jetzt die Arme frei.

Das römische Heer war stets zu schwach. Der Kaiser mußte die Zahl seiner Regimenter vermehren. Nicht nur die Prätorianer, die Gardetruppen, nahm er aus Rom mit, sondern auch die Gladiatoren aus den Fechterkasernen, die mit ihren blutigen Spielen sonst nur das Gassenvolk in Rom unterhielten, und die Stadt hatte jetzt keine „Schlachtfeste" mehr. Mark Aurel plante von vornherein, diesen grausamsten Sport einzuschränken, und nun schmollten die Pflastertreter in Rom und riefen hinter ihm her: „er will uns alle zu Philosophen machen."[17]

Auch Sklaven bewaffnete er, denen allen hernach als Lohn die Freilassung, eine freie bürgerliche Existenz winkte. Ja, er nahm auch ganze deutsche Stämme in Dienst (so wie die Engländer im 18. Jahrhundert hessische Regimenter kauften), und es ist eine traurige Tatsache; so ist der Deutsche immer gewesen: er verkaufte sich an Rom und focht gegen seine eigenen Landsleute.

Aber der Staatsschatz war durch diese Organisationen bald erschöpft. Mark Aurel brauchte Geld. Da veräußerte er den ganzen kaiserlichen Hausrat, sogar die gewiß wunderherrliche Gemmensammlung Hadrians (so wie Friedrich der Große in der Not das silberne Tafelgeschirr einschmelzen ließ, das der üppige Friedrich I. angeschafft hatte). Das brachte in der Tat Riesensummen ein. Das römische Publikum kaufte wirklich; es war noch kaufkräftig. Späterhin hat dann der Kaiser die meisten Wertsachen wieder zurückerworben.

Auf der Antoninssäule in Rom sind die Siege Mark Aurels im Relief in 116 Bildern dargestellt.[18] Aber diese Kriegsgeschichte ist trotzdem nicht sehr anschaulich; sie ist vor allem undramatisch. Trajan hatte einen großen Gegner, den intelligenten und machtvollen Dakerkönig Dekebalus. Anders in Mark Aurels Markomannenkrieg; da tritt uns kein heroischer deutscher Held, keine einzelne Siegfriedgestalt, nach der wir uns umsehen, entgegen. Der Quadenkönig, der gefangen wird, hieß Ariogaesus; Jazygenfürsten sind Banodaspus und Zanticus; der Markomannenkönig hieß Ballomarius. Was nützen die Namen? Auch fehlt es sonst an allem drastischen Detail.

Nach der ersten großen Schlacht geht's von der Donau aus die March hinauf, nach Mähren hinein und weiter über das Böhmerland hin in wildfremdem, straßenlosem Terrain, durch Walddickichte und Ströme, bis an unsere schlesische Grenze: gewiß ein schweres Operationsfeld. Pompejanus, sein Schwiegersohn, dessen Bild uns die Säule häufig zeigt, ist immer um den Kaiser, ein Syrer von Herkunft, mit semitischem Gesichtstypus; so aber mutmaßlich auch seine Frau Faustina, die sich hier augenscheinlich vortrefflich bewährte und beliebt war im Heere wie er. Sie erhielt von Mark Aurel amtlich den Titel „Mutter der Heerlager" (mater castrorum), also etwa Soldatenmutter, so wie er selbst Vater des Vaterlandes hieß. Schon im Jahre 173 kehrte er siegreich heim, um gleich danach einen zweiten größeren Feldzug zu eröffnen. Mit den Jazygen wurde da mitten im Winter auf dem Donaueis gefochten. Einmal schleppten die Barbaren gegen das römische Lager eine gewaltige hölzerne Maschine heran; Mark Aurel betet, und ein Blitz fährt im Unwetter vom Himmel, der die Maschine zerstört. Ein andermal verdursten seine Truppen in der Dürre des Hochsommers und sind dazu noch vom Feind umstellt. Der Kaiser fleht wieder zum Himmel, und ein gewaltiger Platzregen prasselt hernieder, der den Römern Erquickung, dem Feinde Verderben bringt. Das ist das Regenwunder — vergleichbar den Bibelwundern des Alten Testaments —, das das Altertum lebhaft beschäftigt hat, weil es über den Ausgang des Feldzuges entschied, und auch in eindrucksvollen Bildern ist es dargestellt und verbreitet worden. Die Christen brachten später, erfinderisch wie immer, die Legende auf, eine Legion, die aus lauter Christen bestand, habe den Regen herabgebetet, und der Christengott habe geholfen.

Mark Aurel griff derb zu, aber gegen die gefangenen Feinde war er milde; er verkaufte sie nicht in die Sklaverei, ließ sie auch nicht, wie Trajan es mit den gefangenen Dakern machte und wie es auch sonst üblich gewesen, in blutigen Fechterspielen umkommen; sondern er verpflanzte große Scharen als Kolonisten oder „Kolonen" in die Provinzen, auch nach Norditalien: der erste großartige Versuch im Altertum, die Sklaverei einzuschränken, die sich sonst stets aus den Kriegsgefangenen ergänzte. Humanität und Nützlichkeitsgründe wirkten dabei zusammen. Aber der Kaiser dachte trotzdem nicht hoch von diesen Dingen. „Wir sind alle Räuber," sagte er; „so wie die Spinne im Netz Jagd auf Fliegen macht, so fängt sich der Bauer seine

Mark Aurel

Kaninchen, der Fischer Sardellen, der Weidmann fängt Bären, und ich fange Germanen oder Sarmaten. Ich bin nicht besser als sie alle."[19]

Ob er ein großer Feldherr war? Wir haben keinen Anhalt, das zu verneinen. Julius Cäsar hat, um das doch viel wegsamere und für die Verpflegung der Truppen ergiebigere Gallien zu erobern, neun Jahre gebraucht. Mark Aurel brauchte ebenso viel Zeit, um Böhmen und Mähren zu nehmen: wer will entscheiden, wo die größere Spannkraft, Klugheit und Umsicht war? Dabei hatte es Cäsar auch insofern viel leichter gehabt, als seine Gegner auf die römische Kampfweise noch nicht eingeübt waren. Wie anders die Gegner des Mark Aurel! Jedenfalls war es klug, daß er seine Feinde spaltete und erst die Quaden niederwarf, so daß die Völker der Markomannen und Jazygen isoliert waren und unter sich die Fühlung verloren. Und er selbst hat sich ohne Zweifel für nicht geringer gehalten als Trajan; denn Mark Aurel selbst hat die Antoninssäule mit ihren Reliefbildern als Siegesdenkmal in Rom zur Aufstellung bestimmt und entwerfen lassen, in Konkurrenz zur Trajanssäule und in gleicher Größe.

Seine Gesundheit war stets zart. Er nahm seit Jahren täglich Theriak ein, die Modearznei gegen Diätfehler, fieberte leicht und war immer von einem Schwarm von Leibärzten umgeben, die ihm den Puls fühlten[20]. Er litt an kalten Füßen, und seine Füße wurden massiert. Aber er schonte sich nicht. Wie die Bilder zeigen, ist er überall dabei, ob Winter, ob Sommer, trägt gelegentlich den schweren Panzer, reitet Galopp, stürmt mit der Garde eine Anhöhe hinauf in den Feind, detachiert Offiziere, fragt Spione und Boten aus, verliest im freien Felde Armeebefehle, reitet bei einer Parade die Front der Garde ab.[21] Er ist ein rechter Soldat gewesen; sonst hätten ihn auch die Soldaten nicht so geliebt, wie es uns bezeugt wird. Durch Einöden, durch den dicken böhmischen Urwald ist er mit ihnen gezogen. Es waren jene Urbestände von Buchen, von schwarzen

Fichten und Edeltannen, wo erst im späten Mittelalter, im 15. Jahrhundert, gerodet worden ist.

Auf einmal geht durch die Welt die Nachricht, er ist gestorben! Sofort erhebt sich in Syrien Avidius Cassius, der Feldherr, und wirft sich zum Kaiser Roms auf. Die Nachricht war aber falsch, Mark Aurel lebte, und er muß nun von der Donau nach dem Osten eilen, um Cassius zu bekämpfen. Zum Markomannenkrieg soll jetzt noch der Bürgerkrieg kommen. Es war das Jahr 175.[22]

Cassius war ein ganz gewaltiger Kriegsmann, aber klotzigbrutal und unverschämt; den Mark Aurel nannte er das alte fromme Weib, den verstorbenen Verus hatte er mit mehr Recht den üppigen Pajazz genannt. Brutal sein Strafverfahren: Soldaten, die plündern, schlägt er auf der Stelle ans Kreuz, Deserteure aber tötet er nicht; er verstümmelt sie lieber an den Beinen und sagt: „es ist besser, daß sie so als warnendes Beispiel weiterleben."

Mark Aurel hatte ihn bisher gewähren lassen; denn für das sittenlose Syrien schien er ihm just der rechte Mann. Jetzt hatte er ihn zum Gegner. Auch Antiochien huldigte dem Cassius. Kaum aber wurde bekannt, daß Mark Aurel heranziehe und lebe, so wurde Cassius von seinem eigenen Militär erschlagen. Mark Aurel vergab allen, die seinem Gegner gehuldigt. Es war auch entschieden das Vernünftigste, dies Intermezzo als ungeschehen zu betrachten; aber der optimistische Kaiser lebte überdies der Überzeugung, daß, was im Leben als Bosheit erscheint, in Wirklichkeit nichts ist als Irrung und Unverstand.

Da traf ihn der harte Schlag, daß ihm auf der Reise im Orient seine Gattin Faustina starb, ohne die er nicht sein konnte. Sie war in ihrer Jugend schön und liebenswürdig, aber auch leichtlebig gewesen. Der Stadtklatsch sagte ihr allerlei Übles nach, und sogar die Komiker auf der Bühne leisteten sich die frechsten Anspielungen. Aber Mark Aurel verhielt sich so, als wäre nichts geschehen; er bedachte gerade die angeblichen Verführer seiner Frau mit seiner Gunst und hohen Vertrauensposten, um jeden Verdacht abzulenken. Faustina war Mutter seiner zahlreichen Kinder, und ihre Nähe tat ihm wohl. Schon ihr Vater, der alte Antoninus Pius, hatte von seiner Tochter gesagt, sie sei so lieb im Umgang: „lieber in der Wüste allein mit ihr, als im Kaiserpalast ohne sie!" Nun mußte Mark Aurel sie begraben, mußte ohne sie im Dezember 176 in Rom einziehen (denn er feierte jetzt einen großen Triumph, gewiß mit Grundsteinlegung der Siegessäule). Dann ging er pflichtgemäß wieder in den Norden, um seine Erfolge in Böhmen zu sichern; denn der Feind, der zwar unterworfen war und dessen Berge römische Kastelle beherrschten, knirschte doch noch in seinen Ketten.

Aber der Klimawechsel, aus Nordeuropa in das heiße Syrien, war gewiß zu gewaltsam gewesen, und ihm fehlte jetzt vor allem die pflegende Hand seiner Frau, die ihm bisher geholfen. Seine Gesundheit litt mehr und mehr.[23] Trotzdem wirkte er in großem Zug weiter, bei aller Schwäche, und der Schimmer der Heiligkeit, der Schimmer der Göttlichkeit, der ihn umgab, wurde immer lichter, goldiger und reiner. Denn jene Zeit nannte das göttlich[24], was wir heut sittlichen Adel nennen.

Er verachtete zwar, wie er uns sagt, die gemeinen Vergnügungen[25], aber er war durchaus kein Hypochonder[26], auch kein einsamer Träumer, nein, nein; er blieb Optimist von reinstem Wasser bis an sein Ende. Und was ihn froh erhielt, war eben die Arbeit.[27] Das Evangelium der Arbeit, das schon Seneca gepredigt hatte, erfüllte ihn ganz. Im Feldlager in Mähren und Böhmen, bei den Quaden und Sarmaten, da hat er seine berühmten Ermahnungen an sich selbst geschrieben, die uns erhalten sind, in stiller Nacht, wenn die Wachtfeuer loderten, der Schnee den Urwald bedeckte und nur der Anruf der Patrouillen durch die Einsamkeit scholl. Da schaute der Herrscher einwärts in sich selbst, wie er sich ausdrückt.[28]

Wir aber denken daran, daß in demselben Böhmerland späterhin ja auch Friedrich der Große seine berühmten drei

Kriege um Schlesien geführt hat; und auch er hat da im Feldlager, um sich die Zeit zu verkürzen, philosophiert, meditiert, Gedichte geschrieben. Auch Friedrich ist dort unter Waffen zum Stoiker geworden, und sein herrlicher Ausspruch „es ist nicht nötig, daß ich lebe, wohl aber, daß ich tätig bin", klingt so, als hätte er ihn aus Mark Aurel genommen. Denn er kannte Mark Aurel genau.

Aber bei Mark Aurel war es Andachtsbedürfnis, ein Sichzurückziehen auf Gott, dessen sein Herz bedurfte. Dabei redet er zwar von den Göttern in Mehrzahl[29], nach der Gewohnheit des Alltags; diese herkömmlichen Götter waren für ihn etwa dasselbe, was für viele Christen die Seelen der Heiligen im Himmel der katholischen Kirche sind. Aber was ihn beschäftigt, ist nur der eine Gott. Das Weltall selbst ist es, zu dem er betet.[30] Denn das All selbst ist Gott, und Gott ist das All (Pantheismus!). Aber auch in jedem Einzelmenschen haust ein Gott oder guter Dämon.[31] Dieser Gott in uns ist die menschliche Vernunft.[32] Aber der Gott in uns ist nur ein Teil des Gottes, der das All ist, unsere Vernunft nur ein Teil der Weltvernunft. So sind wir mit dem All verwachsen wie die Welle mit dem Meer, und unser Tod ist ein Ausfließen unseres inneren Gottes in den Gott, der das All ist.

Vergänglichkeit alles Irdischen! Habe den Mut, deine eigene Nichtigkeit dir klar zu machen. Im unendlichen All sind Asien und Europa nur Winkel, und in der Ewigkeit wechseln die Generationen wie fliegender Staub.[33] Gib dich, Mensch, keinen Illusionen hin.[34] Mark Aurel hatte sich zwar, wie Hadrian, in die eleusinischen Mysterien aufnehmen lassen, die da ein Elysium oder ein Himmelreich verhießen, wo sich einmal wie in Dantes Paradies alle Guten zusammenfinden. Aber er redet mit keiner Silbe davon. Er sagt nur: im Tode tritt eine Trennung ein[35]: so wie der Körper zur Erde wird, so geht die Seele beim letzten Atemzug in die unendliche Luft ein, zu der sie gehört; denn aller Geist ist Lufthauch, Pneuma. Unser

Leben ist nur ein einziger Atemzug und alle irdischen Dinge wie die Spatzen, die vor dir auffliegen.³⁶ Wozu nach ihnen greifen? Sie sind schon vorbeigeflogen. Und was ist der Ruhm? Vergessenheit im Auge des Ewigen. Alexander der Große ist ein Häufchen Asche, und sein Maultiertreiber ist es auch. Du stirbst: ein Freund setzt sich auf dein Grab, der um dich weint; dann versiegen seine Tränen; denn er ist auch gestorben, und die Grabstätte ist leer. Vergessenheit! Solche Aussprüche finden sich zahllos³⁷; Mark Aurel mußte sich das immer wieder sagen; sein eigenes lebhaftes Temperament war offenbar ganz anders gerichtet! Daß sein Herz in Wirklichkeit nach Ruhm, nach edlem Ruhm verlangte, das zeigt ja die Antoninsäule in Rom, die er doch selbst hat errichten lassen.

Ist das nun eine trostlose Lehre? O nein! Worin das Glück besteht, hören wir erst jetzt; es besteht in der Tätigkeit für andere³⁸; es besteht zudem in der Bewunderung Gottes oder des Alls.³⁹

Lebe mit den Menschen und sei wahr gegen sie. Wahrheit!⁴⁰ Habe keine Geheimnisse, außer in Staatsgeschäften.⁴¹ Handle immer so, daß der Tod dich in jedem Augenblick abrufen kann.⁴² Frägt dich jemand: was denkst du eben? so mußt du es ohne Verlegenheit sagen können.⁴³

Religiosität aber ist nichts anderes als den inneren Gott in acht nehmen und hüten.⁴⁴ Und dieser Gott will die Vernichtung des Egoismus.⁴⁵ Tue alles, was du tust, für die Menschheit, und zwar rastlos⁴⁶: kein Moment soll verloren gehen.

Die Gemeinnützigkeit ist das Programm.⁴⁷ Jeder Mensch soll ein Priester sein, d. h. jeder von uns soll ein Helfer Gottes sein.⁴⁸ So zu leben ist Wonne und Glückseligkeit. O ich Glücklicher! Soll ich mürrisch sein, wenn ich morgens aufstehe und ans Tagewerk muß, zu dem ich doch geboren bin? Der Balletttänzer, der Bildhauer, jeder Handwerker müht sich bis zum Äußersten, um es gut zu machen, und der Staatsmann, der Kaiser wollte es nicht? Tue das Gute ohne Dank⁵⁰, so wie der

Weinstock, der immer wieder Trauben trägt.[51] Das aber ist die ganze Weisheit: laß dein eigenes inneres Gesetz einstimmen mit dem Gesetz des Alls.[52]

Dadurch entsteht die Meeresstille im Herzen, nach der er sich sehnt: die „Galene"![53]

So denkt er denn auch an seine eigene Krankheit[54]: sei ergeben; sie liegt in Gottes Plan; du mußt krank sein, damit das All gesund sein kann, und du störst den Frieden des Weltalls, wenn du mißvergnügt bist.[55] Bisweilen kommen auch tief melancholische Töne. Wann wirst du ganz glücklich sein, meine Seele? d. h. wann wirst du ganz bedürfnislos sein?[56] Du hast es gut gemeint, und sie freuen sich doch, wenn du stirbst.[57] Auch der alternde Friedrich hat sich mit diesem melancholischen Gedanken getragen, daß man auf seinen Tod wartet. Im ganzen aber siegt und frohlockt der fromme Optimismus.[58] Freue dich an der Harmonie des Weltplans.[59] Freue dich an allem, was du schon erlebt hast. Wahre deinen inneren Rhythmus, wenn von außen dich etwas erschüttert.[60] Reue ist nichts; mach' es besser.[61] Fliehe vor allem den Menschenhaß und die Isolierung.[62] „Heiter" ist das Wort, das hindurch geht: heiter erwarte dein Geschick. Mit dem Wort „heiter" klingt die ganze Schrift aus: „Nun geh' heiter von dannen".[63]

Daher nun aber endlich auch seine Toleranz gegen die Schlechten[64], ja sein Wohlwollen gegen die, die ihn schmähen.[65] Es ist das „liebe deine Feinde" in anderer Gestalt. Differenzen müssen eben sein. Ein Steuermann darf sich nicht wundern, wenn es Sturm gibt. Was nützt es, das Unwetter zu hassen? Sonne und Regen sind Gegensätze, und sie wirken doch zusammen zum Heil des Ganzen: so auch du mit deinem Gegner. Und die Schlechten? die Götter dulden sie, also auch ich: d. h. ich will kein Henker sein.[66] Schlechte können nur Schlechtes tun: wer von ihnen anderes erwartet, ist verrückt.[67] Belehre sie oder ertrage sie.[68] Die beste Abwehr ist, es nicht ebenso machen wie sie.[69] Aber die Vernunft wird siegen: so wie das

Sonnenlicht einen grenzenlosen Ausdehnungstrieb hat, so auch die Vernunft.[70]

„Nun geh' heiter von dannen," so schloß Mark Aurel, wie gesagt, seine Selbstermahnungen. Der Markomannenkrieg war so gut wie erledigt, als er, noch nicht ganz 59 Jahre alt, am 17. März 180 starb. Er starb in Wien, fern von Rom. Bald hernach führten seine trefflichen Generäle den Krieg völlig zu Ende, und Rom hat jene Markomannen und Sarmaten nie wieder zu fürchten gehabt. Der Erfolg war also vollständig. Aber des Kaisers Tod war dennoch in Trauer verschattet. Denn an seinem Sterbebett stand sein neunzehnjähriger Sohn Commodus, und Mark Aurel wußte, daß dieser Sohn zu den Schlechtesten der Schlechten, deren Existenz er geduldet hatte, gehörte.

Warum hatte das Schicksal ihm einen Sohn gegeben? Von dem Adoptionsverfahren in der kaiserlichen Erbfolge, das sich bisher so trefflich bewährt hatte, mußte er abgehen. Dieser junge Commodus war es, gegen den sich Avidius Cassius im Orient erhoben hatte: Commodus sollte nicht Kaiser werden. Mark Aurel aber hatte von früh an alles dafür getan, daß Militär und Senat seinen Sohn als Thronerben, ja, schließlich als seinen Mitregenten anerkannten. Er hatte überdies auch alles getan, ihn zum Guten zu lenken.[71] Aber die Erziehung mißlang ihm, wie dem Seneca die Erziehung des Nero, vollständig. Vielleicht lag dies daran, daß die stoische Moral den Zorn verbietet. Vielleicht hat er dem Commodus nicht genug den väterlichen Zorn gezeigt.[72] Oder war Commodus gar ein unechter Sohn? hatte Faustina, wie man munkelte, wirklich auch mit Matrosen und Gladiatoren verkehrt? Ein Scheusal und Bluthund, das war der junge Kaiser Commodus, und der Satz bewährt sich auch hier, daß die Dynastien im alten Rom meist schon im zweiten Glied degenerieren. Es war, als ob alle durch fünf gute Regenten zurückgedrängte Niedertracht jetzt endlich wieder frei würde. Der Palast in Rom, in dem die edlen Antonine gehaust, wurde zum schmutzigsten Harem, das tyrannische Morden wieder Tagesordnung, und Commodus selbst stieg in die Arena hinab und focht, focht vor dem Volk als Gladiator: die schnödeste Verhöhnung seines edlen Vaters.

Es folgte die gänzliche Zerrüttung des Reichs und das Chaos. Jene zahllosen Militärkaiser folgten jetzt, die fast immer nur an den Reichsgrenzen stehen und sich gegenseitig befehden, die da auftauchen und untergehen wie die Schaumköpfe auf den Wellen. Zunächst Mark Aurels Generäle selbst, Pertinax, Julian und der gewaltige Septimius Severus, der noch einmal die Reichseinheit rettete. Aber die eigentlichen Fortsetzer seines Geistes, das waren vielmehr die großen römischen Juristen, die zum Teil zugleich Gardepräfekten und die nächsten nach dem Kaiser waren, Papinian, Ulpian, Paulus und Modestinus, die damals, um das Jahr 200, das römische Recht mit den sittlichen Idealen und mit der Humanität erfüllten, durch die es bis in unser 19. Jahrhundert ein Vorbild und ein Erzieher der christlichen Menschheit geblieben ist. Das ist festzuhalten, und die Menschheit darf es nie vergessen: das römische Recht ist in seiner Vollendung das sittliche Erbe des 2. Jahrhunderts und der Kaiser Hadrian, Antoninus Pius und Mark Aurel gewesen. Insbesondere die Erinnerung an Mark Aurel beherrschte noch das ganze folgende Jahrhundert; ja, als Gott, der nach seinem Tode zum Himmel geflogen und jetzt dort oben Gefährte und Beisitzer der Götter ist, ist er noch lange verehrt worden. „Kein Schmeichler kann sich einen solchen Kaiser ausdenken, wie dieser war." Alle lieben ihn wie ihren Vater und Bruder, aber niemand weint um ihn, da er ja nun Gott ist. Für gottlos gilt, wer sein Bild nicht in seinem Hause aufstellt; aber auch in Tempeln wird ihm von Priestern Dienst erwiesen.[73]

Der so wundervoll gesunde Körper des Römerreichs starb langsam dahin; er starb durch drei Jahrhunderte. Die Germanen und Parther waren seine Zerstörer. Die Alemannen und Franken am Rhein, endlich gar die Völkerstämme der Goten drangen über die Grenzen in unüberwindlicher Jugendkraft, als die intelligentesten Schüler und zukünftigen Erben des Altertums. Um das Jahr 300 hatte der Kaiser Diocletian, der Sklavensohn aus Illyrien, die längst notwendige Teilung der Reichsregierung in ein Ostrom und Westrom endlich vollzogen. Konstantin hob diese Teilung nur zeitweilig wieder auf; er ist es vor allem, der im Jahre 330 Konstantinopel gründete und dem Osten eine neue Hauptstadt gab, die sich besser bewährte als das Alexandrien als Hauptstadt Mark Antons. In Diocletian erlebte die griechisch-römische Welt den ersten großen Sultan und Götzen auf dem Thron, im perlengestickten Ornat, der die Bürokratie, die Hadrian geschaffen, ausbaute und in ein engmaschiges Verwaltungssystem mit gesteigerter Kontrolle umwandelte, und Konstantin setzte dies System — man kann es „das starre System" nennen — fröhlich fort; zudem aber wagte Konstantin den großen Schritt, dem Christentum selbst, das den Kaiserstaat alten Stils bisher bekämpft hatte, die Hand zu bieten, auf das Christentum den zerrütteten Staat zu stützen, es regierungsfähig zu machen. Aber der Schritt mißlang; denn die christlichen Kaiser haben in der Folge nicht mehr geleistet als ihre Vorgänger.

Seitdem kommt im Orient der despotisch byzantinische Geist zur Herrschaft, und Rußland, das Rußland Peters des Großen ist, wenn wir durch die Jahrhunderte blicken, der Nachfolger dieses byzantinisch oströmischen Reichs geworden; Moskau das slawische Byzanz. Daher herrscht eben heut die griechische Orthodoxie in Rußland, und der „Zar", der nun verschwundene, bedeutet ja nichts als „Cäsar", das ist der Kaiser.

Ganz Westeuropa dagegen wurde seit dem 5. Jahrhundert germanisch. Nicht nur Österreich, Deutschland, Skandinavien, auch England ist heute noch echtes Germanenland; halbwegs auch Frankreich; denn die französische Sprache ist zwar lateinisch, das Blut der Franzosen aber hat fast nichts von Rom; es ist gallisch-fränkisch, wie schon der Name Frankreich, la France, besagt. Frankreich ist ebensowenig romanischen Bluts wie Frankfurt. So wurde für den Occident Karl der Große, es wurden die fränkischen Karolinger, die Germanenfürsten waren und in dem Gallien des Altertums saßen, für Westeuropa die Erben der alten römischen Kaisermacht, und dieses antike Kaisertum sahen wir endlich, modernisiert, auch noch in unserer jüngsten Zeit im glorreichen Deutschen Reich lebendig. „Alles, was ist, ist Same des Zukünftigen," sagt Mark Aurel.[74] Die Preußenkönige auf dem Kaiserthron Mark Aurels Nachfolger! Aus dem Samen der Antike ist in der Tat nach Jahrtausenden langsam unsere Gegenwart erwachsen, und zwar vom Trivialsten bis zum Erhabensten: unsere Ernährung in Küche und Keller, unser Straßenwesen, unsere ästhetischen Vergnügungen, unser Recht, unsere Religion und unsere Moral; so auch unser Herrscherideal, wie es Seneca vorgezeichnet und Mark Aurel verwirklicht hat.

Anmerkungen.

Einleitung.

¹ Dasselbe betont schon Vegetius De re milit. I 1.

² Mein Beispiel hat, wie ich jetzt sehe, mehrfach Nachahmung gefunden; ich denke an die betr. Bücher von K. Hampe, R. Kittel u. a.

³ Wohl aber für die ältere englische Geschichte; vgl. z. B. J. Granger, A biographical history of England, London 1775.

⁴ Die Disziplin im Heer, von der der Grieche nichts weiß; vgl. Hans Delbrück, Geschichte der Kriegskunst I, S. 250 f.

⁵ Man sehe nur, wie sie schon gegen den großen Scipio auftreten: Livius 38, 51.

⁶ Deutsch übersetzt von Harry v. Pilgrim, Berlin 1888.

⁷ Ich darf nun auch an 1914 erinnern.

Scipio der Ältere.

¹ England, ja, auch Amerika hat diesen Satz jetzt, seit 1916, scheinbar widerlegt. Für wie lange?

² Römische Kaufleute, wie der gute Dichter Plautus, verloren damals im Ein- und Ausfuhrhandel durch karthagische Kaper ihr Vermögen, und Rom hat das nicht verhindern können.

³ Dem Hannibal günstig gesinnt war der Grieche Sosylos, von dessen Geschichtswerk ein Papyrusrest, aus seinem 4. Buch τῶν περὶ Ἀννίβου πράξεων (Wilcken, Hermes 41, 103 ff.), eine Seeschlacht zwischen Karthagern und Massalioten, etwa aus dem Jahre 217, an der Ebromündung, schildert.

⁴ Plinius n. hist. 16, 192.   ⁵ Plutarch Cato 3.

⁶ Warum stieß Mago nicht zu Hannibal? Offenbar war das Landen in der Nähe Scipios zu gefährlich; auch konnte Bruttium kaum Hannibals Heer ernähren; es hätte dort für Mago an Proviant gefehlt.

⁷ Sallust. Jug. 5.

⁸ Ein übles Beispiel für andere; s. Liv. 30, 45.

⁹ Cic. de fin. 4, 22.   ¹⁰ Cic. Cato 29.   ¹¹ Liv. 38, 51.

¹² So Plutarch Cato major 11 fin.

¹³ Auch daß er den Senatoren besondere Theaterplätze anweisen ließ, war keine Großtat.

¹⁴ Vgl. Polybius X, 3.   ¹⁵ Appian. Ib. 33; Val. Maxim. 8. 15, 1.

Cato der Zensor.

¹ ὁ μέγας nennt Plutarch diesen Scipio zur Unterscheidung.

² Ein ähnlicher Ausspruch ging neuerdings von Hindenburg um vom Soldaten, der gut schlafen muß, um gut zu kämpfen.

³ Cic. Laelius 76.

Die Gracchen. Sulla.

⁴ Cic. de divin. 2, 15.
⁵ Daß Ennius keine lasterhafte Komödie schrieb, wird vielleicht dem Einfluß Catos verdankt.
⁶ Ich erkläre den Zauberspruch so: istam pestem sistam; damnabo damna uestra (es ist damnavstra zu sprechen).
⁷ Plutarch c. 8.
⁸ Daß Cato hinter diesem Gesetz stand, verrät sein tendenziöser Ausspruch: „Der Römer herrscht über die Welt, die Frau über den Römer."
⁹ Die Tochter des Paulus war mit Catos Sohn vermählt; vgl. übrigens L. Lange, Römische Altertümer II, S. 193; 208; 225.
¹⁰ Cic. Laelius 9.
¹¹ Cic. Cato 21.
¹² Man lese des jüngeren Scipio Worte bei Cicero De rep. II zu Anfang.

Die Gracchen.

¹ abstinens: Panätius lobt ihn deshalb; Cicero de off. 2, 76.
² Zur Überlieferung über die Gracchen vgl. E. Kornemann in Klio, Ergänzungsband I, Heft 1.
³ Plutarch Gaj. Gracchus 2.
⁴ Vgl. u. a. Cic. Cato 24.
⁵ Zunächst sollten die Latiner das römische Vollbürgerrecht, die Bundesgenossenstädte das sog. latinische Recht erhalten.
⁶ Und zwar von wohlhabenden Bürgern, denn die armen hatten kein Betriebskapital, und Gaïus konnte es ihnen nicht verschaffen.
⁷ Cic. legg. 3, 20.
⁸ Der Weltkrieg zwang England unlängst zu dem Versuch; er wird keine tiefgreifende Wirkung haben.
⁹ Ich sehe hierbei von dem Reiterbild der sagenhaften Cloelia und ähnlichem ab (Plin. nat. hist. 34, 28 f.), wo an wirkliche Porträts sich nicht denken läßt.

Sulla.

¹ Vgl. Plutarch Marius 3.
² Marius hoffte dabei auf die Unterstützung der Italiker, die in die 35 Tribus aufgenommen werden sollten: Ihne V, 286.
³ Wie miserabel Mithridats Heere damals waren, zeigt Plutarch im Lukull 7.
⁴ So geschehen im Jahre 100.
⁵ Plutarch c. 43 u. 44.
⁶ Dieser volkstümliche Vergleich war keineswegs ein Lob; vgl. Aristoph. Frieden 1190: ἐν μάχῃ δ' ἀλώπεκες.
⁷ Plutarch c. 6.

Lukull.

[1] Vgl. außer anderen Zeugnissen Hieronymus epist. 31, 3.
[2] Bei Plutarch Lukull c. 34 berufen sich die Soldaten hierauf.
[3] d. h. Liebhaber des Soldatenstandes; Plutarch c. 34.
[4] Auch gab Lukull natürlich dem Staat seinen Anteil an der Beute; s. Plutarch c. 37 fin.
[5] Varro bei Plin. 14, 96.
[6] Über sie auch Cicero de fin. 3, 7.
[7] Ich erinnere an Ciceros „Lukull"; auch an den „Hortensius", wo Lukull den Wert der Geschichtschreibung hervorhob.
[8] Hierüber klagt Cicero de fin. II, 107.
[9] So sagt auch Horaz, Sat. II 3, 78: der Geist des Gastgebers kommt wie der Geist des Feldherrn erst im Unglück zur Geltung.
[10] Plin. 8, 19.
[11] Aurel. Victor 74.
[12] Plin. 25, 25.
[13] Plin. 9, 170.
[14] Ich lese, daß Kirschkerne auf der Saalburg in Schichten gefunden worden sind, die spätestens dem 2. Jahrhundert angehören.

Pompejus.

[1] Pompejus selbst mußte damals seine erste Gattin Antistia verstoßen.
[2] Mit des Pompejus Hilfe, opibus, herrschte Sulla als König: Cic. Philipp. 5, 43 f.
[3] castus, Cic. ad Att. II, 6, 5.
[4] magnus hatte im römischen Leben im Grunde nur die Bedeutung des Erheblichen und Vornehmen: magni pueri magnis e centurionibus orti: Horaz; cum magnis vivere: derselbe; Themistocles magnus et bello et pace: Nepos.
[5] Eine andere Erklärung habe ich in den Preuß. Jahrbüchern 1914, S. 538 zu geben versucht.
[6] Ob er die Truppen aus eigener bezahlte? Plut. c. 20.
[7] Cäsar hat dies Verfahren dem Pompejus später nachgemacht: als Cäsar bei Pharsalos gesiegt hatte, ließ er ebenso die kompromittierenden Briefe der Pompejaner, seiner Gegner, zerstören, um eine Annäherung und Aussöhnung zu ermöglichen; vgl. Preußische Jahrbücher 1914, S. 538.
[8] Über des Pompejus Verhältnis zur Popularpartei vgl. Quintus Cicero, De petitione consulatus § 5 f. Daran, daß schon damals der junge Cäsar die Entschließungen des Pompejus beeinflußte, läßt sich nicht denken. Wie wir sahen, wußte Pompejus genau, was er wollte.
[9] Die erstaunliche Schnelligkeit des Erfolges betont Cicero pro Val. Flacco 29.

¹⁰ An der Stelle des zerstörten Soloi.
¹⁰ᵃ Die erwähnten Kämpfe des Pompejus kamen übrigens der Geographie und Völkerkunde zu gut; denn er hatte den Militärschriftsteller Theophanes bei sich (s. Strabo p. 503), der u. a. über die Albaner berichtete; vgl. R. Mung, Quellenkrit. Untersuchungen zu Strabos Geographie (Basel 1918) S. 6.
¹¹ Vgl. O. Kauffmann, „Aus Indiens Dschungeln" 1911. ¹² Plutarch c. 30.
¹³ H. Beitzke, Gesch. der deutschen Freiheitskriege I, S. 711.
¹⁴ So, richtig, Seneca de benef. V 16, 4. ¹⁵ Cicero ad fam. VII 1, 3.
¹⁶ Schon im Jahre 57, als Pompejus die Sorge für die Kornzufuhr übernahm, wurde etwas Ähnliches geplant; es war dies die rogatio Messia, der Gesetzentwurf des Tribunen Messius, der aber nicht zur Abstimmung kam.
¹⁷ Eine sorgsame Darstellung des Konflikts gibt O. Hirschfeld, Kleine Schriften, S. 316f.
¹⁸ Cicero ad famil. VIII 8, 9 (schon im J. 51): quid si filius meus fustem mihi inpingere volet?
¹⁹ Pompejus hat nicht nur dies berühmte Wort geprägt, sondern auch die Redensart vom „auf die lange Bank schieben" (Cic. ad fam. III 9, 2).
²⁰ tirones: Cicero ad fam. VII 3, 2; vgl. VI 1, 5. An der zuerst angeführten Stelle (d. i. im Jahre 46) erzählt Cicero übrigens den Hergang der Schlacht bei Pharsalos ganz falsch, um erklärlich erscheinen zu lassen, daß er sich jetzt mit Cäsar in ein erträgliches Verhältnis begibt.
²¹ Plutarch c. 75: εὐγνώμονα γὰρ εἶναι Καίσαρα καὶ χρηστόν.
²² Man erwartete, daß er sich auf die Flotte retten würde (Cic. ad f. IX 9,2).
²³ Die Angaben hierüber schwanken freilich um wenige Tage.
²⁴ Cic. Catilin. 4, 21.
²⁵ Nur in Athen wurde eine Anschrift am Tor gemacht, wo Pompejus als θεός bezeichnet oder mit ihm gleichgesetzt war; Plutarch c. 27.
²⁶ Dracontius, carm. prof. 5, 207.
²⁷ Lucans Urteil war in der Kaiserzeit das allgemeine; auch der Historiker Livius dachte so, und uns wird gesagt, wie des Livius Darstellung in der ganzen Folgezeit gültig blieb (s. Vita des Kaisers Probus c. 2, 3); ebenso auch Vellejus II 49; auch Lactanz Inst. div. VI 6, 16. Was Cäsar betrifft, so ist durchaus unbekannt, inwieweit ihn Varius in seinem offenbar nur einbücherigen Gedicht de morte wirklich verherrlicht hat. Sonst erfahren wir, daß ein griechischer Freigelassener im J. 45 v. Chr. beabsichtigt hat, Cäsars Erfolge rühmlich darzustellen (Cic. ad fam. XIII 16, 4).

Cäsar.

¹ Vgl. hierzu E. G. Sihler, C. Julius Caesar, Leipzig 1912, S. 177.
² Das Abgehen in die Provinz ist in jener Zeit immer ein Beutezug nach Geld, plena res nummorum: Cicero ad Quint. fr. II 7, 2.

³ Er verhielt sich so, als lebte er in Platos Idealstaat: ad Attic. 2, 9, 1.
⁴ Ascon. in Saur. p. 20 u. 30.
⁵ ad Quintum fratrem I 1, 25 (aus dem J. 60).
⁶ Pompejus hatte, als er im Jahre 61 aus Asien als der große Sieger zurückkehrte, ein Manifest erlassen, indem er erklärte, daß er jetzt in Muße (otium), d. h. amtlos leben wolle. Darauf schrieb ihm Cicero (ad famil. V 7), daß er Kenntnis davon genommen habe (spem otii ostendisti), gleichwohl solle in Zukunft Pompejus in Rom ein neuer Scipio Africanus, er, Cicero selbst, wolle dazu der Laelius sein. Diese eigentümliche Äußerung erhält erst Sinn und Bedeutung, wenn man beachtet, daß Cicero ebendamals in seiner Programmschrift De republica just den Scipio und Laelius zu den Hauptfiguren der Gespräche über Freistaat und Monarchie machte, die sie enthält. Es ist also klar, Pompejus hat die geplante Schrift so auffassen sollen, daß er darin der Scipio, auf den alles hoffte, Cicero der Laelius sei, und sie war also ganz besonders im Hinblick auf ihn geschrieben. In der Tat steckte die Idee zur Schrift De republica dem Cicero schon im J. 60 fertig im Kopf, wie der Brief ad Qu. fratrem I 1, 29 zeigt. Daher die Ausdrucksweise in Ciceros Brief ad Att. V 5, wo er im J. 51 den Pompejus in Tarent trifft: cum Pompeio διαλόγους de re publica habuimus. Der Dialog De re publica wird da in Tarent gleichsam fortgesetzt. — Daß Pompejus sich wirklich schon im Jahre 57 einer monarchischen Stellung näherte, ist in der Anmerkung 16 des vorigen Kapitels gesagt. Von sonstigen Äußerungen Ciceros über den Pompejus hebe ich die aus dem J. 56 hervor, pro Balbo 14 ff.: es finde sich bei ihm die höchste Kenntnis des Völkerrechts; er sei die Quelle desselben, und was er dafür aus Büchern nicht gelernt habe, lehrte ihn die Erfahrung. Im Jahre 51 hatte Cicero, wie erwähnt, mit ihm Gespräche über Staatsverfassung, die mehrere Tage sich hinzogen, und Cicero hat einen starken Eindruck davon (ad fam. II 8, 2). Im Jahre 54 nennt er den Pompejus princeps und wendet auf ihn den Satz Platos an, daß die principes im Staate auf den Charakter der übrigen Bürger den größten Einfluß haben (ad fam. I 9, 11 f.). Ja, Pompejus ist schon damals der Allmächtige (cum unus ille omnia possit, ad fam. III 4, 2) und Cicero zeigt sich damit völlig ausgesöhnt (unum omnia posse, ad Att. IV, 18, 2). Um das Jahr 50 aber steigert sich noch Ciceros Verehrung: für Pompejus könnte er sein Leben lassen (ad fam. II 15, 3), und er nennt ihn jetzt omnium saeculorum et gentium princeps (III 11, 3). Nachher, im Jahre 46, tut Cicero freilich so, als würde Pompejus als dauernder Herrscher ein Tyrann geworden sein (IV 9, 3; ähnlich IV 14, 2); das sagt er nur, um seine damalige Annäherung an Cäsar zu beschönigen. Später, im Jahre 45, schätzt er den Pompejus wieder hoch (VI 4, 4).

Verfehlt ist die abweichende Darlegung von R. Heinze im Hermes Bd. 59. Seine Argumente richten sich nur gegen Ausführungen anderer Gelehrter, nicht gegen die meinen, und das, was ich hier vorgetragen, bleibt davon unberührt. So kommt es, daß ich von seinem Aufsatz leider wenig Gewinn habe; er erweist sich vielmehr schon dadurch, daß er die oben gegebenen Nachweise nicht benutzt, als ungenügend. Diese Nachweise zeigen zunächst sonnenklar, daß Ciceros Schrift speziell für Pompejus geschrieben ist, was auch Heinze (S. 90) selbst schließlich herausgefühlt hat. Aber es ergibt sich aus ihnen auch noch, daß es des Pompejus Ansichten sind oder nach des Cicero Wunsch sein sollen, die er da vorträgt; denn, wie wir oben sahen, soll sich Pompejus mit dem Scipio des Dialogs identisch wissen. Bestätigend ist, daß Pompejus selbst sich mit diesem Scipio Aemilianus verglich; er hatte Scheu, denselben Tod wie er zu erleiden (Cic. ad Quint. fr. II 3, 3). Es ergibt sich ferner, was Heinze, wie viele mit ihm, verkennen, daß Cicero den Plan zur Schrift De re publica viel früher gefaßt hat, als es ihm möglich war zur Abfassung zu schreiten (s. oben). Vor allem bestreitet Heinze nun aber mit Unrecht, daß Cicero in ihr die Leitung des Staates durch einen einzelnen hervorragenden Mann oder princeps empfohlen habe. Er hat die entscheidende Stelle aus dem 5. Buch, die lautet: ut enim gubernatori cursus secundus, medico salus, imperatori victoria, sic huic moderatori rei publicae beata civium vita proposita est, nicht richtig verstanden und seltsam mißdeutet. H. behauptet, das Wort moderator könne auch kollektiv als eine Anzahl oder Auswahl von leitenden Männern verstanden werden, so wie Cicero gel. unter orator die Redner versteht. Aber Cicero vergleicht den moderator des Staats hier doch mit dem Steuermann und mit dem Arzt, der seinen Patienten behandelt. So gewiß das Schiff nur einem Steuermann gehorcht, so gewiß ist hier auch nur ein einziger Staatslenker gemeint, oder der Vergleich wäre sinnlos. So lange man nicht nachweist, daß am Steuerruder im Altertum mehrere Steuerleute funktionierten, so lange ist der Sinn der Stelle: „wie der Steuermann für den sicheren Kurs seines Schiffes zu sorgen hat, so der Staatsleiter als einziger am Ruder für das Glück der Bürger". Der erstere ist Monarch auf seinem Schiff, Monarch ist also auch der Staatsmann, der in Zukunft hier helfen soll, und dieser ist also in Ciceros 5. Buch als bestimmte Einzelperson gedacht. Ganz ausgeschlossen wäre es natürlich, unter dem moderator in Ciceros Worten an das Konsulat zu denken, wennschon auch von einem der Konsuln, ja, gel. auch von den iudices in Rom das gubernaculum tenere ausgesagt wird (z. B. pro Murena 74 u. 83); denn hier, wo der Autor systematisch über Verfassungswesen handelt, ist der Vergleich mit dem Arzt, dem Schiffslenker und Schlachtenlenker, der die Einheit betont, genau zu nehmen. Das ist klar genug; aber dazu kommt nun noch, daß Cicero denselben Vergleich mit dem Arzt und dem Steuermann auch schon im 1. Buch § 62 bringt: ut omittam similitudines, uni gubernatori, uni medico, si digni modo sint iis artibus, rectius esse alteri navem committere, aegrum alteri quam multis, wo gerade die Monarchie gepriesen wird und wo es heißt, daß auf die Vertreibung der Könige die insolentia libertatis folgte. Der Vergleich dient dort, er dient also auch im 5. Buch zur Empfehlung der Monarchie, und eine Stelle erklärt die andere. Dort war die Form der omissio für den Vergleich gewählt; er sollte eben später für den gleichen Zweck noch einmal dienen. Daher handelte das 5. Buch denn auch, wie der § 5 zeigt, ausführlicher von der Erziehung und geistigen Vorbildung des „noster hic rector", was wiederum nur Sinn hatte, wenn es sich um eine herrschende Stellung von Dauer, um einen Lebensberuf der betr. Pesönlichkeit handelte. Bei der Stelle 5, 9 (aus Augustinus, Civ. dei 5, 13) de instituendo principe civitatis brauche ich hiernach nicht mehr zu verweilen. Heinze (S. 78) befremdet der Umstand, daß hier das Streben nach Ruhm als wertvoll gilt, dagegen im 6. Buch § 25f. seine Nichtigkeit gepredigt wird. Es ist aber nicht zu verkennen, daß Cicero an der späteren Stelle bewußt und vom höheren Standpunkt aus das früher Gesagte berichtigen will, und es ist nicht Zufall, daß im 6. Buch eine andere Person als im 5. spricht; im Schlußbuch, dem Somnium, spricht (nach bekannter stoischer Vorlage) der Geist eines gestorbenen Helden, der zu den Sternen erhöht ist und die Vergänglichkeit alles Irdischen begriffen hat, im 5. Buch dagegen ein Sterblicher, der noch mitten im Erdenleben steht und an den herkömmlichen Idealen hängt. Daß nun Cicero bei dem geforderten rector des Staates an Pompejus dachte, der ja im Jahre 52 wirklich die Rolle eines consul sine collega übernahm, läßt sich nach den anfangs gegebenen Belegen nicht bezweifeln. Dabei darf man freilich nicht vergessen, daß in der Schrift vom Staat nicht Cicero, sondern Scipio Aemilianus das Wort führt; aber auch dieser, der nach Ciceros Zeugnis (pro Murena 58 u. 75) selbst die ganze auctoritas populi Romani in sich beschloß, der auch seinerseits den Staat als „Diktator" neu konstituieren sollte (De re publ. 6, 12), konnte sich sehr wohl schon eben dahin, daß in den Nöten und Wirren der Gracchenzeit ein einziger moderator nötig sei, aussprechen. Daher der Vergleich mit dem Arzt; der moderator rei publicae soll für die Genesung des schwer erkrankten Staates sorgen. Dieselben heillosen Staatswirren waren denn auch der Beweggrund, den Pompejus in dem genannten Jahr mit allen Vollmachten als Helfer zu berufen. Dies geschah, wie unsere Schrift beweist, in Ciceros Sinn, und dasselbe ist es, was Augustus hernach zum Dauerzustand erhoben hat. Cicero war offenbar zu seiner Forderung eines moderator rei publicae durch die Entsittlichung aller Besseren im Staat gelangt (so auch Heinze S. 91); ganz so sagt aber auch Seneca De benef. II 20 in bezug auf Augustus: „Da die alten Sitten verloren waren, war es sinnlos den alten Freistaat wieder herstellen zu wollen", eine Motivierung des Prinzipats, die sich also wie bei Seneca gewiß auch schon in Ciceros Schrift vom Staat gefunden hat. Ob Cicero dabei für den Staatslenker den Ausdruck princeps oder rector rei publicae bevorzugt hat, ist von geringerer Wichtigkeit. So wie Jupiter bei ihm 6, 13 ille princeps deus heißt, qui omnem mundum regit, so ließ sich das Wort princeps gewiß auch schon damals von der führenden Person im Staate gebrauchen. Zu diesem ganzen Gegenstand sei endlich auch noch auf das Kapitel „Augustus" dieses Buchs Anm. 10 verwiesen. Übrigens wiederhole ich, was schon im Vorwort angedeutet ist, daß ich die praktisch politische Bedeutung der Ciceroschrift im Hinblick auf die Schöpfung des augusteischen Prinzipats schon vor Reitzenstein und Ed. Meyer und unabhängig von ihnen hervorgehoben habe. Ich habe das in diesem Buche nur in aller Kürze tun können; aber es wäre vielleicht nicht nötig gewesen, meine Ausführungen dorum als nicht vorhanden zu betrachten.

[7] Über die Bereicherung in Gallien Cic. ad fam. VII 13 und 16, 3; 17, 2.

[8] Solches Dankfest (supplicatio) geschah nach jedem größeren Kriegserfolg: vgl. Cicero ad fam. III 9, 4; V 10a.

[9] Deutlich zeigt dies Ciceros Brief ad famil. IX 6, 2.

[10] So Seneca Consol. ad Marciam 14.

[11] Cicero ad famil. VIII 4, 2 (aus d. J. 51): Caesar qui solet infimorum hominum amicitiam sibi qualibet impensa adiungere.

[11a] Das Wort iacta est alea ist übrigens nicht von Cäsar selbst geprägt worden und vielleicht volkstümliche Redensart: von ihm selbst verlautet m. W. sonst auch nicht, daß er das Würfelspiel liebte, wenn schon Catull ihn mit dem Schimpfwort aleo belegt. Jedenfalls steht das βεβλήσθω κύβος schon bei Meleager, Anthol. Pal. XII 117. Man hat daher vermutet, daß Cäsars Wort vielmehr lautete: iacta esto alea.

[12] Vorbild für dies veni vidi vici war das imus venimus videmus in Terenz' Lustspielen (vgl. Donat zu Ter. Adelph. 474).

[13] Er wendete sie seinen Anhängern zu und schätzte die Güter dabei zu viel höherem Werte ein, als sie wirklich hatten; diese Einschätzung hieß aestimatio. In Ciceros Brief ad famil. IX 18 heißt aestimatio auch das eingeschätzte Landgut selbst. Cicero zeigt dort, was davon die Wirkung war. Plünderungen des Privatbesitzes der Gegner im Jahre 46 erwähnt Cicero ad fam. IV 13, 2. Dazu kam die neue Ackerverteilung vom Jahre 45 (Cicero ad fam. XIII 8, 2). Auch von den Zwischenhändlern

hören wir, die allerlei Vergünstigungen und Zuwendungen Cäsars gegen Geldzahlung vermittelten (qui Caesaris beneficia vendebant, Cic. ad fam. XIII 36, 1); es handelte sich besonders um die Verleihung des Bürgerrechts.

[14] Vgl. Censorinus 21, 7. Das Jahr 46, das Übergangsjahr, hieß der annus confusionis; es hatte durch Schaltung 445 Tage (Censorinus 20, 8). Übrigens ist der Grieche Sosigenes der eigentliche Rechner und Schöpfer des Julischen Kalenders gewesen (Sueton, Cäsar 40).

[15] Daß Cicero schon früher einen Entwurf für eine richtige Provinzialverwaltung machte, wie sie später in der Kaiserzeit durchgeführt ist, wurde oben S. 147 erwähnt. [16] Vgl. oben S. 47.

[17] Über diese Hoffnung Cicero ad fam. IX 17, 2. [18] Vgl. Putach c. 59.

[19] Schon im J. 51 hat man daran gedacht, daß Cäsar den Krieg gegen die Parther führen sollte (Cic. ad fam. VIII 10, 2), ein Beweis dafür, daß man damals an einen ernsten Konflikt Cäsars mit Pompejus nicht geglaubt hat.

[20] Tadelnd äußerte sich auch Asinius Pollio hierüber (Cic. ad fam. X 33, 2); Cicero selbst: X 18, 3. Vgl. auch Cicero ad fam. VI 12, 2.

[21] Cäsar wiederholte übrigens auch das Verbrennen kompromittierender Briefe, durch das Pompejus sich die Gunst seiner bisherigen Gegner erwarb: s. Seneca de ira II 23, 4. Gewisse Männer karessierte er (Cic. ad fam. VI 6, 10). Sein Verhalten zu C. Curtius: ad fam. III 5, 2. Diplomatie gegen frühere Gegner: IV 13, 5. Man fällt ihm zu Füßen: VI 14, 2. Bei seinem Triumphzug wurden Bilder herumgetragen, die seine Siege darstellten; das Bild des Pompejus zu zeigen vermied er; Pompejus war noch zu beliebt; aber der Selbstmord des Cato war da zu sehen, und das Publikum „seufzte" bei dem Anblick (Appian, b. civil. II 101).

[22] Vgl. Cicero in Vatin. 24; ad Att. II 24. [23] Plin. 28, 21.

[24] Ob solche Schilderungen, wie die gegebene, in allem zuverlässig? Nicht selten regen sich Zweifel. Insbesondere was hier von Brutus gesagt ist, dürfte von demselben Erfinder herrühren, der das „auch du, mein Sohn Brutus" aufbrachte.

Mark Anton.

[1] Allerdings schrieb er selbst im Jahre 32 eine Schrift über seine angebliche Trunksucht, Plinius 14, 148; aber die Gegenpartei sah von dieser Selbstrechtfertigung ab.

[2] Dieser Aristobul war zugleich König und Hoherpriester, nach Josephus, Ant. Jud. XIV 4f.; Beil. Jud. I 6.

[3] Das Zechen von Antonius ist auf alle Fälle Tatsache: Cic. ad fam. XII 25, 4.

[4] Einer meiner Rezensenten hat gemeint, ich hätte dies in dichterischer Laune, d. h. fälschend, frei erfunden; er hätte Plutarchs Aetia Romana cp. 9 einsehen sollen.

⁵ Lehrreich hierfür ist die Cicerostelle ad fam. IV 9, 3 (aus d. J. 46): „Der Sieger (Cäsar) muß, auch wider Willen, jetzt vieles nach deren Ermessen tun, durch deren Hilfe er gesiegt hat." Mark Anton war unter diesen die Hauptperson. ⁶ Dolabella wurde dann sein Mitkonsul.
⁷ Sueton c. 84 richtiger als die übrigen Quellen.
⁸ Cicero zeigt uns ad fam. XI 28, 7, wie sein Haus von denen, die Vorteile von ihm erlangen wollen, überrannt wird (im Mai).
⁹ Cicero nennt sich jetzt geradezu den princeps des populus Romanus (ad fam. XII 24, 2), wie später Augustus sich nannte.
¹⁰ Dieser Brutus ist von dem berühmteren Cäsarmörder Marcus Brutus wohl zu unterscheiden. ¹¹ ventossisimus: Cic. ad fam. XI 89, 1.
¹² Dies schildert uns Cicero (ad fam. XV 1, 5) schon für das J. 51.
¹³ In Winterszeiten erhielt man über See tatsächlich keine Nachrichten; vgl. W. Riepl, Das Nachrichtenwesen des Altertums, S. 284.
¹⁴ Es gab zwei Wege zum Angriffe, den einen durch die Ebene von Carrhae, den anderen durch Armenien. Ersteren ging Crassus, so auch später Kaiser Valerian. Der andere war günstiger; ihn wählte Antonius, und Trajan errang z. T. auf ihm seine Erfolge. ¹⁵ Plutarch c. 43.
¹⁶ f. E. Korscheldt in Fortschritte der naturwissenschaftlichen Forschung, Bd. VII (1912) S. 138. Daß man die Perle erst zerrieb und dann im Wein trank, erwähnt Horaz Sat. II 3, 239: gemmam trivit et misit in poculum.

Octavianus Augustus.

¹ Seneca, der Verehrer des Augustus, glaubt daran: De clem. I, 9, 1.
² Gewiß maßgebend ist Ciceros Urteil in gleichem Sinn: imperare non potest suo exercitui (ad fam. XI 10, 4).
³ Sueton c. 27. ⁴ Plinius nat. hist. 7, 148.
⁵ suvflavus; man versteht dies fälschlich als hellblond; es heißt „annähernd blond"; die Römer waren sonst vorwiegend schwarzhaarig oder brünett; in diesem Fall näherte sich das Brünett dem Blond; vgl. das ἀπὸ τοῦ πρόσθεν μέλανος ὑπόξανθός ἐστιν bei Aelian de animal. 12, 28. Ebenso ist subalbidus dunkler als weiß.
⁶ Sueton c. 71. ⁷ Sueton c. 28.
⁸ Nominell als consul sine collega. ⁹ Seneca de beneficiis II 20.
¹⁰ Die hier vorgetragene Auffassung, daß sich im römischen Kaisertum damals viel mehr die Prinzipien des Pompejus als die des Cäsar fortsetzten, hat allem Anschein nach auch Seneca, dieser hervorragende römische Staatsmann, geteilt, und dies ist mir wichtig. Unter „Freiheit" (libertas) verstand man in der Kaiserzeit nichts weiter als das Recht des Senats, Mitteilhaber der Reichsregierung zu sein. Seneca sagt nun schroff (Consol. ad Marciam 16, 2): „der Ermordung des Cäsar verdanken wir gegenwärtig unsere Freiheit", Bruto libertatem debemus. Diese Worte sind

hoch bedeutsam; denn darin liegt: unsere, von Augustus begründete freie Regierungsform steht zu Cäsar in schroffstem Gegensatz. Auch noch Kaiser Claudius hat zu Senecas Zeit diese freiere Regierungsform grundsätzlich bewahrt; daher konnte Seneca im Präsens sprechen: „wir verdanken dem Brutus unsere Freiheit". Hernach wahrte Seneca selbst, als er den Staat verwaltete, die nämlichen Grundsätze; er betrachtete sich dabei aber ausgesprochenermaßen als Fortsetzer der Prinzipien des Augustus (vgl. mein Buch „Aus dem Leben der Antike", S. 181, 187, 257). Nach Senecas Auffassung ist Augustus also keineswegs in den Bahnen Cäsars gegangen, durch dessen Tod erst die libertas, an der Senecas Zeit sich freute, möglich wurde. Da es nun Pompejus ist, der für die Rechte des Senats, für die libertas, gegen Cäsar gefochten hat, so ist Pompejus ohne Frage in Senecas Augen auch der erste Vertreter und Ausgangspunkt des Staatsrechts, das Augustus feststellte und das hernach Seneca selbst vertrat, gewesen. Aber dies Urteil war damals das allgemeine. Schon Vellejus schreibt II 49: alterius ducis (causa) melior videbatur, alterius firmior, und das drang bis zu Lactanz, der schreibt Inst. divin. VI 6, 16: an aliquis ignorat quotiens melior iustiorque pars victa sit?... Pompejus bonorum voluit esse defensor, si quidem pro r. p., pro senatu, pro libertate arma suscepit; is tamen victus cum ipsa libertate occidit. Und so lernen wir auch den Lucan verstehen. Senecas Neffe Lucan dachte nicht anders, als er sein Epos Pharsalia dichtete, in welchem es wieder Pompejus ist, der über den verhaßten Cäsar moralisch siegt; der fehlende Abschluß des Dichtwerks hat zweifellos Cäsars Ermordung selbst vorführen sollen. Senecas kurzes Wort: Bruto libertatem debemus ist gleichsam das Motto für das große Lebenswerk des Lucan. Für einen schwärmerischen Verehrer des freiheitlichen Kaisertums konnte nur Pompejus der Gegenstand der Verherrlichung sein, und daher dient es auch noch dem jungen Piso, als er Kaiser werden soll, zur Empfehlung, daß er Nachkomme des Pompejus war (Tacit. hist. I 15).

[11] Dieser Ausspruch ist offenbar unecht, aber gut erfunden.

Kaiser Claudius.

[1] Etwa 80 Jahre früher geschah eine ähnliche Verbrennung (Cic. ad fam. X 32, 3).

[2] Galba hielt sich damals vorsichtig zurück (s. Sueton im Galba); L. Annius Vinicianus und Valerius Asiaticus scheiterten mit ihrem Versuch, sich als Prätendenten geltend zu machen.

[3] Eine Vorstudie dazu freilich schon bei Cicero ad Quintum fr. I 1, 37.

[4] s. seine Consolatio ad Marciam.

⁴ᵃ Anders freilich Juvenal 6, 120, der von ihrer Perücke redet.
⁵ Nero hieß damals noch L. Domitius Ahenobarbus.
⁶ Wie in dem Fall bei Cicero ad famil. VIII 7.
⁷ Vgl. „Das Kulturleben der Griechen und Römer" S. 396.
⁸ bimaritus: Cicero pro Plancio 30.
⁹ Vgl. oben S. 143.
¹⁰ Man vergleiche auch noch Martial VI 90 und Seneca de benef. III 16: „matrimonium vocari unum adulterium"; bivira steht bei Varro, Menippeen 239; mulier una duom virum bei Accius v. 656 Ribb. Auch an den griechischen Fürsten Demetrius Poliorketes sei erinnert, der mit Phila vermählt war; als er nach Athen kommt, heiratet er dort auch noch die Athenerin Eurydike aus des Miltiades Geschlecht: B. Niese, Geschichte der griech. u. maked. Staaten I S. 314.

Titus.

¹ subflavus: s. zu „Octavianus" Anmerkung 5.
² s. Sueton.
³ Vielleicht sind diese Zahlen ebenso übertrieben wie die Zahlen der Schlachtberichte des Altertums.
⁴ Der Aberglaube, der hier zugrunde liegt, ist auch sonst bezeugt. Wem Zähne ausfallen (lesen wir), der wird bald sterben oder doch seine Söhne trifft der Tod (Rhein. Museum 48 S. 409).
⁵ S. oben unter „Octavianus" Anm. 5.
⁶ Riepl, Nachrichtenwesen S. 274; Mentz, Rhein. Mus. 1913 S. 610 ff. Bemerkenswert ist auch beider Männer Beziehung zu dem Cyniker Demetrius, der damals als Prediger der Askese mächtig wirkte und das römische Kaisertum dabei als den Gipfel weltlichen Glanzes offen bekämpfte. Obwohl Seneca die kaiserliche Regierung leitete, huldigte er doch zugleich diesem Demetrius aufrichtig; er nennt ihn geradezu „den unseren" (Demetrius noster); die antimonarchische Haltung des Mannes störte ihn also nicht. So sehe ich denn auch nicht ein, weshalb wir bezweifeln sollen, daß hernach auch Titus mit Demetrius gern verkehrte, wie Philostrat im Apollonius von Tyana VI 31 f. es beschreibt. Überlegene Naturen glauben auch von ihren prinzipiellen Widersachern lernen zu können und suchen gern zeitweilig ihren Verkehr. Vespasian dachte freilich anders; er ließ ihn, „den bellenden Hund", auf eine Insel schaffen, bei der Philosophenvertreibung des Jahres 71. Philostrat berichtet uns auch über die Beziehungen Kaiser Hadrians zu dem sonderbaren Heiligen Apollonius von Tyana; aber auch diese Nachricht erweist sich als durchaus zuverlässig (s. unten).
⁷ ἰσομοιρεῖ τῆς ἀρχῆς, Philostrat a. a. O. VI 29.
⁸ Man nennt dies eine Latrinensteuer; aber das kann m. E. urinae

vectigal nicht heißen. Bestandteile des Urins dienten zum Gerben des Leders.

⁹ Darum ist Titus unter die Götter versetzt, sagt Plinius dazu, Paneg. 35; es sei eine gewaltige Leistung des Titus gewesen.

¹⁰ Philostrat a. a. O.

¹¹ Ich weiß wohl, daß die stoischen Orthodoxen strengster Richtung, wie Helvidius Priscus, gegen das Kaisertum des Vespasian opponierten, indem sie laut die Abschaffung der Monarchie verfochten (Cassius Dio 66, 13), und daß Vespasian sie deshalb des Landes verwies. Aber des Titus Name wird dabei nicht genannt, und ich zweifle nicht, daß Titus für sich allein mit ihnen seinen Frieden gemacht haben würde (vgl. oben Anm. 6). Titus ist es ja auch, der den Musonius aus der Verbannung zurückberief.

¹² Freilich reden ja schon Frühere wie Cicero (ad Qu. fratrem II 15, 4) von der insula.

¹³ Das spectaculis absolutis bei Sueton geht nicht auf die großen hunderttägigen Spiele des Jahres 80; es sind irgendwelche Spiele des Jahres 81 im Zirkus oder Theater gemeint.

¹⁴ S. v. Arnim, Dio von Prusa S. 145.

¹⁵ Die beste Titusbüste steht in Rom im Antiquario communale (Helbig, Führer ² Nr. 1048). Photographien scheinen nicht zugänglich.

Trajan.

¹ Plinius Panegyr. 48.

² Plinius 24.

³ In der Verurteilung des Charakters Domitians sind sich Plinius, Sueton, Juvenal und Philostrat (a. a. O. VII 1 ff.) einig. Gewiß hat dabei der Trieb mit eingewirkt, das Bild des regierenden Kaisers Trajan um so strahlender hervortreten zu lassen. Doch ist die völlige Übereinstimmung jener Zeugen auf alle Fälle belastend.

⁴ Philostrat a. a. O. VI 42.

⁵ Die Vorzüge dieses Verfahrens setzt schon Tacitus in den Historien I 20 auseinander.

⁶ Plin. 67.

⁷ Plin. 81.

⁸ Plin. 27 u. 36.

⁹ simulatio liberae civitatis Plin. 63; vgl. auch 54.

¹⁰ Plin. 77.

¹¹ Plin. 64.

¹² Plin. 19 u. 28.

¹³ Martial X 72.
¹⁴ „Herr Gott" ist die Wiedergabe des dominus deus, wie Domitian sich nennen ließ.
¹⁵ Daher auch das Herakleenfest Trajans u. a. Was W. Weber „Untersuchungen zur Geschichte des Kaisers Hadrian" S. 9 f. hierüber bringt, genügt nicht. Von Senecas Hercules Oetäus, der großen Programmdichtung, ist hierbei auszugehen. Weiteres E. Ackermann, Philologus Suppl.-Bd. X S. 418 f., wo freilich manches anders anzuordnen wäre. Es traf gut damit zusammen, daß Alexander der Große, mit dem Trajan sich gern verglich, sein Geschlecht von dem nämlichen Herakles ableitete.
¹⁶ Heut gibt es freilich ganz andere Zahlen. Die deutschen Armenverwaltungen haben für etwa $1/_4$ Million unmündiger Kinder zu sorgen. Aber die Klagen gingen durch die Zeitungen (26. Oktober 1912): Die Kommune gibt das zu versorgende Kind an dasjenige Privathaus ab, das dafür am wenigsten Geld fordert; die Kinder werden also an den Mindestfordernden abgegeben, und die Sicherheit hinreichender Pflege fehlt.
¹⁷ Plin. 26.
¹⁸ Nur einmal kommt sie vor, wo Plinius einen Brief an sie zu befördern übernimmt. Ein Gastmahl bei Trajan selbst wird 6, 31 erwähnt.
¹⁹ Ob der Militärarzt Kriton (Fragm. hist. gr. IV S. 343) dies würdig tat, steht dahin.
²⁰ Rheinisches Museum 63 S. 49.
²¹ Vgl. Plin. cp. 14.
²² Auf dem Trajansbogen in Benevent ist anscheinend diese Tatsache in einer symbolischen Szene verewigt.
²³ Oxyrhynchos Papyri X Nr. 1224, drei abgerissene Papyrusblätter. Auf dem ersten steht, daß sowohl die Griechen wie die Juden ihre „Götter" mit nach Rom brachten; da bricht der Satz ab. Man möchte wissen, was da für jüdische Götter gemeint sind. Offenbar ist der Bericht von einem Vertreter der griechischen Partei abgefaßt.
²⁴ Plin. cp. 15.
²⁵ Plin. 90.
²⁶ Plin. 72, vgl. auch 80.
²⁷ So auf der Tabula Peutingeriana.
²⁸ Vgl. Rheinisches Museum 51, S. 508—518.

Hadrian.

¹ Offenbar hat schon Hadrian wie der spätere Neuplatonismus das Lyceum nur als eine Vorstufe und Vorschule zur Akademie aufgefaßt.
² Fronto S. 226 ed. Naber. Man denke an den Platoniker Lukull zurück (oben S. 106 f.).

³ Genaueres hierüber Gellius III 4,3; vgl. Friedländer z. Juvenal VI, 105.

³ᵃ Zum Beleg für die Vielseitigkeit Hadrians dient noch sein Werk „catachannae", das mehrere Bücher umfaßte und sehr schwer verständlich schien. Da er darin den Antimachus nachahmte (Spartian 16, 2), kann es Spottpoesie schwerlich enthalten haben; „catachannae" sind Bäume, die mit verschiedenen Fruchtzweigen inokuliert sind. Offenbar war der Titel symbolisch; Hadrian selbst war solcher Baum, dem die verschiedensten Wissenszweige eingepfropft waren und der danach die mannigfaltigsten Früchte trägt. Dies kam in dem Werk zur Darstellung. Vielleicht behandelte also jedes der Bücher ein Wissensgebiet.

⁴ Vgl. Preußische Jahrbücher 1914 S. 541.

⁵ Dabei dient die Sonderung der Quellen als Grundlage, die O. Th. Schulz, Leben des Kaisers Hadrian, Leipzig 1904, gegeben hat.

⁶ 900 Millionen Sesterz.   ⁷ Hieronymus epist. 70, 4.

⁸ Anthologia Latina 660; dazu Carmina epigraphica 427; die Sache geschah erst etwas später, als Hadrian nach Pannonien kam.

⁹ Im Zusammenhang steht damit gewiß, daß Hadrian auf Cypern das Menschenopfer, daß man dort seit Urzeiten noch immer dem Zeus darbrachte, abgeschafft hat: einziger Zeuge Lactanz Iustit. div. I 21.

¹⁰ Hierüber Usener, Rhein. Mus. 60, S. 471 und 472.

¹¹ Vgl. J. Dürr, Die Reisen des Kaisers Hadrian, Anhang 18 ff.

¹² In den Handschriften der Scriptores historiae Augustae ist die Orthographie Helius für Aelius gewiß echt; sie stand sicher schon im Archetyp. Vielleicht hängt mit diesen Dingen auch zusammen, daß Hadrian das Kolossalbild des Sonnengottes in Rom mitten in den Verkehrsstraßen neu aufstellen ließ; er brauchte 24 Elefanten dazu, um den Koloß zu translocieren.

¹³ Vgl. Rheinisches Museum 69, S. 391 f.   ¹⁴ Alexander Severus, cp. 43.

¹⁵ Auch in Athen baute Hadrian übrigens ein Pantheon.

¹⁶ Ich verweise auf die Marmorplastik, in der die Bemalung aufhört und die Oberfläche deshalb sorglicher und realistischer bearbeitet, der Schliff verfeinert wird. Auch das Ausarbeiten der Pupille, das im ganzen erst unter den Antoninen Regel wird, beginnt schon auf dem Kolossalkopf Plotinas im Vatikan, der mutmaßlich unter Hadrian hergestellt wurde; s. Helbig, Führer Nr. 315.

¹⁷ Ein Beispiel ist noch Favorinus, gegen den er sich trotz einer Zwistigkeit, die entstand, nachsichtig und gütig zeigt (Philostrat Vitae soph. p. 9 ed. Kayser). Wie er tote Dichter ehrte, zeigt die poetische Inschrift bei Kaibel carm. epigr. 1089.

¹⁸ Die Entsprechung der Hadrianverse scheint mir zu ergeben, daß das Florusstück etwa so zu ergänzen ist:

Ego nolo Caesar esse,
Ambulare per Britannos,
Scythicas pati pruinas,
(Gladios pati cruentos).

[19] Er war schon im J. 125 nach seiner ersten großen Orientreise zeitweilig in Tibur (W Weber a. a. O. S. 195). Von da aus scheint er noch im selben Jahr 125 und 126 Sicilien bereist und dabei den Ätna bestiegen zu haben.
[20] „Fünf Jahre" ist eine Pauschzahl; s. Rhein. Museum 70, S. 254.
[21] Kaibel Epigr. Nr. 988. [22] Schulz S. 75.
[23] S. Röm. Mitteilungen Bd. 27 (1912) S. 97 ff.
[24] R. Reitzenstein, Die hellenistischen Mysterienreligionen, S. 6.
[25] S. A. Dieterich im Archiv für Religionswissenschaft XI, S. 173 ff.
[26] Von über 30 griechischen Städten läßt sich nachweisen, daß sie sogar Münzen mit seinem Bilde prägten. Diese Münzen sind bisweilen durchlöchert und wurden als Schmuck getragen. Auch der Obelisk Barberini in Rom ist ein Antinousdenkmal; Heliogabalus schaffte ihn aus Ägypten nach Rom. Bilder und Inschrift dieses Obelisken aber besagen, daß Antinous, nachdem er in das Jenseits zu den Göttern einging, dort zu ihnen ein Gebet spricht zum Wohle des römischen Reichs und des Kaisers. Dies ist also die Fürbitte eines Mittlers; Antinous ist hier offiziell Gott und Heiland im Interesse des Reichs und seiner glücklichen Regierung. Vgl. G. Blume, in Mélanges d'archéologie et d'histoire 33 (1913) S. 65 ff.
[27] Der französische Gelehrte Gayet hat in 17 Jahren Antinoë ausgegraben. Auch der Ort, wo das Grab des Antinous selbst sich befindet, ist von ihm festgestellt; gelingt es ihm, seine Grabungen fortzusetzen (es fehlte zunächst an Geld; dann kam der Krieg, der alles hemmte), so wird man dort den Leichnam des jungen Gottes wirklich finden und heben. Vgl. J. P. Lafitte in La Nature 1912 (Bd. 40) Nr. 2037. Zahlreiche Porträts in Wachsmalerei auf Mumienkartonnage oder auf Holz sind da gefunden; die Mumien im Priesterornat wunderbar erhalten; dazu Teppiche, Seidenstoffe usf. usf. Die Funde zeigen aber zugleich auch das Eindringen und Anwachsen des Christentums in Antinoë; seit dem Jahre 315 ist die Stadt ganz christlich geworden. Vgl. übrigens B. Kübler, Antinoupolis (Leipzig 1914) und schon W. Schwarz, Rhein. Museum 51 S. 636 f.
[28] Ähnlich urteilt auch Schulz S. 79 u. 115.
[29] Auch der Kaiserin Sabina; sie starb zwei Jahre vor ihm.
[30] Dies simple Gedichtchen ist seltsam mißverstanden worden; man hätte sich der Worte der sterbenden Frau bei Cassius Dio 77, 16 erinnern sollen, die ganz ähnlich lauten: „o unglückliches Seelchen, eingezwängt in den argen Körper, nun komm heraus in die Freiheit" usf.; vgl. übrigens H. Hollstein, Rhein. Mus. 71 S. 406.

⁸¹ Das Wort „Seelchen", animula, ist echt philosophisch im Geist jener Zeit, als Selbstanrede; vgl. das ψυχάριον εἶ bei Mark Aurel IV 41 und sonst.
⁸² Das Relief der Apotheose der Sabina steht im Conservatorenpalast in Rom; s. Helbig, Führer³ Nr. 990.
⁸³ s. Schulz S. 113 Anm. 336.

Mark Aurel.

¹ Eine Grundlage für die Biographie desselben ist von O. Th. Schulz, Das Kaiserhaus der Antonine, Leipzig 1907, gegeben. Unübertrefflich ist Mark Aurel von Ivo Bruns dargestellt (Vorträge u. Aufsätze S. 291 ff.). Wenn ich von ihm abweiche, so begründet sich das vielleicht mehr aus der Verschiedenheit unserer Temperamente als aus meiner richtigeren Erkenntnis der Tatsachen.

² Erwähnt sei, daß sogar bei Fritz Reuter „Ut de Franzosentid", Kap. 9 und 12, in dem mecklenburgischen Nest Stamhagen vom Amtshauptmann und anderen Personen zum Trost Mark Aurel gelesen wird.

³ Die Statue gleicht der Reliefdarstellung, die Mark Aurel zu Roß im Felde zeigt, genau; v. Sybel, Weltgeschichte der Kunst² S. 423.

⁴ Er selbst lehnt Logik, Meteorologie usw. ab: I 16. Das sagt auch Herodian I 2, 4: Seine Philosophie bestand nicht in Reden und Lehrsätzen, sondern in seiner Haltung und Lebensführung.

⁵ Buch III cap. 13.

⁶ Fronto p. 223 Nab.

⁷ Auch die Häufigkeit des Küssens ist südländisch und gehörte zeremoniös zu den Gnadenbezeigungen der Kaiser.

⁸ Über diese Bedeutung der Widmungen im Altertum vgl. Kritik und Hermeneutik S. 138 f.; Aus dem Leben der Antike S. 131.

⁹ Man vergleiche in seiner Schrift „an sich selbst" die Stellen II 2; IV 30.

¹⁰ ἐνέργεια, Buch V 1.

¹¹ B. XI 7.

¹² Vgl. V 16: „wo immer du lebst, sollst du gut leben. Am Hof? also am Hof."

¹³ Buch VI 12.

¹⁴ Die konsularischen Beamten hießen iuridici. Seit dem 3. Jahrhundert werden dann die sog. correctores zur Beaufsichtigung der städtischen Verwaltungen bestellt.

¹⁵ Ilberg in den Neuen Jahrb. XV S. 304.

¹⁶ Buch XI 3.

¹⁷ Ilberg S. 295 f. Galén wurde dann Leibarzt des Sohnes Commodus.

¹⁸ Vita 23, 5.

¹⁹ In 128 Tafeln herausgegeben von E. Petersen u. a., München 1896.
²⁰ Buch X 10.
²¹ Ilberg a. a. O. 297 f.
²² Vgl. hierzu das Bild 74.
²³ Vgl. Archiv für Papyrusforschung VI S. 214.
²⁴ Herodian I 3, 1.
²⁵ Mark Aurel sagt IV 16: wer sich heiligt, erscheint den Menschen schon in 10 Tagen ein Gott, wenn er vorher auch als Tier gegolten.
²⁶ τό ἀφιλήδονον V 5.
²⁷ τὸ ἀμεμψίμοιρον ebenda.
²⁸ II 6; III 12.
²⁹ Buch VI 3.
³⁰ „Überall sind Götter, auch im Jenseit", III 3. In seinen letzten Büchern wird der Singular θεός, τὸ θεῖον häufiger; vgl. XII 5.
³¹ IV 23.
³² II 17; III 5.
³³ XII 26.
³⁴ VI 36.
³⁵ Vgl. VI 49: „Ärgerst du dich, daß du nur 100 Pfund wiegst und nicht 300? ärgerst du dich, daß du nur 70 Jahre alt wirst und nicht 300?"
³⁶ IV 21.
³⁷ VI 15.
³⁸ Obiges nach IV 3 u. 32; VI 36; IV 46 ff. Ablehnung des Lobes IV 19 f. „Ich will mich nicht aufspielen wie Alexander" IX 49.
³⁹ Oft, z. B. II 6; III 12.
⁴⁰ z. B. IV 49; II 6; VII 16; III 2.
⁴¹ ἀληθές, ἀλήθεια oft.
⁴² II 1.
⁴³ II 11.
⁴⁴ III 4.
⁴⁵ II 17.
⁴⁶ z. B. IV 60; XII 29.
⁴⁷ IV 26.
⁴⁸ τὸ κοινωφελές III 4.
⁴⁹ Vgl. IV 49; V 1.
⁵⁰ „In Erinnerung an Gott von einer gemeinnützigen Tat zur andern", VI 60.
⁵¹ V 6.
⁵² „Folge deiner φύσις und der φύσις des Kosmos", geht durch alles hindurch, z. B. V 1 ff.
⁵³ VII 68; V 2; VIII 28; XII 22.

⁵⁴ V 8.
⁵⁵ Vgl. das mit den Göttern leben V 27.
⁵⁶ X 1.
⁵⁷ X 36. Pessimistisch auch IX 3: Nichts würde mich im Leben zurückhalten außer dem Zusammensein mit Leuten von gleicher Überzeugung; nun aber, Tod, komm schnell! Offenbar spät abgefaßt, angesichts der Entartung des Commodus.
⁵⁸ „Genieße das Leben, indem du ein Gutes an das andere fügst" XII 29. Vgl. über Eudaimonie, Freude IV 49; II 6; VII 17; VII 67; IV 49; VIII 39; III 2; VI 48; VIII 26. Ich habe keinen Anlaß, mich selbst zu betrüben, denn ich habe wissentlich nie einen anderen betrübt, VIII 42 (das war auch die Gesinnung des Titus). Fasse das Unglück fest ins Auge, um darüber zu stehn und froh zu sein: VIII 31.
⁵⁹ V 30.
⁶⁰ VI 11.
⁶¹ VIII 47.
⁶² XI 8.
⁶³ ἵλεως V 33; vgl. VIII 47. ἵλεως τῷ σεαυτοῦ δαίμονι διαβιῶναι XII 3. εὔμοιρος V 36. Schluß: ἄπιθι οὖν ἵλεως.
⁶⁴ Vgl. Seneca de ira. So lesen wir VII 70: Du zürnst doch auch nicht dem, der schlecht aus dem Munde riecht. Vgl. auch VIII 14; IX 42.
⁶⁵ IX 27.
⁶⁶ VII 70.
⁶⁷ V 17. Daher auch die Nachsicht gegen die Vergnügungssucht der schwächlichen Naturen: VII 3.
⁶⁸ VIII 59; 18.
⁶⁹ VI 6.
⁷⁰ VIII 57.
⁷¹ Herodian I 2; auch Dio Cassius.
⁷² Warum schrieb Mark Aurel Ermahnungen an sich selbst? er hätte sie lieber an Commodus richten sollen! Einige Kapitel sehen wirklich so aus, als wären sie an Commodus gerichtet, über die untätige ἡδονή s. V 1 und VI 13; IX 1; XI 18.
⁷³ Herodian I 4, 8 u. 5, 6; Vita des Verus, Ende. Um das Jahr 300 ist noch Diokletian, im 4. Jahrhundert ist noch Kaiser Julian, der Apostat, Mark Aurels Bewunderer. In Julians Göttergastmahl treten alle verstorbenen römischen Kaiser besseren Namens bis auf Konstantin den Großen auf, und jeder muß sagen, was das Ziel seines Lebens war. Julius Cäsar nennt da die Freude an der Macht oder in allen Dingen der erste zu sein, Oktavian Kühnheit und Glück und die Sicherung der Dynastie, Trajan ein Allbesieger zu sein wie Alexander der Große.

Konstantin will nur sich selbst bereichern und seinen Launen und Leidenschaften frönen. Mark Aurels Ideal dagegen ist „die Götter nachzuahmen", d. h. es an Fürsorge für die Menschheit den Göttern gleich zu tun.
[74] Buch IV 36.

Zu den Tafeln.

Römer älteren Stils (sog. Brutus). Rom, Konservatorenpalast. Nach Photographie.
Sulla. Münze. Nach Bernoulli, Röm. Ikonogr. I. Münztaf. I, 23.
Mithridates. Münze. Nach Imhoof-Blumer, Hellenist. Porträts Taf. V, 3.
Pompejus. Kopenhagen, Glyptothek Ny-Carlsberg. Nach Arndt-Bruckmann, Griech. u. röm. Porträts 523. Phot. F. Bruckmann, München.
Alexander der Große. Kopf. Konstantinopel, Kais. Ottom. Museum. Nach Altertümer von Pergamon. VII, 33.
Cäsar. Kolossalkopf. Neapel, Museo nazionale. Nach Photographie.
Cicero. Büste. Rom, Vatikan. Nach Photographie Anderson.
Antonius. Münze. Nach Bernoulli, Röm. Ikonogr. I. Münztaf. IV, 85.
Kleopatra. Münze. Nach Imhoof-Blumer, Hellenist. Porträts Taf. VII, 15.
Jugendlicher Augustus. Rom, Vatikan. Nach Photographie.
Älterer Augustus. Kopf. Boston, Fine Arts Museum. Nach Photographie.
Livia. Münze. Nach Bernoulli, Röm. Ikonogr. II, Taf. I, 32.
Claudius. Büste. Rom, Vatikan. Nach Photographie Alinari.
Nero. Kopf. Rom, R. Museo nazionale romano. Nach Photographie Anderson.
Vespasian. Kopf. Rom, R. Museo nazionale romano. Nach Photographie Alinari.
Titus. Kolossalkopf. Neapel, Museo nazionale. Nach Bernoulli, Röm. Ikonogr. II, 2. Taf. VIII.
Domitian. Büste. Rom, Antiquarium. Nach Arndt-Bruckmann, Griech. u. röm. Porträts 735. Phot. F. Bruckmann, München.
Domitia. Büste. Rom, Museo Capitolino. Nach Bernoulli, Röm. Ikonogr. II, 2. Taf. 20a.
Trajan. Büste. Rom, Vatikan. Nach Photographie Anderson.
Plotina. Kolossalkopf. Rom, Vatikan. Nach Photographie Anderson.
Hadrian. Kolossalkopf. Rom, Vatikan. Nach Photographie Alinari.
Sabina. Büste. Rom, R. Museo nazionale romano. Nach Photographie Alinari.
Antinous. Kopf einer Statue. Neapel, Museo nazionale. Nach Photographie Brogi.
Mark Aurel. Kopf der Bronzestatue auf dem Kapitolsplatz in Rom. Nach Photographie Anderson.

Namenverzeichnis.

Die Ziffern bedeuten die Seitenzahlen.

Achill 10
Actium 183, 195, 196
Adamklissi 270
Agesilaos 7
Agricola 254
Agrippa 194ff., 204ff., 208, 298
Agrippa der Sohn 207, 211
Agrippa, Judenkönig 229
Agrippina 4, 222f., 227, 249
Alba longa 47
Alcantara 275
Alesia 152
Alexander der Große 2, 6, 25, 33, 104, 104, 114f., 177, 279, 286, 325, 350
Alexander Severus 6
Alexandria 16, 94, 155f., 178, 182, 230, 278
Aliso 208
Alkibiades 7
Ambrakia 42
Amilia, Stieftochter des Sulla 114
Amilius Paulus 42, 46, 49, 53
Amisos 101
Aneas 33, 141
Annius Vinicianus 342
Antinoe 302, 347
Antinous 300ff.
Antiochia 16
Antiochus 31f., 41f.
Antoninus Pius 306, 309ff., 313, 323
Antonius Gnipho 141
Antonius Lucius 178, 193
Antonius, Marcus (der Triumvir) 89, 153, 159, 164ff., 189ff., 192, 195, 215, 224, 241, 279, 329

Antonius Musa 205
Antonius Primus 243
Apollonia 172
Appius Claudius Caecus 11
Aquae Sextiae 75
Aquileja 316f.
Archelaos 165
Archias 106
Arezzo 27
Ariogaesus 319
Ariovist 151
Aristides 36
Aristobul 128, 165
Aristoteles 93
Arminius 208
Arpinum 73
Arrian 297
Arsakes 52
Artaxata 104
Ascoli 113
Askletarion 264
Athen 81, 87, 178, 291, 294, 296, 303, 335, 346
Atra (Hatra) 280
Attalus 62
Attia 211
Aurelia, Mutter Cäsars 141
Aurelian 140
Aurelius, Marcus 63, 153, 182, 266, 306, 308ff.
Avidius Cassius 315, 322, 327

Babylon 279, 317
Baden-Baden 267
Bajä 195, 306
Ballomarius 319

Namenverzeichnis.

Banobaspus 319
Bar Kochba 300
Benevent 345
Berenike, Geliebte des Titus 241, 252
Berenike, Gemahlin Mithridats 100
Bismarck 37
Bocchus 72, 77
Bonn 151
Brennus 150
Brindisi 84, 127, 189
Britannicus 222, 223, 226, 230, 233, 249
Brutus (ältester) 10
Brutus, Decimus 173
Brutus, Marcus 159, 160, 164, 171, 174, 176, 192
Brutus (Sullaner) 116, 119
Burrus 233

Cadix 24
Caecina 243
Caesius Bassus 232
Caligula 6, 186, 215 ff., 221, 232 f., 237
Callistus 220
Calpurnia 159, 171
Calpurnius 232
Camillus 5, 9 f.
Cannä 20 ff.
Canning 5
Capua 117, 156
Cartagena 24, 26 f.
Cäsar 3, 74, 80, 89, 94, 121, 127, 129, 131, 134 f., 136, 137, 140 ff., 164, 166 f., 175, 179, 188, 193, 196, 201, 220, 224, 236, 279, 321
Cäsarea 247, 252
Casca 160

Cassius 164, 171, 174, 176, 192
Catilina 148
Cato Censor 3, 18, 36 ff., 52, 54, 56, 61, 69, 73
Cato der Stoiker 132, 144, 146 ff., 164
Catull 146
Chäronea 81
Christus 277
Chrysogonus 86
Cicero 11, 17, 36, 59, 86, 107 f., 125, 126, 137, 141, 142, 147, 149, 164, 173 ff., 189, 191, 198
Cimber, Tillius 160
Cincinnatus 9, 309
Cinna 83, 113
Circeji 195
Claudius, Kaiser 185, 214, 245, 249, 254
Claudius Nero, Vater des Tiberius 197
Clodius 105, 130, 143, 165, 169
Commodus 327, 350
Coriolan 10
Cornelia, Gattin Cäsars 142, 143
Cornelia, Gattin des Pompejus 132, 135
Cornelia, Mutter der Gracchen 4, 33, 49, 56, 65, 69, 79, 93
Cornelius Nepos 6
Crassus, Licinius 121 ff., 127, 129, 141, 146, 149, 153, 164, 279
Cremona 20, 193, 241, 243
Cumae 33
Curio 165
Curius Dentatus 37

Damaskus 126, 299
Dante 324
Daphne 316

Birt, Römische Charakterköpfe I. 23

Darius 101
Dekebalus 270, 273, 275, 319
Delphi 81
Demetrius, Freigelassener 130
Demetrius Poliorketes 343
Dio Chrysostomus 256
Diocletian 153, 182, 263, 329
Diomedes 184
Disraeli 5
Domitia Longina 264
Domitian 251, 260ff., 267, 269, 308
Domitius Ahenobarbus 115
Dolabella 168, 170
Doryphorus, Freigelassener 237
Drusus, Kaisersohn 208f.
Duilius 12

Elagabal 6
Ennius 33, 39, 43
Epaminondas 18
Epaphrodit 239
Epiktet 297
Epikur 272
Eros 184
Eumenes 39
Eurydike 343

Fabius Cunctator 21f.
Fabricius 309
Falerii 5
Faustina 314, 319f., 322, 327
Favonius 135
Felix 220
Fimbria 95
Flamininus 44, 105
Flavius 245
Flora 115
Florenz 194
Florus 299

Friedrich der Große 288, 297, 317, 323, 326
Friedrich I. von Preußen 319
Fronto 312f.
Fulvia 169ff., 175f., 178, 185, 193
Fulvius Flaccus 68
Fulvius Nobilior 42f., 46f.
Furius Philus 43

Gabinius 123
Gaius und Lucius, Enkel Oktavians 207
Galba 239, 240, 245
Galenus 318
Gallius 191f.
Gaza 299
Genua 28, 173
Gergovia 151
Germanicus 215f.
Giora 249
Glaucia 83
Gracchen 33, 52ff., 72, 79, 83, 92, 188, 245
Gracchus, Gaius 3, 33, 64ff., 73, 78
Gracchus, Tiberius 56ff.
Gracchus, Tiberius Sempronius 49, 56

Hadrian 6,280,284ff.,308ff.,315,319, 324, 328f.; seine catachannae 346
Hagen von Tronje 281
Hamilkar Barkas 18, 39
Hannibal 16ff., 23, 25, 27, 29f., 30, 52, 55
Hanno 18
Hasdrubal 18, 22, 24f.
Heidelberg 267

Namenverzeichnis.

Helvidius Priscus 344
Heraklea 101
Herculanum 254
Herkules 107, 167, 178, 268
Hermann der Cherusker 317
Hermogenes 263
Herodes 177
Herodian 350
Hieronymus 346
Horaz 193, 204
Hypsikrate 125

Jkelus 239
Italica (bei Sevilla) 24, 266

Jahn, Turnvater 37
Jerusalem 48, 126, 243, 247 ff., 251 ff., 273, 300
Johannes der Täufer 207
Jotapata 247
Jugurtha 72 f., 77
Julia, Cäsars Tochter 131 f.
Julia, Gattin des Marius 142
Julia, Octavians Großmutter 188
Julia, Oktavians Tochter 207 f., 211
Julia, Tochter des Titus 252
Julian, Feldherr 328
Julian, Jurist 298
Julianus Apostata 350
Julius Severus 300
Julus, Sohn des Aneas 141
Junius Rusticus 313
Juvenal 270

Kabeira 99 f.
Kairo 300
Karl der Große 140, 330
Karthago 11, 16 ff., 27, 30, 54, 57, 83, 115

Kleopatra 155, 158, 168, 170, 177, 179 ff., 222, 224
Köln 229, 266, 285
Konstantin der Große 263, 273, 296, 329 f.
Korinth 47, 157
Kritias 7
Kroton 28
Ktesiphon 279
Kynoskephalae 42
Kytheris 168 f.
Kyzikos 95, 97

Labienus 154, 167
Laelius 25, 33
Lenäus 130
Lentulus 165
Lepida 227
Lepidus 169, 173 f., 176, 191, 195
Licinius Mucianus 243
Liternum 32
Livia 190, 197, 208, 210, 216
Livilla 222 f.
Livius Drusus 68, 79
Livius, Historiker 9, 199, 205, 217
Lokri 28
Lollius 208
Lucan 137, 199, 232
Lucilla 316
Lucusta 231
Lukull 92 ff., 125, 164, 181, 226, 236
Lusius Quietus 275, 287
Lutatius Catulus 75

Macaulay 9
Mäcenaus 197, 201, 208
Macdonald 128
Magnesia 31
Mago 18, 28
Maharbal 21

Mailand 118
Mainz 267
Mamurra 158
Manilius 44
Manlius Torquatus 9
Marbod 317
Marcellus 21, 204
Marcia 252
Marciana 272
Marius 6, 27, 73 ff., 82, 92 f., 112 f., 120, 122, 142, 145 f., 150 f., 152, 155, 157, 164, 316
Mark Aurel s. Aurelius
Martial 262, 270
Masinissa 29
Maßmann 37
Maximin 73
Melankomas 256
Menedem 99
Menenius Agrippa 9
Messalina 219, 221 f., 232, 233, 237, 241
Metella 87
Metellus Creticus 125
Metellus Pius 117
Michel Angelo 266
Miltiades 343
Minos 10
Minucius Thermus 43
Mithridates 52, 72, 80 ff., 85 ff., 94 ff., 105, 122, 125 ff., 150
Modena 61, 173, 190
Modestinus 328
Moltke 123
Mommsen 10
Monime 100
Moskau 329
Mummius 105
Musonius 344
Mutina 116
Mylae 12, 195

Naevius 28
Napoleon 2, 98, 117, 128, 279
Narcissus 220, 222, 230 f., 241, 245
Neapel 132, 210, 238
Nepos, Cornelius 36
Nero 4, 6, 214, 223, 225, 228, 231, 233, 236, 238, 239 f., 245, 249, 252 f., 255 f., 261, 270, 308, 327
Nerva 251, 265 ff.
Ney 128
Niebuhr 9
Nikomedes 142
Nikomedien 276
Niobe 69
Nola 210
Numa 310, 312
Numantia 54, 57 f., 64, 74
Nursia 245

Octavia, Schwester des Octavian 178, 182, 185, 224
Octavia, Tochter des Claudius 226, 228 f.
Octavianus Augustus 153, 164, 172 ff., 178 f., 183 f., 188 ff., 216, 219, 222, 256, 263, 268, 295
Octavius 62
Odoaker 214
Olthakos 99
Olympia 81
Opimius 69
Orchomenos 81
Orsowa 270
Ostia 122, 221, 226
Otho 239, 245
Ovid 204

Pallas 220
Palmerstone 5

Panätius 55
Paolo Veronese 185
Papinian 328
Paris 248
Parma 61
Paſſienus 228
Paulus, Apoſtel 296
Paulus, Juriſt 328
Pedanius Fuscus 305
Pella 16
Peluſium 165
Pergamon 62, 102
Perikles 39
Perizonius 9
Perperna 118
Perſius 232
Pertinax 328
Perugia 194, 197
Peter der Große 329
Petersburg 273
Petrarca 262
Pharnakes 125, 156
Pharſalus 134, 168
Phila 343
Philippi 176, 192
Pinarius 191
Piſo 236; der jüngere 240
Plancius 224
Plato 285f., 288, 303
Pleminius 28
Plinius 252, 268, 271, 276f., 281
Plotina 266, 271, 280, 285f., 346
Plutarch 6, 36f., 39, 70, 297, 333, 335, 341
Polyb, Freigelaſſer 220, 223
Polybius 12, 26, 33, 55
Pompejanus 319
Pompeji 78, 254
Pompejopolis 124

Pompejus Magnus 13, 88, 92f., 96, 104f., 107, 112ff., 141, 143, 144, 149f., 153, 148, 161, 164, 166ff., 179, 192, 199, 201, 245, 260
Pompejus, Sextus 134, 179, 192f., 194
Pompejus Strabo 113
Potheinos 135f.
Praecia 96
Praeneſte 85
Properz 193, 204
Ptolemäus 95, 135
Pydna 42, 46
Pyrrhus 10f.

Quinctius Flamininus 105
Quinctius Flamininus, des Vorigen Bruder 44

Rafael 237
Reate (Rieti) 245, 251, 255
Regulus 12f.
Rhodus 95, 97
Rom 2ff.
Romulus 10
Rufilla 197

Sabina 285, 292f., 300
Sabinus 245
Salamis 10
Salvia 197
Samoſata 299
Sarmizegethuſa (Ulpia Trajana, Varheli) 274
Saturninus 83
Scipio Africanus 3, 13, 16ff., 40f., 46, 55, 83, 141
Scipio Ämilianus 53, 56, 61, 64, 74, 236
Scipio Barbatus 22
Scipio, Lucius 31f., 46

Scribonia 207
Scriptores historiae Augustae 6, 346
Sejan 215
Seleukia 279
Seneca 3, 32, 200, 218, 223f., 232f., 263f., 249, 268, 311, 313, 323, 327, 330
Septimius Severus 328
Sertorius 92, 117ff., 164
Servianus 305
Servilia 143, 159
Servilius 94
Shakespeare 10, 165
Silanus 225, 228f.
Silius 223ff.
Simon 248f.
Sinope 101
Sinuessa 230
Sokrates 40, 146
Sol invictus 295
Solon 10
Sophonisbe 29
Sosylos 332
Spartacus 118, 122
Sporus 237
Stageira 101
Statius 262
Sueton 6, 236, 264, 293, 341, 342, 343, 344
Sulla 3, 6, 13, 73ff., 92f., 103, 105, 112f., 115f., 122, 125, 128, 130, 141, 145, 155, 164f., 236, 308
Sulpicius Rufus 80
Syphax 29
Syrakus 28

Tacitus 227, 233, 269
Tamugadi (Timgad) 275
Tantalus 56
Tarpeja 10
Tarquinius Superbus 140
Tarragona 24, 26
Tarsus 177
Tasso 262
Terentilla 197
Terracina 82
Tertulla 197
Tertulla, Großmutter Vespasians 251
Themistokles 7
Theophanes 137
Thrasyll 210
Tiberius, Kaiser 140, 197, 208f., 214f., 217, 232, 244
Tibur (Tivoli) 25, 303, 347
Tigellinus 236, 239
Tigranes 101ff., 125, 128
Tigranocerta 101ff.
Titus, Kaiser 48, 153, 236ff., 260ff., 263, 268, 273, 300, 316
Titus Tatius 10
Toranius 191
Trajan 140, 180, 248, 251, 265ff., 284ff., 291, 300, 312, 317ff., 319
Troja 10, 141, 281
Tusculum 36, 107
Tyrannio 93, 106

Ulm 5
Ulpian 328
Utica 205

Valeria, Gattin des Sulla 87
Valerius Asiaticus 342
Valerius Flaccus 36
Valerius Poplicola 9
Varro 119, 137, 334
Varus 208
Veji 10, 47

Velitrae 188, 211
Ventidius Bassus 158
Venusia 193
Vercellae 75
Vercingetorix 151
Vergil 193, 204
Verona 20
Verrius Flaccus 203
Verus, Lucius 153, 310, 316, 317f., 322
Vespasia 245
Vespasian 140, 153, 242ff., 251 ff., 256, 260, 263
Veturia 10
Vico 9

Vitellius 222, 239, 240f., 244f
Voltacilius 137

Wellington 117
Wesel 240
Wien 327
Wilhelmshaven 221

Xanten 281
Xenophon 25

Zama 29
Zanticus 319
Zeno 286

www.ingramcontent.com/pod-product-compliance
Lightning Source LLC
Chambersburg PA
CBHW032145010526
44111CB00035B/1225